U0909814

## 本书编委会

主　　编：徐　蓝

副 主 编：梁占军

编　　委：武　寅　沈志华　叶小兵

　　　　　齐卫华　姚百慧　鲁　静

助理编辑：李云霄

# 齐世荣先生追思集

徐蓝 / 主编

人民出版社

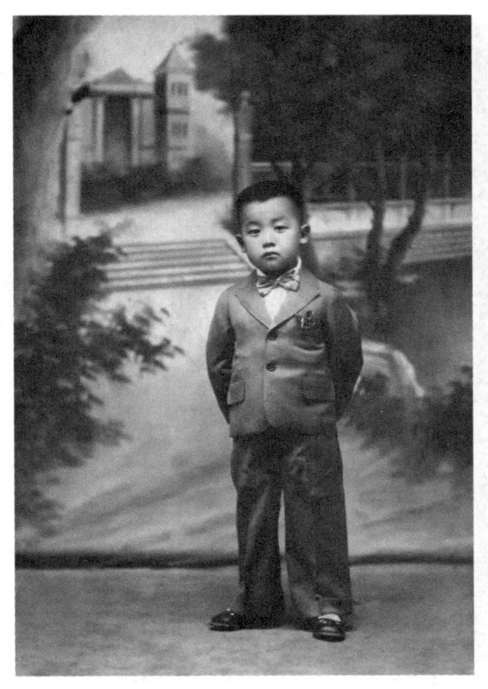

童年时代（约 5—6 岁）

1946 年，燕京大学二年级留影。

1950 年，与妻子沈国荃女士的结婚照片。

1956 年，与妻子沈国荃、长女齐念斯合影。

1965 年 10 月 2 日，与妻子沈国荃、长女齐念斯、次女齐卫华合影。

1956 年，与岳父沈颖一家合影。后排右一为齐世荣先生。

1952 年，与育英中学高三毕业班合影。前排左一为齐世荣先生。

1962 年 8 月 13 日，与北京师范学院历史系的同事们交谈。左二为齐世荣先生。

20 世纪 70 年代，参加清华中学北京校友会合影。前排右二为齐世荣先生。

1981 年，参加清华大学校庆 70 周年文法学院校友返校团聚合影。三排左五为齐世荣先生。

1982 年访美期间，在美国国会大厦前留影。

1982 年访美期间，与中国留学生钱乘旦等人合影。

1982 年访美期间，在美国教授伊格尔斯家中做客时与其家人合影。

1984 年 11 月，参加欧洲法西斯问题学术讨论会时全体代表合影。前排右七为齐世荣先生。

1985年9月，参加德国斯图加特第16届国际历史科学大会，与中国代表团部分团员合影。右三为齐世荣先生。

1985年9月，参加德国斯图加特第16届国际历史科学大会，并访问图宾根大学时合影。左四为齐世荣先生。

1986 年，与仓孝和先生合影。

20 世纪 80 年代，看望白寿彝先生时合影。中为白寿彝先生，右为齐世荣先生，左为张宏毅先生。

1987 年 7 月 11 日，卢沟桥事变 50 周年中日学术讨论会闭幕后在该校图书馆前合影。前排右起：吴于廑、井上清、远山茂树、刘大年、王玉璞、李薇；后排右起：郑惠、张振鹍、齐世荣、王汝丰。

1987 年 7 月 7 日，在日本京都大学人文科学研究所卢沟桥事变 50 周年中日学术讨论会开幕式上作报告。

1987年7月7—11日，参加卢沟桥事变50周年中日学术讨论会期间与吴于廑先生合影。

1987年7月15日，参加卢沟桥事变50周年中日学术讨论会期间，参观富士山时合影。后排左二为齐世荣先生。

1987 年 10 月，在桂林参加法西斯主义问题学术研讨会合影。中为齐世荣先生，左为徐蓝，右为邸文。

适逢重阳佳节，部分学生祝贺齐世荣先生华诞。

1987 年，参加十月革命 70 周年专题学术讨论会合影。前排左六为齐世荣先生。

1989 年 8 月 15 日，参加第二次世界大战全面爆发 50 周年学术讨论会合影。前排左三为齐世荣先生。

1989 年 12 月 25 日，博士生徐蓝完成学位答辩后，师生在北京师范学院主楼前合影。

20 世纪 90 年代初，在济南参加六卷本《世界史》编写组会议合影。前排右三为齐世荣先生。

1990 年 8 月，参加西班牙马德里第 17 届国际历史科学大会期间，与中国代表团成员合影。左四为齐世荣先生。

1990 年 9 月，参加西班牙马德里第 17 届国际历史科学大会期间，与王敦书先生（右），金冲及先生（左）合影。

20世纪90年代，与季羡林（前排左二）、刘大年（前排右二）、戴逸（前排右一）等先生合影。前排左一为齐世荣先生。

20 世纪 90 年代，与北京师范学院历史系南航干部大专班毕业生合影。前排左十为齐世荣先生。

1992 年，参加首都师范大学成立大会暨 92 级开学典礼。主席台前排左六为齐世荣先生。

1993 年 6 月，与首都师范大学历史系 89 级本科班毕业合影。前排左六为齐世荣先生。

1994 年 12 月，参加《中国民族史》首发式。二排左四为齐世荣先生。

1995 年 8 月，参加加拿大蒙特利尔第 18 届国际历史科学大会期间，与金冲及（左一）、戴逸（右二）、沈志华（右一）合影。

1996 年 10 月，70 周岁生日时，与部分学生合影。

1996 年 8 月，参加天津史学理论研讨会时大会合影。前排左九为齐世荣先生。

20 世纪 90 年代，与张宏毅（左一）、姜桂石（左二）、沈志华（右一）合影。

20 世纪 90 年代，第八届全国政协委员会社会科学组同人合影。前排左三为齐世荣先生。

1996年8月30日，首都师范大学历史系第一届学术委员会合影。左起：孙文泱、阎守诚、宁可、齐世荣、刘新成、徐蓝、刘振岚。

1998年，参加首都师范大学98届文学（书法）博士学位授予仪式。左四为齐世荣先生，右四为欧阳中石先生。

1999 年，参加清华大学校庆聚会。左起：齐世荣先生、褚继善夫人吴国荣、褚继善先生、陶伟夫人宋境、王宪铨先生、陶伟先生。

1999 年 6 月 10 日，参加首都师范大学 1999 年科研工作会议。前排左四为齐世荣先生。

1999 年 6 月，与首都师范大学历史系 99 届研究生毕业合影。前排右四为齐世荣先生。

1999 年 9 月 7 日，中国史学会成立 50 周年座谈会在北京师范大学举行，与季羡林先生合影。

2000 年夏，与周一良先生于首都师范大学合影。

2000 年，美国历史学家埃里克·方纳教授来华讲学时合影。左起：王希、张海鹏、金冲及、埃里克·方纳、齐世荣、龚书铎、张椿年。

2000 年 6 月 22 日，参加纪念敦煌藏经洞发现 100 周年国际学术研讨会合影。前排左七为齐世荣先生。

2000 年 8 月，参加挪威奥斯陆第 19 届国际历史科学大会期间中国代表团合影。前排右六为齐世荣先生。

2000 年 8 月，参加挪威奥斯陆第 19 届国际历史科学大会期间，与张椿年先生（左一）、戴逸先生（左二）、金冲及先生（右一）合影。

2000 年，参加中国世界现代史研究会第六届年会合影。前排左七为齐世荣先生。

2001 年 9 月 13 日，参加天津师范大学经济社会史学术研讨会合影。前排左九为齐世荣先生。

2001 年，参加敦煌研讨会期间考察敦煌壁画，与金冲及先生（左）、李世安先生（右）合影。

2001 年 6 月，与金冲及、张椿年、龚书铎、刘家和等先生在甘肃玉门关小方盘城合影。后排左四为齐世荣先生。

2001 年，参加北京师范学院历史系 77 级毕业 20 年纪念活动合影。前排左六为齐世荣先生。

2002 年夏，参加北京师范学院历史系 78 级毕业 20 年纪念会。

2002 年 7 月 8 日，参加第四届吴玉章奖金基金委员会第一次会议合影。前排左二为齐世荣先生。

2003 年 11 月 25 日，为中共中央政治局第九次集体学习主讲《15 世纪以来世界主要发达国家发展历史考察》。

2002 年 10 月，参加武汉大学新世纪世界史学科建设学术研讨会合影。前排右九为齐世荣先生。

2004 年 6 月 19 日，参加“世界近现代史的回顾与展望”学术讨论会暨纪念南开大学美国史日本史拉美史研究室成立 40 周年合影。前排右九为齐世荣先生。

2004年9月18日，参加渤海大学繁荣21世纪中国世界现代史教学与研究研讨会合影。前排右六为齐世荣先生。

2004年10月15日，参加北京第二十五中学（原育英中学）建校140周年校庆时，与52届毕业生合影。前排左五为齐世荣先生。

2005年10月12—13日，在首都师范大学召开世界各国的世界通史教育国际学术研讨会上作报告。

2006 年，八十寿辰时与学生梁占军合影。

2009 年 1 月 7 日，与徐蓝教授（左）、胡德坤教授（右）合影。

2011 年 3 月 19—20 日，参加首都师范大学世界史学科举办的第一届国际关系史青年论坛并发表主旨演讲。

2014 年 10 月，首都师范大学 60 周年校庆活动，与首都师范大学原校长刘新成教授（右）、刘源将军（左）合影。

2014 年 10 月 6 日，参加首都师范大学 60 周年校庆历史学院院庆活动，与郝春文院长交谈。

2014 年 10 月 6 日，参加首都师范大学 60 周年校庆历史学院院庆活动，梁占军（左）、赵晴（右）陪同参观展览。

2014 年 10 月 6 日，参加首都师范大学 60 周年校庆历史学院院庆活动，在历史学院与老教师、校友合影。

与学生徐蓝（左一）、沈志华（左二）和武寅（右一）合影。

2014 年 10 月，在首都师范大学历史学院与美国纽约州立大学布法罗分校戴福士教授（左）、徐蓝教授（右）合影。

2015 年 3 月 28—29 日，参加首都师范大学世界史学科举办的第三届国际关系史青年论坛合影。前排左五为齐世荣先生。

2015 年 7 月 17 日，参加首都师范大学“历史与记忆——二战史专题研讨会”期间合影。前排左起：徐天新、张椿年、齐世荣、李巨廉、王斯德；后排左起：梁占军、姜桂石、张宏毅、张象、徐蓝、沈永兴、郑寅达、张晓华、李世安。

2015 年 10 月 18 日，与叶小兵教授讨论审读教育部编《初中历史教科书》稿件。

齐世荣先生个人照

与妻子沈国荃女士合影

# 目 录



## 上

## 下

# 齐世荣先生生平

我国著名历史学家、教育家，新中国世界史学科的奠基者和开拓者之一，首都师范大学历史学科的创建者之一，首都师范大学原校长齐世荣先生因病医治无效，于2015年12月3日晨6时15分，不幸于北京逝世，享年89岁。

齐世荣先生祖籍河北省南皮县，1926年10月29日生于江苏省连云港市，1942年考入重庆清华中学，1945年毕业并考入成都燕京大学历史系，1947年转入清华大学历史系，1949年毕业。大学毕业后，齐世荣先生到北京市育英中学（今二十五中）任政治教员，后兼任历史教员、教导主任，1954年调到北京师范学院（今首都师范大学）历史系任教，历任历史系讲师、教授、博士生导师。齐世荣先生还先后担任北京师范学院历史系主任、历史研究所所长、北京师范学院院长、首都师范大学校长等行政职务。曾兼任清华大学、复旦大学、吉林大学、天津师范大学、北京语言大学等校历史系教授，中国史学会副会长（第四届、第五届），中国世界近现代史研究会会长（多届），国务院学位委员会学科评议组历史学分组成员（第二届、第三届），国家哲学社会科学基金评议组成员（多届），中国社会科学院世界历史研究所学术委员，第八届全国政协委员等。逝世前为首都师范大学历史学院教授，中国世界近现代史研究会名誉会长，教育部国家基础教育课程教材专家咨询委员会副主任委员。

齐世荣先生是我国世界史学科的主要奠基者和开拓者之一。他曾受教于我国著名历史学家陈寅恪、雷海宗、邵循正、齐思和、翁独健、周一良诸位先生，他们深厚的学术修养和言传身教，奠定了齐世荣先生中西史学的扎实功底和融会贯通的治史基础。齐世荣先生求学时期，正值中国历史上最关键的剧烈变革时代。国家与民族所经历的内忧与外患、危机与革命，不仅培育了他赤诚的爱国之情，也赋予了他一种高度的历史使命感。这种使命感成为他在以后的学术发展上不断开拓进取的动力。新中国成立之后，齐世荣先生作为新中国第一代世界史专家，在马克思主义理论指导下，以其高超的马克思主义理论水平、广博的知识和严谨求实的学风，在具体缜密的研究中逐渐形成了自己的学术风格，成为享誉国内外的历史学家。他毕生从事世界历史的教学与研究并致力于推动我国世界史学科的发展，其学术特点是视野开阔、勇于创新、精于治学、敏于致用。从学科方向的设置到学术团体的建立，从历史教材的编写到人才队伍的培养，从史料的基础建设到世界历史叙事体系的构建，他为中国世界史学科的建设和发展做出了开拓性的贡献。

齐世荣先生专长世界现代史和现代国际关系史，是我国这一学科的主要奠基人之一。他对现代国际关系史，特别是绥靖政策的研究，已被学界公认。他的研究还涉及第二次世界大战史、苏联史、史学理论、史学方法、世界通史等多个领域，研究成果丰硕，学术见解深刻，他撰写的有关这些领域的研究文章，已经成为学术界的经典之作。在 1985 年召开的第 16 届国际历史科学大会期间，他作为首次参会的中国代表团成员，在大会上作了题为《中国抗日战争在第二次世界大战中的地位和作用》的专题报告，获得了与会各国学者的重视和好评，其观点已成为中国学者的代表性看法。齐世荣先生的主要著作有《齐世荣史学文集》《世界史探研》《绥靖政策研究》《20 世纪的历史巨变》《15 世纪以来世界九强兴衰史》《人类文明的演进》《西方的没落》（译著）、《苏联历史论文选辑》（全 3 辑，译著）等，以及学术论文 70 余篇。他与吴于廑先生主编的世界通史教材《世界史》（全 6 卷，被称作“吴齐本”），发行至今已超过百万册；他自己主编的高校世界史教材《世界史》（全 4 卷）也已发行数万册。这些教材蜚声海内外，不仅引领了一代代学子进入世界史研究的殿堂，更重要的是构建了世界从分散到一体的全新的世界历史的编纂体系，这种以整体史观为基础的历史教材对于年轻一代形成正确的历史观和世界观具有非常重要的作用。他还主编了《世界通史资料选辑·现代部分》（全 3 册）、《当代世界史资料选辑》(全 3 册)、《世界史资料丛刊・现代部分》等，并出版了《史料五讲》，是我国世界现代史史料学的奠基人。

齐世荣先生是一位辛勤培育桃李、无私惠泽学林的杰出教育家。他自 23 岁开始从事教育工作，任教六十余年，培养了大批中学历史教师，在北京市很多中学任教。齐世荣先生从 1979 年招收硕士生，先后培养了数十名历史学硕士和博士，其中有些人已有较大成就，在国内外史学界具有相当影响。齐世荣先生还对中国世界史学科建设和人才培养付出了大量心血，厚待嘉勉后学，对青年人的成长尤其倍加呵护，桃李盈门。今天活跃在中国世界史学科一线的专家学者几乎都直接得到过他的教诲、提携和帮助。

齐世荣先生是学以致用的典范。他在治学过程中始终注重发挥史学的功能，有着敏锐的历史责任感，时刻注意以自己的学识和学术研究成果服务于社会。他不仅曾经先后两次应邀为中共中央政治局讲课，切实发挥史学的资政功能，而且始终注重基础教育。他作为教育部基础教育课程教材专家咨询委员会的副主任委员，参与并指导中学课程大纲和课程标准的制定与教材建设。他受教育部委托主编了《初中历史教科书》(全 6 册)，已经完成。齐世荣先生还注重世界史知识的普及，身体力行做了许多工作。他主编的二百多万字的《世界五千年纪事本末》以及《精粹世界史》(全 20 册）等普及读物，出版后受到广大读者欢迎，对于提升公民的历史素养起到了良好的作用。

齐世荣先生是中国史学界一位不可多得的领军人物。他一生为人正直、热情、大气、磊落、志存高远，具有很高的政治智慧和管理水平。他曾多年担任中国史学会副会长、中国世界近现代史研究会会长等学术团体的领导职务，组织开展各种学术活动并整合优秀研究人员完成了多项重要的集体科研项目，同时还翻译了多种外国世界历史方面的优秀学术著作，被中国学界尊敬为泰斗级的人物。在北京师范学院初创时期，师资队伍年轻、设备简陋，有些人对能够办好这所高等院校心存怀疑，但齐世荣先生坚信“将相无种，事在人为”，对自己从事的事业充满信心。在他任校长期间，以极大的魄力推动科学研究，奖励优秀成果，培养教学骨干，推进学科建设，大大提升了首都师范大学的科研与教学水平；他鼓励优秀的学者担任学校的管理人员，言传身教，使首都师范大学的管理水平不断提高。经过 60 年的耕耘，首都师范大学已迈入国内先进行列，这其中包含了齐世荣先生等老一辈奠基者的毕生心血和智慧!

齐世荣先生作为首都师范大学历史学科的奠基人之一，参与创建了北京师范学院历史学科和历史系，为首都师范大学历史学科的发展壮大奠定了坚实基础。他在长期担任历史系主任期间，重视教学与科研工作，为推动历史学科的发展做出了重要贡献。他是首都师范大学世界史学科和历史教育学学科的创建者，长期担任世界史学科负责人，为世界史学科的发展做出了突出的不可磨灭的贡献。如今首都师范大学历史学院已经成为国内史学教学、研究和人才培养重镇，世界史学科已经成为国内六个世界史国家重点学科之一。饮水思源，我们永远不会忘记齐世荣先生等老一辈教师的开创之功。

高山仰止，景行行止。齐世荣先生作为我国世界史学科发展史上的一位标志性人物，将自己的一生奉献给了党的教育事业和他所热爱的历史学。他博学睿智，德高望重；其学术风范，令人敬仰；道德文章，永存人心。

齐世荣先生的逝世，不仅是首都师范大学无法弥补的损失，也是我国学术界和教育界的重大损失。我们一定要化悲痛为力量，把齐世荣先生开拓并终身致力的事业传承下去，以此作为对齐世荣先生最好的怀念。

齐世荣先生千古!

# 上

# 在齐先生追思会上的发言

宫辉力

尊敬的各位史学界前辈、各位专家、各位朋友、老师和同学们，大家好！

首先，我谨代表首都师范大学欢迎各位前来参加我校著名历史学家、原校长齐世荣先生的追思会。齐世荣先生是新中国世界史学科的奠基人和开拓者之一，同时，也是首都师范大学的创立者和历史学科的奠基者。他从教六十多年，将自己的一生奉献给了党的教育事业和他所热爱的历史学。

他不仅在中国世界史学界成果丰硕，而且育人有方，为首都师范大学的建设和发展做出过巨大的贡献。齐世荣先生不仅是学界的领军者，还是一位有着丰富管理经验的大学校长。正如他的生平里写到，他一生为人正直、热情、大气、磊落、志存高远，具有很高的政治智慧和管理水平。在北京师范学院初创时期，他曾共同组建历史系并长期担任系主任，从1989年9月到1993年又曾担任我校的校长。在他任职期间，他一直以极大的魄力推动学校的各项工作，从科学研究、奖励优秀成果，到培养教学骨干、推进学科建设，都做出了突出的贡献，大大提升了首都师范大学的科研与教学水平。他鼓励优秀学者担任学校的管理人员，言传身教，使首都师范大学的管理水平不断提高，完成了从北京师范学院到首都师范大学的转变。经过60年的耕耘，首都师范大学已迈入国内先进行列，首都师范大学的世界史学科也在国内高校中名列前茅，这其中包含了齐世荣先生等老一辈奠基者的毕生心血和智慧，他在校庆60年庆典上，将学校白手起家的精神概括为八个字：将相无种，事在人为。这八个字永远值得我们铭记。

齐世荣先生作为我国世界史学科发展史上的一位标志性的人物，他博学、睿智、德高望重，其学术风范令人敬仰。我们今天缅怀齐世荣先生，不仅要缅怀先生的学术理想与治学风范，同时还要学习他为校、为系、为学科的奉献精神，特别是要学习他“将相无种，事在人为”的自信和高瞻远瞩的境界。在本职工作中尽力尽责，这是我们继承先生遗志的最好办法，也是对先生的最好的纪念。

齐先生不在了，但是先生生前建立的、与各个兄弟单位的情谊都还在。希望各位新老朋友借这个机会畅所欲言，把自己有关齐先生的记忆碎片拼接起来，完整呈现先生不平凡的一生。首都师范大学会一如既往的支持历史学院的各项工作，同时也希望各位专家在未来继续关注和支持首都师范大学的发展。

祝大家身体健康，工作顺利，谢谢大家，谢谢！

# 在齐先生追思会上的讲话

郝春文

宫校长，各位专家：

首先，我代表历史学院，对各位能在周末时间参加齐先生的追思会表示衷心的感谢！因为今天高龄的老专家来得很多，我想简单的对齐先生谈两点。

齐先生是我们历史学院和历史学科的一个家长。因为我们首都师范大学历史学科、历史学院的历史并不长，我们从 1954 年开始建立，到现在就六十多年时间。最早一批的学者，像我们的成庆华先生、宁可先生、戚国淦先生和齐世荣先生，他们亲手像哺育一个婴儿一样把这个学科孕育、培养起来。对他们来说，历史学院就像他们的儿女一样。所以我当院长以后，我有一个很深的感触，就是像宁先生和齐先生，他关心这个学院的发展，是发自内心的。

举一个例子，齐先生去年的时候已经 88 岁了。他过春节的时候给我打电话，因为我们学校正评燕京学者、燕京青年培育学者。其实这件事完全都可以跟他没有关系，但他还是发自内心的关心。做院长这么多年，我的做法就是，每当我们学院有大的举措，我是要跟齐先生和宁先生他们讲一下的。他们很注意地听，要发表意见，现在这两位家长都故去了，对我们是很大的损失。所以就历史学院而言，我们对齐先生最好的纪念就是把历史学院继续发展下去，这样齐先生在天有灵也会感到欣慰。

另外我想强调一点就是说，齐先生给我们留下来的文化遗产是丰厚的，不仅表现在学术方面，在管理、政治上的智慧都是很丰厚的。我们要全面总结这一丰厚的遗产，需要花很大的力气。像齐先生这样，在管理方面有很高超的水平；在学术组织方面也有很高超的水平；自身学术水平更是学界公认。一身三任，这是很少有的。齐先生和我谈过一件事，他说，这个教书这么多年到底是怎么回事，他还没有总结，要好好总结。根据我的体会，像齐世荣先生和宁可先生都是在国内超一流的学者。我对他们风格的评价就是：齐先生讲课是幽默，宁先生讲课是逻辑性强。齐先生讲课经常能把大家都逗乐了，就跟说相声一样，他自己不乐。宁先生讲课是他自己哈哈乐，但我们好像不乐。齐先生自己也想总结，但现在看来，没有来得及总结，将来徐蓝老师还有梁占军你们可以全面总结他的文化遗产。

我就简单地说这么多吧，我想把时间留给远道而来的和高龄的这些专家，谢谢大家！

# 狷者与狂者的友谊

刘家和

齐世荣先生去世使我心里有种深深的悲痛。我和齐先生是好朋友，虽然我们二人性格不同，但这并不妨碍我们之间的友谊。齐先生是学术工作的组织者、领导者，这方面我一窍不通。我跟他在学术方面是知交。早在 1954 年我就认识他了，那时他在北京育英中学当历史老师兼教导主任，我在北师大历史系当助教，跟学生一起在他们学校实习。这是我们第一次接触，彼此都很愉快。他晚年写回忆文章曾提到，在育英中学时认识了一位北师大的青年助教，后来成为好朋友，只是没有说我的名字。

20 世纪五六十年代我们各忙各的，他搞世界现代史，我搞世界古代史，彼此做的事都知道。1974 年我们有一段时间朝夕相处，当时还在“文化大革命”期间，邓小平抓整顿，中学要复课，北京市要编中学历史教材。在北京教育学院，就是展览馆对面的那条街，叫文兴街的那个地方，每天早上我们提着书包上班去，晚上下班一起走，谈教材也谈了许多教材以外的学术话题，交流看书的体会，涉及古今中外，谈得很深。说到搞现代史的难处，他说：“家和，你讨个便宜，搞古代史，问题好办多了；搞现代史，真是很为难啊。”有个典型例子，那时的教材要讲亚非拉，因为报纸上曾经说蒙博托是刽子手，杀害了卢蒙巴，因此编教材也得这么说。他就是这样起草的，说蒙博托是刽子手。在稿子打出校样时，蒙博托访问中国，受到毛主席接见。我说：“坏了，老齐啊，你这回又犯错误了，你真是死不悔改。”他冲我苦笑说：“家和，你看，现代史这些东西怎么写啊？”

北师大历史系有位叫朱庆永的老先生，也是清华大学毕业的，乔冠华的同学，留英的，后来又到莫斯科。有一次朱先生问我：“你认识齐世荣吗?”我说:“认识啊。”他说:“他的世界现代史研究不一般哪。”我就问:“怎么不一般?”他说:“齐世荣要从档案中研究世界现代史。”当时我心里一惊,如果不是朱先生告诉我,我没想到中国做世界现代史的人还能想到要看外国档案。后来我跟齐先生讲这个事情,他说:“家和,我跟你讲,第一,我想看档案,但那时不可能;第二,我就是真看了档案也没法做研究。”齐先生有档案意识,但没有条件。他下功夫最大的就是绥靖政策,这个东西很晚才拿出来。那时候世界现代史没法儿做,我发现他老兄闲着时爱看各种晚清、民国的笔记。我见过他借的两本书,一本是晚清学者平步青的《霞外裙屑》;一本是刘禺生的《世载堂杂忆》。我说:“你还看这些书?”他反问我:“你也注意这类书?”我告诉他,我翻阅过,但只是随便看看。我们交谈的领域广与我们都看杂书有关。不过他看笔记之类的书,是为了扩大治史资料,写文章派上用场。我呢?看了只是为了玩儿,白看了。我跟齐先生性格不同,但却是好朋友,用孔子的话讲,他是狂者,“狂者进取”;我是狷者,“狷者有所不为”。我是个腐儒,说好点儿是个书生。但是我们两个谈书、聊掌故,很投缘。谈多了我才知道,实际上他的中国史修养是很深的。

第三次共事就是吴、齐本《世界史》,吴先生和他主持这个教材。他们二位是总主编,我是其中一个分册的主编,我们又在一起工作,谈的事就更多了。近些年又是搞中学教材,他做咨询委员会的副主任,我是咨询委员,往来又很多。2015 年 6 月 23 日,当时我老伴儿病了,有个教材的事,他说:“家和,你要来一趟。”我去了,那天吃饭时他跟我说:“家和,我们两个见一面少一面。”7 月份又因教材的事见了一次,他还跟我讲这句话。我说:“你别这样说。这多不好,应该见一面高兴一面,又多一次。你是减法,我是加法。”我怎知道,这时他已经知道自己得了癌症,但不愿意让别人知道。

我跟他的关系就是从历史教学、学术交流开始,到历史教学、学术交流终止。他的学问和为人,大家都是知道的,我说说我的感觉。

有人问,齐先生这么大学问,为什么不写专著?这个事我们聊过。他问我:“家和,你说什么是专著?”我说:“你问我什么是专著,一下子把我问住了。”他说：“你我是老朋友，还不说实话？”我说：“什么叫专著？说实话，很难回答。”他说：“你这话讲得对，现在我们很容易把一部书写大了，把东西一拼一凑就是一部专著。你说这个就叫专著吗？”我说：“当然不算，但是在现在这种情况下，也不能轻易地否定这些东西。”他说：“我跟你谈，就是我们俩人谈，你说，专著到底应该是什么样子的？”他解释说：“专著应该是以一个问题作为中心，从多方面、多层次，原始材料、二手材料、三手材料……所有关于这个问题的讨论，你都清楚。这样写出来的一个东西叫专著。你说是不是？”我说：“当然是。”他说：“这样的专著太难写了。”他又问：“家和，你怎么不写一部专著？”我说：“我怎么能写专著呢？我写点文章就蛮吃力的了。”他又讲：“你看看陈寅恪先生，有什么专著？都是文章，也不多。再看看陈垣先生，写的也都是文章。这是怎么回事？”我心里明白，要用他们的水平要求现在的专著，不可能也不现实。我觉得有个时代问题，不过他提出的标准是对的。这是他对专著的看法。

齐先生是个“大家”，这他还能接受。他跟我说过：“家和，我们现在硬是一再宣称这个是权威，那个是大师，那个是泰斗；我们不要轻易把别人说成是泰斗、大师，绝不要轻易地说。你说呢？”我是个狷者，我不愿意否定别人。于是他讲了清代的很多学者，我很惊讶他知道那么多。最后他说，我们这个时代没有。他对前辈先生包括他的老师，都没有称为泰斗、大师的，没有。他很崇敬的老师，如邓之诚先生，那么渊博，该说什么他也说。他还问我：“家和，咱们自己是不是大师？”我说：“当然不是。”我问：“你呢？你觉得是吗？”他说：“你还不知道我？”所以，我在任何场合，从来没有说过他是权威、大师。我如果说了，他会觉得我是在起哄。我觉得在这方面他对自己有更严格的要求，他也严格要求别人。

他做学问非常注意外国的新书，还注意中国的目录学，注意中国的掌故。譬如梁启超先生，有多少个名字？梁启超、梁卓如、梁任公，等等，这些名字在当时很有讲究。从《左传》开始，一个人就有三四个名字，《左传》都有记载。注意这些知识有什么用呢？了解他的求学经历，求学网络。他说，仅仅知道史料的作者还不行，还要知道他是个什么人，做这个书的时候师承是什么？朋友是哪些人？有什么影响？从这些方面了解这个人的特点。这实际就是陈垣先生重视学谱的关键所在。我觉得他是行家，让我从心里尊敬他。他讲，做学问不能薄得像纸一样，读书不能不了解作者，你看《四库提要》哪一个不对作者有详细介绍？的确如此。正如孟子所言："读其书，不知其人，可乎？"（《孟子·万章下》）

他要求真正的学问要做得又宽又厚，不能是直线式的前进。我曾对他说过，你不能那样要求现在的中青年，甚至不能要求我们这一代人。现在搞世界史的还有几个人能兼顾中国学问？按照他的要求去做，不现实。我是个狷者，就这样说。不能怪中青年学者，你没教给人家嘛！怎么打人家屁股？他也认可，说："家和，不用打了，我们所做的事也不如老一辈。那还说什么？是中国整个国运造成的。"实际就是这么一个悲剧，中国从清亡至今不过才一百多年，很多好的传统都丢掉了。他提倡做学问要宽、要厚，他自己就是这样。2014 年他写《史料五讲》，每写一篇就寄给我一篇，再打电话："家和，你要给我提意见。"他要我给他提意见，我不够资格，因为论掌故我没有他知道得多。他很注意近代，我没有他知道的那么多。

最后我讲他的为人。他性情耿直、急躁，这是一方面，但不是不能听别人的意见。我觉得只要跟他好好地说道理，他能够坦然接受，而且相当平等地对待人。但是你别在他面前耍大牌，他火气来了压不住，跟我们同辈人也会发火。平常开会他总喜欢坐在我旁边，一次开会，有位老朋友发言，没有考虑别人的感受，话说长了。他坐不住了，站起来在座位后面来回走动。我以为他是坐久了，想活动一下，忽然他发火了，说："你的话太长了，拿我们当小孩子了！"说完离开会场。会后我跟那位老朋友解释说，老齐就是这个脾气，你别在乎。那位朋友说："没关系，都是几十年的老熟人了，我不在乎。"他到家后给我打电话说："家和，今天我放炮了。"我说："放心吧，人家说没事。"你看，他发火之后也觉得不妥。他尊重别人，尊重别人的时间，他有这方面的修养。他自己讲话从来不啰唆，去年 7 月 3 日最后一次讲话，他还是这样。他是有自律的人。

我已经 87 岁了，上面说的都是心里话，以表示我对他的怀念。

# 缅怀齐大哥

金冲及

提起笔来要写缅怀齐世荣同志的文章，对我实在是一件很难的事。尽管去年冬天已参加过同他的告别，但仍恍恍惚惚地好像那不是真实的。他的音容笑貌依然时常浮现在我的眼前，他那爽朗的、浓重的北京口音，依然时常在我耳边响起。

齐世荣同志比我年长四岁，比我从大学历史系毕业早两年。我常叫他“齐大哥”，他也愿意我这样叫他。对他，我是十分尊敬和钦佩的。

大家都称他为新中国世界史研究的开拓者和奠基人之一，他确实当之无愧。他的贡献不仅在这门学科的某一方面，而是全局性的。新中国成立前，我在大学历史系读过两年书。那时候，中国人自己撰写的打破西方中心论的世界史专著，大概只有我的老师周谷城教授的4卷本《世界通史》，影响很大，但那毕竟还处于草创时期。新中国初期，世界史研究有了不少进展，但毋庸讳言，还受苏联史学太多的影响。吴于廑先生和齐世荣同志共同主编的6卷本《世界史》在改革开放后问世，是很多高等学校历史系广泛使用的教科书。它提供了一个中国人认识世界历史发展的比较完整的框架，成为我国世界史研究的新起点，产生了广泛而深远的影响。

现在大家特别重视创新。这部教材有许多独立见解，也就是创新之处。例如，世界现代史应该从什么时候开始？以往一般都从俄国十月革命说起。这部教材以二十世纪初作为起点，这在见解上是一种创新，是很有道理的。因为正是在这个时候，资本主义世界进入了帝国主义阶段，给国际格局带来许多新情况和新问题。没有这个时代变迁，就不会有十月革命的发生。这样的例子很多，不需要我来多说。

谁都知道，研究世界史对外语水平的要求是很高的。1990 年我同他一起到西班牙马德里参加第 17 届国际历史科学大会。那次大会的主题之一是革命和改良问题，当时西方学者中流行着一股全盘否定革命的思潮，会上的发言一面倒地批判革命、否定革命的历史作用。世荣同志临时走上台，用英语同他们进行激烈的争辩。这件事给我留下很深的印象。

更使我感动的是，他以望九之年，以高度的责任心和使命感，极端认真地投入中学历史教材的编写工作。因为在他看来，这是关系我国青少年一代能否具有正确的中外历史基本知识的大事，是关系中华民族未来的大事。我很能体会，到了这样的年龄，自知岁月有限，而想做的事很多，时间就得格外掂量着用。十几年前我听他说过，他很想写一部关于第二次世界大战起源的书。确实，以他的知识积累和学识素养，大概是国内撰写这样一部重要专著的最佳人选，无人可比。但为了对下一代负责，他毫不吝惜自己的时间和精力，全力以赴，投身中学历史教材这项工作，对原有教材进行大幅度的改造。这不是“大材小用”，而正是以更大的眼光为国家民族的长远利益而做切切实实的工作。这种精神使我肃然起敬，十分感动。

要主持编写一套好的中学历史教科书绝非易事。需要对世界和中国的古代史、近现代史都有很高的知识素养。国内史学的各个领域有很多专家，但有如此广博知识的学者也许屈指可数。齐世荣同志在史学领域内知识的渊博，使人吃惊。一年多前刚出版的他的新作《史料五讲》，提出了许多精辟见解。而给我印象更深的是，他所举的事例不只是世界史方面的，而且还引用了大量中国古代和近代的史料，真正做到旁征博引，信手拈来，运用自如。这样广博的知识，使他在观察问题时视野宽阔，目光犀利，论据扎实，每多独到之见。不客气地说，当今史学界可以做到这样的能有几人？

齐世荣同志为人的刚正耿直、心口如一，众所周知。正因为他所说的正是他所想的，没有任何虚伪和掩饰，使人对他有很深的信任感。他这种坦率和真诚，不是一般人所能做到的。举一个例子，是他自己告诉我的，一次有位中央领导同志和几位部委领导人探望几所大学的校长和教师。集体摄影时，领导人在第一排坐下，安排年长的老教授站在第二排。齐世荣同志一看就走，说："这个照我不拍了。"那位领导同志追上去把他拉回来，把自己的位子让他坐。齐世荣同志说："这位子还该你坐。"然后对旁边的国家教委副主任说："你年轻，你坐过去一点。"本来，尊师重教是中国的优良传统，让年长的站着、年轻的坐着确实很不恰当，这不只是个人的问题。但在这种场合，能够直率地、毫不犹豫地如此说如此做，我还是第一次听到。他的这类事例还有不少。

回想齐世荣同志去世前三个多月，我还随他一起去中南海向中央领导同志汇报中学历史教材编写工作，最后得到中央批准。齐世荣同志十分高兴，出来时对我说：几年的努力总算有了个结果。没想到这是我同他的最后一次见面。他这样突然地永远离开我们，我真是十分伤心。要说的话还很多，就写到这里吧。

# 永远的怀念
## ——忆齐世荣先生

张椿年

齐先生走了，我再也不能像以前那样和他坐在一起，听他的妙言精论，常常感到寂寞，不时陷于悲痛的回忆之中。

齐先生学贯中西，知识渊博，坦荡正直，敢道人之难言，是中国史坛的一位诤友。我一直以“先生”称呼他，视他为师。几十年中，我们为策划和推动世界历史学科的发展，精诚合作。在工作中，我总能得到他的无私帮助，我一直视他为值得信赖的朋友。1978 年 6 月，在天津召开了历史学科规划会议。会议分成中国古代史、中国近代史和世界历史三个组，我和齐先生都参加了世界历史组的讨论，正是在这里，我与他相识。因为世界历史组通过了给予刘绪贻先生和杨生茂先生主持的“美国通史”项目以国家资助的建议，所以我把天津会议作为后来的中国哲学社会科学基金办公室世界历史学科评审组历史的开始。我俩在这个组一起工作了将近 20 年。在评审申报课题时，他对论证不好或缺乏创意的课题，即使是老朋友、老熟人的申请，也不会徇情通过。齐先生对自己的要求也同样很严格，他曾申报过一个课题，申请的金额比规定的低了不少。我看了他的申报课题后，认为题目有意义，论证深刻，所以在他的课题被通过后，把资助提高到规定的额度。

从 1988—1998 年，我和齐先生同时担任中国史学会第四届和第五届理事会的副会长，在史学会我们又在一起工作 10 年。1993 年，在中国史学会第五届理事会上，戴逸会长提出由我兼任史学会的秘书长。我兼任史学会秘书长后，把中国史学会秘书处从中国社会科学院近代史所搬到世界历史所，史学会的领导成员一致赞成。齐先生对我说：“世界历史今天在中国还比较弱小，但它是中国史学的一个重要组成部分，现在把秘书处设在世界历史所，不仅你工作起来比较顺畅，还表明了中国史学会积极扶持它发展的态度。”但出人意料的是，有一位同志认为，中国的世界史不能代表中国史学的主流，史学会秘书处仍应留在近代史所，并把意见反映到社会科学院一位领导同志那里。院领导几次派人下来，要我考虑所提意见，我回答说，这次搬动史学会秘书处没有其他意思，仅仅是为了便于工作。齐先生知道这件事后，很关切地对我说，秘书处应该跟着秘书长走，否则秘书长在这个单位，而秘书处又在另一个地方，于事不利。他说，只要我们做好工作，个别人反对很快就会过去。事实正是如此，过后再没有第二个人质疑秘书处搬家的事。

我和齐先生曾两次作为中国历史学家代表团的成员出国，第一次是1985年，出席在联邦德国斯图加特召开的第16届国际历史科学大会；第二次是1990年，出席在西班牙马德里召开的第17届国际历史科学大会。1985年那次大会召开的时间正值世界反法西斯战争胜利40周年，由刘大年同志率领的中国代表团向大会提交了两篇论文，其中由齐先生撰写的《中国抗日战争在第二次世界大战中的地位和作用》一文，全面深刻地阐明了中国抗日战争对世界反法西斯战争所作的贡献。这两篇论文在大会宣读之后，第二次世界大战史国际委员会的副主席、苏联军事史研究所所长日林将军对我说，中国学者关于中国抗日战争的报告对与会学者了解中国在世界反法西斯战争中的作用有很大帮助，他代表第二次世界大战史国际委员会主席米歇尔欢迎中国尽快参加他们的组织。由此可见，齐先生的论文在大会引起了很大反响。此外，齐先生在大会还作了一次精彩的发言，他的发言使我想起了五年前的事。1980年，我曾陪同夏草同志、刘思慕同志，以观察员的身份出席第15届国际历史科学大会。当时，无论是中苏关系还是东西方关系，都比较紧张。中国代表团和苏联代表团见了面不说话，视同路人。苏联史学是以马克思主义为指导的，苏联学者与美国学者、西方学者，无论在大会还是在小会，因意识形态或因具体的学术观点不同，总要展开激烈的争论。

中国参加第16届国际历史科学大会的政治影响很大，但在学术讨论中的声音却很微弱。到了第17届国际历史科学大会时，整个国际关系开始趋向缓和，苏联学者与美国学者、西方学者的关系也开始友好起来，学术上有争论，不友善的争吵少见了。但是又出现了新的情况，在苏联代表团中，一些学者已放弃了马克思主义的指导。在关于“革命在历史中的作用”这个问题的讨论中，有位西方学者否认马克思的名言“革命是历史的火车头”，有苏联学者也加入批判行列。在讨论法国大革命的历史时，一些苏联青年学者完全否定大革命的伟大作用，认为它杀人太多。大会期间，我遇见苏联代表团团长齐赫文斯基，他对苏联学者尤其是一些年轻学者的表现十分不满，但又感到无可奈何，只能耸耸肩膀而已。齐先生是位马克思主义史学家，在这样一个关键时刻，他走上主席台，用英语慷慨激昂地为革命正名。他说，正是革命拉开了近现代史的序幕，对某些学者攻击革命的历史作用表示十分遗憾。齐先生的发言引起众人的注意，会场一片寂静，当时我就坐在台下，深深感到他的发言为中国代表团增添了光荣，让各国学者看到了中国学者的风采。

我十分尊敬齐先生的道德文章，我时常向他请教问题，获益良多。21世纪来临前，我感到有必要对即将逝去的波澜壮阔的20世纪历史进行初步的总结，就以“20世纪的历史巨变”为课题名称，按程序向社会科学基金办公室申请立项，并获通过。后来我因另有任务，难以全力以赴地担负起课题的编写工作，于是我请求齐先生援助，最后他答应和廖学盛同志同为本书主编。齐先生是我国世界现代史的权威，他来担任主编，名副其实。他对世界现代史的深厚造诣，保证了课题的学术质量。课题组多次开会，从切磋问题中，我从他那里学习到不少知识。这本书是我国第一本力图探索20世纪的书，是最早被收录“国家社会科学基金成果文库”的一本著作。虽然它得到社会的承认，但齐先生对学术的要求是很严格的，他对书中没有论述20世纪的科学技术感到遗憾。

在我和齐先生几十年的交往中，很多时候我们朝夕相处。但岁月不饶人，随着时间的流逝，各人的健康每况愈下，见面次数日益减少。前几年每逢春节，沈志华同志总要请齐先生、金冲及同志、阮芳纪同志和我在一起吃饭，因为平时来往少了，一旦老朋友聚到一起，分外亲热。席间，我们从国家大事到个人学术研究，倾心交谈，其乐融融，友谊得到升华。如今，齐先生走了，今后这样的欢聚也不会再有了。想到这里，我愈加思念先生。友情就是这样，它是永存的，如同一坛美酒，存放越久，越是醇香，越是醇厚！

# 深切怀念齐世荣同志

王玉璞

我想从另一个角度说明齐世荣同志在我国史学界的地位。

1988年7月，在中国史学界第四次代表大会上他当选中国史学会副会长，连任两届，至1998年9月卸任，时年72岁，从1985年至2000年，作为中国历史学家代表团成员，连续四届（第16—19届）参加国际历史科学大会，这在国内史学界是少见的。

1985在德国斯图加特举行第16届国际历史科学大会，适值世界反法西斯运动胜利40周年，大会把“对法西斯主义和日本军国主义的抵抗”列为三个重大课题之一。为此，齐世荣同志撰写了《中国抗日战争在第二次世界大战中的地位和作用》的重头文章，在会上宣读，得到强烈反响。但是，当时国际上研究的重点还是局限于欧洲的抵抗运动。在大会的主报告中，涉及中国及亚洲抵抗日本军国主义的斗争只有寥寥数语。齐世荣同志的宏论，无疑是中国历史学家在国际舞台上发出的最强音。代表团回国后，齐世荣同志对我说，我们应该大大加强第二次世界大战史的研究，大大加强抗日战争史的研究，在这方面也要破除欧洲中心论。

两年之后，1987年7月7日至11日，先后在京都、东京举行卢沟桥事变50周年中日学术讨论会。刘大年同志在组建中国历史学家代表团时，首先提名邀请齐世荣同志参加。1985年就是刘大年同志率团出席第16届国际历史科学大会，因为他了解齐世荣同志在历史学研究中坚持马克思主义观点，了解齐世荣同志的学养。1987年3月6日，他主持召开在京代表团团员第一次会议，谈到这次讨论会的方针时指出：“首先要肯定这是一次学术讨论会，但抗日战争本身就是政治性的，双方各自立说，日本侵略中国的战争性质、台湾是中国领土不可分割的一部分这两大原则不能变，原则问题不能有丝毫含糊。当然不能开成谴责的会，日本的文章也不能为侵略战争辩护。从历史研究的角度，各自讲对那场战争的看法。”刘大年同志强调，我们写文章的对象“不是对学术界讲话，不是专家之间的争论，不是只讲行话，这些文章对中日两国人民，对两国的年轻一代要起教育作用。”又说：“文章要求有史有论，史论结合，要有事实，要讲出道理，通过史实讲出观点。”

齐世荣同志认真地贯彻执行刘大年同志提出的方针、要求，撰写了一篇《中国抗日战争与国际关系（1937—1945）》论文。同年 5 月 11 日在代表团讨论齐世荣同志这篇文章时，刘大年同志说：“文章写得不错，观点明确。”同时强调指出，“中国的抗日战争在第二次世界大战中的地位和作用，一直被欧美学者所忽视，我们必须阐明中国的抗日战争是第二次世界大战的重要组成部分，是影响第二次世界大战全局的重要部分，要深入分析，理直气壮地讲”。7 月 7 日，齐世荣同志作大会发言时，首先讲了几句开场白，他说，我在读书时，学校规定要学日语，因为日军侵略中国，我对日本没有好感，因此拒绝学日语，今天看来这是幼稚的想法，但确实反映了中国青少年的爱国热情。因为当年没有学日语，今天只能用汉语发言，给二位翻译添麻烦了。这几句富有寓意而又不失幽默的话语，引来全场友善的笑声，会场气氛也为之活跃。接着，开门见山，严肃指出：“中国抗日战争是第二次世界大战的一个部分，而且是一个重要的、影响全局的部分。某些怀有偏见的史学家至今不肯承认中国战场的价值。在他们的笔下，这里似乎不过是轰轰烈烈的大战中一个沉寂的角落而已。其实，中国抗战自始至终都关系着世界全局。它揭开了第二次世界大战的序幕，并在战争的各个阶段，直到战后世界格局的形成，都发挥了重要影响。”铿锵有力，掷地有声，一下子吸引了与会学者，全场静静地听一位中国历史学家理直气壮地宣讲。齐世荣同志的这篇宏论全文一万七千字，分十七个段落，对日本疯狂发动侵华战争，中国抗战对欧洲战场的重要贡献，美、英、法、苏等国在战争的不同阶段对华、对日的态度等，从政策到贸易到援助，作了深刻的揭露和深入的分析，有实例有数字，极富说服力。这篇论文，引文有60处，其中45处引自外国资料，15处引自国内资料，都是据实讲理，没有空话。齐世荣同志完全贯彻了“不是对学术界讲话，不是专家之间的争论，不是只讲行话，这篇文章对中日两国人民，对两国年轻一代要起教育作用”的方针，作了一篇极富战争力、又通畅易读的好文章。

在整个讨论会期间，无论是大会发言，提问质疑，还是会外同日本学者自由交流，不卑不亢，挥洒自如，很有大家风范。

还有一些细节，让我久久不能忘怀。1987年以刘大年同志为团长、吴于廑同志为顾问的中国历史学家代表团一行八人，其中吴于老74岁、刘大年同志72岁。齐世荣同志时年61岁，我53岁，其他几位都是60岁上下。出发前，我对团内同志说，这次出去，我重点要照顾好吴于老和刘大年同志，对各位有照顾不到的地方，请谅解。齐世荣同志说，我们的事你不用管，照顾好二位老人家就可以了，需要我做什么，你尽管吩咐。从7月5日出国，到7月18日回到北京，齐世荣同志模范地遵守团内规矩，认真地参加各项活动，从不迟到早退，生活也从未提出过要求，没有大学者、校领导的架子、派头。使我感动的是齐世荣同志对二位长者执弟子礼，有时还帮助我照顾二位老人家。我感谢他的帮助，他却说，在二位老人家面前，我是学生辈，照护他们是应该的，尊师是咱们的传统。

我和齐世荣同志相识相交三十余年，时间不算短，但真正合作共事的时间并不多。尽管如此，我和他好像心心相通，但凡见面，都能推心置腹讲心里话。我为结识这位史学大家并能为他服务而荣幸，为失去坦诚直率的诤友而痛心。

2016年1月13日

# 弘扬齐世荣先生的学术理念与风范

张　象

我与齐先生相识于1979年5月同出席在安徽师范大学的一次会议。这是中国世界现代史学科有史以来举行的第一次全国性的学术讨论会。最后一次相见是2015年7月由首都师范大学举办的“二战”问题学术研讨会。不料会后不久齐先生就仙逝，令人十分伤痛！我与齐先生交往共36年。在此较长的时间内，我参加了他主编的六项全国性的大型科研课题。① 加之他是中国世界现代史研究会原会长，我是原副会长兼华北分会会长，故接触较多，常能聆听他的教诲，受益匪浅。他是我一生中最敬重，也是最难得的一位恩师。他的学术成就和思想非常丰富而珍贵，我感受最深的有如下几个方面。

---

① 六项全国性课题是：第一，《当代世界史资料选辑》，齐世荣主编，我任第三分册主编，1984年启动，1996年首都师范大学出版社出版；第二，《世界史》6卷本，吴于廑、齐世荣主编，我为当代卷作者之一，1987年启动，1996年高等教育出版社出版；第三，《人类文明的演进》，齐世荣主编，我写当代部分，1997年启动，2001年中国青年出版社出版；第四，《世界史》4卷本，齐世荣主编，我为当代卷作者，2000年启动，2006年高等教育出版社出版；第五，《20世纪的历史巨变》，齐世荣、廖学盛主编，我写科技与社会课题，1999年启动，2000年人民出版社出版；第六，《世界五千年纪事本末》，齐世荣主编，我任编委与作者之一，2002年启动，2005年人民出版社出版。

## 一、坚持马克思主义观点，创造性地应用于世界史教研的实际

齐先生的马克思主义理论水平是相当高的。这在新中国成立前上大学的老一辈学者中是十分罕见的。他曾告诉我“文化大革命”期间，蹲“牛棚”，他就利用此时机，大量读经典著作。故他能十分快捷地告诉青年人研究某问题应该读哪几篇经典著作。更重要的是他能理论联系历史实际而有所创新。例如，关于世界史体系问题，过去苏联和我国都只重视马恩关于世界历史纵向发展的理论，即社会制度的更替，忽视了他们讲述历史横向发展的理论，即人类社会是由分散到整体的过程。改革开放后吴于廑先生提出此问题，迅速得到齐先生的赞同，故两人合编六卷本《世界史》。我参加这项工程后，很快就收到齐先生写的一文：《关于开展世界现代史研究的几个问题》。此文作为我们编写现代史的指导意见。这里体现了他对马恩的世界史学科理论的理解。马克思在《资本论》中指出研究人类社会生活“要从后面开始”。吴于廑先生安排通史六卷，现当代占三分之一篇幅，齐先生安排四卷本《世界史》，现当代占二分之一篇幅，这种编纂思想都是对马恩理论的具体运用。

齐先生坚持马克思主义还体现在对苏联问题的分析上。苏联解体后从西方各国到俄罗斯的舆论，都是一致地否定十月革命和社会主义前途。认为这是布尔什维克搞的人为实验。面对此风潮，齐先生领导我国世界现代史研究会多次为此举办学术讨论会，纪念十月革命的周年。齐先生写文章肯定十月革命的历史必然性和社会主义的发展规律。他强调：“苏联的剧变和解体只是社会主义一种已经僵化而未及时改革的模式的失败，并非整个社会主义制度的失败。”① 由此可见他们的马克思主义立场和应用水平。

① 齐世荣主编：《世界史》（全4卷），高等教育出版社2006年版，“前言”。

## 二、重视资料工作并身体力行

齐先生经常说，写文章要“言必有据，不放空炮”，“史料是研究历史的基础”。他投入世界史学科领域工作是从编译资料开始的。“文化大革命”前，周、吴主编的《世界史》是我国世界史学发展的里程碑。与它相配合的还有一套资料，各段主编都是国内知名学者，现代部分则由齐先生编译，他对1945年以前部分计划编三册，但编了两册，因“文化大革命”而中断。尽管如此，这件事反映了在我国的世界现代史学科建设中，齐先生是最早的开拓者之一。1979年5月在安徽师大举行的学术会议决定组建中国世界现代史研究会。于是此会也促成了一些“地区性组合”，如李植枬和高明振带头的中南地区组合。华北地区经出席这次会议的北师大卢文璞老师的努力，形成京津地区的组合。我们希望在齐先生指导下活动。齐先生便建议编写他原计划要编的世界现代史战后部分的资料。经研究定名为《当代世界史资料选辑》，全3册，由北师大的张宏毅、黄安年和我任分册主编。我负责的亚非拉部分，这里国家多，语种多。齐先生作为主编，几乎每一篇译文他都要与原文校对，经常有译稿要打退回来让我们再译。这种主编的负责精神让人感动。

他常说：“作为一个史学工作者必须打好史料这一基本功。”有一件事很使我难忘。他曾指导徐蓝写毕业论文，题目是《英国与中日战争（1931—1941）》，他要求她不仅看英文档案材料，还要看日本档案材料。当时国内只有南开大学的日本史研究室有从日本搞来的一些材料。齐先生便与我联系，请帮忙。后来他还带徐蓝到天津面见我校日本史研究室负责人俞辛焞同志。如此重视资料利用，结果使徐蓝这一课题成为我国第二次世界大战史研究的一项力作。

## 三、支持对新问题的探索、但对创新的研究评估要慎重

世界现代史是世界通史的一部分，但长期以来现代史与其他部分不同，变成政治史和国际关系史，缺少文化科技内容。“文化大革命”期间强调以“阶级斗争为纲”更扩大了这一缺点。1979年在兰州举行的世界现代史研究会成立。在会上南开大学的几位现代史老师提出一篇论文，主张世界现代史要全面表述，文化艺术是历史的灵魂，不可缺少。齐先生赞成此观点。他主编6卷本和4卷本《世界史》都尽量增写文化内容。我主持世界现代史学会华北分会工作时，便组织大家编写了一本《20世纪世界文化》。齐先生说：“我从来不轻易给他人写前言，你们这本书我要写。”后来他还把该前言收录他的文集。他在前言中说：“看到同志们的新成就，十分高兴”，“可贵之处在于作者们明知困难重重，却敢于知难而进。”但同时指出这是“革创之作”，“希望坚持不懈”，继续修改充实。

科技问题是世界现代史的一项重要内容，需要加强。这是大家的一致看法。所以现代史华北分会在首都师范大学开会时，齐先生就请他的研究科技史的老朋友来做报告，结果听的人像是“坐飞机”，晕晕乎乎，听不懂。后来齐先生对我说：“在我们学科内讲科技问题，应重点讲科技与社会的关系。”为此他还帮我申请到一个项目。1999年他主持《20世纪的历史巨变》这一大课题便让我写一专题：《20世纪的科技腾飞与人类物质文明的巨变》。该项目阶段性文集发表了此文章，但最后合成总集时却取消。因为这终究是新问题，研究还不够，慎重为宜。我同意和赞成这种处置。

齐先生在《历史研究》上曾著文评估我国的世界史研究现况。他认为我国的世界史学“总体上讲水平还不够高”，他认为还需要几十年的基本建设，才能进入真的“发展时期”。① 这种求实求真的态度很值得我们学习和坚持。

---

① 《齐世荣史学文集》，人民出版社2002年版，第359—360页。

## 四、重视世界现代史的教学工作和普及工作

齐先生在1988年为我主编的《当代世界知识新辞典》写了这样的前言："普及世界当代知识，应当成为我国国民教育的一项基本任务，这样说恐怕不算过分。今日的世界已日益成为一个息息相关的整体。我们生活在这样一个世界中，必然要在政治、经济、文化各个方面同外界广泛发生联系，这就要求我们通晓世界形势和各国情况，而决不可闭关自守，闭目塞听，否则就无法自立于世界民族之林。"① 当时世界经济全球化的态势尚不十分明显。齐先生有这样的论述十分难得。按照齐先生的指导方针，我们编的这部300余万字的辞典，从体例到内容都有特点，不同于其他国际类和历史类辞典。例如我们的编排按内容分类而不按笔画，每个词条都列有参考书目。该书在天津读书节上被市民评为"最喜欢的十本书之一"，排名第二。这一成绩是与齐先生的指导思想分不开的。

我经常还听到齐先生有这样的言论：学科的发展关键是人才，而人才的培养要靠教学。只有这样才能将一代代的专业知识的积累传下去。加强教学不仅是对研究生，大学本科、专科以及中学的历史教学都要加强。应该承认我国国民的世界观念是有缺点的。半殖民地的恶果造成人们的理念一切都是"洋"的好。毛主席曾批评一些知识精英"言必称希腊罗马"。新中国成立后，"冷战"造成封闭隔绝，又使人们对世界认识很不全面。毛主席曾对非洲外宾说："非洲的情况对我来说不太清楚。"所以加强世界史的教研工作在我国有特殊的意义。齐先生的一些呼吁是十分正确的。今天齐先生离开了我们，但他的学术理念和学术风范将永存。我们应当弘扬传承，大力发展我国的世界史教学与研究，为实现中华民族复兴的伟大梦想做出贡献。

① 张象主编：《当代世界知识新辞典——教学与研究工具书》，南开大学出版社1993年版，"前言"。

# 一位开拓者、良师与忘年交

## ——追忆与齐世荣先生的交往

沈永兴

12 月 3 日早晨约八点左右，一阵急促的电话铃声响个不停，我潜意识里猜测有不祥的事情发生。果然，电话是首都师范大学梁占军教授打来的，他告诉我齐先生已在凌晨六时许不幸病逝。听到这一噩耗，有些发蒙，不知何因，手机断了两次，等第三次接听我才确信这是真实的。

大概在 11 月 24 日，我接到北师大张宏毅教授的电话，说原来约定在元旦与齐先生的聚会不能成行了，因为齐先生因病住进了中日友好医院，据他女儿说病情比较严重，意识已不大清楚，也不认识人了。本来我俩想马上去医院看望，但他女儿劝阻说，去了他也不认识人，再加上张宏毅身体不好，一直患重感冒，只好打消去探望的念头，祈望他平安康复。后来的几天我总感到心神不宁，忐忑不安，于是在 11 月 27 日发微信给梁占军询问情况。梁教授那时参加完台湾辅仁大学举办的学术会议后，又在外地出差。他回复说："齐先生情况不大好，待我星期六回京后再去探视。"却没有想到 12 月 3 日他来电告知了这样不幸的消息，我感到非常突然，难以置信。

今年 5 月下旬，在保利大厦一家酒店，齐先生与我、张宏毅还有李铁城等人一起聚会，相谈甚欢。齐先生看上去身体很健康、神采奕奕、思路清晰，还送我们每人一本他翻译的《蒙古近代史纲》。这样的聚会几乎每年都有，成了惯例。去年 7 月在首都师范大学举办的纪念第一次世界大战一百周年的学术讨论会上，齐先生亲自出席，还送给我一本他著的《史料五讲》。8 月又在离齐先生家不远的东四十条东口的香满楼相聚。今年

7 月他又亲自出席了首都师范大学举办的纪念抗日战争暨世界反法西斯战争胜利 70 周年的学术讨论会，并且致辞。我们大家都相信以齐先生这样健康的身体，活到百岁不成问题，却想不到相隔短短几个月，他被病魔击倒了。齐先生的辞世，不仅使我失去了一位良师和忘年的益友，更重要的是，世界史学科尤其是世界现代史和现代国际关系史学科失去了一位开拓者与奠基人。

## 三十余载忘年交

我认识齐先生是在 1978 年前后，我当时住东城干面胡同 15 号，齐先生住在遂安伯胡同东口，两条胡同紧挨着，相距仅百米之遥，所以有时我便去他家看望，聊聊天，也谈到所里或史学界的情况，那时我正参与《第一次世界大战史》的写作，有些疑难问题便请教他。

有一次我问他：十月革命后影响扩大到欧洲，德国和匈牙利都发生了革命，那西方是否干涉了匈牙利革命？具体表现在哪方面？齐先生不愧是现代史专家，耐心回答了我的问题，还开了两本参考书。后来我与齐先生的交往就越来越多，原因不仅是住得近，主要还在于：其一，我与齐先生搞同一个专业，即世界现代史，或称 20 世纪史；其二，同在一个研究会工作，即世界现代史研究会（后合并为世界近现代史研究会，但仍分开活动），齐先生长期任会长，我任副会长，学会工作接触较多；其三，我在《世界历史》杂志工作很长时间，齐先生一直任编委。我们交往长达 37 年之久，从未中断，虽然他是前辈，年长我 15 岁，但忘年之交和友谊一直延续至今。

大概是在 1980 年，我与齐先生一同去郑州大学参加一个学术会议，那时社会科学院副院长于光远为促进学术研究，鼓励成立各学科的研究会，所以在这次会上有人提议成立世界现代史研究会筹备会，并推举齐先生为会长，记得陈显泗、戴可来、唐希中教授都出席了此次会议。会后郑大还派一位学考古的老师陪同我们去考察少林寺，那时该寺相当破旧不堪。几乎与此同时，华东几所大学在苏州开会，同样成立了世界现代史研究会，由靳文翰先生任会长。我向所领导汇报了有关情况，领导认为有同名的两个学会，并且同样挂靠在世界史所是不符合规定的。后来就派科研处处长冯修蕙同志参加了在兰州召开的会议，将两个会合并为一个世界现代史学会，由靳文翰任会长。过了几年时间换届选举，齐先生就当选为会长，并连任几届，直到 2000 年由张宏毅接任会长。

由于学会工作的关系，我与齐先生接触就更多了。我几乎参加了世界现代史学研究会举办的所有年会，2000 年前的许多会议都是由齐先生领导并主持的。由于齐先生威望很高、领导得力，所以这个研究会办得很好，有声有色、学术气氛很浓、学术质量较高，会员人数多达三四百人，还先后举办过多次青年学者讲习班。

学会和讲习班的活动培养出不少青年学者。即使因年龄关系卸任会长后，齐先生仍关心学会工作，对学会的人事安排、会议主题等都提出过很好意见，每次会议，他都亲自写来贺信。2006 年李世安教授接任会长，我与姜桂石教授任副会长，姜还兼任支部书记，齐先生特意嘱咐我说，你过去负责过《世界历史》，有编辑经验，要办好《世界现代史通讯》，要把好关。所以每期《通讯》出版前，我都让秘书长芮信寄给我仔细审定。《通讯》一直坚持出版，到现在已出了 40 期。这与齐先生的关心也是分不开的。

我与齐先生交往的另一个领域是在《世界历史》。我 1980 年被调到编辑部工作，那时有三个杂志，除《世界历史》还有《世界史研究动态》《外国史知识》，我先参加《外国史知识》的筹办工作，后来负责《世界历史》，1983 年任编辑部副主任，1985 年任主任，1986 年又任副主编，齐先生一直是杂志的编委，还有马克垚、李纯武、郑异凡等老先生。

记得每次开编委会，齐先生都会提出一些见解和建设性意见，有时也会不客气地提出批评，指出杂志的缺点和不足，他支持杂志的工作，不仅推荐好文章，还自己写稿。据不完全统计，不算《动态》上的文章，仅在《世界历史》发表的就有 10 余篇。其中给我印象最深的一篇文章是《书评不要八股化》，他严肃批评了一些书评文章中八股式的套话——先说一大堆好话，该书有什么什么优点或突破，然后在末尾说一些不痛不痒的，“当然，书中不免也有瑕疵与疏漏，但瑕不掩瑜”之类的话，正是切中要害，入木三分，至今言犹在耳。

在一次编辑部与南京大学历史系联合召开的《遵循学术规范，加强学风建设》的讨论会上，齐先生又针对性地指出了种种学风不正的情况，毫不留情地予以批评。他厌恶个别学术界行为不端，四处钻营、吹嘘自己，妄图在学会谋取一官半职的人，并称之为“苍蝇”。

那一段时间因工作原因，与齐先生接触较多。大约在 1987 年至 1992 年之间，我住在东总布胡同，与齐先生家离得不远，每年春节期间，我都邀请齐先生来家做客，他慨然应允，除聊聊学术界情况外，还听听他的看法和意见。我一般会自己下厨，炒几个上海本帮菜，如腌笃鲜、熏鱼等作为招待，颇受好评，但他最喜欢的却是一道武汉菜珍珠丸子。有时在聚会时，他还不时对张宏毅等人说起此事。1993 年我搬到芳城园后，他也来过两次，还在方庄金鼎轩聚会过一次，在场的有张宏毅、李世安、芮信和我，主要是商量学会的工作。

## 重视学科建设，热心提携后学

齐先生对培养青年学者十分重视，认为学科的队伍建设是根本，没有一支高水平的队伍，这门学科就谈不上发展，故而对青年学者鼓励呵护有加，受其教诲、栽培、提携帮助者不在少数。他本人培养的硕士和博士生有数十人，其中有一些已经成为世界史学科中某些分支的骨干和学科带头人。他亲口对我说过，在他的学生中，武寅、徐蓝、沈志华是比较满意的(对沈志华的培养，沈在《东方历史评论》写的《哀悼恩师，追思先生》中已有详细描述，这里不再赘述)。去年在首都师范大学召开有关一战史的会，他也称赞梁占军会议组织得好。

有人往往看到齐先生严格的一面，其实他也有和蔼可亲的一面。记得在 1999 年，南京大学历史系钱乘旦教授邀请齐先生和我参加他的博士生许洁明老师的博士论文答辩，也许是听到齐先生这样的权威专家参加她的答辩，所以感到有些压力和紧张。我得知这一情况，便走到宾馆隔壁齐先生房间，告知了这一情况并询问他对论文的看法和态度，以便第二天答辩时口径能一致些。齐先生当即对我说："我看过了，她的论文写得还不错，你打电话告诉钱乘旦，让她不必紧张，平常心对待。"可见齐先生的呵护之心。记得那次参加答辩的还有杨豫、沈汉、陈晓律等教授。鲁静可能是齐先生的关门弟子，几年前，齐先生请张宏毅和我参加答辩，虽然齐先生也指出论文的一些不足，但态度仍是很和蔼的。

还有一次是在北大百年校庆历史系举办的学术会议上，齐先生发言概述了世界史学科发展的历史过程，并对青年学者寄予巨大希望，对钱乘旦、武寅这样的青年学者大加鼓励。我所有一位学者名叫陈祥超，在齐先生的督促和鼓励下写了一本书《墨索里尼与意大利法西斯》，齐先生曾多次在不同场合说，陈祥超是国内第一位用意大利原文材料写出书的人，给了这本书很好的评价。

## 70岁以后出了20多本书

毋庸置疑，齐世荣先生的主要贡献体现在他对世界史学科建设的重视和他本人的学术成就上。作为新中国第一代世界史学者，他是世界现代史和现代国际关系史的开拓者和奠基人之一。他的学术成就是多方面的。他与吴于廑先生主编的《世界史》6卷本早已成为各高校的通用教材；他自己还主编了一套《世界史》4卷本。

先生尤其重视史料，故而主编了《世界通史资料选辑》现代部分和当代部分各三卷。他对第二次世界大战中绥靖政策深有研究，见解独到，且有开山和引领作用。记得1995年，他在《求是》杂志发表了一篇《中国抗日战争在世界反法西斯战争中的地位和作用》的文章，影响较大，这也是他在参加第16届国际史学家大会上发言的主要内容，引起了广泛重视。他还与廖学盛主编了《20世纪的历史巨变》，很有时代性和现实意义。齐先生成果丰硕、著作等身，不少文章中都有介绍，在这里不必赘述。但他老骥伏枥、笔耕不辍的精神更值得学习。有一次他亲口对我说，他在 70 岁以后的著述最多，出了 20 多本书。此话并非虚言，这几年他送我好几本作品，直到病倒前还在看书稿的清样。这是一种“小车不倒尽管拉”的奋斗不息的精神，实属难能可贵。

在学术上，我与齐先生有过一次难忘的合作。大约20世纪90年代初，他还在首都师范大学校长任上，有一次他打电话给我，要我与胡国成去他家一次，说有事商量。我俩便骑车到前门西大街他的家中（那时他住在前门），在客厅里他说了他的想法，希望编一本工具书，题名为《世界五千年纪事本末》，希望我们跟他合作，帮助完成这本著作。我们俩愉快地答应了。中午便一道在前门西大街著名的鲁菜馆泰丰楼吃饭，点的有红烧海参和乌鱼蛋汤等。此后我们两人便做了分工，定出选题，然后按地区或年代、国别，约了几位较有水平的学者分头组稿或写稿。稿子完成后汇集起来，由我们二人审阅和修改并定稿，完成后再交齐先生最后过目审定。

这部书纵跨五千年，横涉一百多个国家和地区，字数达 220 多万字，内容相当纷繁复杂，题目本来也可叫“大事纪要”或“大事要览”，但之所以叫“纪事本末”，齐先生有一个解释：因为它本身就是一种史学体裁，南宋袁枢就著有《通鉴纪事本末》。齐先生说：“这种体裁，以纪事为主，把历史上的大事，详其首尾，予以表述；优点是文省于纪传，事豁于编年。”

这本书的编辑出版经历了许多波折，先是胡国成调到美国所工作，后来就换了高教出版社的王方宪同志，我们三人算是副主编。其次是出版遇到困难，本书历时约 10 年，找过几家出版社都不行，负责古代部分的张广智还多次询问我为何拖这么久。由于部头较大，二百多万字，若无补贴肯定赔本。但最后还是由齐先生找人民出版社出版了，那时已是 2005 年了。

齐先生知识渊博，涉猎广泛，涵盖中外。他虽搞世界现代史，但对中国史毫不外行。在聚会或聊天时，他经常会说一些掌故趣事。有时他会谈起一些老一辈史学家如向达、杨人楩、齐思和、陈寅恪、周一良等人的一些轶事，听来很有趣。我曾经建议他把知道的和经历的事写出来，编成书出版，他笑笑说，现在还没有空，等以后有空再写，可惜现在已经不可能了。

齐先生也很念旧，即旧情旧友都记于心。今年 7 月，在首都师范大学召开纪念抗日战争暨反法西斯战争胜利 70 周年的学术讨论会时，他特意嘱咐梁占军邀请一些搞现代史已退休的老专家，张宏毅、徐天新、李巨廉、王斯德、姜桂石、张象等悉数到会，聚集一堂，合影留念，叙谈甚欢。这些老先生也积极参会，争相发言，各抒己见。

如今，先生突然驾鹤西去，让人感叹不已。回忆起与先生三十多年的交往与友谊历历在目，先生之教诲言犹在耳。如今有这么多同行、同事、学生深切缅怀和追思先生，足见先生之厚德。

最后以一首拙诗以此缅怀：

辛勤耕耘六十载，
桃李芬芳溢满天。
著作等身传后世，
后继有人应无憾。

2015 年 12 月 8 日于北京

# 怀念我的老师
## ——齐世荣先生

徐天新

齐先生没有直接教过我，但是在世界现代史学会的工作中，在私下里交谈中对我的教育颇多，所以在我的心中，齐先生始终是我很尊重的老师。在世界现代史、当代史的研究中，他是我国这一学科的开拓者、奠基人之一。张宏毅老师在齐先生 80 岁寿庆的时候专门写文章，做了全面阐述。我不想多讲了。此外，齐先生亲自讲授世界现代史，亲自编写世界现代史，培养了大批的优秀学生，还组织领导全国世界现代史学会的工作。齐先生这方面的成绩也是非常明显的。这里我只想从我个人的体会、个人的感受来讲讲齐先生的贡献。

首先一个问题就是世界现代史、当代史在史学中的地位的问题。传统来讲，一般不太重视也不认为当代人写当代史是应该的，甚至认为它不在史学的范围之内。新中国成立后，我们提倡厚今薄古，人们对于世界现代史这门学科应该怎么认识就产生两种很极端的看法。或认为现代史是历史学中主要部分，甚至是最重要部分；或认为它虽重要，但它是政治不是历史。齐先生就这个问题专门写了文章，论证现代史在史学中有着不可或缺的重要地位。他指出，人类社会尤其是 20 世纪以来在各方面有着巨大的发展，不理解 20 世纪的历史就很难更深刻地理解 20 世纪以前的历史。齐先生在维护现代史不可或缺地位的同时，又指出研究当代史有着难以克服的弱点，或者说是问题。因为当代的事情还在发展，难以准确预料它对未来的影响，难以精确判定它的历史地位。再加上当代人所处的地位、政治、国际形势的影响，经常会戴主观眼镜观察事物。所以对现代史的认识和研究会有很大的局限性。齐先生强调这两者合之则两美，离之则两伤。这是非常实际的一种分析，使我们研究世界现代史的同志明确自己责任的重大，也知道自己在这一学科研究上存在着致命的弱点。

第二个给我印象最深的、也是受教育最深的就是现代史应该从什么时候开始的问题。大家都知道现代史和政治有着非常密切的关系，现代史离不开当前的政治，但是，作为史学又必须和政治有所区别，这个关系怎么处理，我觉得是一个非常难处理的问题，也是我心里经常矛盾的问题。现在一个很明确的问题就是十月革命，因为我们现代史基本是从学习苏联开始的，《世界通史》第八卷现代史就是从十月革命开始，好像这些都是公认的。我记得2007年十月革命90周年的时候，我们的史学杂志发表的文章还明确地讲十月革命开辟了人类历史的新纪元，好像它是不可否定的。但是另外一方面作为史学工作者一定很清楚地看到，列宁那时发动十月革命，它是作为一个导火索，将引发西欧的无产阶级世界革命，开创一个新纪元，但这个新纪元没有开成，所以这个东西怎么办、怎么写一直是非常困扰我们的问题，但是我觉得齐先生既睿智又勇敢，他主编的《世界通史》现代部分就是从20世纪进入帝国主义时期开始，这也是列宁所讲的正是进入帝国主义时期才有了十月革命，才有了对旧的资本主义的冲击，换句话说，齐先生这么做现在好像得到了普遍的接受。这是一个很了不起的事情。因为看来好像只是一个现代史的开始问题，实际讲的是，现代史的基本内容，它的主题是什么。现在看来主体很明显还是在资本主义。资产阶级社会在这一时期的政治经济阶级关系有了很大的调整，国际关系都有了很大的变化。世界现代史中，有社会主义新体制冲击旧世界的内容，但不仅仅是这些。资本主义本身还作为一个主体在发展在变化。只有这样，我们才能对世界有个全面的了解。齐先生这样处理这个问题，我真是佩服得五体投地。在现代史离不开政治，又需要有突破有进步的时候，这个就是一个很了不起的贡献。

第三点给我受益很大的就是，齐先生有一次跟我谈话时讲到，斯大林为什么能够战胜托洛茨基的问题。大家都清楚，十月革命主要是在列宁、托洛茨基的领导下开展的。托洛茨基的地位、影响是远远超过斯大林的。

但是斯大林很容易就战胜了他。这是为什么呢？很清楚，就是斯大林提出了“一国可以建设社会主义”。布尔什维克在革命开始的时候认为，十月革命作为一个导火索，会点燃西欧的世界革命。但是预想中的变化没有发生。那么，在这种情况下该怎么办？是按照旧的方案继续宣扬世界革命，推动世界革命，还是另寻新路。列宁也看到了世界革命在西欧一时来不了，他曾把视野转向东方。但是东方的资本主义发展很少，如何向社会主义过渡还面临诸多问题，人们并不清楚该如何解决，也不确定前景会如何。在这种情况下，斯大林明确讲苏联一国可以建设社会主义。就凭这一点斯大林很容易便战胜托洛茨基。这也是斯大林的贡献。

我觉得齐先生在这一点上讲得非常深刻，到现在为止，可以说还有两个极端看法。一个只承认世界革命。说苏联这一套根本就是不行的，是错误的，所以现在苏联垮台了。他们要整个地否定这一段历史，否定斯大林。另外一个就是完全肯定，无视历史的变化。齐先生有句话讲得很清楚，斯大林的贡献就是“一国可以建设社会主义”。这个社会主义不能教条地理解为是马克思怎么说的，或者理解为是列宁怎么说的。这个社会主义就是苏联的实际情况。苏联已经由布尔什维克掌握政权了，下一步能够像托洛茨基那样等着西方革命来引导吗？这不现实。所以，斯大林的一国建设社会主义是一个贡献。现在有人说，资本主义是靠着资本来推动社会前进，但它有一个根本的矛盾在于无产阶级受剥削，在于社会的不平等。而社会主义试图从另一个层面来推动社会前进，通过高度集中，通过无产阶级专政来实现目标，也有问题。对于这一问题，有很多的理论家在研讨。齐先生认为，苏联确实在这方面迈出了一步，而且斯大林是比较实际的，按照俄国的条件迈出了这一步。我觉得齐先生对历史看得很透，他不是简单根据某种理论来判断，而主要是根据俄国的国情来看斯大林的成绩和问题。

齐先生很谦虚。他说他只是一个过渡时期的史学工作者。我们历史工作者确实有很大的局限性，确实需要有自知之明。齐先生在这方面是很清醒的一个史学研究者。我们谁也不敢说自己的研究就是一个定论。这肯定不是，尤其是研究现代部分。但是，齐先生的研究中确实有他的很精辟、很独到的东西。我觉得我们纪念齐先生，我们学习齐先生，最重要的不是他的某些定论，而是他对于历史发展进程中的独到探索和贡献。这一点上，齐先生确实是我的老师，是我们的老师，我们应该发扬齐先生的精神，去探索，我们不是依据齐先生的结论，而是按照齐先生的精神去做进一步的研究。

# 亲身感受齐先生的治学为人

张宏毅

齐先生不幸于 2015 年 12 月 3 日病逝，噩耗传来，令我万分悲痛。

我比齐先生整整小了 10 岁。由于专业相近和工作的关系，他对我的帮助和影响极大，我们之间也建立了深厚友谊。我记得第一次见到他是 1979 年秋天，在商务印书馆。真是一见如故，他知道我是搞国际关系史的，当时就介绍一本相关的英文书籍让我阅读。1983 年底，我结束了以公派访问学者身份在美国加州大学伯克利分校历史系进修美国史两年的任务回到国内，这以后联系就越来越多。我几乎参加了他主编的所有有关世界现当代史资料的英俄文资料翻译工作，以及吴于廑先生和他主编的《世界史》6 卷本及他主编的《世界史》4 卷本世界现代史中的现代国际关系史或美国史的写作任务。在他担任世界近现代史研究会会长期间，我担任秘书长，协助他工作多年，后因年龄关系他退居二线由我接替他任会长，但他作为名誉会长，始终关心并参与指导研究会工作，使研究会一直得以健康发展。几十年来，我从他身上学到的东西一时难以言表，而我们结成的友谊也使我倍感珍惜。他并没有因为我一直是他助手，并且才疏学浅而轻视我。相反，他常常把我当作一位知心朋友，推心置腹地与我交谈。2013 年底到 2014 年初，我陆续收到他寄来的七本有关国际关系史的俄文书。在其中一本上他写道，“赠给宏毅同志，以纪念我们几十年的友谊与合作，齐世荣 2013 年 11 月 8 日”。当然，这种友谊表现在他与许多人身上。这次从沉痛悼念齐世荣先生的无数唁电中，我看到那么多同辈学者，青年学生，同声赞扬齐先生的为学为人，就有一种冲动，觉得应当把我对齐先生的所见所闻记录下来，让我们，特别是青年人懂得并认真继承先生的许多宝贵遗产，这不仅是对先生最好的纪念，也是为祖国世界史乃至整个学术界的繁荣发展做一件极有意义的事。下面分五点谈谈我对齐先生治学为人的一些感受。

## 深厚、扎实的学术功底

齐先生从学生时代就打下了史学研究的深厚功底，他对古文、现代汉语、英文、俄文、中外典籍等娴熟的运用，令我惊叹不已。听说“文化大革命”期间北京市在“评法批儒”活动中，若干书由古汉语翻译成现代汉语，都要请先生定稿。他在 20 世纪 80 年代初去美国布法罗大学历史系用英文作了学术讲演。他在主编《当代世界史资料选辑》时，常常为我们翻译的英俄文原始资料的中译文校对定稿。我印象很深的一次是 80 年代初他指出我在理解英文 otherwise 一词时的错误。1983 年底我从美国进修回国后，有一次他还专门让我阅读若干段英语读物，评析我对内容的理解。我当时既惊叹于他的语言功底并深感这样博通中外的专家在我国确实太少了。

对马列主义理论和史学理论的执着与深刻把握是他深厚学术功底的另一突出表现。他认为从事历史研究没有理论修养是不行的。治史者必须打好这个重要基础。理论水平越高，驾驭史料的能力就越强，才会写出真正有创见的文章。先生对马克思主义原著的掌握可说达到娴熟的程度。他经常谈到《共产党宣言》《反杜林论》《路德维希·费尔巴哈和德国古典哲学的终结》这些经典著作，他说他曾不下百次翻阅过《共产党宣言》这一科学共产主义的纲领性文件。他对忽视或稍有不认真对待马列著作的表现都不能容忍。20 世纪 90 年代，马克思恩格斯和列宁选集新版已出但我还用的是旧版，一次他直言不讳地批评说：“老张，你还号称是信奉和忠于马列主义的，为什么连新版马列选集都不买?!”这确实对我触动很大。深究起来，当时自己只满足于过去学到的那点极有限的马列理论，而兴奋中心已不自觉地转向吸收大量涌入的西方著述。所谓“马列理论远水解不了近渴”的错误看法也在我身上起了作用。这以后，我不仅很快买来新版马列选集，而且时时提醒自己绝不忽视马克思主义的指导。

## 自觉承担起推进马克思主义学说的伟大工作

先生一贯强调马克思主义不是僵死的教条而是发展的学说，并主张参与这种发展。他说：“马克思主义是在不断发展的，列宁主义、毛泽东思想、邓小平理论都是它各个阶段的发展，同样是我们研究历史的指南。马克思主义今后仍然需要继续发展，这不仅是政治家的事，各门科学的专家包括历史学家都有责任参加这项伟大的工作。”①

先生认为，我们研究历史时，应当把经济、社会因素同政治、文化、意识形态等因素联系起来进行综合考察，否则就会把错综复杂的历史现象简单化了。而这些正是马克思主义考察历史的基本方法。

事实上，齐先生与吴于廑先生共同主编的《世界史》6 卷本及齐先生主编的其他著作都是依据马克思主义基本原理所做的开拓性工作，即依据马克思恩格斯所论述的生产力与生产关系、经济基础与上层建筑的矛盾运动是社会发展变化的根本动力。世界历史进程包括纵向发展和横向发展两个方面。纵向发展指的是人类物质生产史上不同生产方式演变和由此引起的不同社会形态的更迭。横向发展指的是随着生产力的发展，历史由各地区间的相互闭塞到逐步开放，由彼此分散到逐步密切，终于发展成为整体的世界历史这一客观过程。这种对马克思主义基本原理的坚持和运用意义重大，不仅冲破了苏联学者沿用多年的某些观点，例如，不再用巴黎公社划分世界近代史为两个阶段，也不再用资本主义总危机来概括 20 世纪资本主义的发展。在西方还大量弥漫着对社会发展规律的否定性认识，在苏

① 齐世荣：《漫谈学风问题和学术批评问题》，《齐世荣史学文集》，人民出版社 2002 年版，第 433 页。

联到20世纪80年代后期已自动放弃对社会更迭基本主张的情况下，中国学者对马克思主义的坚持和发展具有世界意义。进一步讲，马恩对社会历史的科学分析到了现代世界更有其极端重要的现实意义，而齐先生对现代世界历史的分析也就有着更加重要的方法论上的意义。他说："苏联解体，举世震惊。世界上第一个社会主义国家而且是超级大国之一的苏联，为什么只存在了74年就灭亡了呢？这是20世纪最难解的两大'历史之谜'的一个（另一个是资本主义国家经济在第二次世界大战后的迅速发展），是各国现代史学家无不瞩目的问题。当然研究的难度极大，恐怕要几十年后才能看得比较清楚，但也不能不从现在起就着手。"① 他在由他主编的《15世纪以来世界九强的历史演变》一书中写了《苏联的建立、兴衰和解体》一章，总结了苏联兴亡的5点历史经验教训：第一，社会主义的根本任务是发展生产力；第二，社会主义制度建立以后必须不断改革；第三，不发达国家建设社会主义，必须学习和借鉴资本主义，为此要对外开放；第四，必须发扬社会主义民主，充分发挥人民群众的政治积极性；第五，加强和改进党的建设，始终保持党的先进性，是关系到社会主义事业兴衰成败的头等大事。今天看来，这些经验教训对包括中国在内的社会主义国家始终都是应予以高度重视的。作为一位严肃的历史学家，齐先生对人类光明前途抱有必胜的信念。他说，今天，许多资产阶级历史学家对人类前途丧失了信心。但是，"我们如果通过现在对人类的过去有一个贯穿古今的了解，就会发现：无论如何，人类历史是一个不断进步的过程。从原始、孤立、分散的人群发展为全世界成一密切联系的整体，从原始公社发展为资本主义社会和社会主义社会，人类毕竟是在前进的，虽然前进的道路是曲折的，有时看来似乎是停顿的、甚至是倒退的"。"研究历史，就可以提高人们的觉悟程度，增强人们对世界前景的信心。"②

---

① 齐世荣：《世界史探研——齐世荣自选集》，首都师范大学出版社2008年版，第8页。

② 齐世荣：《漫谈世界史和世界现代史》，《齐世荣史学文集》，人民出版社2002年版，第340页。

## 强调研究世界史必须懂得中国史

齐先生不断强调，研究外国史，必须懂得中国史，反之亦然。

他指出："历史有共性，也有特性，我们要能从共性中看出特性，从特性中看出共性。中西会通，才能成为一流学者。""再说一个最简单的道理，我们中国人研究外国史，首先要为中国读者服务，不懂中国史怎么行呢？"①

事实上，齐先生相当一部分学术成就都体现了他中西会通的优势。他主编的世界史在体例上均包括中国部分，把中国史放在世界范围内探讨其地位和作用，体现完整意义上的世界史，而非外国史。他提交1985年召开的第16届国际历史科学大会的论文《中国抗日战争在第二次世界大战中的地位和作用》，以世界全局的眼光把中国抗日战争放在世界反法西斯战争的巨幅画面中进行全过程考察，让世界看到了中国在第二次世界大战中的伟大作用。而这篇论文离我们2015年纪念中国抗日战争胜利70周年已有30个年头。

齐先生还多次提到，过去一百年的发展，特别是苏联的兴衰，西方资本主义国家经济在第二次大战后的发展和第三世界特别是中国在20世纪的崛起这些历史重大问题，足够我们今后研究许多年。他把"在人类历史的全球化运动过程中，社会主义制度与资本主义制度的相互依赖、互相渗透、互相影响和互相斗争"看作是"关系人类未来走向的全局性问题"。②这里，离开对中国及其与外部关系的正确认识就会失去正确判断，甚至会跌入可怕的深渊。

---

① 齐世荣：《世界史探研——齐世荣自选集》，首都师范大学出版社2008年版，第12—13页。

② 齐世荣：《世界史探研——齐世荣自选集》，首都师范大学出版社2008年版，第4页。

## 一位热爱教育对教育有深刻见解的教育家

齐先生对教育和教师的力量有着一种异常的赞美和热爱。他对于在燕京大学和清华大学求学期间的教师始终怀着崇敬心情，谈起他们的大学问和言传身教总是滔滔不绝。前些年周一良先生在世时，齐先生说每逢过年其他人我可以不看，但对周先生必看，因为他是健在的恩师。他常对自己的学生说："治学要取法乎上，你们要向我的老师学习，他们才是真正的大学问家。"

1949 年齐先生大学毕业后，被分配在北京育英中学教书，他以有那段经历而感到自豪，因为从中学走出了许多国家栋梁之材，同时他又从中学历史政治教学中进一步拓展和深化了自己的知识。1954 年以后调入北京师范学院历史系任教，他更是以他对师范教育的热爱，以他渊博的知识和深刻独到的见解，和该校历史系同人一道把一个新建的历史系变成在全国有极大影响的著名的历史学基地。

他特别强调办学中教师水平是关键。他常说，为什么现在有些中学生负担重，一个重要原因是教师水平不高，一个好教师一两句话能把问题点透，赶上一位水平不高的教师，十句话也没有说到点子上，学生怎么会不累？

齐先生一生也有许多坎坷遭遇，因反对学生在"大跃进"时期不上课而遭到党内错误处理。但"文化大革命"结束后他心情舒畅。他常对学生说，你们这一代拥有比上一代优越得多的条件：不受"左"的政治运动干扰，得以专心治学，政治环境民主、宽松，物质生活不断改善，国家重视科教，还拨专款派人出国留学考察，有利于开阔学术视野，等等。他主张从今昔对比中，珍惜今天来之不易的好条件，"先因后创"，在继承基础上创新，为国家在教育学术上做出更大成绩。

## "学问是毕生事业，一息尚存，就要研究下去"

先生一辈子笔耕不辍，逝世前这两年也是他最繁忙的学术季节。2014

年他出版了重要研究成果之一的《史料五讲》。在书中再一次强调，“史料是研究历史的基础，史学工作者必须打好史料的基本功。言必有据，不放空炮”。[①] 这本书显然想给读者、特别是中青年读者表达他在治史中最关心的问题之一。就在 2015 年，他还在动手写另一本著作，要把他所知的那些著名史学家和其他学者有价值的学术思想和活动，那些具有启迪作用的东西传达于后人。可惜，这一愿望因他的不幸逝世而无法实现了。

我手头还珍藏着他一篇准备发表的文章：《关于开展国际关系史研究的两点意见》。这篇文章是他在 2015 年 4 月下旬，在首都师范大学举行的“国际关系史青年论坛”开幕式上的讲话。一杂志社向他约稿。为慎重计，他把文章寄给我，希望帮他提提意见，同时为他提供些相关的中英文论文和资料。后来他告诉我，他想在年底再把文章交给杂志社，这样可以更好地领会党的十八大新一届中央全会的精神。短短一席话，使我深切感受到一位真正学者的政治责任感及对学术的严肃态度。

先生不仅把“学问是毕生事业，一息尚存，就要研究下去”，当作自己的座右铭，也用来激励他人。在他赠送我的一本俄文书中写道，你虽已年过 70 岁，“至今仍用俄文材料，实在难得。仅以此书赠你，祝你在学术上继续前进，千万不要想到年纪已老的问题。发挥余热，活一天就干一天”。据我所知，先生还以同样方式激励其他同志。这是一种可贵的友谊。我想，作为“一息尚存”的我们，不会让他失望的。

---

① 齐世荣：《史料五讲》，首都师范大学出版社 2014 年版，第 18 页。

# 高山仰止，景行行止
## ——缅怀齐世荣先生

张广智

2015 年 12 月 3 日，清晨，北方冷空气南下袭申城，气候显得特别寒冷，随之而来的还有噩耗：我国当代著名历史学家、世界史学科的泰斗齐世荣先生于六时十五分病逝。我泫然欲泣，惊悼莫名。在先生生前长期工作过的首都师范大学，学子们更是陷入哀痛中："昔日看见您，莫名的崇拜；如今想念您，莫名的伤心！"这也正是我这个晚辈学人此刻的心情。

去年秋上，我在《文汇读书周报》上发表了《我与京城四老的书缘》一文，迅即在网上广传，又被颇具影响的《新华文摘》转载，使我一时"暴得大名"，远胜于我的那些"学术论文"。当然，拙文得到了"四老"——何兆武、齐世荣、刘家和、金冲及的首肯，令我窃喜不已。

自从写了这篇文章后，我对"四老"自然会有别样的关注与牵念。今年 11 月 20 日，我与几位学生一起去京城，参加由北京师范大学主办的全国性的史学理论与史学史学术研讨会。临行前两天，同城华东师范大学王斯德先生在电话中告知我，齐老病重住院。我没有把这个消息告诉弟子们，但他们总觉得我一路上神情有点不安。21 日开会，会议的主题报告还是安排家和先生领衔，我接续。只见刘老报告时中气十足，且思路敏捷，宏论旨远，获得了与会者的热烈掌声。会议茶歇，清华同人说何老[①]安康，令我放心；首都师范大学同人说齐老病重，不让探望，比王先生说

① 何老，指的是何兆武先生。

得还严重，令我揪心。次日下午，我和我的弟子们一行八人，冒着漫天飞舞的大雪去毛家湾，相约在中共中央文献研究室办公室拜访金冲及先生。金老早就在等候着，他带我们参观院宅，纵论古今，笑谈中外，话锋甚健，好似一位年轻人，令我舒心。想着我们的前辈，耄耋之年，仍老骥伏枥，笔耕不辍，不由想起了顾亭林的“苍龙日暮还行雨，老树春深更著花”，甚佩！少顷，金老说到齐老时，深情地对众人道，他是我平生数得着的挚友啊！

金老的话，让我思绪万千，心潮起伏，一下子把我带回到五十多年前，当时我正在复旦历史系念书，自然是无缘与齐先生相识的。但由于个人的世界史专业方向学习的缘故，我在20世纪60年代初就知道了“齐世荣”的大名，因为读了斯宾格勒的《西方的没落》（齐世荣等译，商务印书馆1963年版）。读后我不仅为斯氏的“新说”所吸引，同时也被这个中译本所折服。后来该书坊间曾流传多个中译本，但我认为齐世荣领衔主译的这个本子，当为中译之“善本”。前几年我编的《历史学家的人文情怀——近现代西方史家散文选》（北京师范大学出版社2011年版），斯宾格勒入选，于是我便选了这个译本的“导言”部分，通过花开花落、日出黄昏的自然景观的透视，让读者感悟到斯氏对西方文明的忧虑与悲怆——这既是思想的美，更是散文的美，题名取自首句，曰“在黄昏的时候”。

在中国新时期，齐老双栖于学政两界，十分忙碌。在全国性的世界史学术会议上，我多次见到过他，虽然直接请教的机会并不多，但他给我留下的印象总是很深。2000年4月，由中国史学会、北京大学历史系联合召开“二十世纪中国的世界史研究”大型学术讨论会，少长咸集，群贤毕至，我也忝列与会。会上的一则“花絮”总是让我难以忘却：会议开幕式后，休息时，有与会者说“齐先生正在到处找你呢”，我即刻找到了齐老，他问我：你的老师耿淡如先生和周谷城先生，哪个年长啊？我说：他们两位同庚，均生于1898年，但耿先生生于3月，周先生生于9月，曾听周老生前打趣，称耿老为哥。齐老听后，乐了。接下来，齐先生作大会主题报告，说及中国世界史学科的第一代元老级的名单，按序列为耿淡如、周谷城……前辈大家的一丝不苟与严谨求真，实实在在地给我上了一课。先生对学界的情况了然于胸，还对我这个耿淡如先生的“关门弟子”，给予了那么多的关注，令我终生难以忘怀。自此，又拉近了我与齐老的距离。

距这次会议两年后，齐老的代表作《齐世荣史学文集》（人民出版社2002年版）问世，文集收录了先生世界现代史、现代国际关系史和西方史学史等多方面的研究成果，在阐释中见真知，在求索中显灼见，堪称佳作，值得人们含英咀华。不久，我就收到了他的赠书，书中还附有他给我的一封信：

广智同志：

寄上拙著一册，请指正。其中评《西方的没落》一文，与您的研究有关，尤希指教。此书世人多未看内容，仅凭书名即云Spengler认为西方已经没落，而未深究Spengler其实并不甘心于西方的没落，而是主张西方的复兴、重振。此人西方中心论（更是德意志中心论）思想极为严重，决非主张西方文化与其他文化不分上下者（表面上也有类似言论）。

我国治西方史学史者日益减少，而您坚守此岗位，作出卓越成绩，尤可钦佩。

去岁赴沪，多蒙盛情款待，甚感。今后有暇来沪，当再赴贵校请教。专此即颂。

文祺

齐世荣

2003年2月23日

由于数度搬家，我在纸质文本盛行时的书信，大多遗失了，此番惊闻齐老驾鹤西行，特意找出《齐世荣史学文集》重读，竟意外地发现了这封信。如今，抚简怀人，先生之音容笑貌，恍若眼前；先生之教诲，犹在耳旁。大函中对斯宾格勒的评价，切中肯綮；先生对晚辈的厚爱，对我个人学术上的赞誉，对我来说真是羞愧难言，也是无形的鞭策与鼓励。此时我主著的《西方史学史》已在坊间流传，而6卷本的《西方史学通史》亦正在酝酿之中，此后积八年之辛劳，我主编的这部书终于问世，以不辜负齐老和前辈们的厚望。

我与齐老的交往，由疏至密，越到他的晚年，越是密切，当然除了我到北京开会去探访外，更多的是通过电话。齐老笑称：随着京沪高铁的开通，我们也开通“京沪热线”吧。我怕打扰他老人家，所以电话多是老先生打给我的，在他筹划召开某个学术会议时，在他晚年写作《史料五讲》时，在他闲适与我聊天时……齐老的《史料五讲》出版后不久，一天他在电话中对我说：“我还要再写一本书。”

“您不是对我说好，《史料五讲》写完后就搁笔了吗?”我说。

“那个话不算数!”电话那头传来一字一句的京腔，我则无言。

“再写一本书。”先生好像要做出某种承诺，对他的学术事业，对他的璀璨人生，对他的……然而 12 月 3 日的清晨已过，先贤谢世，他老人家再写一本书的愿望已经不可能了，凭窗遥望北国，能不怆然？翻开案头的《西方的没落》，随手浏览，一行文字跳过了我的眼帘：

> 初生的绿芽从寒冷的大地中滋生出来，蓓蕾的饱满，百花怒放、香气馥郁、争奇斗艳和瓜熟蒂落的全部有力的过程——这一切都是实现一种命运的愿望……

齐老在当年翻译的这段文字，竟成了他老人家璀璨人生的生动写照，也为后世树立了一座不朽的丰碑。有道是，“高山仰止，景行行止，虽不能至，然心向往之”。

# 教导和友谊
## ——缅怀齐世荣先生

瞿林东

我是学中国史学史的，同在座的多数先生研究世界史因而与齐先生有长期交往相比，我和齐先生的交往时间不是很长，是从1985年开始的。1985年，教育部社科发展研究中心在北京大都饭店召开了一个小型座谈会，讨论怎么开展史学理论研究问题。当时齐先生所在学校还不叫首都师范大学，叫北京师范学院。齐先生、宁可先生，还有孙长江先生，都应邀到会。我们北京师范大学的刘家和先生和我参加了座谈会，还有北京大学罗荣渠先生和上海华东师范大学吴泽先生、陕西师范大学朱本源先生等。我在这个座谈会上认识了齐先生。

在这之后，有很长一段时间我和齐先生联系不多，但是自教育部制定"九五"计划时起，有时候开会就会和齐先生有些接触。特别是近几年，接触相对多些。我就讲几件我印象深些，对我影响大些，也是深受教育的事情。

一件事情，是齐先生关注史学理论和史学史学科建设。齐先生提得很具体，就是评价乾嘉时期历史考证的史学家的成就，提出研究他们的理论和史学方法。齐先生不止一次地对我说到这个问题。最早的一次是1991年，他说你们是研究史学史的，对这个问题必须做出一个很详细的阐述，不仅要让中国学者知道，也要让外国学者知道，这是考据学在当今历史研究中的重要地位。这样的话他讲过几次，当时我还没有招博士生。1995年，我第二次招收博士生时，有两个学生考进来了。其中有一位是研究宋史的，我看他研究宋史发表的文章有几篇是讲考据的，我就跟他商量，能不能研究18世纪中国历史学的成就，这个学生同意了我的一些设想，后来，他的博士学位论文就是写的《18世纪中国史学的理论成就》。齐先生的建议对我们触动很大，不仅是我的学生，我们史学研究所还有别的导师的学生，也对18世纪的历史考据学进行了一些研究，做出了许多成绩。

再一件事，是齐先生对我发表在《文史知识》上一个系列的连载《中国古代史学批评纵横》，给予很大鼓励。当时还没有出书，只是发表了若干篇，我记得在上海复旦大学开会的时候，他说史学史的文章写起来是很枯燥的，不像关于历史的文章，有些具体的东西。你能够把史学史内容的文章写得让人们愿意看，这是很不容易的。当时，我说谢谢齐先生的鼓励。他说："我说的是真话，史学史的文章就要写得让别人愿意看，这个学科才能有很好的发展前景。"齐先生的鼓励对我来讲是很重要的，所以我跟我的学生不断地讲到这件事情。

我印象深刻的第三件事是编教材。刚才有的先生谈到了，齐先生受教育部的委托，主持中学历史教材的编写。有一天，齐先生打电话给我，要我主编初中中国古代史教材。我推辞说，这个事情我真的不敢做，因为这些年我没有教过中国古代史；同时，我也没有参加过中国古代史教材的编写。齐先生说，你能胜任，我看你研究史学史，比较注意"通"，所以说你应当出来担任主编。当时我还住在医院里，齐先生如此信任我，我只能勉强接受了。我做这项工作，实际上叶小兵教授起到了非常重要的作用，只靠我的能力，是没有办法来主编这本教材的。但是，从这里可以看出来齐先生对教材的重视。还有一件事情，也反映了齐先生对教材的重视。齐先生专门写了一篇文章《略谈中学历史教材编写方法的几个原则》，发表在人教社出版的《课程·教材·教法》2010年第6期上。文章讲了三个问题：第一，"历史教材的编写，必须遵循时间顺序"。这是他非常重视的一个问题。他多次在电话里跟我提到历史教材一定要遵循时间的顺序。现在高中的有些课标没有按时间顺序来写，这样的设定不符合中学生认识历史的规律。第二，重视文字的表述。他与我讨论这个问题时，我曾经向他介绍白寿彝先生关于编写历史教材、历史撰述等对语言文字的要求。齐先生后来也参考了，我看他文章里引用了白寿彝先生的一些话。第三，关于重复地方如何处理的问题。初中的教材和高中的教材有重复的地方怎么处理，他讲得非常具体。我觉得齐先生的这篇文章，对我们今后编写中学历史教科书是有很重要的参考价值的，也反映出他在主持这项工作时的深思熟虑，凝聚了他的心血，也总结了大家的经验，对我们的教育、启发是很深的。

最后想说的一件事，是齐先生给我写过几封信，我最近找到其中一封，读了以后，对作为一个知识分子，一个史学工作者，怎么看待生命有了新的感受。这封信不长，因为此前他几次跟我讲到，他非常赞赏白先生主编的《中国通史纲要》（即“小通史”，30 万字），他说将来有机会要写一本类似这样的书。因此，这个信的前面齐先生讲了他主编的《世界史》，同样是“小通史”，马克垚、刘宗绪等教授参与了撰述工作。这里比较重要的是他下面就讲了别的话，其中有两句我念一下，他鼓励我说：“望抓紧时间，更上一层楼，为后人多留下一些历史财富，我们这一辈人比你们虚长十几岁，大部分光阴为各种运动废去，成为时代的牺牲。”在这封信中，可以看到齐先生谦逊的品质，同时也可以感受到他特别强调抓紧时间，为后人多留下一些历史财富，我想这是齐先生作为一个史学工作者，一个享有盛誉的历史学家，是怎么看待生命的。这封信写于 1999 年，当时我 60 岁出头，他希望我要抓紧时间，可见他对时间、对生命的珍视。我从这里深深地感到自己确实应当努力。所以我也把我的想法向年轻的学者讲了：现在年轻的时候，不在乎时间，就不懂得珍惜时间，珍惜生命。

以上这些，就是我要讲的几件事。人们都说齐先生很威严，甚至于说他脾气很大。当然，他确实是一个很直率的人，我也亲眼见过。有一次开一个座谈会，张岂之先生主持讨论史学概论教材。一位老先生在会上多说了几句，齐先生说，你再说我就要走了，如果我不看张岂之先生的面，我就要走了。齐先生就是这样，快人快语。然而，齐先生也有他温厚的一面，他知道我做过跟腱手术，所以和我说过几次，劝我还是要拄拐杖，不要难为情，还是要注意安全，等等。另外从齐先生整个的形象来看，我认为他是一个熟悉马克思主义经典，善于运用马克思主义经典来阐述历史问题的一位马克思主义史学家。尽管我们现在不太多讲马克思主义史学家，但他在这方面是我们真正的表率，十分熟悉相关的经典著作。记得在很久以前的一次会上，他建议大家读葛兰西的《狱中札记》，说不读这本书就不能够了解西方的马克思主义。

齐先生也很能接受别人的意见。近几年来，在他的最后一本书《史料五讲》撰写过程中，他征求过我的意见。我这个学生不知深浅，有时就给齐先生提建议。他有一篇讲官书和私记的史料价值，是《史料五讲》第一篇，他征求我的意见。我昨天还找到了我给他写的一千多字的一封信，在信里我也斗胆地给他提出建议，就是对作为史料的官书和私记的辩证的认识，我请他关注明代王世贞关于国史、野史、家史的辩证认识的观点，是不是可以参考。后来齐先生引用了王世贞《弇山堂别集》中的《史乘考误》引言里的几句话。这是第一。第二，他这篇文章很长，我说先生这篇文章太长，为便于读者阅读，能不能加几个小标题。我就斗胆地设计了三个小标题，后来他的文章发表出来，我看前两个小标题采用了我的建议，第三个小标题是他自己设计的。

我还记得给首都师范大学的同行打电话，我说和齐先生接触的感受就是五个字："教导和友谊"，这是我和齐先生交往的整体感受。齐先生对于我们这一辈的人给予最多的就是友谊和教导。和他学术上这种交往，是一种友谊，一种学术上的友谊，这是我深深感受到的，也是我对齐先生的深深的怀念。

齐先生的辞世，我深感痛惜！如果天假以年，齐先生再多活十年，我将会得到他的更多的教导，我和他的学术交往，也会有更多的记忆留给后人。

# 深切怀念齐世荣先生

赵云田

齐世荣先生已经离我们远去。想起往日先生对我的影响、关怀和帮助，怀念之情油然而起。

首先，是齐先生的榜样力量振奋了我的学习精神。那还是 1963 年秋天，我在北京大学附属中学高中毕业后，本想到北京大学中文系学习，不料却到了北京师范学院（今首都师范大学）历史系，对此，我感到十分郁闷，很长时间打不起精神。后来，我了解到历史系教师的情况，他们中许多人是很有成就的，在史学界有很大影响，尤其是齐世荣先生和宁可先生更是如此，我的心情才逐渐平静。当时，齐世荣先生掌握多门外语，翻译过苏联蒙古史学者兹拉特金的《蒙古近代史纲》以及德国学者奥斯瓦尔德·斯宾格勒所著的《西方的没落》。我想，齐先生和宁先生不也是在师范学院吗，他们能做出骄人的成绩，说明在什么地方并不重要，重要的是个人的努力，是金子在什么地方都会发光。这样，齐先生和宁先生榜样的力量，振奋了我的学习精神，激发了我大学时期学习的动力。

其次，是齐先生的译著对我研究工作的直接帮助。1978 年，我考上中国人民大学清史所研究生，进行清朝理藩院和清代边疆史的相关研究。在后来写作《清代蒙古政教制度》的时候，要参考苏联学者兹拉特金的《蒙古近代史纲》一书。该书的俄文版于 1957 年在莫斯科出版，书中有些地方涉及古俄语，不好懂。后来，我了解到内蒙古大学历史系蒙古史研究室编印有《蒙古史研究参考资料》，其中有一期就是这本书的内容，非常高兴。等我借到这本资料时才知道，《蒙古近代史纲》的汉译者竟是齐先生，我既高兴又惊异：怎么齐先生还翻译有关蒙古史的书呢？齐先生的译著，对我了解兹拉特金的学术观点有很大帮助，进一步认识了清代蒙古史研究中的国际性和复杂性。

第三，是齐先生勤奋、严谨治学的精神深深地感染了我。这里有几方面的事情使我印象非常深。

一是齐先生在研究中注意发掘新资料。1986 年至 1989 年间，我住在紫竹院社会科学院的宿舍，武寅同志也住在那里，我们是同一楼同一层。当时，武寅是齐先生的在职博士生，所以，齐先生有时或通过武寅转告我，或直接打电话告诉我，在近代史所帮助借有关现代世界史的新资料书，以供急用，一般都是几天以后就会归还，从不延误。

二是齐先生在老龄时，治学依然孜孜不倦。我曾经有几次在街上和齐先生偶遇。一次是在王府井大街北口中国科学院图书馆门前。我骑车经过这里的时候，一辆出租车恰好停在那里，从车上下来一个人，手上拿着一个皮包，我一看，正是齐先生。当时已是深秋，风刮着树叶在马路上不时掠过。我下了车，问齐先生："这么冷的天，您来这里干什么？"齐先生回答说："到科图查一点资料。""为什么不让学生帮着查呢？""我还是自己来比较好。"我又和先生说了一会儿话，齐先生便匆匆走进了科图的大门。须知，那时候齐先生已经七十多岁了。还有一次，是一年的夏天，在三联书店的地下一层出售史学著作的地方，我又和齐先生相遇。先生拿着几本选好的书，正要去付款。先生看到我，主动停下来和我说话。我问先生买的什么书，先生告诉我，那是几本带有一些新观点的书，值得琢磨的书。从语气中，似乎可以听出先生的一些不同意见。

第四，是齐先生对后学的关爱与帮助。齐先生是从别人那里知道我考上中国人民大学清史所研究生的，对我到中国社会科学院近代史研究所工作也很满意。在我和先生的接触中，先生曾多次询问我的研究工作情况，指出我应当注意的问题。我曾到先生在南小街的家中谈工作，也曾到先生在前三门的家中谈学问。1988 年，我要参加副研究员的职称评定。齐先生知道后对我说："你没什么问题。我给余绳武同志打电话，让他进一步了解你。"这体现了齐先生对后学的关爱之情。我的第一本学术著作《清代蒙古政教制度》1989 年由中华书局出版后，我送给了齐先生一本请他给予指教。先生看后曾夸奖说，《清代蒙古政教制度》一书写得不错，使用的资料也很丰富。先生这样评价这本书，体现了对后学的鼓励。

时间过得真快，不知不觉我已到了退休年龄，和齐先生的来往也比较少了。没想到的是，齐先生仍然关爱着我。2015 年 7 月的一天，我到所里办事，看到了齐先生通过近代史所金以林副所长带给我的书，书名是《蒙古近代史纲》。在书的扉页上，齐先生写了如下三行字：

云田同志指正

齐世荣

2015 年 6 月

蒙古近代史纲

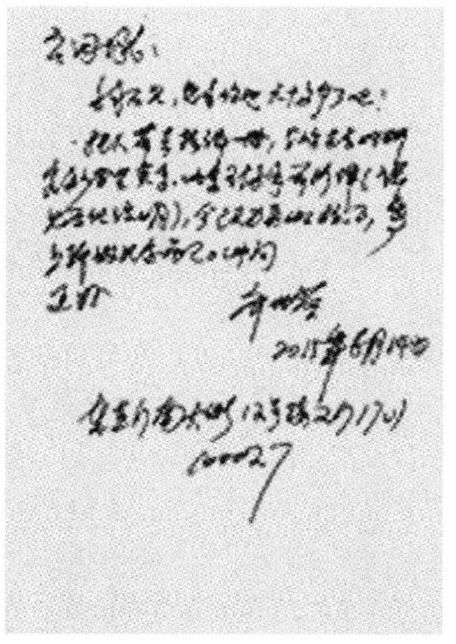

书中还有一封信，全文如下：

云田同志：

多年不见，想来你也六十多岁了吧？

托人带去拙译一册，与你过去的研究多少有些关系。此系五十多年前所译（详见后记说明），今已无力再做核正，寄上聊做纪念而已。
此问

近好

齐世荣

2015年6月14日

东直门南大街12号楼2门1701

100027

接到齐先生的书和信后，我的眼睛不禁湿润。先生这么高的年龄，仍然记得我过去研究的内容，给我以鼓励和鞭策。我立即给先生回了一封信，表示自己的感谢和敬重之情。并约了几个同学，准备春节时给先生拜年。谁知，先生没能等到这一天。

齐先生是一位著名的历史学家，在史德、史识、史才、语言等方面，都表现出大气、大度、大爱的品质。先生对世界现代史做过全面研究，对苏联史、第二次世界大战史、现代国际关系史有专门论述，对绥靖政策有独到见解，对史学理论和史学方法造诣颇深，出版了《齐世荣史学文集》《史料五讲》等专著，主编有《20世纪的历史巨变》《世界通史资料选辑·现代部分》《当代世界史资料选辑》《绥靖政策研究》《精粹世界史》(全20册)《世界五千年纪事本末》《15世纪以来世界九强的历史演变》，译著有《西方的没落》《苏联历史论文选辑》等。先生与吴于廑共同主编的6卷本《世界史》更是全国大学通用教材，影响深远。此外，齐先生还在《历史研究》《世界历史》等刊物上发表《三十年代英国的重整军备与绥靖外交》《中国抗日战争在第二次世界大战中的地位和作用》等论文一百余篇，在国内外都产生了重大影响。

齐先生还是一个著名的教育家。先生曾任历史系的领导、首都师范大学的校长，有先进的教育思想和方法。先生培养了许多默默无闻为社会做贡献的人，也培养了许多学术界的精英，还培养了不少国家的栋梁之材，在国家的相关部门做领导工作。

今天，回想着齐先生的音容笑貌，回忆着先生的不朽著作，看到先生桃李满天下的情景，我想：齐先生虽然离开了我们，但是，先生的著作却永远闪耀着不灭的光辉，给我们后来者以鼓舞和指导；先生的学生们将沿着先生的足迹，为实现伟大的中国梦而做出贡献！

# 大师风范，后世楷模
## ——深切怀念恩师齐世荣先生

胡德坤

齐世荣先生是我国著名的世界史专家，是公认的世界史学科领军人物，他在世界现代史研究、第二次世界大战史研究、史学理论研究等众多领域，都留下了经典之作，成为宝贵的学术遗产。他和吴于廑先生共同主编及他独自主编的《世界史》教材，培育了几代学人。齐先生不幸仙逝，这是我国史学界的一大损失。关于齐先生的学术贡献，先生的众多弟子都已撰文评论，我完全赞同。我的发言只就齐先生对我的教诲和帮助进行追忆，以寄托我的哀思。

我没有师从齐世荣先生攻读过学位，不能算齐先生的嫡传弟子。但我的学术成长却又倾注了齐先生的心血，我视齐先生为恩师，在这个意义上又可算齐先生的学生，或者说是“俗家弟子”。

## 一、齐先生与我的师生情

齐先生长我20岁，是名副其实的前辈。我与齐先生最初的交往始于1979年，当年7月在兰州召开了世界现代史学术研讨会，我提交了论文《九一八事变与绥靖政策》，但学校却安排我高考监考而未能与会。当年9月左右，我收到了齐先生的来信，告诉我文章入选了先生主编的《世界现代史论文集》，要我提交修改稿。这是我写的第一篇关于第二次世界大战史的论文，能得到齐先生的肯定自然是很受鼓舞。

同年 11 月下旬，吴于廑先生主持召开了全国世界史学术研讨会，来自中国社会科学院和高校的世界史名家几乎都出席了会议，我担任会务秘书，负责安排和接待。在参会众多世界史专家中，吴先生专门邀请齐先生到武汉大学为历史系师生讲学。吴先生嘱托我到学校要车接送，安排到武汉大学教二楼最大的教室讲学。齐先生的讲座十分受欢迎，教室座无虚席，连过道都挤满了人。那时候齐先生才 53 岁，前辈世界史学者都还健在，但吴先生就已经认定齐先生是世界史新生代的领军人物，真是慧眼独具。这次会议是我第一次目睹齐先生的风采，也将齐先生视为学习的楷模。

此后，我加入了第二次世界大战史研究会，由于经费的限制，很少有机会参加世界现代史研究会的会议，但跟齐先生有书信来往，我们互赠著作，向他请教学术问题，先生都一一回复。1987 年 5 月，中国社会科学院世界史所朱庭光所长主持的国家社会科学基金项目“法西斯问题研究”，在桂林召开首次学术研讨会，齐先生应邀与会。在这次会议上，我有机会向齐先生请教，那时齐先生已是首都师范大学校长，但他没有架子，耐心地向我传道授业解惑，使我坚定了走学术之路的决心。同年 10 月，在宜昌举行的“纪念十月革命七十周年学术研讨会”上，我全程陪同齐先生，又有了向齐先生请教的机会。通过这两次长谈，我对齐先生的为人之道、学问之路都有了较多了解，我们两人也从此结下了深厚的情谊、成了忘年之交，齐先生的教诲也影响了我一生的学术发展。

## 二、齐先生教我如何做人

众所周知，做学问要先学会做人；会做人才能做好学问。这看似简单的问题做起来却不容易。在我同齐先生的交往中，听到过许多传言，说齐先生脾气大，喜欢训人，因此，不少人敬而远之。但我在同齐先生的交往中发现，齐先生做人是有原则的、对人是很真诚的。他讨厌吹牛拍马、阿谀奉承，讨厌在学术上不想下功夫、想走捷径，他对这种风气原则性很强，一身正气，不讲情面，毫不客气。而对脚踏实地、专心学术的人，却是鼓励上进，关爱备至。我向齐先生讨教学问，讨教如何处理做行政与做学问的关系等等，先生都是用其亲身经历告诫我，言传身教，向我传授成功的经验，充分体现了大师胸怀、长者之风。

### （一）做事应脚踏实地，成事应水到渠成

齐先生告诫我，做学问要脚踏实地打好功底，成事却讲究水到渠成。我在 1985 年评上副教授，1987 年学校制定了职称可破格的政策，1988 年我被破格晋升为教授。齐先生知道这一消息后立即来信询问，我如实汇报了情况。齐先生回信说，你是达到了教授条件，但副教授未当满五年就升教授，会对你今后的发展有影响。1990 年我在评审博导时，果然很不顺利未获通过，齐先生劝我不要着急，继续努力。由此我才真正领悟了齐先生的教导：做事应脚踏实地，成事应水到渠成，急于求成会适得其反。1993 年，在国务院学位办组织的博导通讯评审结果出来后，齐先生高兴地给我写信说，据我了解，你的通讯评审几乎满票通过，没有反对票，只有 1 张弃权票。现在，你们学校有了博导自评权，在你们学校评审应该没问题了。你教授已当满五年了，应该上博导了。先生对后辈的关爱之情可谓溢于言表。

### （二）业务是双肩挑学者的立足之本

根据工作需要，我于 1992 年担任了武汉大学历史系系主任，1997 年到 2007 年担任了副校长，觉得身上的担子很重，严重影响了做学问。就如何处理好做行政与做学问的关系，我多次请教齐先生。先生说，既然组织上给你压了行政工作担子，这是组织的信任，工作必须要做好，工作是第一位的。但业务不能丢，我做首都师范大学校长也不丢业务。业务是双肩挑学者的立足之本，丢掉了业务在学界就会落后，在行政管理上就失去了特点，就成了“职业革命家”。行政工作当然很忙，但也不是没有时间

做学问，时间是挤出来的，无非是少休息点儿。我始终牢记齐先生的教诲，在长达15年的行政岗位上，坚持利用双休日、节假日、寒暑假做研究，每年坚持上两门课，使我能继续活跃在学术前沿。

## 三、齐先生教我如何做学问

我酷爱做学问，这一点我与齐先生的心是相通的。我请教齐先生如何做学问。齐先生说，你是想做大学问还是做小学问？做小学问你当了教授就达到了目标。由于我内心是以齐先生为楷模，所以脱口而出，当然是想做大学问。先生哈哈大笑说，你还是第一个在我面前提出想做大学问的人，想法很好。先生说，要做大学问，重要的有两点。

### （一）学问要一个领域做深做透

齐先生说，学问要一个领域做深做透，不能蜻蜓点水。凡是大学问家都有深厚的学术功底，不是以著述多少为标准，而是以著述水平论高低。所谓“著作等身”只是一种溢美词。齐先生是这样说的，也是这样做的。齐先生个人著述不是很多，但都可称作经典之作。如他对绥靖政策研究的著述、对中国抗战在第二次世界大战中地位与作用研究，堪称经典，至今都是我们第二次世界大战史研究者的必读文献。受齐先生的影响，20世纪80年代以来，我本人的研究始终在抗日战争、中日关系、中国抗战对日本世界战略的影响等领域展开，我虽然在学术上远远达不到齐先生的高度，齐先生在我眼里永远是高山仰止，但我能践行、传承齐先生的治学思想，也算是对齐先生教诲的报答。

### （二）重视团队研究

齐先生又说，要做大学问仅靠个人是不行的，个人再强也只能是研究一个局部问题，做大学问需要一批志同道合的人共同努力。我主编世界史教材，就是由各个断代顶尖专家牵头组建编写组共同完成的。

齐先生的教诲使我受益一生。齐先生十分支持我走做大学问之路。在武汉大学，第二次世界大战史研究团队从20世纪70年代末成立至今已近40年，人员有变动，但团队始终存在，这得益于齐先生的教诲。我和我们研究团队是专门研究中国抗战在第二次世界大战中地位与作用的。2004年，我在论证和策划教育部重大攻关项目时，参照了齐先生的相关论文，设计了九个专题，计划写九卷本。后来齐先生打电话询问此事，我说，您是这一课题研究的奠基人，课题策划也参照了您的论文。齐先生说，这个课题很难，写写文章可以，但写著作资料还不够。我说，我们是团队研究，除武汉大学的几位教授外，中国社会科学院的陶文钊、王建朗研究员，中国人民大学的李世安教授等都在团队中。齐先生高兴地说，没想到你还真能组织一批专家共同研究。我说是向先生学的。齐先生说，能完成这个课题是很大的贡献。我说我会努力的。九卷本书稿完成后，我感到有底气了，就向齐先生报告，并请求先生作序。先生欣然应允，但是，他说："我已高龄了，没法看九卷本书稿，就用1985年我在《历史研究》杂志上的文章作为代序吧!"我喜出望外，就以齐先生的论文作为九卷本的代序。我在出版前言中这样写道："我要特别感谢的是齐世荣先生。齐先生是我国世界史学科的领军人物。早在80年代，齐先生发表的《中国抗日战争在第二次世界大战中的地位和作用》(《历史研究》1985年第4期)、《中国抗日战争与国际关系（1931—1941)》(《世界历史》1987年第4期)，对中国抗日战争在世界反法西斯战争中的地位与作用、对第二次世界大战时期的中国国际关系，进行了系统全面的论证，代表了我国学术界的最高水平，堪称'第二次世界大战时期中国与世界'这一研究领域的奠基之作。本课题得到了齐先生的悉心指导，在本书成稿之际，齐先生又欣然应允将《中国抗日战争在第二次世界大战中的地位和作用》一文作为本书代序，从而提升了本书的学术价值。"这段话情真意切，充满了我对齐先生的感恩之情。

现在，我和我们团队在两大领域开展研究：一是继续研究中国抗战的国际影响和中国抗战在第二次世界大战中的地位与作用；二是研究第二次世界大战遗留问题——钓鱼岛和南海历史。我愿在有生之年和我们团队一起，努力在上述两个领域的研究中能有新进展，取得新成果，以告慰恩师的在天之灵。

2006 年，适逢齐先生八十华诞，据我所知，齐先生是不同意祝寿的。但为齐先生祝寿的呼声很高，齐先生思虑再三，只同意与他的弟子们一起欢聚，以此贺寿。我写了一首诗作为贺礼，诗曰：

一代宗师八十春，驰骋史苑领军人。
光前裕后千秋业，高山仰止老寿星。

诗虽然写得很一般，却真实地表达了我对先生的仰慕之情。总之，齐先生堪称大师风范，后世楷模，他的教诲永远激励着我们前行！

# 追念齐世荣先生

钱乘旦

## 一、关于齐世荣先生对世界史学科的贡献

人们谈论比较多的是齐世荣先生的学术。然而除了他的学术成就，他的书籍、论文和主编的各种教材之外，我们更需要记住他在学科建设方面所做的组织工作和引领作用，在这方面他的贡献非同一般。由于他的年龄（介于更老一辈学者和改革开放之后一代人之间），以及他的学术与政治经历，他在改革开放以后相当长一段时间里发挥着独特的作用，是一个时代的学科领军人。

众所周知，中国的世界史学科起步晚，底子薄，改革开放以后得到了发展的机遇，但真正发展起来仍旧困难重重，面临着组建成一个真正的学科的繁重任务。齐世荣先生很早就参加国务院学位委员会学科评议组的工作，当时，这个机构承担着在我国建立学位制度、设置学科并在各学科布点的工作，事实上就是组建各学科。很长一段时间中，齐先生是历史学科组中唯一的世界史学者，因此在世界史硕士点和博士点的布点工作中发挥着不可替代的作用。齐先生对国内各高校历史系的情况了解很深，对学者们的研究领域和学术水平了如指掌，他坚持学术标准，在学问面前人人平等，不徇私情，也不做老好人。他那种刚正不阿的性格在学位布点工作中得到充分展现，为树立良好的学科风气开辟了先例。当时，学科评议组还负责审批“博导”，因此面对着许多具体的人。历史学科评议组从一开始就风气很正，这个传统一直延续下来。最早在世界史学科布下的学位点，

确实直到现在都是公认的国内世界史研究重镇，而最早批准的“博导”也都是学界仰重的学者。我们在谈论齐世荣先生的学术贡献时，不可忘记他在学科的早期建设方面的重要作用；他在学科内部享有的崇高威信，与他这方面的工作密不可分。

## 二、齐世荣先生对年轻一代学者的扶持

同样出于对学科建设的高度责任感，齐先生对年轻一代扶持有加，百般关爱。一方面，他对青年学者的要求很高，十分严格，在学术方面从不马虎，批评起来毫不留情，尤其表现为对自己学生的从严培养；另一方面，他又不断给年轻学者创造机会，让他们参加他所主持的各种项目，鼓励他们独当一面，多出成果，每当有新的成果做出来，他总是非常高兴，会在很多场合公开表扬。和我差不多年龄的这一批学者，在年龄上和他有二三十岁的差距，都曾参加过他的项目，接受过他的指导，得到过他的鼓励。他非常善于率领团队，共同完成某些工作。他的组织能力非常强，知人善用，总能把最适合的人放在最适合的项目中，让年轻人发挥各自的特长，在使用中培养，也在使用中发现人才。我感觉，作为一位长辈，他有最多的年轻朋友；如今活跃在学术领域的我们这一代人都把他视为师长，也把他视为挚友，都很尊敬他，也愿意服从他的指导。原因在于他总是把提携年轻人当作自己的责任，他经常说起学术是要代代相传的，老一辈带小一辈，学术才有传承。如今，我们这一代也都六十岁向上了，早已不是青年，齐先生的榜样很有号召力，世界史学科发展需要一代一代往下传。

## 三、齐世荣先生在历史教材体系建设中的重大贡献

在他去世前的这些年，齐先生将大量精力投入到初中历史教材的编写中，对于他这样一位年事已高的大学者来说，这尤其难能可贵。他曾

多次和我谈起中学教材的重要性，曾一再表示：由于我国现行的教育体系不重视历史，因此绝大多数中国人对历史的了解，其实只是初中三年学到的那一点点知识；而现在的初中教材又确实很不理想，知识体系不完整，趣味性也不够，不适合初中生学习。他认为这是不利于国民培养的，因此愿意接受编写新教材的任务，尽管他知道这项工作非常辛苦，而且经常吃力不讨好。我印象中，从他接手这项工作，已经有七八年过去了，其间几经反复，一再易稿。他承担的是部编教材，教育部对这套教材特别重视，反复修改，反复征求意见，每征求一次意见就要做一次重大修改，确实是吃力不讨好。有时候齐先生发急了，因为各种意见五花八门，还会有相反的看法，真可谓众口难调。但先生每一次都认认真真地思考各种意见，考虑如何进行修改。我作为教育部基础教育课程教材专家咨询委员会成员，从一开始就参加了这项工作，深知齐先生在整个编写过程中的艰辛与困难，以及他所耗费的时间与精力。而他对于这项工作，与他做其他学问一样，一丝不苟并且事必躬亲，绝不因为是中学教材而放松其学术要求。每一次修改后的书稿送到他那里，他都会逐字逐句阅读，并亲自动笔修正。

需要说明，他是（教育）部编历史教材的总主编，其内容既包括世界史，更包括中国史。总主编全面把关，需要对中国史和世界史都有精深的了解和广博的知识，而一旦有硬伤，误人子弟不说，还会被很多人炒作，造成不良社会影响，所以责任是非常重大的。因此先生对这项工作极为重视，一方面要对国民素质教育负责，一方面要对学术负责。在编写过程中他表现出高度的敏感性，既有政治敏感性，又有学术敏感性，他经常说到编写教材是国家行为，不是个人学术探讨，每一个国家都是这样的，因此不可有丝毫的疏忽。以先生的个人品性而言，他确实有这两方面的突出判断力，因此教育部把这项工作交给他确实是选对了人。不过，以他如此高龄来承担这项工作，却又太难为他了。遗憾的是，经过多年的努力，这套教材终于走完了包括最后审查在内的所有程序，今年 9 月份就可以正式使用了，然而就是在这个时候先生却永远离开了大家，他没能看到这套教材的出版！我想，在他离世的时候，心里一定在想着这件事。

## 四、齐世荣先生的“霸气”

有人说齐先生有一股“霸气”。我觉得，“霸气”若体现在坚守政治原则和坚守学术原则方面，并不是坏事，对政治上的原则问题和学术上的原则问题必须有人寸步不让，否则歪风邪气是挡不住的。我觉得齐先生就其性格而言，正是一个疾恶如仇的人，与他接触过的人都有这种感觉，知道他刚正不阿，敢于抵制不正之风，敢于坚持原则。我曾和他一起参加过重要的讲课，在准备过程中曾经遭遇到一些干扰，但他始终坚持实事求是，保证了讲课的顺利进行。对社会上的不正之风他深恶痛绝，和他聊天时他经常谈到这些现象，并表现出深切的担忧和痛恨。但他决不因此而丧失对国家的信念，更不会丧失自己的政治判断。和他有接触的人都对他的政治敏感性印象深刻，无论写书、写教材，还是审读学生论文、评审各种申报项目，他都坚持稳健的政治立场，对“左”和“右”的极端倾向都坚决反对，并毫不留情地提出批评。可是对于学术争论他又是高度包容的，从来不把不同观点和不同方法视为异端；在学术判断方面，他唯一坚持的只是事实。我觉得他主编的《20世纪的历史巨变》一书是他的政治智慧和学术智慧的充分体现，在这本书中，他一方面突破教条，实事求是地陈述20世纪世界历史的巨大变化，对资本主义和社会主义的发展变化都做了准确的描述和评价，绝不回避任何事实，绝不以意识形态论事；另一方面又努力创新，力图构建20世纪世界历史的大框架，在这方面显然取得了成功。他采用四条主线梳理20世纪世界史，形成一个有说服力的叙述体系。我记得他曾多次说道：中国的世界史学科底子薄弱，还不到创造体系的时候。然而从这本书的情况看，他自己仍然是在努力尝试某些东西的，即使不是“体系”，也是一个框架。

齐世荣先生离世，是世界史学科的重大损失，我们失去了一代领军人，也失去了一位尊敬的长者。但他对世界史学科的贡献是与世长存的，他留下的学术遗产，也会永远被人们记忆。

# 斯人已去，心声永传

## ——齐世荣先生与《经济社会史评论》

侯建新

2015年12月3日清晨，突然接到首都师范大学徐蓝教授的短信：齐先生今晨6点逝世。我虽然有思想准备，但噩耗传来，仍然难以接受。就在一个多月前，齐先生还在电话的另一端谈笑风生，说正在给我们的期刊写稿子，还计算着交稿日期……如今竟天人两分，生死契阔，怎不令人嘘唏、悲怆啊！

齐先生早在15年前就以极大的热情关注经济社会史学科的建设。2001年秋，我们在天津蓟县的盘山，举办了首次经济社会史研讨会，探讨欧洲经济社会史学科的概念、理论与方法，以及该学科本土化的可能与路径。齐先生与老一辈史学家、中青年新锐济济一堂，《光明日报》以《众名家关注"经济-社会史"》① 为标题做了专门报道。会议的首席发言人就是齐先生。齐先生在会上特别提出该学科名称的中文译法，应将"Economic and Social History"译为"经济-社会史"。这里用半字格的连接号一下子就抓住了这个学科的要义：不同于庸俗经济决定论，以普通人为研究对象，强调经济与社会的平衡。这个表达方式既巧妙又精准，赢得了与会者的一致赞同。因此，不论《光明日报》还是稍后商务印书馆出版的大会论文集②，以及我们创办的《经济-社会史评论》季刊，都采用了这个译法。这是最理想的、最不易让人误解的译名。在2015年《经济-社会史评

---

① 薄洁萍：《众名家关注"经济-社会史"》，《光明日报》2001年12月11日。

② 侯建新主编：《经济-社会史：历史研究的新方向》，商务印书馆2002年版。

论》成为季刊出版之前，我们一直使用这种表达方式，但正式期刊须遵守国家新闻出版广电总局有关刊物名称中加标点符号的规定，因此才不得不忍痛割去那个经典的半字格连接号。齐先生与《经济社会史评论》（下文简称《评论》）的这段佳话，充分说明了老先生对经济社会史的深度理解和关注，因此自期刊创办以来我们就聘请他做学术顾问。

齐先生作为“顾问”真是尽心尽力尽义务。从《评论》诞生那天起，一直到他离开我们，他始终关心、呵护着这本期刊。他鼓励我们将《评论》办成专业性的学术刊物，力主高水准、有特色；力主有现实感；力主语言平易生动，吸引更多读者。他说，有的文章刚出来时可能只有极少数人读，甚至只有作者加编辑等三五人认真看，但学术价值可能要经过相当一段时间才能反映出来。他的思想对我们办刊理念一直有着重要影响，他的鼓励与鞭策一直是我们办刊的动力。平时难得听到他老人家的表扬，但不知为什么，先生对《评论》总是正面的，总是说相当不错了，总是嘱咐我们要坚持下去！多少年来，无论在哪种场合见到齐先生，他总是要问期刊的情况；如果一段时间不见面，他就会来电话议论所刊出的文章；如果出版延期了，他会不止一次地来电询问，这一期怎么还没有见到啊？2014 年底《评论》获得正式刊号，他听说后就打来电话祝贺，连说“太棒了！太棒了！”并很快亲笔写来贺词，强调“精益求精”，切望“为史学界放一异彩”！

晚年的齐先生笔耕不辍，耄耋之年新作不断。他的回忆文章《1958 年高校大跃进》在《评论》刊出后，读者反响热烈。1958 年中国大地掀起了一场名为“大跃进”的运动，人们通常印象“大跃进”是发生在工农业生产领域的事。齐先生以亲历者和见证人的身份，说明当时各行各业都秉持同样的思维方式和行动方式，教育界包括高校也不例外。有一段时间学生不上课，而是奔赴矿山和农村，学校失去了正常的教学秩序，忙着进行各种名目的“大跃进”、打擂台，进行各种指标的竞争。诸如编教材“大跃进”、卫生“大跃进”、作诗“大跃进”、翻译“大跃进”等，同样令人啼笑皆非的还有身体锻炼“大跃进”。学生运动水平要达到几级标准，当然都是打擂台的“标准”，“作假没关系，敢上报就行”。教师跑百米、跳高也要达标。齐先生当年也参加了，为跳过一米三几，“从早晨开始猛跳，跳会儿，歇会儿，跳到下午，不知怎么一下子就跨越过去了。还真过了”。[①] 读到此，让人忍俊不禁，掩卷则促人深思。这就是齐先生文字的魅力。

最后几年齐先生的听力有些下降、行走稍有迟缓，但他始终保持着清醒的头脑，越到晚年越回归学者本色。他还是更喜欢学术，乐此不疲，已是奔鲐背之年的人了，仍然勤于思考。他每有文章发表、新书出版都要寄赠给我，我写出东西也请他指教，有时正在写的东西他也告诉我。大约在2015 年 10 月下旬的一个上午，齐先生来电话，兴奋地说正在给你们的期刊写稿子，还是回忆文章，不过，他说这篇用半文言文写，希望在来年第1 期刊出，还问 12 月 20 日以前交稿赶得及吗？ 12 月 20 日这个日子我记得清清楚楚，因为当时我还合计了一阵子。可惜，他老人家没有能工作到这一天，大约那次通话半个月后就病倒了，再也没有起来。

齐先生对《评论》的关心，寄托着老一辈学者对未来学术发展的期望，是否也有个人的某种情结，或是个人学术经历中某种缺憾的补偿心理呢？齐先生是位强者，他能应对上上下下各种场面，即使在高官面前也敢讲究长幼有序。我与他可谓忘年交，但他从来没有与我直接谈过一生的遗憾。2005 年，在《评论》创刊后不久，齐先生送我一本英文原版旧书，并在扉页上写下一段文字，这段文字流露出他内心的无奈。他写道：“此书我于 20 世纪 50 年代初购于旧东安市场之旧书店，至今已半个世纪。”大概睹物生情，思岁月之流逝，叹命运之乖蹇；由此发出一声感叹，一声隐隐让人感到无助的感叹：“垂老学无所成，可为一叹。”在我与他接触的二三十年中，从未发现他有这样的情感流露，虽然只有几个字，但字字沉重。齐先生的学养、功力以及他的贡献，学界公认，而他在晚辈面前却这样无情地概括自己，出人意料。一方面是他的学术规格高，他先后考入燕京大学、清华大学历史系，见识过陈寅恪等大师，是雷海宗、周一良的学

① 侯建新主编:《经济-社会史评论》(第三辑)，生活 · 读书 · 新知三联书店 2007 年版。

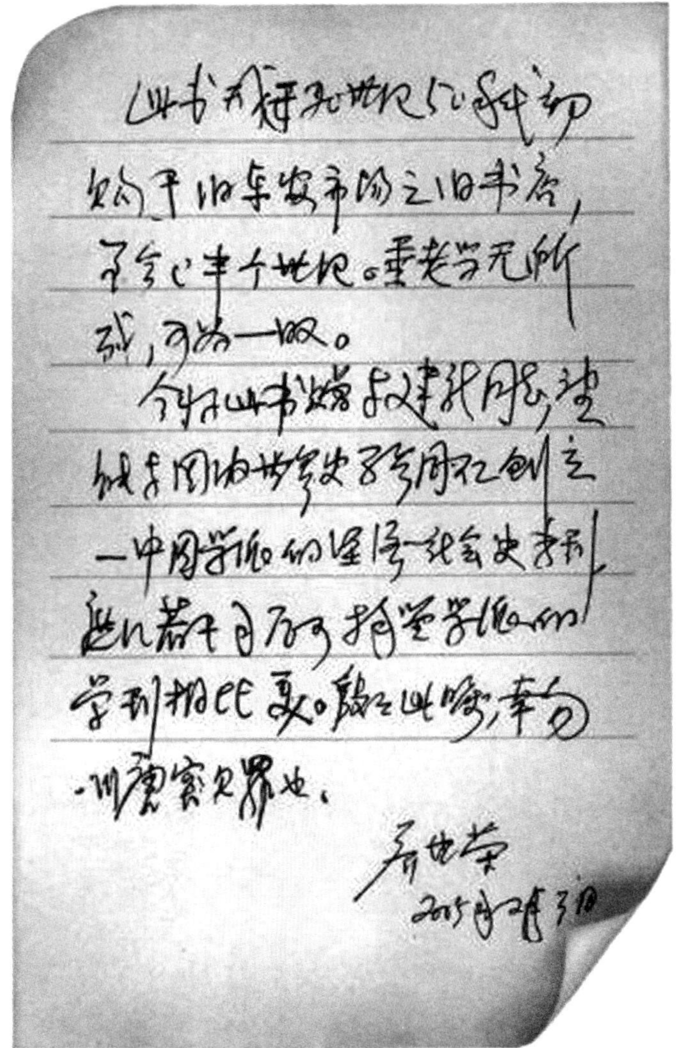

此书我于20世纪50年代初购于旧东安市场之旧书店，至今已半个世纪。垂老学无所成，可为一叹。

今将此书赠与建新同志，望能与国内世界史学者同人创立一中国学派的经济–社会史专刊，庶几若干年后可与年鉴学派的学刊相比美。殷殷此嘱，幸勿以唐突见罪也。

齐世荣

2005年2月3日

生；与那一代高水准的学人相比，他深感自己“学无所成”。另一方面分明也是对光阴无谓流逝的遗憾，遗憾中有些许酸楚，倘若年轻些可再努力，此时只能一叹了！如同齐先生经常回忆的那样，他经历了20世纪50年代以来所有政治运动，一生中最好的时光已耗费在无休止的改造、斗争之中。可是，在那样的大势下，又有几人能幸免呢？齐世荣先生之叹，是个人的，也是时代的；是一代人的，又不只是一代人的。他希望我们恪守学术，心无旁骛——“今将此书赠与建新同志，望能与国内世界史学者同人创立一中国学派的经济-社会史专刊，庶几若干年后可与年鉴学派的学刊相比美。殷殷此嘱，幸勿以唐突见罪也。”言犹在耳，物是人非；斯人已去，然心声永传。齐先生一生阅历丰富，但终究还是学者本色，他对学术的敬畏，对文脉传承的历史责任感，对后人的殷切嘱托，激励我们砥砺前行，认真办刊，无愧先人，不负时代，为我国世界史学科的发展而努力工作。

谨以此文告慰先生在天之灵。

# 学术领袖　惠泽晚辈
## ——追忆齐世荣先生

陈志强

齐世荣先生的突然离世令学界深感震惊，尤其使我们这些深受先生爱护的晚生无限悲痛。先生的门生故吏、亲朋好友在多种场合以不同方式追忆他老人家的道德文章和学术贡献，一个统一的看法渐成共识，即他是我国世界史学界当之无愧的学术领袖。我虽与齐先生交往不多，但受先生照顾不少，追忆一二，略表哀思。

那是 1995 年秋季的一天，我应约前往齐世荣先生家里谈编撰书稿事宜。那时我刚从希腊攻读博士学位留学回国不久，尚未完全融入国内学术大潮，也为自己从事的拜占庭研究事业发展迟缓忧心忡忡。恰在此时，先生点名让我参加他老人家主编的一套丛书。早就耳闻先生大名，何以关注到我们这个小学科领域？心中不免忐忑，登门造访时也畏手畏脚。人们常说，欲知一个人学问大小，要看家中藏书有多少。先生那间很大的书房里，书满四壁，老派学者府邸里常有的纸张味道似乎冲淡了我与先生的距离感。先生并没有寒暄，上了杯热茶便直奔主题。谈完了正事又聊起了家常，详细询问我在希腊是如何学习的，我们从事的拜占庭研究和希腊语学习难点在哪里，回国以后有什么困难，等等。我的直觉是老先生虽然与我们这一代人隔着辈分，但有一种发自内心的亲切感，故而不由自主地放言起来，既汇报了以往的经历和收获，也说起海外学习的笑话和趣事，甚至将回国后心中那点苦闷和困惑也一股脑地说给先生听。先生在哈哈大笑之余，拉起我要去附近小路上的一家小饭馆吃饭，我这才发觉到了饭点儿，不免愧疚不安，因为首次造访先生就耽误了他老人家这么长时间，但能有机会与先生共进午餐还是感到满心欢喜。

也许是这次畅谈给先生留下了深刻的印象，后来在我参加的多次全国性世界史学科会议上，先生在主旨发言中多次直接点我的名，以我为例谈到如今从事外国史研究的条件大为改善，对外交流更为便捷，能到国外学好外语，接触更多原始材料，并直率地说，“有这么好的条件，再研究不好就不应该了”。先生对我的鞭策更是一种鼓舞，增加了我的压力，也加大了研究工作的动力。在那以后不久，我申报的国家社会科学基金项目“拜占庭帝国社会转型研究”（1996年）获得批准，而且非常意外地得知获批的项目升级为“重点项目”。此事在单位同事中也引起注意，因为当时我是南开大学所有文科院系中第一位回国的“洋博士”，很受各方关注，加之过去历史系只有魏宏运先生获得过“重点项目”，所以关注中多带有些许的惊愕和羡慕。后来有知情者告诉我，你要感谢还是要感谢齐世荣先生，他在项目终审评议中一言九鼎。尽管后来我和先生多次交往面晤，但从来没有听先生提及此事。我在内心深处感谢先生的知遇之恩，将先生的厚爱和支持当作“再上层楼”的动力，更扎实地从事研究和教学工作。正是在这个“重点项目”的支持下，我的系列研究成果陆续发表在《中国社会科学》《历史研究》《世界历史》等专业学术刊物上。也是从那时起，我先后参与了先生主编的“帝国史译丛”“精粹世界史”等大型丛书翻译和编撰工作。在这些工作中，我国拜占庭研究同人们共同努力，使拜占庭历史与文化研究在全国世界史学科庞大复杂的体系中悄悄地占有了一席之地。今天，当我们谈到我国拜占庭学迅猛发展时，都应该感谢齐先生等老一辈学者的关爱，尤其是我个人，受到先生恩惠更多。

都说先生对自己的学生要求严格，对看不过去的任何事情直言快语，敢于批评，颇有“霸气”。但我更认为先生始终坚持学术第一的原则，在学术问题上从来不马虎，对就是对，错就是错，学术面前一律平等，对晚辈人提出的批评也虚心接受。记得有一次聊起当下学术经典的翻译问题时，我提到斯宾格勒那本名著《西方的没落》最新中文版存在错误，先生非常惊讶，立即起身去书架上拿来查看，我知道这是先生精心翻译的力作，也与先生一起对照查看起来。当确认了新版中存在的错误后，先生很认真地分析说，可能是旧版不能用了，出版社重新制作了新版，审查校对不细致造成的错误，并表示要与出版社联系修改。在这件小事上表现出的先生严谨治学的态度一直深深地刻印在我的脑海里。

齐世荣先生的离去使我们失去了一位杰出的学界领袖和亲密的“老辈朋友”，随着先生各位弟子亲友的追忆文章问世，我们有机会了解更多有关先生工作生活的细节，从很多逸闻趣事中，也加深了我们对先生的理解，其展现出的很多优秀品格更是我们的楷模。我们要向先生学习，要不懈努力奋斗，将我国的世界史学科发展得更好，以告慰先生的在天之灵。

# 大教授造访筒子楼
## ——沉痛悼念齐世荣先生

郑寅达

2015年12月4日，惊闻大师齐世荣先生仙逝，仿佛一声晴天霹雳。在我的印象中，先生的身体很硬朗。我曾经“高攀”到两位居住在北京的高位人士，一位是中国社会科学院世界历史研究所前所长朱庭光老师，一位是齐先生。前些年，当朱庭光老师的健康状况急剧下滑时，我庆幸地看到，齐先生还是那么的硬朗。这两年里，由于接连纪念第一次世界大战爆发一百周年和第二次世界大战（世界反法西斯战争）胜利七十周年，齐先生所在的首都师范大学都举办了规模不小的学术讨论会，因此有幸两次近距离看到先生。先生不仅都出席了开幕会议，还作了精彩的发言。思路之清晰，声音之洪亮，使我感到先生一定能成为百岁寿翁。岂料才几个月的工夫，先生就不幸驾鹤西去。

说来很难令人相信，我与齐先生的交往，竟发端于作为大教授的齐先生，在我蜗居的斗室里做客，同我的家人一起度过了愉快的半天。这一场景，就像一幅清晰的照片，永远留在我的脑海里。尽管从我踏进华东师范大学历史系的那一刻起，就立志要把历史研究与教学作为自己终生的事业，然而那个半天的场景却时时成为我前进道路上的加油站，激励我永不停步，奋步向前。事情发生在20世纪80年代的中后期。当时齐先生已经是我国世界史学界的权威，他的名字经常同周一良先生、吴于廑先生排列在一起，组成“三驾马车”。随着前面两位先生的年岁日长，齐先生正在向着首席权威的位置移动。而我，只是非首都城市一所重点高校中的一名小讲师，尽管也参与了导师李巨廉教授主持的“六五”国家社科重点项目

“第二次世界大战起源研究”，有幸参加了首届青年世界史工作者座谈会和首届青年历史学工作者座谈会，但从来没有奢望要结识齐先生。当时的齐先生对我而言，是心中的泰斗和权威，是专著、文章和教材中的先生，偶尔也是会议主席台和讲台上的先生。然而就在这个时候，一个周六的下午，正在陪同齐先生在上海查阅资料的徐蓝学姐悄悄地告诉我：明天上午齐先生可能要到你家去。一个小讲师的家里，要迎来一位顶级权威，这已经不是“蓬荜生辉”这个词所能涵盖的了。当时齐先生非常清楚，我住的地方，是“筒子楼”。它位于华东师范大学一村的东楼，原为单身青年教工的临时住所，每个房间大约 15 平方米，没有厨房和卫生间，在走廊里烧饭，在公共洗漱室里“卫生”。随着学校的住房越来越紧张，单身青年教师早已没有资格住这种楼房，普遍让给了一家三口，甚至四口五口的青年教师家庭。当时，我们的小孩已经上小学，每天晚上睡地铺。幸好房间里有两个沙发，才让齐先生有了“安坐”之处。第二天早饭后不久儿，齐先生和徐蓝学姐如约而至。从我内心来说，是希望齐先生能多坐一会，但心里又很清楚：这怎么可能？然而出乎意料的是，齐先生在我的陋室里竟停留了半天，直到午饭前才离开。我的妻子是我的大学同学，后在同系的资料室工作，在业务上有共同语言。犬子比较安静。因此一室五人竟交谈了整整几个小时。其间，齐先生向犬子介绍了北京老特产之一的“桂花酸梅糕”，引得他口水直流。一段时间里，犬子的兴奋点都在那个特产上，直至我下一次借赴京与会之机，特意到商店买回它，才算解了他的馋。

此后不久的桂林会议，是我同齐先生的第二次近距离接触。那次会议是为完成朱庭光老师领衔的“七五”国家社科重点项目“关于法西斯起源、思潮和运动研究”而召开的一次关键性会议。当时，国外学术界对法西斯问题的研究有了很大的拓展，出现了各种不同的看法。其中对我们冲击比较大的，是关于法西斯组织的阶级属性问题。微观数据考察的结果表明，法西斯组织的成员以中下层民众为多。但是我国的大部分相关学者，其中包括具有一定知名度的资深学者，还是坚持原来的主流观点，即 1935 年共产国际第七次代表大会对法西斯的定性：“法西斯是金融资本最反动的、最沙文主义的、最帝国主义的分子的公开的恐怖的专政”，“法西斯主义之上台执政，并不是表示普通由一个资产阶级政府替代另一个资产阶级政府，而是表示由资产阶级统治的某一种国家形式替换另一种国家形式，就是说，由资产阶级的公开的恐怖专政替换了资产阶级的民主制度”。平心而论，当时中国学术界接受这一观点，并不仅仅因为它是共产国际的观点。日本和德国法西斯上台以后，基本上没有改变国内的所有制关系，这是第二个原因。而最主要的，则是它们的所作所为。它们所推行的专制独裁、对外扩张和反人性的暴行，只能反映所处时代中最反动阶级的要求。而在现代世界，最反动的阶级无疑是垄断资产阶级，因此法西斯只能是它们的代表。

在桂林会议的第一天，两种观点发生激烈的碰撞。壁垒很分明：课题组大部分成员观点一致，认为早期法西斯组织代表了小资产阶级的利益；课题组以外的专家大多坚持传统观点。听说后一种观点在第一天占了上风。我和李巨廉老师因为机票关系，第一天未能到会。第二天上午到达，走进会场已是上午十时。在上午会议结束时，朱庭光老师宣布，下午由郑寅达第一个发言，可以多花点时间，不要超过一个小时。我充分地利用了这难得的一个小时，从德国纳粹党早期的社会成分、党的纲领、党的名称、党的领导集团的政见、该党在德国实际政治斗争中代表了谁的利益等五个方面，论证了该党在成立初期属于反动的小资产阶级政党的观点。同时，我还留了一个心眼，在“小资产阶级”前面加了“以中下层民众为主体”的定语，为以后的拓展工作悄悄地留下空间。

会议重新恢复到双方势均力敌的局面，大家的目光不约而同地转向了与会的最高学术权威齐世荣先生。先生在总结发言中讲得较为含蓄，但大家都听懂了。他巧妙地说：如果认为早期法西斯政党属于小资产阶级性质，下一步就需要研究它们的转化问题。最后成书的《法西斯新论》采纳了“小资产阶级”说，但是把反映不同观点的主要文章以“附录”的形式收入其中，供读者进一步思索。实践证明，桂林会议、齐先生的一言九鼎、《法西斯新论》一书，在我国的法西斯问题乃至世界现代史问题的研究中起了很大的作用，它们缩小了我国世界史学界同国际史学界的差距，并为法西斯问题的后续研究打开了大门。

2000年，我有幸担任了中国世界现代史研究会华东分会的会长，有了更多同齐先生近距离接触的机会。齐先生大气的全局观念，在指导研究会的工作中充分展示。他中外兼通的学识，在历次学术报告中时时流露。所有这一切，在其他学者的文章中已经作了很好的回顾，这里不再重复。对我来说，另有两个印象很深刻。其一，齐先生对友情，包括对忘年交，很珍视。同齐先生交往，不必担心环境和个人命运的变化。他心目中有了你，不论环境阴晴圆缺，不论你处于顺境逆境，他都会关注并帮助你。这样的长辈，这样的权威，打着灯笼都难找。哪个晚辈遇到了，是千载难逢的幸运。其二，首都师范大学的世界史学科真幸运。规划、人才、项目、资金、成果，知识分子所需要的一切，那里几乎都有了。我每次到那里，都感到那是学者们的乐土。只可惜自己没有福分。首都师范大学世界史学科的同行们，你们真幸运。

齐先生，安息吧！我们一定会继承你的遗志，把中国的世界史研究与教学搞得更好！

# 深切缅怀中国世界现代史研究会名誉会长齐世荣先生

李世安

虽然齐世荣先生离开我们已经一个多月，但我仍然沉浸在悲痛之中。回忆往事，先生的音容笑貌立即浮现在眼前：慈祥的面容、坦荡的胸怀、睿智的目光、敏捷的思维、深邃的见地、严谨的治学精神、虚怀若谷的品格、幽默风趣的谈吐、开拓创新的精神，令人肃然起敬，使人难以忘怀。

齐先生是新中国世界史学科的奠基者之一，是中国世界现代史学科无可争议的大师。作为中国世界现代史研究会的缔造者之一，齐先生曾长期担任会长、名誉会长，为研究会的建立、运行和发展，殚精竭虑，不辞辛劳。因此，我怀着深深的敬意，回忆齐先生对中国世界近现代史研究会做出的贡献。

## 一、为中国世界现代史研究会的生存、发展做出巨大贡献

齐先生是一位学术大师，但也是一位实干的学会领导人。他在担任研究会会长期间，亲力亲为，为研究会做了大量的工作。其中最重要的事情之一，是解决研究会重新注册问题。

1989 年，民政部加强了对民间社团的管理，中国世界近代史研究会和中国世界现代史研究会这两个研究会，被合并为一个研究会，命名为“中国世界近代、现代史研究会”。到世纪之交，民政部要求各研究会重新

登记注册，其要求之一，是研究会要有 10 万元以上注册资金，否则不能合法存在。

当时国家财政并不宽裕，教师工资不高，学会也没有经费来源，到哪儿去筹措这笔资金？齐先生为此操了不少心，借来能解燃眉之急的资金，使研究会顺利注册。当时许多研究会都为资金问题犯难，迟迟未能注册，有的研究会至今仍然没有注册。

研究会在民政部顺利注册，不仅解决了合法存在的问题，而且为今后的发展带来许多好处。因为民政部每年都要进行年检，在对各个研究会进行评估时，都有一个硬指标：但凡没有注册的研究会，无论工作做得有多么好，都只能是“基本合格”，不能称为“合格”。在世界历史研究所管理的 16 家（现为 14 家）研究会中，只有很少几家合格。“中国世界近代、现代史研究会”就是合格的研究会之一。

从 2014 年开始，社会科学院做出新规定，取消了原来每年给各个研究会的几千元活动经费，改为各研究会可以申请 3 万—5 万元的学术活动经费。但是申请的条件，是必须在民政部考核中为“合格”。去年“中国世界近代、现代史研究会”申请到 5 万元活动经费。尽管中国世界近代史研究会和现代史研究会注册时成了一家，但是社会科学院允许两个专业委员会事实上独立，各自开展学术活动。经协商，这笔钱由中国世界现代史专业委员会申请和使用，中国世界现代史研究会用这笔钱，组织了各方都满意的学术活动。

2015 年，主管学会工作的世界历史研究所领导为支持学会工作，在年终召开的学会领导人会议上表示，世界近代史和世界现代史两个专业委员会，可以给社会科学院打一个申请报告，从 2016 年开始，希望院里同意这两个专业委员会各自申请 3 万—5 万元的活动经费。如果院里同意，两个专业委员会就都能得到开展活动所需要的资金。

没有注册的研究会，就没有这种好事了。社会科学院规定：在民政部年检中，只要有几次“基本合格”，就得不到这笔钱。而且没有解决注册问题的研究会，事实上没有合法存在的地位，长期下去面临被取消的危险。

中国世界近代、现代史研究会由于齐先生的贡献，根本就不存在上述问题。想到这件事，中国世界近代、现代史研究会全体会员，无不感谢和更加怀念名誉会长齐世荣先生。

## 二、规划学术活动、绘制发展蓝图

齐先生德高望重，是研究会的核心、顶层设计者、蓝图规划者和学术活动的推动者。他担任会长时，对学术活动进行整体规划，精心组织每一次活动。对每次学术会议，他都要亲自拟定或审定大会议题、大会议程。即使从会长岗位退下后担任名誉会长，他仍然关心研究会的发展，对研究会召开的所有学术会议的议题，都要提出自己的看法和建议，使会议围绕学术热点问题、前沿问题来进行，保证了研究会始终站在学术研究的最高点上。

在 2002 年中国世界现代史研究会华东片区专题学术研讨会上，他作了题为《我国世界现代史学科的回顾与展望》的报告。在回顾中国世界现代史学科的建立和发展的历史后，他对新世纪世界现代史的发展作出了展望，并对国内史学工作者提出了五点要求："第一，科学研究方面，我们必须拿出我们自己的独到见解；第二，要扩大研究范围，研究新问题；第三，适当吸收新理论，采用新方法；第四，世界史研究者要懂得中国史；第五，要填补一些至今为止仍无人研究的空白。"[①] 同时，齐先生还很重视学会论文集《世界现代史新编》的编辑工作，亲自担任论文集学术顾问。

近年来，齐先生由于年事已高，很少出席在京外举行的学术研讨会。但是他对研究会的学术会议，无论是年会，还是片区举行的研讨会，都非常关注，并亲笔写了贺信，对会议召开表示祝贺，并提出要求与希望。例如，2015 年 7 月 6 日，齐先生为中国世界现代史研究会华北片区在山西

---

① 刘宏丰：《华东分会、西北分会 2002 年学术讨论会纪要》，载中国世界现代史研究会编：《中国世界现代史研究会通讯》2002 年第 24 期，第 1 页。

师范大学召开的学术研讨会写了一封贺信，这也是他一生中写的最后一封贺信，很有代表性，现全文抄录如下：

同志们：

《世界现代史热点问题研讨会》即将在山西师范大学召开，谨致热烈的祝贺。

今年是世界反法西斯战争胜利 70 周年，我国是东方主战场，对取得战争的胜利做出了重大贡献。大会以此为重点讨论，是完全正确和必要的。世界史是历史学中一门年轻的学科，需要讨论的教学问题很多，希望同志们结合自己平日的教学经验，切磋交流。

我因年老（今年已 89 岁），不能赴会向同志们学习，十分抱歉。但我作为学会的创始人之一，始终关注着我们学科的发展。预祝大会成功。

齐世荣

2015 年 7 月 6 日

在信中，他指出了本次会议的重要性，对学者们提出了殷切的希望，并诚恳表示自己由于年老不能与会的歉意。齐先生还特别强调他作为学会的创始人之一，始终关注着中国世界现代史学科的发展，表达了他对这一年轻学科进一步繁荣发展的殷切希望。

齐先生参加每次会议，都会做主题发言，论述当前学术界关注的问题，谈自己的研究心得和体会，并参加小组讨论，与大家进行切磋。由于齐先生学贯中西，学识渊博，研究深入，有许多新观点、新资料，加上他思维敏捷，富有文采，他的发言，令人折服，给人启迪。每次参加有齐先生在场的会议，与会者都会从他的发言中得到教益。

## 三、把握研究会的发展方向

齐先生是我国杰出的马克思主义历史学家，他始终坚持以马克思主义指导研究会的工作，用辩证唯物主义研究世界现代史，对意识形态领域进行把关，使研究会沿着正确的学术方向发展。

他多次强调要继承和发扬中国优秀的历史文化传统，坚持走中国人自己的研究道路。

在2006年中国世界现代史研究会年会上，他说："从2005年起，一些对中国友好的西方学者对中国的学术研究提出批评，中心问题是一些人的研究成果，总要纳入西方的学术框架、概念体系之中，结果造成失去自己的话语权。这从表面上看是方法问题，实际上是一些人对中国文化发展失去信心。因此需要进行创新，获得中国特色的话语权。"①

## 四、树立良好学风

齐先生非常重视研究会的学风问题，强调要树立良好的学风，要下苦功潜心进行学术研究，做学问要踏实，不要浮躁。在许多研究会的大会报告中，齐先生都要讲到这个问题。在与他的接触中，也随时可以感受到他身上体现出的这种优良学风。

有一次他在谈到写书评的问题时说，他对写书评要求很严，而且必须对原书所提出的问题予以适当论述，提出自己的看法，而不是目前流行的看法，只说这本书写得如何好之类的话。他说，老一辈写书评，都是如此。他还说，如果他要写一篇书评，需要仔细研究，所花时间至少要半年以上。齐先生曾在《世界历史》杂志上发表过一篇文章专论这个问题。该文的发表，对学术界继承发扬中国历史学的优秀传统——写好书评，起到了指导作用。②

---

① 芮信：《中国世界现代史研究会2006年学术讨论会暨第七届年会纪要》，载中国世界现代史研究会编：《中国世界现代史研究会通讯》2006年第29期，第2页。

② 齐世荣：《书评不要八股化》，《世界历史》1985年第6期。

## 五、重视研究会队伍的建设和质量的提高

齐先生认为世界现代史在中国是一门年轻的学科，需要加强队伍建设和提高会员的质量。

世纪之交，当老一辈的学会领导人即将退下时，他对研究会的接班人进行了考察，并提议胡德坤、刘德斌、郑寅达、黄民兴等人分别为华中、东北、华东、西北片区负责人，兼学会副会长。这些同志担任学会领导后，不负齐先生的期望，为学会工作的开展尽心尽力，做了大量工作，取得了显著成绩。

他认为学术队伍质量的提高，有许多工作要做，其中很重要的工作之一，是要提高理论水平，在掌握史料上下功夫、出精品、严要求等。

由于齐先生德高望重，在学术界影响力巨大，因此参加中国世界现代史研究会的学者人数很多，是中国各种研究会中人数最多的一个研究会。在齐先生领导下，研究会工作红红火火，生机勃勃。

## 六、重视培养年轻学者

齐先生认为世界现代史是一门年轻的学科，年轻学者是未来的希望，要着力培养年轻人。

如何培养年轻人？齐先生讲了许多需要做的工作，其中之一，是要求青年人向学术前辈学习，使后辈薪火相传，推陈出新。他多次用学术前辈研究治学的事迹，鼓励青年后进脚踏实地、谦虚谨慎、戒骄戒躁，不断进步。

为了培养年轻学者，齐先生还举办过几次中青年世界史工作者培训班，并亲自讲演。如2004年7月25日—7月30日举办了中青年“20世纪世界史若干重大问题研讨班”。参加过学习的许多青年人后来都成长为学界著名学者。

在齐先生的指导下，学会工作顺利开展，每次在民政部的检查和评估中，都获得好评。齐先生创造了中国世界现代史研究会今日的辉煌，绘制了未来发展的宏图，铺就了面向未来的康庄大道。齐先生对中国世界现代史研究会建立和发展的功绩永远闪光，英名永世长存!

我们缅怀齐世荣先生，就要学习他的优秀品质、专心致志、潜心治学，就要完成他的未竟的事业，把中国世界现代史研究会建设好，大力推动我国世界现代史的研究和教学迈上新台阶，以告慰齐先生在天之灵。

# 思想者的生命是不朽的

## ——沉痛悼念齐世荣先生

杨共乐

各位老师：大家好！

今天我们怀着沉痛的心情参加首都师范大学历史学院召开的“齐世荣先生追思会”，缅怀齐世荣先生的丰功伟绩，心里很沉重。多年来，齐先生对后辈的鼓励和教育，可谓是无微不至。刚才侯老师（侯建新）讲了一些，我也是感同身受。2013 年 12 月 8 日，先生赠给我一本他珍藏 60 年的普鲁塔克著的《希腊罗马名人传》。在书的扉页上，先生亲笔写着下面两段深情的话：

赠给共乐同志，以纪念我们的忘年之交。

齐世荣

2013 年 12 月 8 日

我购此书时，才 27 岁，当时学术野心很大，买了许多书，从古到今。今年我 87 岁，回想当年所要达到的学术目标，距离可谓 1/10 都未达到。主客观原因都有。每念及此，不禁神伤。

这里既有先生自己的谦虚，也包含着先生对后辈寄予的期望与鼓励。先生生前给我的信和通话很多，给我的指导与鼓励也极多。先生的去世不仅是首都师范大学的巨大损失，而且也是我国史学界的巨大损失。对我本人来说，先生的去世使我失去了一位能不断给我指点迷津并鼓励我努力前行的可敬可爱的老师。

齐世荣先生是一位以天下为己任的学者。“放眼世界，胸怀天下”显然很适合先生的学术人生。他学精于中西之间，思勤于古今之中，心里总是装着一部世界史，装着一部用唯物史观构建起来的特色鲜明的世界史。齐世荣先生认为，终结性的世界史，虽然不可能撰写出来，“因为任何一代人，无论晚到什么时候，都不可能穷竭真理。但是，世界通史，包括断代性的世界古代史、世界近代史、世界现代史，都是完全能够写出来的，而且能够写得越来越接近客观真实。”当然，齐先生也知道，要想把充满矛盾运动的全球一体化的历史进程和概貌勾画出一幅清晰的图像很不容易。但我们也不能因此“止步不前”，“满足于把一批又一批的专题论文和国别史或国别史的汇集堆在读者面前”。他强调：“不能只有微观的历史研究，而无宏观的历史研究。‘细节’固然需要知道，但在一定意义上，‘总画面’更需要让人们清楚。”[①] 历史表明，齐先生的实践显然是成功的。他主编或参与主编的《世界史》已发行数百万册，为我国的青年学子、社会大众认识世界提供了极其重要的集系统性与权威性于一体的教材，受惠者已逾千万。贡献之巨，上苍可证。

齐世荣先生是一位开拓型的学者。为建设世界近现代史、国际关系史学科，他呕心沥血，筚路蓝缕，置健康于不顾，倾全力于一生，购资料，译文献；写教材，创体系；招学生，带队伍；育良史、携后学，从无到有，从有到强。我国的世界近现代史、国际关系史学科的发展无不渗透着先生的智慧与辛劳。

齐世荣先生是一位重方法、懂理论且思想深邃的哲人。他点评学者，总能语语中的，发人深省；他分析问题，总是慧眼独具，新论迭出；他判断大势，更是透彻精到，经得住时间的考验。他是时代的智者，学界的翘楚。融辩证思考于全局思维之中是先生长期坚持的原则。在先生的作品和讲演中始终跳跃着思想者非凡的卓识，闪耀着辩证法迷人的光辉。

齐世荣先生极其敬重前辈老师，高度重视对前辈学者学术思想的传

---

① 齐世荣：《关于开展世界现代史研究的几个问题》，《历史教学问题》1988 年第 2 期。

承。齐世荣先生认为吴于廑先生对世界历史发展的基本认识是正确的，即世界历史是社会纵向发展与横向发展相互作用的结果。人类物质生产史上不同生产方式的演变和由此引起的不同社会形态的更迭构成了纵向发展。它与各地区间的横向发展即由相互闭塞到逐步开放、由彼此分散到逐步联系密切相结合，并终于使整体的世界历史成为现实。齐世荣先生在独立主编 4 卷本《世界史》的时候，坚持吴于廑先生对世界史的看法。但坚守并不保守。齐先生又在吴先生的基础上有了新的发展，更进一步地回答了纵向发展与横向发展之间的关系。齐先生认为，纵向发展所达到的水平和阶段规定了横向发展的规模和广度。横向发展一方面受纵向发展的制约，反过来又对纵向发展产生促进和深化的影响。在历史向资本主义过渡时代，横向发展对纵向发展的反作用表现得尤为明显。这一认识与世界历史发展的事实完全吻合。辩证中道出了主次，抽象中说明了轻重，使复杂的纵横之辨变得清晰可控，把世界历史的研究推向了新的高度，对学界把握世界历史的发展大势有极其重要的指导意义。

齐世荣先生走了，走得很匆忙。因为他曾亲口告诉我，他还在主持一套大书，并希望看到这套大书的最后出版。看来，先生的这个心愿只能由后来人来完成了。

齐世荣先生走了，带着一些遗憾走了，但他的精神会永生，因为思想者的生命是不朽的。

我们深深地怀念齐世荣先生。

谢谢！

# 历历往事心头涌，点滴回忆寄哀思
## ——缅怀敬爱的齐世荣先生

王　玮

在座的很多都是我的前辈，所以我现在是惴惴不安，唯恐占用大家很多的时间。但又想到我来自山东，是承担着重要的使命，就是代表山东省世界史专业委员会在这里表达对齐先生的缅怀，所以我就讲几句。

我第一次听说齐先生是在70年代跟随着杨生茂先生读研究生的时候。杨先生跟我提起齐世荣先生，杨先生说齐先生很厉害，学问厉害，人也厉害。在我心目中齐先生是一个大气磅礴不怒而威的一个学者权威，不好接近。后来我从南开大学毕业后，在河北师范学院工作一段时间。当时有个年轻的老师到北京去找齐先生办事。齐先生问他，河北师范学院都有谁啊，他就报了几个人的名，某某，齐先生说不知道，后来提到我，齐先生说知道，我就因为这一句知道，便专门到北京拜见齐先生。到了齐先生家里，齐先生很热情地接待了我，这出乎了我的意料。先生当时叫我坐下，还给我沏了杯热茶，我心里顿时暖洋洋的。齐先生像是一位对年轻人寄托着谆谆厚望的、慈祥的老者，这改变了我对齐先生原来的印象。后来齐先生说要请我吃饭，我说那哪行，我说我作为弟子，我应该请您吃饭，后来就跟着齐先生到了首都师范大学附近的广东菜馆，想不到齐先生还是个美食家，坐在那里以后，齐先生也不看菜谱，闭着眼睛就报了很多的菜名。我顿时觉得齐先生很有生活气息，就跟自己的父母一样，所以这样就拉近了我和齐先生的距离。

后来我应刘祚昌先生的邀请到了山东工作，就在之前提到的我们山东省世界史专业委员会。这个专业委员会在1999年正式成立，到了2002年我们就准备召开第二届委员会，当时我就在想能不能把齐先生请过来，但是又不敢奢望，因为齐先生年事已高，学术地位和学术声望只能高山仰止，景行行止，唯恐先生请不来。后来我说请个试试吧，没想到的是齐先生慨然应允，当时已经是 70 岁高龄的齐先生同钱乘旦先生一起来到山东青岛。在开会的过程中，齐先生给我们作了一场深刻的、知识面非常广阔的学术报告。给我最深的印象就是齐先生对中国的世界史学的发展历史非常熟悉，娓娓道来，如数家珍。但是最使我们感动的不仅仅是齐先生的报告，还是齐先生这么大的年龄远道而来，对我们山东省的世界史学的发展投入了很多的关注、支持和帮助。整个会议过程当中齐先生是兴致勃勃，健步如飞。到崂山，我们要搀扶齐先生，齐先生执意不肯，坚持自己走。另外，我觉得齐先生非常重情重义。我记得当时在青岛开会的时候，青岛市史学会的会长是尹铁铮先生，年纪也很大了，他很照顾齐先生，专门搀扶齐先生出入，所以齐先生对他印象非常深。后来会议结束后，每次我给齐先生打电话，齐先生总是让我问候他，并且十分关注尹铁铮先生的身体。2010 年，尹铁铮先生病故，当我将这个消息告诉齐先生时，齐先生扼腕叹息、沉默良久，半天说不出话来，最后说了这么一句："那是个好人呐!"齐先生这句充满深情的话语使我特别受感动。

我们有很多事都去找齐先生，寻求他的帮助。比如说，2001 年我们申报国家级教学成果奖，我同山东大学的顾銮斋教授找过齐先生。那天正是大年初一，打扰先生，我们惴惴不安。齐先生热情接待了我们，为我们申报的材料提出了很多指导性的意见，使我们受益匪浅。山东省世界史专业委员会有 82 名同人，集合了山东省高校还有中小学从事世界史教学工作的老师们，山东省世界史学的发展同齐先生的帮助、支持还有亲自指导是息息相关的。因此，对齐世荣先生的逝世都感到非常的难过。刚才讲到齐先生亲自参加了我们山东省世界史专业委员会在青岛召开的第二次会议，今天我带来了一张那次会议的照片，在这里，我把这张珍贵的照片赠送给首都师范大学，以资纪念。齐先生和钱先生给我们作了很好的报告。当时二位先生都很忙，他们正准备给中央政治局讲关于"大国的崛起"的讲稿。百忙之中到了我们山东并且作了报告，报告的内容就是"大国的崛起”。回想起来，我们山东的世界史学界便会感到很自豪，因为我们先于中央领导聆听到了二位先生对“大国的崛起”这一问题的真知灼见。

另外，我想谈的就是刚才徐蓝教授讲到的齐先生的学术精神。我认为对齐先生的学术精神怎么评价都不过分。但是我今天想谈的是一种很重要的精神，就是齐先生甘作世界史学者的铺路石和人梯，这是值得我们青年一代学者认真学习的。齐先生这一生学术专著虽然为数不多，以先生的学术功力写出十数部的专著是一件很容易的事，但是为什么没有写，他把他的绝大部分精力都投入到世界史的教学和教材建设之中，现在全国大部分的高校都在使用吴（吴于廑）齐（齐世荣）本，6 卷本也好 4 卷本也好，齐先生做的可以说是荫蔽学界，惠泽后人的了不起的工作！先生的工作恐怕是现在的年轻学者不愿做或不屑做的。之所以出现这样的现象，是因为在我们的评价体系中存在一种不好的导向，好像编写教材不算是科研成果，认为这不是主业，而是一种末业，所以我觉得齐先生这种为了学术的长远发展，甘于做一块铺路石的精神，是值得我们永远学习和传承的。

教学和教材十分的重要。一个学者如果想要有所成就，成为大家，必须得打好基础，完善自己的知识结构和理论基础。现在有些年轻的学者，尤其是一些刚刚毕业的博士，我感觉他们研究的范围非常的狭窄，有的博士甚至觉得自己的一篇博士学位论文就够吃一辈子的了，这样恐怕将来的学术的前程、学术的潜力就会受到很大的局限。历史学科实际上是一门综合性的学科，作为一个历史学的学者，或者说是历史学家，不但要有历史学方面的知识，而且还要有政治学、经济学、社会学、宗教学、人口学、人类学、军事学，甚至于语言学、文学、哲学、美学，还有音乐、美术甚至于自然科学等多学科的知识素养。历史学的知识结构是很庞杂的，这种知识结构的建立需要靠通史教育，如果没有扎实的通史方面的教育，那么专业研究是搞不深搞不透的。所以我在这里借此机会做出呼吁，年轻的学者要学好通史，两门通史包括中国通史、世界通史都要打好基础。尤其是那些从其他学科转过来的跨学科的博士，更要补上通史的基本训练，不要急于投入到自己所研究的狭窄的课题当中去，你钻进去还要能够钻出来，才能够使自己的史学研究融为一体，才能够一以贯之，然后才能够自成体系。我觉得我们要学习齐先生的学术精神，要编写好自己的教材，上好通史课，如果这样做下去的话，将是对齐先生的最深的缅怀和对齐先生的学术精神的最好的继承。

谢谢大家！

# 铭记齐先生指教

邸　文

齐先生辞世，深感悲痛，深切悼念。他是新中国和改革开放进程中世界史学界的一代名家，是关爱和培育中青年科研人员学术成长的导师和指路人。

1978—1979 年，世界史研究领域诸事待兴。为了培养从外单位调来的一些外语干部和刚刚从大学分配来的外语专业毕业生，尽快从事研究工作，中国社会科学院世界历史研究所领导，除重视发挥本所专家的指导作用之外，还“开门办所”，邀请国内世界史专业众望所归、精力充沛的专家来所商讨学科规划建设，临时举办专业讲座。出于对弥补专业缺欠的渴望的使命感和弥补生命年华流失的紧迫感，我们这些三四十岁以及二十多岁世界史研究的初入行者，对这种形式的学术讲座特别珍惜。其中，齐先生来所讲课的次数较多。他威严睿智，气度非凡，讲答问题，引人入胜。

先生指导史料选择和写作。1982 年前后，先生几次约我所的阚思静同志（学匈牙利语）和我到家里商谈有关“世界史资料丛刊”——《一九一九年匈牙利苏维埃共和国》和《一九一八年德国十一月革命》选译事宜，并指明到国内相关的图书馆查阅外文和中文资料。先生对国内图书馆的中外文藏书、期刊和杂志了如指掌，如数家珍。他一再强调，在国内世界历史研究所图书馆的德文藏书量最大。德文版的《马克斯·冯·巴登亲王回忆录》和《德国外交文献档案》，是研究德国十一月革命的珍藏本和重要档案，只有我所图书馆里馆藏。他一再说明，有问题可随时找他解决。在此之后的一段时间里，他认真、耐心地修改我们提交的选译提纲、目录，并在先后交给他的初稿的基础之上，字斟句酌，认真修改，不厌其烦，极其耐心。小阚深为感动地说："先生是我这位初入世界史研究行列的启蒙者，是我走上正规研究之路的第一位导师和引路人。先生的谆谆教导和认真精神，使我终身受益，终生难忘。《一九一九年匈牙利苏维埃共和国》（阚思静选译，商务印书馆 1984 年版），是我发表的第一本书。由此之后，我才转入了对匈牙利历史研究的轨道。"小阚并未辜负先生对她的期待和希望，努力钻研，在我国匈牙利史研究中，撰写了开拓性的研究论文，出版了几本专著，在课题研究方面取得了独树一帜的研究成果。先生在指导我选译《一九一八年德国十一月革命》一书的同时，还指导我练笔写作。由他拟好提纲并修改我写的一篇文章《二战欧洲战场的起源》，发表在《外国历史知识》杂志由他主持的"二战史讲座"专栏中。先生曾经语重心长地对我说："你研究德国历史，要充分发挥掌握德文的优势，要在充分研究德文史料的基础上，用辩证历史唯物主义观点，写出史料扎实、史论结合、具有新意的论文和专题成果。"先生的诚挚教诲和实证治学理念，使我铭记在心，成为我学术研究的指导理念。

1983 年，我成为所长朱庭光同志主持的社科重点研究项目"法西斯主义课题研究"的成员之一。所长与先生在世界史学科规划和许多学术研究领域相互敬重，相得益彰。在所长先后主持的多次国内"关于法西斯主义学术研讨会"上，均邀请先生参与指导并做会议总结发言。正是在先生对我的点拨之下，我翻阅了大量的德文史料，对德国法西斯社会基础和阶级性质，特别是与中小资产阶级和与垄断资本的关系等问题，从新的视角，进行了开拓性的深入研究，发表了史料扎实、观点新颖的论文和书稿章节。与此同时，先生也对课题组的其他成员，意大利语的陈祥超、法语的周以光、德语的肖辉英和日语的吕永和等同志，都进行了相关的亲自指导。他们也都取得了可喜的研究成果，均体现在朱庭光同志主编的《法西斯主义与第二次世界大战》《法西斯新论》和《法西斯体制研究》这三部重要研究著作中。

先生重视对外学术交流，并尽早尽快地培养学生了解和追踪国际学术研究的状况和扩大视野。1987 年先生曾邀请联邦德国（西德）柏林自由大学著名历史学家沃·韦伯曼教授来校讲课两周。我曾听课并参加先生宴请教授夫妇的午宴。不久，应先生之邀，来华访问的马尔堡大学著名历史学家和政论学家莱·库恩尔教授来校讲演，我曾陪同。1988年我陪同所长朱庭光同志赴联邦德国进行学术访问时，曾先后应邀到两位教授家里做客。两位教授都一再谈起在首都师范大学的学术活动十分难忘。他们赞扬学生认真听讲，积极发言，热情讨论，踊跃提出自己的见解。两位教授都对先生评价很高，赞赏先生知识渊博，分析问题精辟。他们连连赞誉先生提出的关于中国世界现代史研究的构架与理念，有助于提高中国在世界现代史研究中的国际地位。两位教授特别说明，先生关于中国抗日战争在世界反法西斯战争胜利中的地位、作用和意义的论点极为重要。他们将把这一学术成果吸收到自己的教学和著述之中。库恩尔教授夫妇特别珍视先生代表首都师范大学历史系赠送的一幅镶有镜框的字画，一直悬挂在客厅迎宾墙面上。这使他们感到特别自豪，经常激起他们对中国学术访问的美好记忆。两位教授和夫人多次叮嘱，请朱所长回国后向先生表达敬意和问候。

先生以其毕生的学识、精力和育人风范，在中国世界现代史教学、科研、学科构建和发展中，树起一座时代的丰碑，激励代代学人勤奋研究，开拓进取，努力扩大中国在世界史研究领域中的国际学术话语权。

# 学习前辈学者优良作风，推进世界史学科发展

张顺洪

齐先生对我们世界历史研究所的发展做出了非常重要的贡献。我们研究所的老同志们讲，在80年代，齐先生就一直参加我们所里学术委员会的工作，帮我们所培养人才，我们研究所的发展得益于齐先生的帮助和指导。我有幸跟齐先生一起做过课题。齐先生治学非常严谨，要求非常严格，在项目的完成过程中，我深受启发。老前辈们的严谨学风是值得我们学习的。

我们世界历史研究所从2014年起开始办一份英文刊物，中文名称叫《世界史研究》（*World History Studies*），有国家批准的正式刊号，可以在国内外正式发行。这是响应国家“走出去”战略主办的，得到了中国社会科学院的大力扶持。这份杂志努力向国外学术界展示中国的世界历史学的发展情况。已经出了三期。有一个栏目就是介绍中国世界史学家，第一期介绍的是吴于廑先生，第二期介绍的是林志纯先生，第三期介绍的是杨生茂先生，第四期是今年上半年出版，介绍的是蒋孟引先生。回顾这些前辈学者的学术成就、学术生涯，我深受感动。新中国成立后，正是这些前辈学者使中国世界史学科从无到有，筚路蓝缕，以启山林。新中国成立后，我国世界史学者很少，这些老前辈一步一步地把中国的世界史学科建立起来。我们真是要向这些老前辈好好学习。中国的世界史学科今天能有欣欣向荣的局面，这和齐先生他们这一辈做出的贡献是分不开的。这些老前辈理论性很强，知识面很广，学风很严谨，为人很平实。刚才大家谈到齐先生很容易和青年学者们在一起交流。这就是老前辈们的优良作风，也是值

得我们好好学习的。

今天参加这个会，我特别感谢齐先生对我们世界历史研究所的发展作出的贡献，也怀念齐先生给我们的指导。同时，我也感到了巨大的压力；作为世界历史研究所的所长，应该好好考虑如何为世界历史学这门学科的发展多做点贡献。我们与老前辈相比，差距很大，参加今天这个会使我更加体会到要非常努力地学习和非常努力地工作！

谢谢大家！

# 永远铭记齐世荣先生的关爱和勉励

刘景华

我第一次见到齐世荣先生，是在1993年4月吴于廑先生八十华诞庆贺会上。当时正值第二轮改革开放大潮涌起，而教育界却颇为低沉，学术研究有点迷茫。我在会上发言表示担忧时，齐先生除在大会讲话为我们年轻学人鼓劲打气外，还在会下与我们交心，勉励我们。后来，齐先生出版学术著作时，如《齐世荣史学文集》《史料五讲》等，他都要寄赠予我。我到天津后，起初对气候、生活习俗有所不适，他每次见着我都要关切地问询。尤其是最近一次他对我的关爱之举，令我永志难忘。

我曾于2000年出版《人类六千年》一书（100万字），当时反响很好，出版社几次加印。2013年春，中国青年出版社拟为我出该书修订版（120万字）。我交稿后，出版社让我请位老先生写个序，增加影响力。我在电话中向齐先生汇报了，先生欣然应允，并嘱我拿清样给他，他说要看了书后才能写序。2014年3月中旬的一天，我和中国青年出版社责任编辑方小玉女士到先生家拜访。先生早已做好准备，跟我说拟怎么写序，说要像吴于廑先生那样写（他还翻开了他亲自担任责任编辑的《吴于廑学术论著自选集》中的几篇书评文章）。他随即拿我那书的清样翻看起来，我惊讶于他不用戴眼镜，他告诉我他的眼不花，只是耳有点聋。我还问询他看上去有点消瘦，他说老了自然如此（真不知他已重病在身，看起来蛮乐观的样子）。他还和我聊天，说人在70岁以后脑子不那么好使了，不能搞纯学术研究了，他的最后一篇纯学术研究论文是在2002年发的，后来大多是写写回忆性、综述性文章了。当时我没能觉察他说这话的含义，但还是怕他写序劳累，就说齐先生别太费神了，写三五百字鼓励我的话就行了。他说还是要认真点，并说医生嘱他三个月不要用脑，因为春节间接待来客有点累，要到 6 月份才能写。我和方编辑都说好，不急。但后来先生在一个月里就写好了，用电子邮件发给了方编辑。先生在序中给予了诸多鼓励和鞭策。我和出版社不敢懈怠，一遍遍进行修改和校对，力争不出错误。出版社说他们社的做法一般是六校，计划在当年上半年出版。正当全书校订完毕快要付印时，哪知先生突然驾鹤西去，我和出版社都极为懊悔，深感遗憾，没能让先生看到书的正式出版。

先生这篇序，典雅而又富于时代气息，具有宽广的世界视野，也充满对学界的热切期待，同时学者之谦逊风范也跃然纸上。先生在序中对我的勉励，饱含着对我个人的殷殷之情，是我永远的财富，我当一生铭记。序中所体现的使命感和严谨学风，是我们应当继承和发扬的珍贵遗产。

齐先生所作序全文如下：

## 序

齐世荣

人类已经进入 21 世纪。今天，国际社会日益成为一个你中有我、我中有你的命运共同体。在这样的国际背景下，正在实现中华民族伟大复兴的中国人民，迫切需要了解世界，不仅要了解世界的今天，还要了解今天的世界是如何演变而来的，这也就是说，我们需要具备世界历史的知识。

广义的世界史包括区域史、国别史、专门史，等等。但对于广大的中国人民来说，我们尤其需要一部简明的世界通史。世界通史的作用是区域史、国别史、专门史代替不了的。前者是林，后者是一棵棵的树。在历史走向全球化的今天，我们尤其不可只见树木，不见森林。弗兰克说："几乎所有的历史学家只喜欢看具体的历史树木；他们忽视、甚至否认树林的存在，尤其是全球树林的存在。但是，树木是在树林里生长的，必须在树林里才能存活和繁殖。"（《白银资本——重视经济全球化中的东方》"中文版前言"，中央编译出版社

2000 年版，第 18—19 页）

编写世界通史，有两种办法。一种是集体合作的办法，由专家们各写自己所长的部分，然后由主编统稿，把各部分集合在一起。这样写出的世界通史，优点是各段都会有比较精确的叙述和独到的见解。缺点是全书难免观点分歧，文风各异，不是一个高度统一的整体。另一种办法是一人独撰。这样写出的世界通史，优点是全书在观点上和文风上都能保持一致，首尾通贯。缺点是一个人的知识有限，难免出现“硬伤”。但我们不可因害怕“硬伤”而不敢写。其实，即使是专家写自己擅长的那部分历史，要想无一处“硬伤”，也是几乎做不到的。总之，两种办法各有优缺点，都应尝试。但集体编写的世界通史一般篇幅很大，不便于一般读者的阅读。个人编写的世界通史，则篇幅较小，如能下一番功夫，做到内容简明，文字生动，将会发挥更大的作用。

刘景华同志有志于一人撰写世界通史多年。十几年前，他就出版过一本《人类六千年》，颇获社会好评。2000 年，在南京全国书市上被读者评为“最激发读者购买欲望的图书”之一。2009 年，又被评为“广东省百种社会科学优秀理论读物（1949—2009）”之一。现在，他将该书加以修订，又有新的进展。我已年近九十，旧业既荒，新知更乏，岂敢对他的大作妄加评论。但读后也有几点小建议，聊供今后再版时参考，以报征序的雅意。(1) 增加简要参考书目，以便读者进一步研究世界史；(2) 适当增加插图（包括历史地图），力求图文并茂，引起读者兴趣；(3) 篇幅再做精简，以便更多读者阅读；(4) 编制索引。书末附索引，用处很大，已成为国际学术界一项规范，望能注意及此。

最后，我要再次强调：编写一本简明的世界通史，是时代的需要，是走和平发展道路的中国人民的需要。这项工作的难度很大，但无论多么困难，我们也要知难而进。景华同志勇于知难而进，而且敢于挑起一人独撰的重担，精神实在感人，我谨以这篇不成其为序的“序”祝贺他的大作《人类六千年》出版。

# 平易近人提携晚辈的长者

王亚平

我大概是在座的各位中认识齐先生最晚的一个，我原先在东北师范大学学习和工作，我的导师朱寰先生跟齐先生是老相识，经常在北京碰面，所以在东北师范大学时听老师谈起过齐先生，但由于专业不同吧，一直没有机会见到齐先生。我是 2002 年底调到天津师范大学工作，齐先生经常上天津师范大学来指导我们的学科建设，我才有机会见到齐先生，也有机会聆听齐先生给天津师范大学历史学科的建设提出的很多宝贵建议。那个时候天津师范大学正在筹办《经济社会史评论》这本杂志（开始是以书代刊），齐先生给我们很多有益的意见和建议，对我们这本杂志的定位以及此后的出版方向都有很大的帮助。应该说这段时间和齐先生接触的机会也比较多一点，齐先生平易近人的长者风范给我留下很深的印象。2004 年初的时候，我突然收到齐先生写给我的一封信，说他那里有一本书是首都师范大学一位已经去世的老教授写的，这本书和我的研究方向很接近，对我的研究应该能有帮助，所以他把这本书寄给我。而且更让我感动的是，齐先生告知了他的电话号码，他说我有需要帮助的话随时可以找他，老先生这样关心我这位晚生后学，我特别感动。此后，和齐先生又见过几次，记得有一次齐先生到天津去，说请我吃饭，我说我是东道主，应该我请您吃饭，他说不对，我挣钱比你多，我请你，后来我们去了个西餐馆，边吃饭边聊了很多有关德国的、欧洲的情况，感觉受益匪浅。

《经济社会史评论》有个专栏是口述史，最初的几期时稿源很困难，我们请齐先生为口述史专栏提供素材，齐先生很配合我们的工作，我带着几个青年录音，齐先生不顾年事已高，一录就是一天，虽然看起来有些疲急，但仍然坚持录完，口述得很清晰也很有趣，对我们期刊的创刊号给予很大的支持和帮助。我最后一次见齐先生大概是两年前在北京，那个时候我说齐先生怎么瘦了，他说没事就是老了。我问他什么时候再去天津，他说年龄大了，不宜多动，以后就不会常去天津了。这次听到齐先生仙逝的消息感到有点突然，也非常难过。

我非常感谢徐蓝老师让我来参加齐先生的追思会，上午听了各位老先生对齐先生的追思，以及我的同辈学友们的发言，让我对齐先生有了更多的了解，从中学到了很多东西。说实在的，我们也都到了快退休的年龄，但是我觉得我们还是应该在今后的教学实践中把老一辈学者的风范，以及他们的思想，他们的精神传给我们的学生，让其在学生中世世代代地得到传承和发扬。

谢谢大家！

# 齐先生对武汉大学世界史学科建设和人才培养的关心

潘迎春

第一次见到齐先生是在1993年，我当时作为武汉大学世界史专业的青年教师，参加世界史吴于廑先生八十华诞庆祝活动暨6卷本《世界史》编委扩大会的筹备工作。第一次见到齐先生时，齐先生还是首都师范大学的校长，器宇轩昂，一身风衣，令我们年轻老师都非常景仰。由于齐先生跟吴先生一起合作主编世界史的教材吴齐本，所以我们一提到首都师范大学历史系的老师们，都觉得特别亲切，武汉大学与首都师范大学世界史学科两家的关系很密切，齐先生也因此对于武汉大学的世界史学科建设和人才培养都非常关心。

2002年10月，武汉大学向荣教授倡议召开了一次全国性的世界史学科建设研讨会，世界史学界的群贤毕至，济济一堂，齐先生和马克垚、刘家和、王敦书、庞卓恒等几位老先生都亲自参加了这次学术研讨会，共同谋划世界史学科的发展。这次会议是新世纪我国世界史学界召开的首次以学科建设为主题的大型学术研讨会，我觉得那次会议可能是开了国内世界史学术研讨会的风气之先。武汉大学世界史学科之后还办了几次研讨会，齐先生都给予了一些鼓励。

武汉大学世界史学科从2000年开设本科生的世界史试验班，这是国内高校首次进行的世界史人才培养的探索，齐先生一直对此给予高度重视与热情鼓励。我们进行了一些创新性的教学改革，如重视世界史专业本科生的外语学习，重视经典研讨，专设学生小书库。为了开阔学生的视野，我们成建制地聘请国内外的世界史专家给我们的本科生授课，当然在座的各位老师很多都到武汉大学给我们的学生上过课，都对我们的世界史人才培养给予过无私的帮助。齐先生充分肯定了向荣老师带领的武汉大学世界史团队为本科人才培养所进行的探索与努力，经常称赞向荣每年只用10万元经费就做了这么多事，真不容易。

齐先生不仅非常关心武汉大学的人才培养工作，并且身体力行地支持我们。在2004年，就是齐先生刚刚给党和国家领导人讲过“大国的崛起”专题课之后，向荣老师就请齐先生给我们学生也讲讲，齐先生欣然同意，来到了武汉大学。齐先生这么著名的专家亲自来武汉大学讲学，所以我们安排在当时全校最大的500人大礼堂。那天的讲座，座无虚席，气氛热烈，还有好多学生慕名而来，没有座位，他们只能自带凳子或坐在地上听，满满当当坐了七八百人。当时齐先生讲得也非常慷慨激昂，精彩纷呈。我们的学生非常有幸能够亲耳聆听到齐先生给中央领导人讲过的课，因此这次讲座当时在学校传为佳话，学校媒体进行过专题报道。

刚才各位长辈学者都讲到齐先生非常重视教学，重视教材建设，我个人也深有体会。齐先生来武汉大学讲学的时候，我基本全程陪同，陪他参观武汉大学校园，也看看武汉的风景名胜。陪同的过程中，齐先生一直鼓励我们年轻人要重视教学，以他自己的亲身经历为例，教育我们要集中精力备课、教学，尤其是趁年轻的时候，从世界通史基础课开始教起，积累教学经验。齐先生这些语重心长的教诲给我个人很大的鼓励，令我深受教益。后来我也重新学习世界通史，认真备课，开设《简明世界史》通识课，这都与齐先生当年的教诲是分不开的。今天刘家和先生又转告了齐先生当年对我的工作的肯定，令我终身感恩。今天我还跟徐蓝和武寅老师说，齐先生对自己的学生特别特别严格，甚至是非常苛刻，但是他对我们这些校外的年轻人都是非常的温厚，非常的提携和关怀，我觉得这一点对我们年轻人来说是值得终身感恩的。

谢谢!

# 邮寄给您的信无人查收了

张　垚

在秋冬季节，北京难得见到蓝天和太阳。记得是 10 月末，蓝天晃得人眼睛都睁不开的一天，保利剧院后身的 12 号楼里，齐世荣先生说："你们理论版再出关于历史的学术版，就给我邮寄一份，我也看看……"同样还是一个天蓝得透彻的日子，先生走了，邮寄给他的信真的无人查收了。

因为工作的原因，有幸见过齐先生三次，一次是约稿、一次是送样报、一次是送稿费。电话反而往往来来数次。先生 89 岁了，耳朵不大好，话语却干脆果断，思维也清晰利落。"你大点声，我听不见。"这位新中国的第一代世界现代史专家在他 17 楼的小房间里依然坚持伏案看书，写写东西，而室外的当下，熙熙攘攘、川流不息的时空交错、情怀流逝。

我不是学历史出身的，对齐先生到底多牛无法绝对的感同身受。他与吴于廑先生共同主编的 6 卷本《世界史》是全国通用教材，也成为很多年轻后学迈进世界史研究的基石；他翻开了首都师范大学及其历史系的第一页；他主编的《20 世纪的历史巨变》《绥靖政策研究》在学界也颇受好评……记得和他聊起前不久的国际历史科学大会，他笑眯眯地说："这个大会第一届我就参加了，最早是 1985 年在德国的斯图加特，中国第一次正式参加。"[①] 翻阅相关的报道，在代表团名单中，赫然有着刘大年、季羡林、张椿年、林甘泉等名字。"那时候，季羡林是顾问，刘大年是团长。"齐先生摸着自己的额头，感慨道，"那已经是 30 年前的事情了"。

印象中的齐先生是一位亲和又爽利的老先生。每次电话里，他都会

---

① 编者注——此处意思应当是：中国代表团第一次出席这个大会，我就参加了。

说："我们家不好找，你到了以后电话我，我开门接你。"常常我话茬没有接上，电话就挂断了……利落的齐先生在学问上也是一丝不苟，他给理论版写的《官书和私记：尤应重视的文字史料》一文，涉及着大量的引文，电话找他核对，他都说，"等会，我去找书再和你对一下"。想象着电话那头一位年迈的老人查阅大本厚重的书籍，翻阅其中的字句章节，在逐一念出来给你听，不禁肃然起敬，又觉得自己多么庆幸，能有着这样聆听的福气。

齐先生还是一个懂得留有余地的人。第一次见面，询问他对影视史料的看法，他思考良久，还是说："这个我接触的不多，不好说，不能随便下结论。"在这个动不动就满格、膨胀的时代，留有余地与懂得谦卑都变得那么不容易。先生还耐心地劝诫我，《人民日报》上的历史文章，史料史实拿不准的话，一定要再找更年长的专家给你把把关。

先生为我们理论版写了《官书和私记：尤应重视的文字史料》一文，文末这样写道，"史料与理论的结合是一个专门的大问题，已超出本文范围，不能在这里作进一步讨论"。给他送报纸的时候，就询问他，这个问题您要不要再给我们写一个？他笑笑说，"这题目可不好写，也不是几天就能写出来的，等我有时间的……"

时间常常就是这样的无情，可能每一次见面都是最后一面，来不及再见就得告别。

齐先生在《经济社会史评论》2015 年第 1 期"学林忆旧"栏目写了一篇《杂忆育英中学——我执教的第一个单位》文章，回忆起那段时光，他说："好多大学问家、朱自清、叶圣陶、范文澜都教中学，不是一下子就能教大学的。比如，范文澜毕业以后，就先在南开中学，朱自清在扬州一中，那时候的中学真是藏龙卧虎。"谈及现在，他也经常会感慨自己同时代的人的离去，进而感慨一个时代的终结。

记忆中，送稿费的那次，先生没有让照顾他的阿姨送我，自己走到了门口，我说，齐老师，您回去吧，有风、冷……他摆了摆手示意再见，门就慢慢掩上，印象中穿着蓝色棉衣的瘦弱身影就停格在了刹那与永恒。

一切形式上的告别终将落幕。然而，当一种精神也可能随之消逝的时候，却难免令人感到凄怆与忧虑。

山河永在，岁月深长，先生走好。或许，历史学的一个时代就这样远去了。

# 沉痛悼念齐世荣恩师

周发增、赵素珍

2015 年 12 月 3 日下午，赵素珍取回《北京晚报》后，沉重地对我说，齐先生逝世了。听后，有若惊天炸雷，愕然、哽咽。接着她沉痛地时而停顿地念完了晚报以《新中国第一代世界现代史专家齐世荣去世》为标题的报道。随后，我俩在相对深沉中同时回忆起 2014 年 9 月 4 日校庆 60 周年时，齐先生在大会上讲话后来到我们 60 届历史系第二届本科毕业生班级所在的分会场上，我们全体同学起立热烈欢迎，齐声向齐先生致意问候，师生一片其乐融融的热烈情景犹在眼前！齐先生简明热切地讲述了我校、系 60 年的诞生、发展和展望，在谈到他自己已 88 岁高龄时，关切地询问在座的同学年龄和身体现状时，王才同学回答：我和景泰年龄最小，今年 76 岁。齐先生听后，勉励我们要重视身心健康，要做好力所能及的事情。这位德高望重的老师的叮嘱，使我们感到父兄般的温暖。先生的言犹在耳，不意一年后竟驾鹤西行，在我们同学先后得知这一丧讯时，无不惊愕、悲痛、动容。

12 月 9 日，我们沉重地走到齐先生的灵前，与齐先生做最后的告别。在悲痛中，一时间不觉大脑空白，有着难以自控的悲切。当我们抬首看到覆盖在齐先生身上鲜红的党旗时，顿时悲痛与激动相互交织，悲痛的是当年教育和培育、以后 60 年来也一直关切我们的老师们相继离开了我们。齐先生逝世后，我们再也见不到老师的音容笑貌，再也听不到老师耳提面命的教导，齐先生是和我们相处时间最长的老师，他的离去，使我们格外悲痛。激动的是，在党旗覆盖下的齐先生，有此殊荣，这也是对齐先生忠诚于党、忠诚于人民、忠诚于教育事业、终身教书育人的最高肯定，这不只是齐先生个人的荣誉，也是我校和广大教师的荣誉，齐先生千古，以此以育后人。我们这批齐先生的弟子，能得以在这样的教师门下接受教导、培育、提携，自是我们人生的大幸。

在与齐先生告别后，回到家里，恭读全国有关高校、科研机构、学会团体和出版单位的唁电和唁函，仅3日、4日两日已达八十余件之多，在这些唁电和唁函中，尊崇齐先生是一代宗师、大师、大家、泰斗和在学术上的巨大贡献，赞扬齐先生高尚的人品、无私奉献的精神。不少相关单位，对齐先生曾经给予的支持、帮助和培育表达深诚的谢意。

下面仅录下齐先生的母校清华大学和北京大学、中国人民大学、武汉大学的四份唁电，以作永恒的留念。

清华大学唁电

首都师范大学历史学院并转齐世荣先生家属：

惊悉清华大学历史系杰出校友，著名历史学家齐世荣先生去世，全系同人深表哀痛。齐世荣先生是中国世界史研究的领衔学者，筚路蓝缕，居功至伟，他也是我们清华历史系的特聘教授，对清华历史系的恢复和重建，贡献殊卓。齐先生的离世，是中国史学界的巨大损失！

祈请先生家人节哀顺变，善自珍重，至所盼祷，肃此敬唁。

清华大学历史系

2015年12月4日

北京大学唁电

首都师范大学齐世荣先生治丧委员会：

惊悉齐世荣先生于今晨仙逝，曷胜哀悼！先生毕生致力于我国世界史研究与教学事业，著述繁盛，造诣精深，培育桃李，嘉惠学林。惜老成凋谢，痛失典型；惟道德文章，永在人心。谨向贵校及先生家属致以诚挚的吊唁和慰问！

北京大学历史学系

2015年12月3日

## 中国人民大学唁电

首都师范大学齐世荣教授治丧委员会：

惊悉我国著名历史学家、世界史学界泰斗齐世荣先生今晨离世。深表沉痛哀悼！

齐先生一生为人师表，严谨治学，为中国的世界史做出了杰出的贡献，为学界深所敬仰。他的逝世是中国史学界的巨大损失！

愿先生一路走好！

齐世荣先生千古！

中国人民大学历史学院

2015年12月3日

## 武汉大学唁电

首都师范大学历史学院齐世荣先生治丧委员会暨齐世荣先生家属：

惊悉著名历史学家齐世荣先生不幸仙逝，深表哀痛。齐先生毕生致力于世界史的教学与研究，教书育人，桃李满天下。先生与吴于廑先生主编的教材《世界史》，构建了世界从分散到整体的全新的世界历史的编纂体系，引导了百万学子进入世界史研究的殿堂。先生在世界现代史、现代国际关系史、第二次世界大战史、苏联史、史学理论与方法诸领域辛勤耕耘，不懈探索，所撰《齐世荣史学文集》、《世界史研究》、《绥靖政策研究》、《20世纪的历史巨变》、《人类文明的演进》等宏著，以深厚的史学功底、敏锐的学术眼光和独特的研究方法，在世界史研究的若干重大问题上取得了超前人的成就，享誉海内外，为中国世界史学科的发展做出了卓越贡献。

先生一直关心并支持武汉大学历史学科的发展，敝学院、敝研究所中青年学人常年来多蒙教诲。先生的仙逝，不仅是中国历史学界的重大损失，也使我们失去了一位德高望重的史学前辈。北向遥祭，矢心已辞，先生盛德，山高水长。谨表沉重哀悼，并望先生家属暨亲友节哀顺变。

齐世荣先生千古!

武汉大学历史学院
武汉大学世界史研究所
2015 年 12 月 5 日

这四份唁电，代表着史学、教育及社会诸界对齐先生在世界史的教学与研究、教书育人等诸方面的开拓与创见、深厚的学识功底、无私的奉献精神、高尚的人品、卓越的成就所表现出深切怀念、痛惜和衷心崇敬。

我们是 1956 年入校在历史系学习的学生，至今 60 余年中，得到了齐先生耳提面命的教导和潜移默化的教育和影响。在学生时代为先生高度的概括和深邃的洞察力，简明透析的教学语言所折服。在担任先生的课代表时，严格执行先生准时准点的工作作风，简明条理又有难度和限时完成的学风。先生在培养青年教师教学实践上一丝不苟，例如，上讲台前一定要试讲，试讲时让学生课代表参加；在备课时齐先生都会指出必读的书文，有时也让随听试讲的课代表事先阅读些书报；试讲后，先生的评析很严厉，语言也较尖锐，但又能让学生感到亲和力，对试讲提出问题，指定书目的指导。我在其中也受到了潜在的教育，提升了我日后从事教育教学工作的能力。

1960 年毕业后，我被分配到北京教师进修学院历史教研室工作时，主持“历史教师之家”，为历史教师备课提供服务。当我以“历史教师之家”的名义请齐先生讲第二次世界大战的历史时，齐先生当即支持了我。在讲课那一天，不知什么原因，来听课的教师只有 30 人左右，教务处同志忙将原定的 300 人听报告的教师改在会议室举行，齐先生对这一变化非常淡定，仍是非常认真的、一丝不苟地讲了近三个小时。他那内容丰富、分析深透和高度概括的论述，简洁清晰生动的语言，深受欢迎。齐先生淡定、认真负责的工作作风和学风，教书育人的崇高师德，给予我深刻的教育和良好的示范，以后我在这潜移默化的教育中从事着教育教学工作。齐先生的这一报告，我院连续两周分两次播放录音，分别达二百人次和一百余人次，以后还分别为十人左右和两三人放过录音若干次。

改革开放后，听宁可先生的召唤，回到师院在教科所工作。1987 年，漆绪邦副院长找我谈话，说杨院长亲自点名，让我去学报主持工作。我当时在教科所正处于个人科研高峰时，而学报工作任重事繁，对个人科研会有很大影响，有的同学和同事也告诉我说，学报人少事多，关系错综复杂、难处。我在犹豫中去找齐先生和宁可先生两位恩师听取意见，得到了恩师的支持和鼓励，齐先生还同意担任学报编委。恩师的鼓励、关怀和支持是我工作的动力。1990 年学报历史编辑赵葆寓病重住院，齐先生亲往探视，病人和家属对百忙中的校长来探视，甚是激动和感动。

齐先生对学报的关怀和支持，还体现在我的具体工作上。一是在历史编辑空缺时，及时让郝春文、徐蓝两位老师来分别负责学报中国历史和外国历史的稿件编辑工作。郝、徐两位老师的学识水平、工作态度和与学报同志之间的和谐关系、与作者的联系与沟通以及当作者与编辑在某些问题上不一致时，为作者提供材料，并协助进行修改，提高了稿件质量，促进了学报工作的开展。一年后，齐先生又让他的研究生梁占军毕业后来学报工作，梁占军在工作和学术研究上也具有齐先生之风，极快地成了一位给力的合格编辑。齐先生还亲自动手帮我处理稿件，如有一次一位师兄和他人合作送来一篇稿件，我觉得不适合在学报上刊发，也无法进行修改，我对作者婉谢了我刊不宜刊发的退稿信。这位师兄到我家大发雷霆，指责我封杀离退休干部发挥余热，后又向齐先生书面反映，齐先生接到反映后，告诉我此位师兄身体和个性，并说由他处理。还有一件事是我收到了一篇工作总结性质的稿件，不适合学报刊发，但退稿请作者修改，可能也有难度，本拟用即将到来的假期，读一些有关此稿件的理论书文，然后动手做大修改后，征询作者意见再刊发。不久齐先生问我说，有同志向他询问这一稿件的情况，我回答后，齐先生让我把稿件给他送去，亲自对稿件做了删增补改，得以刊发。齐先生对学报工作的支持，大到人事的安排、人际关系的处理，小到一篇稿件的修改，都亲力亲为，对学报质量的提高，扩大在学报界的影响和知名度，有着决定性的作用，也不断地增强我办好学报的进取心和信心。

1989 年，齐先生让我到校出版社主持工作，当时我在学报工作已理顺，全国高校文科学报研究会委托我筹建的北京高校文科学报研究会也已成立，在学报界都有一些影响，我以不善于做行政工作为由，建议让另一位同学去做。齐先生当即说，组织上做了决定以后，你要想的和做的，不是担任不担任，能不能做，而是要想如何做好的问题，后来又亲自送我到出版社去宣布这一决定，正式就任。在齐先生直接领导和支持下，到任后，第一，确定出版社原定编 60 人改为 40 人，如遇工作紧张时，可临时请社外编辑；第二，制定了出版社工作人员在职称上和行政上各自的职责，延续了前任确定的分配制度；第三，确定了原名人精华录更名为名人自选集，制定了学术性、实用性和通俗性并行的出版方向，改变了初到社时新闻出版署批评我社不像高校出版社的印象，这都是在齐先生认可和支持下完成的。

1993 年冬，我正在国防大学参加全国高校文科学报研究会常务理事会时，一天晚上接到学校的通知，让我第二天上午 10 点到杨校长办公室，两位校长找我。第二天，进入杨校长办公室时，齐先生第一句话是“到点了”。我说：“我明白。”齐先生又说：“退休后的具体事杨校长跟你谈。”接着我送齐先生出门时，齐先生又说了一句：“这也是给你一个过渡期。”两位校长领导的关怀让我感动至极。

1994 年期末，两位校长又找我谈话，让我担任校志校史的编修工作。在我确定退休时，有一家出版社请我去它那里负责一杂志的编辑工作，条件都讲好了，当时我问：“可否等在我学报工作完成后再去？”他们也同意了。当时，我对杨校长说，已经有单位聘了我，杨校长讲：“我知道有单位聘你，所以在你工作未结束前就找你。”齐先生当时说：“就这么定了。”师命不可违，我也不能再说什么。我之所以能如此，来源于先生的教育和榜样。想起 1989 年齐先生接受校长任命时，在就职时讲的话：在 1989 年这样的形势下，作为党员是不能推卸责任的。齐先生的言传身教可说是影响了我的后半生。

齐先生严于律己，对人对己都要求严格、让人敬畏，不怒自威、让人折服。其实齐先生也是一位待人随和、关怀、亲切，有若父兄般温暖的人，下举几件生活上的平常事，以管窥豹。

例如，在出版社主持工作时，一次去向齐先生汇报工作，齐先生指着书案上的书稿说：“这是我的第一个博士生将要出版的第一部专著，我要给她把好关。”先生对学术著作的严格要求，对学生的负责、培养、提携和关怀，教书育人的高度，潜移默化的影响，让我深为感动和受教育，这也是对我进行教学和科研、做人的示范。

又如，一次有齐先生、林书记参加出版社工作会后的工作餐时，当菜上齐后，齐先生对安排工作餐的女同志说：“你去拿两个餐盒，把菜一样拨出一些，你爱人身体不好，给他拿回去。”又如，一位来我家的同学，约我一同去看齐先生，吃饭时我做东，齐先生说：“周发增退休了，收入减少，今天以 200 元为限。”仅此两例，齐先生体贴入微所表现出的亲和力，给予人们极大的温暖。

2010 年 12 月，我所编著的《周发增教育与教学文集》一书送呈齐先生时，我在扉页上写的是：汇报“谢恩师”，在后记中写的是：齐世荣先生是教我、育我、引我和扶我时间最长，相处最密的老师，从学生时代做他的课代表，到 20 世纪 80 年代，我在校学报、出版社、校史校志研究室主持工作，主编学报、主持出版和编修校志，从在职到退休返聘，连续 14 年之久，都是在他直接领导下工作。齐先生对我的工作和学术研究，是极其严格而又亲和，放手而不放任。在我们的学生时代，他对班干部比一般同学更严，在担任系、校领导时，对他的学生比其他干部更严，但在严中又渗透着师长的爱护之谊。

齐先生对他的学生们，心中都有一笔账，对其学识、能力、秉性、道德、文章都很清晰，他对学生的关心、支持和提携都在不言之中。他从不当面夸奖学生，但在公开场合，也会对其良好表现直提其名。在批评学生时虽不留情面，却在批评中有关切和教导，这也是齐先生仙逝，让学生们深感痛失恩师亲人的情缘。

齐先生，您太累了，安息吧！

齐先生千古！永远活在我们心中！

# 永远的怀念

王佩琏

齐先生走了，但先生的音容笑貌一直深深地留在人们的记忆中。

在先生做历史系主任期间，我有幸做了六年先生的助手，因此有较多的机会向先生学习、请教。先生渊博的学识、严谨的治学态度、幽默的讲课风格以及雷厉风行的工作作风一直是我们晚辈学习的楷模。

先生对系里的工作既有较长远的规划又有具体的安排。先生经常告诫我们，做好系里的教学科研、本科生、研究生的管理工作，对于历史系的发展建设至关重要；对培养德才兼备的人才责任重大。先生要求我们坚持坐班制以便及时安排好各项工作，处理有关问题。

在先生的领导下，历史系有了世界史这一国家重点学科，开设了基地班，设置了硕士点、博士点和博士后流动站，成了学校先进单位，多次被评为一类单位的第一名。

先生不仅要求我们做好系里的行政工作，同时也关心我们“双肩挑”干部的教学和科研工作，并给予具体的帮助和指导。先生经常将有关我们专业的书籍和资料送给我们。当先生得知我写的小书《华工的足迹》打算申请北京市社会科学基金时，先生亲自到学校科研处为我写了推荐信。此书得到资助，并很快得以出版。

先生还特别关心我们生活中的困难。当时我的孩子比较小（一个上小学，一个上初中），先生总是说你早点回家吧，孩子还等你回去做饭呢，当我生病时先生经常托人询问我的情况，鼓励我和安慰我。

先生，您的教诲，学生永远铭记！

# 听先生一席话，胜读十年书

邹兆辰

2002 年和 2005 年，我曾经两次对齐先生进行访谈，根据两次访谈的内容整理成一篇访谈录。齐先生对这篇访谈文章很重视，亲自审阅、修改、补充。2006 年，正逢齐先生八十大寿，《首都师范大学学报》特地办了纪念专栏，我的文章被选入专栏，题为《为推进中国的世界史教学与研究尽心竭力——访齐世荣教授》。2011 年，我的访谈文集出版，题为《变革时代的学问人生——对话当代历史学家》，收录了这篇文章。2015 年，我又出版了《师友治学闻见录》一书，再次发表了这次访谈。这篇文章是写于先生八十大寿之前，转眼十年过去，先生九十大寿即将来临，我想重温这篇访谈文章，回顾先生对他一生学术经历的回顾，对于追思齐先生是有一定意义的。另外，我还写了一篇文章，题目叫《史学工作者应有的史料意识》，是读齐先生《史料五讲》一书体会的文章，发表于 2014 年的《首都师范大学学报》，当时还没有看到齐先生的《史料五讲》。这两篇文章，今天都可以作为怀念齐先生的作品。

这里主要谈谈访谈齐先生的情况。这次访谈，齐先生一共回答了我提出的 30 个问题，分为六个方面。现在我把谈话中的主要亮点梳理一下：

**第一个亮点：师承关系。**

这是先生十分重视的问题，在不同场合多次谈过。他说："我的许多位老师确实都是学贯中西的学者。在燕京大学听过齐思和先生讲两门课，一门是战国史，一门是西洋现代史。翁独健先生，是元史专家，但还开远东史的课。我听过这两门课。我在燕京大学读了两年。1947 年我上大三时是在清华，对我影响最大的有雷海宗、邵循正、周一良等先生。雷先生教中国通史、商周史、秦汉史，又教西洋近古史、西洋文化史。周一良先生讲的课是日本史，但他本来是研究魏晋南北朝史的，十分有成就，也是中西兼通的。至于当时最有名的陈寅恪先生就更不用说了。当时清华的学风是讲求中西会通的，有的不仅会通中外，而且兼通古今。我受他们的影响，在读大学时就对中国史、外国史都有兴趣，这种学风使我终身受益。在这种学术的大背景下，我在年轻的时候就觉得，研究历史虽然最后要给自己确定一个范围，但是不能在这个范围之外，对其他的东西都不知道，或知道得很少。研究中国史的人，必须懂得一些外国史；研究外国史的人，必须懂得一些中国史。眼界宽，思维广，才能有更高的成就。”

他重点回顾了雷海宗先生对他的影响。西洋近古史和西洋文化史这两门印象最深。雷先生学问渊博，贯通古今中西，但是讲起课来井井有条，总是围绕中心题目加以发挥，并且能够深入浅出，能强烈地吸引学生的注意力。他讲课的某些内容在时隔五十多年之后，我还能够记得很清楚。他还回顾了雷先生如何用“讨论班”的办法来上课以及雷先生如何鼓励他写文章，等等。

他强调：“雷海宗、齐思和、周一良等这样一批学者，给了我这样一种训练，就是要多知、多学，这样就不会盲从。眼界宽，思路才能广。现在为什么有些青年会好骛新奇呢？就是由于他们学得少、见得少，所以一见到新奇的东西就都信了，而对别的东西就都认为不对。而我们由于受了他们这一辈学者的训练，所以就不会盲从。说到我自己，从青年到现在，一直把马克思主义作为研究历史的指导原则。但是马克思主义不是一个封闭的体系，我们应该像马克思主义创始人那样及时吸收、消化各种新理论、新方法。”

**第二个亮点：什么是世界史？**

说到世界史的问题时他说，世界史是历史学中的一门新兴的分支学科，所以迄今为止人们对于它的研究对象、方法、范围、意义等，只是进行了一些初步的探讨。当前不少历史学家都认为，世界史有它独特的研究对象和限定的内容。首先，就是要排除一种十分容易产生的误解，就是把世界史当作国别史、地区史的总和或是集成的看法。如果把世界史当作一门囊括一切国家、民族和地区的历史，那么它所包含的内容势必十分庞杂，难免成为一口什么都可以装进的“大麻袋”。这种界限含混不清的“世界史”，实在不能成为一门科学。

在20世纪，准确地说是在第二次世界大战以后情况有了变化。因为第二次世界大战以后，欧洲的地位显著降低，以欧洲为中心的世界史编撰体系开始受到严重的挑战。而世界在政治、经济、文化各方面日益密切联系成为一个整体，世界史的编撰到这时才成为时代的迫切需要。原来那种以西欧为中心的历史编撰体系，不仅受到第三世界学者的谴责，也受到来自西方学者内部的批评。

在具体的史书编撰上也有一些成绩。在两次世界大战之间就已经出版了一些世界通史，其中有一部是卷帙浩繁的“巨著”，但非职业历史学家韦尔斯个人撰写的《世界史纲》值得关注。从20世纪五六十年代到今天，各国学者集体编著的大部头多卷本的《世界通史》已经不少了，这里有苏联编的，也有西方学者编的，内容都很丰富，可以作为参考书来查阅。但由于出自众人之手，缺乏严密的体系，使人感到有些杂乱无章。个人编写的在这方面就好一些，例如，斯塔夫里阿诺斯的《全球通史：1500年以前的世界》《全球通史：1500年以后的世界》《自古以来人类的命脉：新世界史》，还有麦克尼尔的《西方的兴起：人类共同体史》《世界史》，等等。

对于中国学者，他提到复旦大学周谷城先生的《世界通史》。该书强调世界通史并非国别史之总和，主张把世界历史作为一个整体来研究，并反对把欧洲作为世界历史的中心。周一良、吴于廑先生主编的4卷本《世界通史》于1962年出版，体现了中国学者在当时对于世界史的认识和研究的水平。对于世界历史体系问题认识最深刻的是吴于廑先生。他认为人类历史由原始的彼此闭塞的人群的历史发展为世界的历史，其自身是一个历史过程。吴于廑先生根据他的这个观点为《中国大百科全书·外国历史》卷撰写了“世界历史”这一个概括性很强的总条目，此外还连续写了四篇互相关联的重要论文，使他对这个问题的认识有了更具体的说明。吴先生对于世界史学科的认知对象和主题所作的这种说明，对于我们编撰新的世界历史具有非常重要的指导意义。

齐先生谈到的6卷本《世界史》，也就是“吴齐本”。这部书体现了我国学者新的研究成果，涉及经济、政治、文化、社会诸多方面，较以前的教材包括了更多、更广泛的内容，同时在体系、分期、中国在世界中的地位等一些问题上都有新的见解。这部教材的总序用的是吴于廑先生为《中国大百科全书》撰写的“世界历史”条目。他在这里特别强调世界历史的纵向发展和横向发展，这里说的纵向发展，是指人类物质生产史上不同生产方式的演变和由此引起的不同社会形态的更迭；所谓世界历史的横向发展，是指历史由各地区的相互闭塞到逐步开放，由彼此分散到逐步联系密切，终于发展成为整体的世界历史这一客观过程而言的。

关于齐先生主编的4卷本《世界史》，他说：从指导思想上，仍然是以马克思主义为指导原则，力图从纵向发展与横向发展说明历史如何发展为全世界的历史。纵向与横向又是互相影响的。纵向发展所达到的水平和阶段，规定了横向发展的规模和广度。横向发展一方面受纵向发展的制约，反转过来又对纵向发展产生促进和深化的影响。在历史向资本主义过渡的时代，横向发展对纵向发展的反作用，表现得尤其明显。他说，4卷本的一个特点是它的作者主要是四五十岁的中年学者，他们许多人是6卷本作者的学生，但都有自己的钻研成果。他们在某些问题上研究得很深很专，并敢于提出自己的见解。这套书对“周吴本”有继承，也有发展。

**第三个亮点：世界史就是现代史；反过来又可以说现代史就是世界史。**

他说：“我觉得首先要对‘现代’的概念有一个明确的认识。世界史可以按通史来写，即从远古写到今天，当然也可以分阶段来写，如世界古代史、世界近代史、世界现代史。这里要讨论的是‘现代’指的是人类历史的哪一段？再有就是这个阶段有没有区别于其他阶段的显著特点？如果有的话，那么以这个阶段为研究对象的学科就应该成立，否则就没有研究的必要。”

齐先生认为，从生活在21世纪的人来看，“现代”指的是大约从20世纪初到今天这一段时间。20世纪是人类历史的一个特殊阶段，这个阶段的主要特征是世界在政治、经济、文化各个方面联系成为一个息息相关而又充满矛盾的整体，或者概括地说就是人类历史趋向全球化。

这样，我们可以看到20世纪的确是人类历史的一个相对独立的阶段，有自己的显著特点。因此，我们就应当建立一门以这个阶段为特殊研究对象的学科，即世界现代史。前面我们已经谈到，“全球化萌芽于15、16世纪，但最终形成在20世纪，我就是从这个意义上来说，世界史就是现代史；但反过来，现代史又只有用全球化的眼光才能认清它的特质，所以在这个意义上说，现代史就是世界史”。

**第四个亮点：什么是现代国际关系史？**

现代国际关系史是齐先生学术研究的重点。他指出，现代国际关系主要是指20世纪以来的国际关系。严格意义上的国际关系是从资本主义时代开始的，在此以前还谈不到全球性的国际关系。20世纪以来，国家、民族之间的交往日益频繁、日益密切，而且情况异常复杂，它包括政治、经济、文化各个方面，它的内容比传统的外交史要广泛。要提高现代国际关系史的研究水平，就要把国际关系中的政治、经济、文化各种因素综合起来进行考察，找出它们之间的相互关系和影响。在20世纪的历史进程中，两次世界大战是对整个国际关系的格局影响最大的因素，在这方面我国学者的研究还是很不够的，所以我们的学科队伍把这段时间作为重点的研究对象是很必要的。

我问他当初为什么要选择绥靖政策研究作为整个国际关系史研究的突破口呢？他说研究绥靖政策是有它的意义的。1938年，英、法、德、意四国在德国的慕尼黑签订了肢解捷克斯洛伐克的《慕尼黑协定》，这是英、法对德国的侵略野心实行纵容政策的顶点，这个政策最后导致了很耻辱的后果。所以，“绥靖”一词，就成为令一些西方人厌恶的字眼。但是，西方的史学家们自20世纪40年代以来就开始研究绥靖政策，几十年来出版了大量的专著和论文，可以说研究的劲头长盛不衰，甚至可以说成了西方史学界的一个研究“热门”。我们分析西方学者之所以如此关注对绥靖政策的研究主要有两方面的原因：一方面是一些学者企图通过总结30年代绥靖外交的历史教训，为现实的国际斗争服务。那些在“冷战”激烈时期出版的一些著作，很多是在总结30年代对德实行绥靖政策的教训，认为不能再犯过去的错误，必须对苏联采取强硬态度。另一方面，这些学者也是为英、法开脱战争的责任，替绥靖政策“洗刷”污点。总之，西方学者的解释五花八门，但目的始终如一，就是为绥靖政策开脱历史罪责。不过这个任务实在太难了，各种解释他们感觉都不够完满，有人甚至主张以后不要用“绥靖”这个词了。

他认为，我们中国人不处于这个事件的旋涡之中，我们可以比较超脱、比较客观公正地看待这个问题。当然西方学者的研究，不仅给我们提供了大量的资料，他们对某些问题的解释也是值得参考的。所以，我觉得作为马克思主义的学者，我们应该首先抓住两个问题开展研究。第一，要深入研究英、法垄断资本和德国垄断资本之间，特别是英、德垄断资本之间的既相互勾结又相互竞争的情况。这不是说外交史的研究不重要，而是说首先要搞清楚外交斗争的深刻的经济背景。西方学者能写出《经济绥靖》这样的著作，我们应该写出水平更高的著作。第二，要深入研究绥靖外交与英、法内政的关系，把对外政策和对内政策对立起来是根本错误的。把反苏反共当作绥靖政策的唯一成因，是有片面性的；但如果根本否认或轻视这一因素，那就不仅是片面性的问题，而且是原则性的错误。在这方面，我们还有很多事情可以做，并不是一切问题都研究透了。在对绥靖政策的研究中，学者们主要的关注点集中在英、法对德国的绥靖，在对意大利的政策方面注意得比较少。而齐先生写了《试析意埃战争前夕英国的“双重政策”》和《论 1936 年 7 月至 1938 年 11 月英国对意大利的外交政策》这两篇长文，都是讨论英国对意大利的外交政策的。这个问题是绥靖政策研究的薄弱点。

**第五个亮点：中国人研究世界史能不能达到高水平？**

我问齐先生：“您在 80 年代写的两篇关于中国抗日战争的文章是中国学者自己谈中国抗日战争的历史地位的，那么您的观点能够得到国外学者特别是日本学者的认同吗？”他说：“长期以来外国史学家对中国抗战的地位和作用往往是估计不足的，甚至是有意贬低的。所以，写这些文章的目的在于说明历史的真相。我的文章，不仅是利用中国的材料，也是利用了战后日本、英国、美国、苏联等国的文献资料和最新研究成果写成的。这篇文章获得了参加第 16 届国际历史科学大会各国学者的重视和好评。”日本茨城大学的教授伊集院立在日文杂志《历史学研究》上发表文章，评论说“这个报告是把中国历史中的抗日战争放到世界历史中而作的分析。它把中国人民对于欧洲、东亚及美洲大陆的国际反法西斯战线所作的贡献及所占的地位进行了冷静的分析论述。这一分析，给予人们深刻的印象”。还有一位日本立命馆大学的名誉教授池田诚在他的《抗日战争与中国民众》一书中对我的论点作了详细的介绍，认为这是中国学者有代表性的看法。

1987 年在日本京都、东京两地举行的“卢沟桥事变五十周年日中学术讨论会”时提交的文章，也受到了与会的日本学者的赞赏。比如，专门研究中国现代史的日本茨城大学教授石岛纪之评论说，“该报告对美、英等国以及苏联对中日战争所采取的态度进行了精确的分析，明确了中国抗战在国际关系中的地位，把抗日战争看作中国全民族的抗战，这些都给人留下深刻印象”。

我问齐先生：“有人认为中国人研究外国史，材料掌握不如对方多，很难达到高水平。您认为从‘旁观者清’的角度说，这恰恰是中国学者具有的优势，是这样吗？”他讲了 1982 年他去美国讲学，在纽约州立大学布法罗分校讲了两个纯粹是世界史的问题。后来周一良先生知道了，很是高兴，专门给我来信说：“你这次堂而皇之，正经八百地对外国人讲世界史问题，亮出我们的观点和水平，在某种意义上，与打球同样是为国争光也，可贺可贺！”

结合这件事，他说：“中国学者研究世界史有时候比西方学者更能看到事情的本质。从 20 世纪 80 年代以来，我一直在研究第二次世界大战中绥靖政策问题。我觉得英法的绥靖政策是导致第二次世界大战的一个重要原因。研究二次大战，这是必须要研究的问题。但是多数的西方学者老是给这件事翻案，就是不承认英法对法西斯国家的纵容是二次大战爆发的重要原因。这也说明政治意识形态对历史学家的影响太厉害。”

**第六个亮点：关于世界史研究为政治服务的问题。**

2003 年齐先生曾为中央领导同志讲解“15 世纪以来世界主要发达国家发展历史考察”，就此我问齐先生，“是否可以看出历史学的功能确实还是很大的，包括它可以为现在的领导者治理国家提供咨询服务，也就是为政治服务。”

齐先生说：“史学与政治不可能没有关系，任何一个历史学家总是一个历史阶段的一定政治环境下的人，他自觉不自觉地会受到政治的影响。马克思主义史学家当然要为人类走向社会主义、共产主义这个最大的政治服务，这不是一句空话。对于中国现在的马克思主义史学家，最大的政治就是为建设中国特色社会主义服务，我们要为这个最大的政治，根据史学本身的特点去服务，而不是把每一篇文章去和每一项现行政策去对号。”

就世界史来说，如何去为中国特色社会主义服务呢？他讲可以从这样几方面来看：

第一，学习世界史，可以了解今天开放世界的历史根源，加深对改革开放重要性的认识。改革开放现在是我们国家的一项基本国策了，但是从世界近现代历史可以看到，世界各个强国的兴起，都是得力于对外开放的。他举了葡萄牙、西班牙、英国、日本的例子。事实证明，我国改革开放的基本国策是非常正确的，成绩是伟大的。

第二，学习世界史，可以总结世界各国发展的历史经验，作为建设中国特色社会主义的借鉴。从人类历史上看，任何一个民族、一个国家，都需要学习别的民族、别的国家的长处。在近现代，后起国家在实行工业化的过程中，凡是成功的，都借鉴了先进国家工业化的经验，学习了它们的科学技术和各方面的典章制度等等。

第三，学习世界史，可以通晓人类社会发展的规律，坚定走建设中国特色社会主义道路的信心。作为一个唯物主义者，应该能够在错综复杂、千变万化的历史现象中看清主流。认识到人类从远古到现在是朝着进步的方向，由低级到高级发展的。在 90 年代初发生了举世震惊的东欧剧变和苏联解体。如果我们真正了解世界历史，能够把握世界历史和社会进步的规律，就不会因此丧失信心。因为历史上任何一种新生产方式都是经过许许多多的失败、错误和反复才确立起来的。

**第七个亮点：如何看待苏联的解体？**

我问齐先生，在他主编的《15 世纪以来世界九强的历史演变》一书中，他亲自写了苏联这一章，在这一章中专门谈到苏联兴亡的历史经验教训，您是怎样看这个问题的？

齐先生说："苏联作为第一个社会主义国家，曾经在世界劳动人民中享有很高的威望，也曾经使那些反共的敌人感到畏惧，但是它存在了74年就灭亡了，这是为什么？我觉得要总结苏联兴亡的历史经验教训，需要积累大量的材料，需要用马克思主义进行深刻的分析，还需要在新的社会主义实践中反思既往的历史，这需要由很多人经过长期的研究才能得出比较令人满意的说明。我在书里确实也提出了自己的看法，这只是供大家研究这个问题作参考。我首先是从发展生产力的角度来谈这个问题的。我们从邓小平所提出的社会主义初级阶段的理论来看苏联，对于研究它的历史也有所启示：帝俄时代的经济发展程度虽然比旧中国要高得多，但帝俄也不过是一个具有资本主义中等发展水平的国家，它的社会主义阶段绝不可能在短短几十年内就可以走完。而苏联的领导人不顾自己生产力的实际发展水平，侈谈'向共产主义过渡'，给苏联的经济建设带来了重大的损失。第二，我谈到社会主义制度建立以后，必须不断改革才能继续发展。斯大林时期，苏联成为一个社会主义强国，但他沉醉于胜利之中而日益骄傲自满，把他在执政时期形成的苏联社会主义模式绝对化、神圣化，当有人建议改革的时候，他不仅坚决拒绝，而且对建议改革者予以严厉惩处。以后的领导人企图改革，但是都没有跳出原来模式的大框架。到了戈尔巴乔夫的改革，则背叛了社会主义道路，导致了资本主义复辟的结果。第三，我认为在不发达国家建设社会主义，必须学习和借鉴资本主义，为此就要对外开放。第四，必须发展社会主义民主，充分发挥人民群众的政治积极性。苏联在斯大林时期，民主就日益削弱，集中日益加强，实行领袖个人的集权专断。以后的领导人也是唯我独尊，独断专行。这种高度集权的体制，严重挫伤了人民群众的政治积极性。没有了社会主义民主，社会主义制度也就不存在了。最后，加强和改进党的建设，始终保持党的先进性，是关系到社会主义事业兴衰成败的头等大事，在这方面苏联也是有着极其深刻的教训的。"

齐先生最后说：苏联存在的74年间，既有成功的经验，也有失败的教训，后人只要能够认真分析对待，就能从中获得有益的启发。苏联的解体，只是社会主义的一种已经僵化的模式的失败，并非社会主义制度的失败。这一点也是必须认识清楚的。我觉得齐先生这一点谈的很重要，不知道其他人是否谈过，我是第一次听到这种说法。

**第八个亮点：从杨贵妃入道说到考据方法。**

这是齐先生重视考据方法的一个例子。我在《史学工作者应有的史料意识》[①] 一文中具体地谈了这个问题，这里就不再谈了。

**第九个亮点：该罢休时不罢休。**

我问他："您曾经多次赞扬老一辈学者不知老之将至，'该罢休时不罢休'的勤奋治学精神。您特别称赞白寿彝先生说的'我觉得自己七十岁才开始做学问'这句话。现在，您也跨入了80岁的门槛，您至今不但没有停止学术研究工作，而且成果非常丰硕。听说，您在2005年就有许多成果问世，还有些即将问世。这些我还没有看到，可以说一说您已经完成的成果和将要做的事情吗？"

他说，最近几年，他主编了一本《20世纪的历史巨变》（另一主编是廖学盛），参加编写的约20位同志，历时七八年，才于2005年10月出版。还主编了一本《15世纪以来世界九强的历史演变》，于2005年8月出版，其中苏联一章约7万字，是他写的。另有一套多卷本的《强国兴衰史丛书》，已出西班牙、葡萄牙、英国、法国、德国、日本、美国几种，也是他主编的，于2005年5月出版。最大的一本是《世界五千年纪事本末》，约200万字，共收1100个词条，历时10年才完成，由人民出版社2005年10月出版。4卷本《世界史》是教育部委托他主编的高校教材。

他说：我今年已经80岁了，精力日衰。许多朋友关心我，说不要再写了，保重身体要紧。我也很想"封笔"，但一想到几位老师80岁以后还在著述，就觉得惭愧。书恐怕写不动了，但还有三四篇国际关系史方面的文章，如《1939年1月到1940年的英意关系》《慕尼黑会议后至二战爆发的英法关系》等，材料已经基本上收集好了。这几个问题国内无人写

---

① 编者注：此文收录于本书下编中。

过，国外学者写的也很少，我还想把它们写出来，可能还需要用两年到四年的时间吧！

从先生这些年工作来看，我觉得用“老骥伏枥，志在千里”这句话形容是很合适的。先生从教五十多年来，一直在为推进中国的世界史教学与研究工作尽心竭力，并且取得了非常丰硕的成果。很难想象一位年届八旬的老人还能做这么多工作，即使是中青年的学者也应该向他学习。齐先生的去世，确实是中国史学界不可估量的损失，他在学术领域里的作用是别人无法替代的。

最后，我还要说一下齐先生对我的学者访谈工作的支持和如何做好访谈工作的意见。

我对齐先生访谈之后，齐先生知道我在做这件事，他觉得很有意义。我给他写的访谈稿他也比较满意，没提出什么大问题。2006 年开始，我就着手把访谈文章汇集出版，他也很支持这件事。他一见到我就问，你那书出了没有？因为找不到出版资金的资助，所以周转了几个出版社也没有出版。直到 2011 年，由于获得了历史学院和学校离退休干部处的资助，书才得以出版。由于出版拖的时间长，所以积累的访谈文章越来越多，最后出版了两本。

2012 年 11 月 12 日，历史学院举行了两本《对话当代历史学家》的出版座谈会，许多位专家学者出席了座谈会。齐先生特别到会。他说，历史系自己的事情，所以他要来参加。他在座谈会上发言，主要谈了当代中国史学的传承与创新的问题。他肯定对当代史学家的访谈是一件很有意义的事，而且要赶快去做，书中有对漆侠先生的访谈，现在看起来就很珍贵，因为不久之后漆侠先生就过世了。出生于二三十年代的学者现在都已经年过八十了，要抢救“资料”。也要访谈中年学者，但大体要限制在 80 届以前，这是因为历史学的工作特别需要一个积累过程，才谈得上有真正的成就。

他强调，以后做学者访谈，一定要注意研究学者的师承，要讲清楚，要重点强调。为什么要重视这个问题呢？现在人们总是强调要“创新”，动不动就是一个“创新”，而忽略了“传承”，很漠视过去的积累，好像一切都是重新开始的。在“文化大革命”中，全盘否定过去的成绩达到了极点，对马克思主义史学也要否定，连范文澜也要挨批写检查。把过去的马克思主义史学成绩都否定了，现在的马克思主义史学怎么发展？列宁在《关于无产阶级文化的决议草案》中指出：“马克思主义这一革命无产阶级的思想体系赢得了世界历史性的意义，是因为他并没有抛弃资产阶级时代最宝贵的成就，相反，却吸收和改造了两千多年来人类思想和文化发展中一切有价值的东西。”其实哪能有那么多的“创新”，“创新”哪有那么容易？首先要问问师承。“对何兹全的访谈就很好，何先生谈到了陶希圣对他的影响，陶希圣在政治上很反动，但在学术上对陶希圣不能全部否定，他办的《食货》杂志相当重要，登了不少好文章，何先生确实受到他的影响，现在敢于把这一层师承关系说明白了，很好。现在一些学者治学既摸不清学术传承的脉络甚至也不关心，这是个很大的缺陷，会影响学术的健康发展。比如在中国近代史研究中，我们需要知道从蒋廷黻到邵循正再到丁铭楠和余绳武，这是一个传承的关系。当然，邵循正和丁铭楠、余绳武在新中国成立后都学习了马克思主义，政治立场完全与蒋廷黻不同了。真正的创新是很难的，有些事情其实早就有了，并不是现在才出现。所以，你们以后进行访谈时，让被访的学者说说他自己满意的成果，但一定要先说自己的师承，是在什么样的基础上进行创造的。改革开放以来，有些中青年学者确实取得了相当的成绩，我们需要把这些成绩记录下来，请中青年学者说说他们是怎样进行研究的，在材料和观点方面都下了哪些功夫，有些什么新的见解。这样的访谈工作很有用，是将来写史学史的材料，但不是说所有被访谈的人都能上史学史。”

后来，齐先生又把他的发言做了充实整理，发表在 2013 年的《史学史研究》上。他在文章中说：邹兆辰同志访问了几十位历史学者，随后把访问记录结集出版，这是一项很有意义的工作，有助于历史研究和教学的推进，值得继续进行下去。希望在今后访问时能抓住两个重点：一是访问对象的师承关系，一是访问对象的新成就。这两点其实就是继承与创新的问题。做学问，必须创新。如果陈陈相因，原地踏步，那就无法前进。但创新的前提和基础是继承。

这就是说，齐先生强调，进行学者访谈首先要把学者的师承关系讲清楚，不能轻易讲创新；其次就是对访谈者的学术成果要注意他有哪些创新之处。2015 年对徐蓝教授的访谈（发表在《历史教学问题》2015 年第 4 期）我就注意到这个问题，我的访谈的题目是《在国际关系史上的继承与拓展》，就把继承与拓展两方面都讲到了。

齐先生走了，他的各种活动都已经结束了。但是，他在我心中的印象却始终没有消失。从我 18 岁（1958 年）刚刚迈入北京师范学院历史系的门槛时，他就以一个威严的领导、老师、学者的形象，存在于我的心中。从那时起，就在自己的潜意识中形成了敬畏长者、敬畏权威、敬畏学术的心理。我想，这种心理的影响恐怕比读哪一本书、听哪一次课的影响更要持久、更要深刻。齐先生您可以安息了，我想有我这样心理状况的晚辈一定不在少数。

# 最后的留影，永久的思念

## ——追忆齐世荣先生对编写中学历史教科书的贡献

叶小兵

2015年10月18日，星期天的上午，我和人教社历史室的李卿同志去齐世荣先生家里，带去部编初中历史教科书中的一部分单元内容调整的稿件，请他进行最后的审阅。① 齐先生逐句看过稿件后，拍了一下桌子，说："好，就这样了，交上去吧。"然后，他直起腰，感叹道："这套书搞了八年，现在终于可以完成了。"当时，李卿同志拍下了这张照片。

过了半个月，11月5日，齐先生在家里摔了一跤，颅内出血，住进了医院。他一直躺在急诊病房的床上，再也未能站起来。12月3日，先生驾鹤西去，永远地离开了我们。

这张照片或许是齐先生在世时最后的留影了，记录了他在生命的晚期对中学历史教科书编写呕心沥血的一个瞬间。

齐先生是史学大家，他在我国世界史研究领域有着开拓性、引领性的贡献，这是史学界同人所公认的。很多学子都知道先生是大学的知名教授，他主编的世界史教科书被高校历史学专业广为采用，而不大清楚先生对中学历史教科书的编写也做出了极为重要的贡献。

先生在年轻时，曾当过中学历史和政治教师，对历史教材建设非常重视。后来他到高校任教，仍十分关注中学历史教学和历史教材。他曾先后四次参加中学历史教科书的编写工作，其中，有两次编写工作在我国中学

① 本书彩插第46页下图为当时所拍摄。

历史教科书编写史上具有重要的影响。

一次是在1978年。“文化大革命”时期，中学历史教学和历史教材遭到严重破坏。“四人帮”垮台后，百业待兴，中学教材的建设也迫在眉睫。为此，在1977年初，中央决定从全国各地抽调专业人员，召开中小学教材编写工作会议，负责各科教材的编写、出版，并要求在1978年秋季开学要使用新编的教材。齐先生参加了这一次历史教材的编写。当时，编写人员住进北京香山一个被称为“小白楼”的招待所里，在时间紧、任务重的情况下，日夜奋战，数易其稿。齐先生主要是承担世界近现代史的教材编写，他与李纯武先生先是确定教科书的篇章，分头写出同一个样章，一起讨论，商定编写的路数，然后再动笔编写各章的内容。经过三个月左右的努力，新版的高中世界历史教科书出版了。这是“文化大革命”结束后编写的第一套中学历史教科书，重建了我国中学历史教科书的体系和内容，起到了拨乱反正、正本清源、开拓未来的作用，在我国中学历史教科书编写史上占有重要的地位。此后一直到90年代初，中学历史教科书经过了多次的修改，但基本上是以这套教科书为基础。齐先生对这套教科书的编写倾注了心血，为新时期的中学历史教材建设做出了重要的贡献。

再一次就是2007—2015年。2007年，教育部先行启动了初中历史课程标准的修订工作，部领导请齐先生出山，担任总顾问。在修订课标的同时，开始了部编初中历史教科书的工作，由齐先生任总主编。当时，先生已是八十来岁的人了，但他没有考虑自己年事已高，且编写中学教材耗时费力，而是当作国家任务，勇担重任，真可谓是老当益壮。

有人可能会认为，齐先生这样的老人做总主编，不过是挂个名吧。这么说实在是不了解齐先生。他老人家是个负责必有担当、承诺就要落实的人，名实不符的事他是绝不做的。由于我一直参与这项工作，作为先生的助手，就这项工作与他的交往很多，因此比较了解先生在此次教材编写中所付出的辛劳。

当部编历史教科书的工作启动后，齐先生先是提出这套教科书要编成精品。他嘱我找出民国时期和新中国成立后出版的中学历史教科书，对各种版本进行研究，在此基础上，提出了编写思路，确定了编写体例。随后，先生决定要请有学术造诣的学者做分册主编。在他的邀请下，由北师大的瞿林东先生负责中国古代史，人民大学的郭双林先生负责中国近现代史，天津师大的侯建新先生负责世界史，并组建了力量雄厚的编写团队。参加编写工作的人员共 38 人，其中正高职称的就有 27 人。

教材编写是一项集体公关的工作，这么多人在一起，要保证教材的体例、风格等一致，就必须有整体的规划。在这方面，齐先生堪称大家，有高远的见识和丰富的经验。首先，他让我拟出具体的教材编写体例，经他定夺后，再让我写出一个样章。他对样章进行了认真的修改，然后让分册主编依照体例和样章分头组织人员，要求先拿出各册的样章，看是否符合要求。在所有参与人员都明确了编写的思路和要求后，才开始各册的具体编写工作。在这个过程中，齐先生还从更为长远的角度，反复思考中学历史教科书的编写原则。为此，他专门写了一篇论文，题为《略论中学历史教材编写方法的几个原则》（载于《课程·教材·教法》2010 年第 6 期），就中学历史教材的体例顺序、文字表达、初高中教材的衔接、中外历史的联系等提出了原则性的见解。在该文的最后，先生写道："编写中学历史教材是很有意义但又十分困难的事情，其难度不亚于撰写专著和论文，甚或过之。但是，只要我们大家努力，总会编得越来越好的。"先生一生在学术上的著述颇丰，而这篇专门论述中学历史教材编写的文章，对于教材编写工作来说更是具有指导意义。

在教材编写过程中，齐先生提出一定要认真核对史实，尤其是引述史料，必须对照原始出处，不能马虎，以避免史实上的硬伤。他在统稿的过程中，经常是为了一则史料，亲自查对。这方面我见到的情况有很多，他在审阅稿件时，我有很多次就在旁边静候，每每看到老先生起身到书架上翻书查找的背影，心中就泛起敬仰之情。如此高龄之人，如此写出过鸿篇巨制的大学者，对中学教材的微细之处是那么的认真、严谨，这种精神实在是值得我们好好学习的。

作为教材的总主编，先生不仅是起着统领的作用，而且亲自操刀，动笔撰写。有一部分的教材初稿交上来后，先生看后觉得不满意，就在稿件上逐字修改，用他的话说是"改成花瓜了"。不仅如此，先生还对一些重要的课文亲自进行重写。他重写的部分，既有世界史的，也有中国史的。例如，有关“文化大革命”的部分，如何把握分寸，是十分令人头痛的。初稿拿出来后，在进行审查时，审查专家的意见也不尽相同；多次修改后，在向中央宣传思想工作领导小组汇报时，领导同志对这方面的写法又提出了原则性的意见。齐先生在分析了这些意见后，亲自动笔编写这部分的课文内容。他查阅了很多资料，并依据权威的论述，写出了有关的内容。其中，关于“文化大革命”爆发的背景，他依据《中国共产党中央委员会关于建国以来党的若干历史问题的决议》《邓小平文选》、中共中央党史研究室编《中国共产党历史》，以及习近平总书记在纪念毛泽东同志诞辰 120 周年座谈会上的讲话，可以说是字字斟酌，句句有典。先生写好后，让我把稿子送到金冲及先生家，请金先生审阅。金先生看过后，认为可以，我才又送回齐先生家。金先生还在第二天专门为课文中的一词语打电话给齐先生，进行商讨。看到两位老先生是如此的认真，作为后辈的我真是颇有感慨，十分敬佩。

这套部编的初中历史教科书的编写工作，一直持续了八年。最初的书稿编出来后，前前后后经过了 20 多次的审查，上至中央领导同志，下至中学一线教师，有数百人对其提出各种各样的修改意见。我们编写者，年复一年、反反复复地修改，这其中的甘苦，只有参与其中的人才体会在心。对于每一次的审查意见，齐先生都是非常认真地对待，要求我们要逐条研究。他定下了几条修改原则，如凡是意见中提出有科学性错误的，一定要在核对史实后进行修改；对可改可不改的地方，也要认真研究，争取以最佳的方式进行表述；对于一些提得不合适的意见，则要加以说明为什么不宜改动；等等。所以，我们每一次的修改报告，对提出的每条意见，都是按照这样的写法：第一，原稿件的叙述；第二，审查意见；第三，修改后的叙述；第四，说明。每次修改后，我都要把修改报告送到先生家，请他审阅，他看过后满意了，我再上交。冬去春来，寒来暑往，几年中不知跑了多少次先生的家。记得有一次先生对我说：“为了这套教材，你到我家来就不止有两百次了吧，光是路费也花了不少啊。”而我想，我多跑几趟没什么，但先生已是耄耋老人了，这要占去他多少时间和精力啊。最近，我整理这些修改报告，看到其文字量已比教材本身高出好几倍，心中不禁感慨万分，这些都是先生一一过目了的啊。

2015 年底，这套教科书通过了最后的审查，并开始了试教工作，教育部决定在 2016 年秋季使用。八年的编写工作，终于有了一个结果。然而，非常非常遗憾的是，在这个时刻，先生离世了，没能见到这套教科书最终的样书。

当我拿到印好的这套教科书时，看到每册的扉页上印着“总主编齐世荣”，想到在今年 9 月这套书就会摆在全国各省初中学生的书桌上，不禁举头长叹，先生，您在天堂里能看到吗？这套书终于用上了。

# 想听那一口京腔诙谐幽默的聊天

## ——悼念我的老师齐世荣先生*

孙文泱

齐世荣先生病逝，我在新浪微博写的讣闻瞬间转发几百次，可见先生在学术界和社会上的影响力。

说起来，齐先生是我进入北京师范学院校门以后正式请教的第一位老师。那时我通过社会科学院的一位老前辈学者，介绍我去世界历史所请教陈启能先生，聊了一会儿。陈先生说，我介绍你去认识一下齐世荣先生吧，他是师大的老师（原话如此），教学研究都很有经验。我说齐先生是我们学校的老师啊。我就按照陈先生给的地址，贸然去干面胡同先生府上拜访了。那天很冷，先生在家看书，知道我的来意，先生请我进门落座，还给我沏茶，然后耐心听了我的问题，又给我讲了学历史的基本要求，学好外文、学好中文是最基本的。中文英文不够好就做不了历史研究，这只是最起码的要求。聊了半个多小时。一口京腔，讲话简明，各种书籍文章信手拈来，是我对齐先生的最初印象。

不久先生以系主任身份，给我们新生做入学教育，讲道："我是搞世界史的，你给我中国史的题目我也能搞。这要领在哪儿呢？目录学。"他举出纪晓岚《四库总目》为例，说这样的书就叫集大成，体大思精。"体大思精"这几个字先生怕我们不懂，还写了板书。这次讲话，是我大学时代记忆最深的几个片段之一。

跟先生不熟的，往往以为先生很严厉而心生畏惧，其实先生待人并不

---

* 载于《北京青年报》2015 年 12 月 8 日 B05 版。

苛刻，也有很随和的一面。我刚工作的时候，历史系教工新年联欢会在本部文史楼409举行，我们这些年轻人想多跟先生们有些互动，我策划让研究生赵冬禾跟齐先生下一盘围棋，郝春文跟宁可先生下一盘象棋，我跟牛哥① 和戚国淦先生、陈曦文先生的组合打两把桥牌。商量好以后，由我去跟这几位老先生说，老先生们都很给面子，全部答应。齐先生还一再问：盘在哪儿？棋盘在哪儿？我没看见盘啊。齐先生下围棋是很讲究的，跟专业人士学过的，哪知道我们这些穷孩子就找一块塑料棋盘铺在课桌上就下棋了呢？回想一下，这几位元老级的史学名家，陪我们几个小孩儿玩儿，其乐融融，真可称一时盛况，现在的学生可能想都不敢想了吧？

我1995年搬到学校21号楼11层，先生那时周末回家，平时大多一个人住在21号楼3层，有时叫我下楼去先生家聊天，或者来我家找我。先生聊天最多的主要是学术的话题，问我看了什么书，有什么研究计划，经常问我对一些书的看法。时常还考考我，比如先生念诵两句诗词，我要是接个下句，先生就很高兴。比如先生说“上感九庙焚，下悯万民疮”。我说：“斯时伏青蒲，廷争守御床。君辱敢爱死，赫怒幸无伤。圣哲体仁恕，宇县复小康。”先生笑一下：杜甫说“小康”了，你觉得那时小康了么？又如，一次先生说起走到哪都要看书，引陶渊明诗“得知千载上，正赖古人书”。我跟先生开玩笑，“贤圣留馀迹，事事在中都”。还是在北京好，书多东西也多。先生大笑。当然，答不上来的时候是多的，先生说起“摩挲古剑雄心在，对酒细评今古”，我说“几万里东南，只手擎天柱”。先生看看我，说“中间还有一句你记得么？”我是真想不起来。先生当时也没说什么。过了一阵，去先生家聊天，先生说起此一节，原来是他和金应熙先生去北海公园，散步间金先生吟诵前一句“摩挲古剑雄心在，对酒细评今古”。先生随口应以“君此去，几万里东南，只手擎天柱”。（李昴英《摸鱼儿》）二位先生相视一笑。齐先生说，金先生有这个习惯，随口吟诵诗词，旁人接得上来，金先生就接着往下说，没人接上来，金先生就说别的了，所以能得金应熙先生青眼的并不多。齐先生不仅诗词对得上

---

① 指陶文牛先生。

来，野史笔记对得上来，西洋的历史掌故更是应对如流，对当今学术作品的得失所见也很中肯，所以两人互相欣赏。先生闲谈间举过很多例子，可惜我没有随时记录，年代久了，已记忆不清，想想也很可惜。很多老一辈的学人，对齐先生的中国文史的修养都很敬佩，因为先生聊天时会信口说一两条他们治中国史的都不知道的掌故。刘家和先生、瞿林东先生等，都表达过类似的说法。齐先生跟南怀瑾先生见面能谈得来，文史功底更是关键了。南先生言谈间提到“此诸葛所以为诸也”，齐先生一笑：“您这是左宗棠的典哈。”南先生一笑。旁边陪侍的，都不知道两位说的是什么。

齐先生对书的兴趣是极其浓厚的，现在很多青年人都比不上先生七八十岁时读书的劲头儿。我经常在楼下碰到先生，先生很少扯闲篇儿，见面就问：最近看到什么有意思的书么？记得有一回我是逛书店归来，先生让我在路边就把书捆打开，他要看看里面几本书，其中一本天津出的《傅斯年选集》，先生第一次看到，就说我先看看这个。还有其他几本，先生也想看，比画来比画去，书包里放不下，手里拿不了，先生说：你呀，先去我家，你把书放下，你再上楼。这对于我们这两个来回倒手拿书看书，又不愿意不舍得把新书放在地上的人来说，真是解决问题唯一方式。于是我就陪刚出门的先生上楼回家，在我的新书里挑选五本书给先生留下。这已经在先生家里耗了二十分钟了，临出门，先生说，我下午有会，你不是下午有课么？你不是还没吃饭么？你呀，干脆把书先放我这儿，你去吃饭上课，晚上等我回家给你打电话，你再下来拿书吧？我看先生那么想看这些新书的心情，简直像孩子一样，我说好，那等您有时间给我打电话吧。这样，放下全部新书，大概有二十本左右。我们爷儿俩出门，各奔东西。司机在楼下都等他半个多小时了。

也许是先生看我还算努力，读书也还认真，“孺子可教”，1998 年齐先生为历史系研究生讲授史学研究入门课的时候向系里提出要我给先生当助教，学生当然是从命。此后的三年里，每逢先生有研究生课，我都在十点左右赶到先生家，陪先生去教室，课后和先生一起在外招餐厅用午饭，陪先生到先生家门口，把文件包交给先生，然后告辞回家。讲了几次课以后，我提出给先生把讲义输入电脑以便今后整理，先生就在课后把讲义复印后给我一份，我将用四号字打印出来的打印件给先生。先生教学积极认真，第二天有课的话，头天晚上是不见客的，有事明天课后再说。往往去年我整理的打印件，今年课后先生再给我，又已经删改粘贴面目全非了。

因为备课极其认真，所以先生容不得学生上课看闲书、睡觉之类。1998 年这一轮，就有一位同学上课看《资治通鉴》，先生看他一边听课一边看书，就叫他站起来，训斥一番，责令他写检查。下课以后我专门去学生宿舍看了这位学生，劝诫一番，然后把他写的检查还给他了。我说这事就由我来跟先生解释吧，你不要有心理负担，以后好好听课就行了。过了一段时间，我跟先生说起这事，先生不以为忤，也没有责怪我擅作主张，而是说：你这样处理挺好的。据 95 级本科的段伟回忆，先生的课上有过几次这样的事，我应该是不太记得了。

先生来我家，有时也聊聊围棋，那时先生还订《围棋天地》，对围棋信息也很关注。听说体育社出了程晓流评注的《吴清源全集》，还特地嘱我及时买来送到先生家。后来说起这书，先生以为注释嫌太简，我才知道先生读棋谱是不用摆棋的，直接读谱，所以他嫌程晓流注的太简略，变化图太少。只此一点，可见先生在围棋上下过的功夫了。过了几年，先生问我买过这书没有，我说没有，先生就委托他的学生把这部书带给我，作为当年的新年礼物了。先生下围棋的事情，是上过《体育报》的，具体怎么写的我忘了，不知牛哥还记得么？先生的围棋是国手崔云趾让四子的棋份。有一次，先生和国手吴玉林下四子的快棋，两人落子如飞下了一盘，最后先生输一子。吴先生说：您的棋要是认真下，四子我是让不动的。这盘棋先生以为也算快心之作，是自己满意的一盘，虽说他讲吴先生说四子让不动是客气，但这盘棋先生和我说过好几次，看来先生其实真的挺在意吴先生对他棋艺的评价的。“文化大革命”前，齐先生专门请一个“家教”，每星期六下午来家半天教他围棋，是一位姓殷的，懂日语，有专业初段以上的棋力，外号叫“一目耗”，意思说他一目落后的棋也要反复长考争取捡个漏给赢回来。外号的起源好像是这位殷先生名字里有个“浩”字？有一次来我家，齐先生说起李昌镐研究的围棋星位一个角部变化，一时兴起，说你拿盘来我给你摆。摆了一会儿，怎么摆都能吃住我的棋。先生聊得高兴，说我跟你下一盘吧，咱们就下快棋，不要长考，就下着玩儿。先生行棋有古风，凌厉善战，我完全不是对手，中盘一过，我的黑棋形势已非，不过先生一个随手，被我抓住中腹打劫的机会提掉二子棋筋，先生一条大龙断成两截，一块棋要打劫才能活，先生一看劫材不足，哈哈一笑就算了。先生还送过我几本日本的棋书，以后有机会找出来，在网上晒一晒，也算是对先生的怀念吧。这两本书就是“文化大革命”初期，动荡不安，那位殷先生不能教棋为生了，想把手里的棋书棋具出手一些缓解生活压力，齐先生说那时自身难保，已不敢再下棋了，但出于多年情谊，先生仍然以几十元收下了殷先生的一副日式围棋和几本书，帮殷先生解燃眉之急。这副棋我还见过，齐先生有一次收拾东西，让我帮他放到门厅的顶柜里了。

后来我搬出学校住，不方便再跟先生当助教，主要就每年正月初五齐先生来学校待一天，和同事、后辈见见面，大家给先生拜年。我和韩莉等几位老师每年在这一天都集合在一起，一个上午，给宁先生、齐先生、戚先生等几位老先生拜年。最近这几年，齐先生身体不太好，不来学校这边，新年只能电话问安了。

跟随先生当助教的这几年，学到很多东西。先生跟刘新成讲过，文泱念书还可以的，我说的书，差不多的他都看过，在年轻人就不容易了。经史子集各种引语，我大致都能板书写出来，先生比较满意。有一次先生引用一段《资治通鉴》，我及时在黑板全文写出来，先生特别赞赏，当时在课上就夸我，以后在不同场合提到过几次。先生在各种场合夸奖我，是先生的好意，对晚辈是鼓励也是栽培。这也是我一直非常感念先生的原因之一。先生八十寿诞，弟子为先生庆寿，先生不愿张扬，不要大办，但特地点名要我这个中国史的也出席。寿宴那天，先生特地叫我过去，和我说，那两年你住学校的时候，老来我家聊天那会儿，咱爷儿俩多乐啊。我说是啊，我也好怀念那会儿啊，先生，等您有时间，想聊天儿了，您给我打电话，我去陪您聊天儿。先生说，难了，我现在比那会儿还忙呢，老觉得时间不够用。有人过来敬酒，我就走开了，先生笑了笑，冲我摆了一下手。

今年 11 月上旬，听说先生身体不好，住院了，我和韩莉学姐、陶文牛学长一起去中日医院急诊留观15床看望先生。我把花篮放到先生病床前，先生认出我来，连说：哎呀哎呀你也来了，我没想到啊。先生的女儿给我们介绍先生病情，肝癌一年，腹水较多，精神还好，一直在看稿子，也写一点东西。这一次是脑血栓半身不遂住院，打点滴以后大为缓解，恢复部分语言能力，说一些简单的话，但不是太清楚自己什么情况在什么地方。见了我们，先生反复问：系里挺好的吧？系里没什么事吧？后来先生自己总结了一句：没事就好，反正系里也不会有什么大事。我说：您放心先生，有大事他们会请示您的。先生笑笑。我们和先生的女儿聊了一会儿，先生说：行，那就这样吧。我们就告辞出来。先生的女儿跟我们讲，这病情虽然目前还比较稳定，中日根本没有病房，只好在留观这边凑合，也不敢让他出院了。当时家属和我们都以为，看先生的状况，很瘦，但精神还好，还会有一段时间病情比较稳定，我们也还会再来看先生，没想到，再次接到关于先生的消息，竟然就是12月3日凌晨先生去世了。想听那一口京腔诙谐幽默的聊天，听先生指点江山，再也不可能了。

4日下午，历史学院基地班13级在403教室如期举办读书会，会前我提议，大家起立，为齐先生，我的老师，我们历史系的老主任，北京师范学院和首都师范大学的老校长，默哀一分钟。

# 缅怀齐世荣先生

李华瑞

## 一、我与齐先生的交往

2014 年 10 月 6 日，学校举行建校六十周年庆典，齐世荣先生代表见证学校六十年成长历程的老教授发言，先生讲话言简意赅，情深谊长，思维之清晰，声音之洪亮实令人难以想象是一位 88 岁高龄的老人在讲话。然而真是岁月无情，仅仅过去了一年多时间，先生竟遽归道山，留下了几多哀婉，令人心痛。

我虽不是齐先生的学生，现在从事的专业也不是世界史，但是知晓齐先生的大名还是比较早的。我在读本科阶段比较偏好世界史，四年级的毕业论文选题就是齐先生的强项：第二次世界大战前英国的绥靖政策，做论文时也翻阅过齐先生的相关大作。可是当时英语学得不好，加之当时世界史硕士点很少，于是临考研究生阶段放弃了世界史，而改考宋史。后来知道齐先生很早就带世界史硕士、博士，还曾幻想如果当年能考上齐先生的硕士，也许我的专业道路会是另一番景象。

第一次见到齐先生是 1991 年六七月间，漆侠师与邓广铭先生在北京主办国际宋史研讨会，在筹办会议间歇，漆侠师带领我们一行四人，到北京师范学院看望于善瑞校长。于善瑞是民国风云人物于凤至的侄女，1983 年至 1990 年在河北大学任校长，从校长位置退下来后，于善瑞校长要去美国与亲人团聚，作为过渡，于校长被安置在北京师范学院任副校长。当时北京师范学院的校长就是齐世荣先生。漆侠师在北京师范学院有好几位朋友：戚国淦、谢承仁、宁可和齐世荣，那天于校长个人招待我们，于校长也告知了齐先生和谢先生，齐先生因公务繁忙在会客室只坐了十分钟就告辞了。在席间，于善瑞校长讲起她刚到北京师范学院上任，当齐世荣先生得知她来自河北大学，就向她问及漆侠师的近况，于校长说你们做的不是同一专业还很熟吗？齐先生说我们认识很早，然后齐先生说："我不仅认识漆侠，还相当了解他：'漆侠，学问好，脾气大。'"于校长听后感慨："您真是了解漆侠先生。"漆侠师听到于校长讲到这很高兴，很认同齐先生对自己的六字评语，而后笑着对于校长说齐世荣是以他的特点说我，"他也是学问好，脾气大"。今年 1 月 16 日在齐先生追思会上，听到来自齐先生的好友、同事、学生对齐先生性格特征的描述，我感到齐先生与漆侠师有太多相似的地方，刚正不阿，正义凛然，耿直率真，豪放幽默，对后进和学生爱护有加。而且在坚持马克思主义治史方面也是有共同的坚定信仰和学术操守。

再次见到齐先生已过了 10 年，2001 年 4 月下旬，我第一次代表河北省参加国家社会科学基金项目的评审会议，那时的中国史评委都是戴逸、李文海、林甘泉、张岂之、刘家和、陈高华、隗瀛涛等著名学者，在会上见到齐先生，齐先生当时是世界史的召集人，评审会在京西宾馆举办，早饭后评委们大多都在宾馆大院内散步，我瞅准时间近距离接触齐先生，自报家门，并提及 1991 年曾见过先生，齐先生重提漆侠师"学问好，脾气大"的话题，说漆侠师马克思主义理论水平很高，希望我好好学习马克思主义理论。2002 年再次参加国家社会科学基金项目评审会议时，齐先生见到我主动向我询问漆侠师病逝的情况。2001 年 11 月 2 日，漆侠师为缓解哮喘输液，因误诊突然仙逝，当时曾震惊国内史学界。我给齐先生仔细讲了漆侠师病逝的经过，齐先生一再叹惋。这年 5 月参加中国史学会与云南大学举办的"21 世纪中国历史学展望学术研讨会"，又见到齐世荣先生和宁可先生。齐先生发言强调新世纪坚持马克思主义治史的重要性，声音洪亮，气场很大，所以印象深刻。

2003 年以后社科规划办规定连续担任三届和年过 75 岁的老评委就不再担任。那年徐蓝教授被特邀参加评审会议，方知道她是齐先生的高足，这是我与徐蓝教授第一次见面，但我们只是互相询问过后再没有交谈，后来到首都师范大学工作才知徐蓝教授很健谈。

2003 年底，我因内子家庭的原因准备调入首都师范大学历史学院。后得到宁可先生的支持，历史系主任宋杰兄让我在 2004 年 4 月下旬到系里试讲，试讲包括两部分，一是给系里老师和同学上一节课，二是给系学术委员会做一次学术报告，都限定在半小时之内。那天给学术委员会做报告，齐先生和宁先生都在场，我做了一个“改革开放以来宋史研究进展”的报告，齐先生听后问我为什么没有介绍日本和我国台湾地区的宋史研究状况，我说时间不够，齐先生说日本和我国台湾地区的宋史研究水平很高，我当时很惊讶，齐先生的确不愧是大家，世界史做得好，对中国断代史研究状况也很熟悉。这让我想起了坊间所传齐先生提倡做世界史要关心中国史研究的消息，看来齐先生是身体力行。

2004 年调入首都师范大学后，虽然齐先生已很少招学生，到系里来的次数也不算多，加之我也不常去系里，除了到齐先生在师大校园的住家专门拜访过两次齐先生，实际上见齐先生的机会并不多。但先生一直没有忘记我，先生每次出版新作都会签名送我一本，先后收到先生赠送的书有《20 世纪的历史巨变》《世界史探研》《15 世纪以来世界九强兴衰史》《史料五讲》和译作《蒙古近代史纲》。我自己出的书《唐宋变革论的由来与发展》《视野、社会与人物》《宋代救荒史稿》也赠送齐先生指教。

说来有点惭愧，2007 年齐先生主编教育部的部编初中历史教材，请瞿林东先生主持中国史的编纂工作，虽然是初中教材，齐先生要求各断代要有优秀学者亲自执笔。一天，瞿先生给我打电话说，齐先生亲自点名初中教材宋元部分由我来执笔。我当时听了很感动，这不仅是对我的专业业务能力的充分肯定，也是对于我的信任，我欣然接受了任务，可是我从未编过初中历史教材，一接手才发现要写好初中教材其实不容易，不仅要求内容准确、史实无误，而且语言要生动，不能太学究气。我在写作过程中觉得丝毫不比做一篇论文容易，幸亏有叶小兵先生帮助润色才勉强交稿。追思会上许多老师都提到齐先生编写大学、中学教材是有很崇高的社会责任感的，参与这次编写工作也算是有所体悟。

## 二、齐先生对《学报》的关爱和支持

2012 年 7 月，学校调我任《首都师范大学学报（社会科学版)》主编及编辑部主任。到学报工作以后，曾专门给齐先生打电话致意，请先生赐稿支持学报。那天电话打了半个多小时，具体内容已记不清了，但有两点印象很深，一是先生强调刊发的文章要言之有物，有创意，读者愿意看，二是校对要精，一定要避免出现低级的硬伤错误。其实，齐先生一向对学报工作特别重视，1974 年时《北京师范学院学报（社会科学版)》创刊，先生在 1994 年第 5 期撰文祝贺学报创刊 20 周年《艰难的历程——从〈文史教学〉到〈首都师范大学学报〉》，在这篇文章中齐先生对于学报的发展作了简要的回顾，实际这是一段很珍贵的学报发展史料：

> 《首都师范大学学报》于 1974 年正式出版（当时名《北京师范学院学报》)，到今天已经二十周年了。二十年来，我们刊登了一大批文章，其中一些是很有分量的文章，在读者中留下了深刻的印象。在为已经取得的成绩感到高兴的同时，我不由得想起创业的艰难。我校是在 1954 年创建的。建院初期，从领导到一般教师，都有人忽视科学研究，甚至认为积极搞科学研究的教师是在走白专道路。但那时也有一些有志于科学研究的中青年教师，对这种现象很忧虑，觉得长此下去，不仅科学研究本身将被埋没，而且教学质量也会日益下降。1958 年，借着“大跃进”的机会，刘国盈同志（时任中文系总支书记）和我（时任历史系总支书记）冒着被戴上“走白专道路”的帽子的危险，一而再，再而三地找当时的院领导鲍成吉同志，建议办一份学报。领导认为时机尚不成熟，但允许先办一份内部发行的刊物。事情总算有了一个良好的开端。刘国盈同志和我决定先办一份《文史教学》，由中文系的廖仲安同志负责中国语言文学稿件的编辑，历史系的谢承仁同志负责历史稿件的编辑。在没有一个专职人员的条件下，《文史教学》上马了，一共办了三期，我校的名誉教授、著名明史专

家吴晗先生还热情地投了稿。不料，1959年形势一变，许多刊物下马，我们这份好不容易争来的刊物也就短命夭折了。1974年，终于有了公开出版的《北京师范学院学报》，但十几年的宝贵光阴已经浪费掉了。

齐先生在文后对学报提出了殷切期望："科学研究贵在有创造性，我们一定要努力做到'唯陈言之务去'，对于那些了无新意的文章千万不要登。我祝愿，我也相信，《首都师范大学学报》将会办得越来越好，成为读者喜欢保存的一份刊物。"我想齐先生的殷切期望和教诲对于今天办好刊物仍具有重要的指导意义，一定将"对于那些了无新意的文章千万不要登"的警语作为办刊的宗旨。

2014年，学校迎来建校六十周年，学报也迎来了创刊四十周年的纪念，在此之前我打电话给齐先生约请他给学报写一篇纪念文章，齐先生欣然答应，题为《再接再厉，不矜不限——祝〈首都师范大学学报〉创刊四十周年》，再次回顾了学报的发展历程，并在文后附记："北京师范学院创办的1954年，我即来校任教，当时才28岁。明年2014年建校60周年，我已是88岁的老人了。今年是学报创刊40周年，学报要我写一篇纪念文章，作为一个老员工，义不容辞。但耄耋之年，体脑兼衰，实不成文，姑以应命，尚希见谅。"看到齐先生的附记，很是感动，那种关爱之情溢于言表。

齐先生先后发表在学报的文章初步统计是15篇，追思会上《世界历史》编辑回忆说齐先生发表在《世界历史》的文章有14篇，看来齐先生一生在《首都师范大学学报》发表的文章最多。齐先生晚年德高望重，他的论文是很多刊物求之不得的，但是齐先生把晚年最有心得的几篇文章交给了学报，最近新出的《史料五讲》中的后三篇《谈小说的史料价值》《谈日记的史料价值》《谈私人信函的史料价值》都交给了学报发表，这是对学报的莫大支持。齐先生的《史料五讲》结集出版后，在史学界产生了很大影响。瞿林东先生与他的学生从史学史的角度敏锐地观察到齐先生大作的学术价值，并撰文给予很高的评价，瞿先生也把文章发给了我们，这是一段颇有意蕴的唱酬佳话。

齐先生最后的一篇文章《中国抗日战争在世界反法西斯战争中的重要地位》也交给了学报，2015 年 8 月中旬的一天，我在家里突然接到齐先生的电话，先生说，今年是抗日战争胜利七十周年，他写了一篇论文问能不能用，我回答说您发给我们，我们随时给您留着版面。先生又说现在还不能给，他要看看习近平总书记在 9 月 3 日纪念中国抗日战争胜利七十周年的讲话，看看自己的论述与习近平总书记的讲话精神是否有冲突，我说好，那就让历史编辑杜平随时与您联系。对于齐先生的慎重，我觉得是具有高度政治责任感的反映，也是一个老党员应持有的立场。追思会上有几位学者都谈到世界现代史具有高度的政治敏感性和现实性，历史问题往往与政治问题缩结在一起，齐先生总是能正确处理学术与政治的关系。其实齐先生是最早系统阐述中国抗日战争在世界反法西斯战争中贡献和地位的权威专家，齐先生之所以慎重是他多年养成的风格，无论何时都把国家利益放在第一位。9 月 20 日左右杜平从齐先生家里取到手稿，连夜打出来发给我，我读后顿感大气磅礴，掷地有声。如果不是先生发病住院，我们本应在 2015 年第 5 期发出来，齐先生就可以看到自己的大作，可是发病住院，齐先生又极其认真，一定要亲自核校杜平打的稿件，一再延迟付梓。起初杜平问我是否请齐先生的女儿代为核校和签字，但是我知道齐先生的脾性，坚持由齐先生签字认可，所以一直到十月中旬齐先生昏迷过去，才由叶小兵教授代为核校和由齐先生的女儿代为签字，我之所以这样做，除了知道先生的认真和严谨外，还基于 2014 年 10 月看到先生那样硬朗地参加学校六十周年庆典时表现出的精神状态，觉得先生能够挺过这次发病，然而人算不如天算，2015 年 12 月 3 日凌晨齐先生就离开了我们，先生在学报上发表的文章也成了他最后的遗作。

我们一定铭记先生的教导，办好刊物，以实际行动纪念我们的哀思。

# 哀悼恩师，追思先生

沈志华

2015年12月3日早晨6点多钟，我正在伏案修改新作“中朝关系史”的书稿，突然接到齐世荣先生女儿卫华的短信：“我爸今天早上6点去世了。”我一时呆住了……还没缓过神儿来，徐蓝又发来微信报丧，并附有痛哭的“表情”。

11月12日卫华短信：“老爷子脑出血、肝癌，送急诊了。目前还算稳定，就是一阵清楚一阵糊涂。”我当时正在上海给学生上课，立刻打电话问了情况，感觉是问题不大，并建议卫华采取保守治疗，先生毕竟已是90岁高龄，且情况稳定。我打算12月趁回京开会的机会去医院探望。11月20日在台湾辅仁大学开会遇到首都师范大学梁占军（他叫我大师兄），他告诉我齐先生的情况不太好。24日我赶回北京，并于第二天晚上与丹慧同去医院看望。卫华引领我们进入急诊室时，先生还在昏睡，我们在一旁静候。过了一会儿，卫华凑到先生耳边大声说，志华和丹慧来看你啦。先生睁眼看了一下，突然微笑起来，并向我们伸出手。我连忙赶上前，俯身握住他那干瘪纤瘦的手，叫了一声：齐先生，我和丹慧来看您啦！不知怎的，一时间竟热泪盈眶。先生微笑着说，你们来啦，好，好。再说了几句，声音还是很有底气，但有些含混，我没有听清楚。卫华说，老爷子发病前还在改他的一篇文章，看他即将出版的论文集的清样，入院后经常要他的书稿，但一时清醒一时糊涂，实际上什么也看不了。说着话，齐先生又闭上双眼，我就一直紧紧握着先生的手。过了一会，先生又睁开眼睛看着我，又看看丹慧，笑了，好像要说什么，但没有说出来。卫华说，他认出你们了。从先生的微笑和眼神中，我感觉他知道我们是谁，但一时叫不出名字来。我现在也经常出现这种情况，看着很熟的人，就是叫不出名字。先生再次醒来时，我们告别，我说："您好好养病！ 12 月 5 日我要回北京开会，那时再来看您。"握手之后，先生又睡过去了。就在我们要出门时，先生突然睁开双眼，大声说，过几天再见。我又是一阵心酸。路上我们和卫华还说，看样子齐先生挺几个月没有问题。不想，那天见面竟是永别。我坐在书桌前，含着热泪回忆起与先生交往的一幕幕……

我是齐先生的第一个研究生。1979 年我考上中国社会科学院世界史的研究生，那时社会科学院有资格带研究生的人不多，就在各高校聘请了一批老师。我报考的是世界现代史专业，先是让我做非洲史，导师是吴秉真。入学后不久，世界历史研究所所长朱庭光先生找我谈话，为了配合当时要进行的经济改革，确定让我做苏联史，研究列宁的新经济政策，于是指定齐先生做我的导师。齐先生是一位严师，我印象最深刻的是，有一次上课，一位同学好像在课堂上做了什么其他事，先生一声怒吼：你不想听就出去！其实先生在私下场合并不是那么威严，至少对我来说，不像很多同学那样对他敬而远之。我经常去先生家里谈话，除了学问，也谈政治，交流看法。他说的很多话，在我看来是不大会在公开场合讲的。从做学问的角度看，齐先生对我教诲最多的是：作为历史研究者，首先要重视史料，特别是第一手史料。当时还谈不上看档案文献，别说出国收集档案了，就是外文资料都很难找到。我做苏联史，齐先生推荐的必读书目中，最主要的不是苏联出版的通史著作（中译本），而是英国大家卡尔和戴维斯的英文多卷本《苏俄史》，因为书中大量使用了档案文献。那时我就知道，判断一本史学著作的价值，首先要看注释，看看作者是依据什么史料写的。齐先生也特别重视理论，他说："你要研究苏联史，必须认真读列宁和斯大林的著作，了解他们的思想"。他给我留的作业中，很多是如何解读列宁的著作。后来我写出《新经济政策与苏联农业社会化的道路》一书，在很大程度上得益于我仔细通读过马克思的《资本论》第 1 卷和《列宁选集》。齐先生确实是一位史学大家，可以说是学贯中西，通古博今，他精通俄语、英语，还会日语和德语，做的是世界现代史研究，讲起中国古代史也如数家珍。对此，我辈学人远不能及。我对先生钦佩不已，当时就立志要随他做一辈子学问。我入学时已 29 岁，没有别的办法，只能加倍努力，晓云的父亲廖沫沙先生也是这样鼓励我的。我去求教，他为我题写了一幅字：书山有路勤为径，学海无涯苦作舟。我的确很刻苦，在学期间发表了七八篇论文。

万没想到，就在我春风得意、踌躇满志的时候出了问题，1982 年 5 月，还差十几天就要论文答辩了，我因卷入一个莫名其妙的涉外案件，突然被捕入狱。在黑暗的单身牢房中，我感到今生最对不起的就是我的父母、世界历史所所长朱庭光和导师齐世荣，他们都曾对我寄予很大期望，而我却让他们失望了。1984 年出狱后，朱老为了让我重回中国社会科学院，想方设法，四处奔走，但终未如愿。那时，作为一个劳改释放人员在北京是很难找到工作的，就是我在狱中写就的那本关于苏联新经济政策的书，也没有一家出版社敢于接受。后来，我听说广东搞了一个特区，在那里“英雄不问出处”，可以各显身手，便决定去闯一闯。临走前我先去看过朱老，感谢他为我工作的事情费心，现在没有办法，只能先解决生计问题。然后到了齐先生家，记得徐蓝当时也在那里（她是我的师妹，但我得叫她大姐）。我很激动，对先生说的大意是：弟子不孝，辜负了您的期望，如今走投无路，只能外出求生。但只要我赚了钱，一定回来，重头跟您做学问。如果弟子无能，那就客死他乡，永不回头。出了先生的家门，我仰天长叹，眼角流下一行泪水。

90 年代初，我回到了北京。那时有几十万元，已是不小的数字了，我想自己做学问没有任何问题，还可以资助别人呢！我再见到齐先生时，第一句话就是“弟子回来了！”我对历史学资助的第一笔钱就是给齐先生的，当时国家教育经费很少，齐先生作为世界近现代史研究会会长，召开一次学术讨论会竟感到囊中羞涩。我资助他在河北师范大学开会，并亲自开车送他去保定。然而面对众多师生，我却是一个陌生的外人，一个商人，没有资格参加会议。43 岁那年，我决心重新开始学术生涯，并恳请齐先生再次把我领入学界。先生介绍我认识了戴逸、王庆成、金冲及、刘家和、刘桂生等学术前辈，还专门带我拜访了他在清华大学历史系读书时的老师周一良先生。与周一良先生畅谈一番后，他赞赏我重归学术的选择，并欣然答应出任我所资助的东方历史学术文库评审委员会主席，其他几位老先生都是评委（周先生去世后，戴先生、金先生、齐先生先后担任主席）。后来，周一良先生送给我一本他的回忆录《毕竟是书生》，还用左手签了名。光是这个书名就令我感慨万分，我想，以后我要写回忆录，免不了取个类似的书名，比如《还是做书生》。同时，我与中国社会科学院合作，到莫斯科收集俄国档案，组织整理翻译；利用这些解密档案研究朝鲜战争、中苏关系；在国内组织冷战国际史研究，每年自费召开学术讨论会……在齐先生的帮助和引领下，我的后半生再次交给了学术研究。

这段时间，我与先生经常见面，但多是谈东方历史学会的工作，讨论学术问题不多。不过，有两件事给我印象很深。《历史研究》1998 年第 5 期发表了我的专题文章《俄国档案文献：保管、解密和利用》，那时我写了不少介绍俄国解密档案、强调历史研究必须利用档案文献的文章，但我也指出，研究者不能迷信档案。我在这篇文章中写道："人们可以举出无数的案例说明俄国新档案文献的问世如何改变了历史学家对苏联历史以及相关历史事件的看法，与此同时，也不能忽视轻易使用这些档案文献可能给人们理解过去所造成的迷惑、困境和陷阱。"还说："当研究者得到了他多年可望而不可即的印有'机密'或'绝密'字样的档案文件时，往往容易在他的研究著作中迫不及待地尽量利用这些文件，而忽略了追本穷源。其实他不应该忘记，档案文件中的白纸黑字未必就是历史的真实。确如卡尔所说，有些文件很可能是其拟定者'希望别人想到他所想到的事情'。"齐先生看过这篇文章后给我打电话说："你能这样写，说明你已经成熟了。"我理解先生的意思，研究历史当然应该重视第一手史料的收集，但更重要的是如何解读和利用这些史料。2003 年我的《毛泽东、斯大林与朝鲜战争》一书终于出版了，这是我的成名作，自然要请恩师作序。先生在短序中这样写道："二十几年前，我已认识沈志华同志，那时就觉得他是一位好学深思的青年。现在，他在学问的大道上已走了相当长一段时间，著述丰富，日益成熟。明末清初大儒顾亭林说：'昔日之得，不足以为矜；后日之成，不容以自限。'我希望沈志华同志谨记顾亭林的话，继续努力，攀登历史科学的高峰。"在你遇到困难的时候，帮助你、提携你，在你取得成就的时候，提醒你、鞭策你，师生关系莫过于此。

2004 年，陈兼和杨奎松拉我去华东师范大学，与党委书记张济顺面谈，学校有意聘请我来主持冷战国际史研究中心的工作。作为民间学者，我在学界游荡了十几年，取得了一些成果，也小有名气，但随着年龄增长，也想到了学问传承的问题。尽管那时我在北京大学、人民大学做兼职教授，也带了几个学生，不过总有些“名不正言不顺”的感觉。如今，华东师范大学搭建了一个很好的平台，况且读研究生时，在朱庭光所长的领导下，我便熟识了上海叶书宗、王斯德、李巨廉几位老师，可我长期游离于体制之外，现在“出山”，进入一个完全陌生的环境，是否能够承担起这个重任，心里着实没有底。于是，我又去找齐先生请教。先生很赞同我回到体制内，说这样可以为历史学的发展发挥更大作用。他详细地向我讲述了中国学术界和教育界的情况，各种规章制度，各校的特点和短长，还推荐天津师范大学侯建新教授、南京大学钱乘旦教授给我“上课”，甚至亲自带我走访一些学校。我到华东师范大学上班后不久，先生又专程来到上海讲学，为我“站脚助威”。这些年下来，我渐渐摸索出一套把体制内与体制外的优势结合起来开展研究和教学的路数。可以说，在学术生涯中，是齐先生又把我带上了一个新台阶。

在上海教书、研究的这些年，事务繁多，除了开会相遇，我与齐先生私人会面的机会渐渐少了，但是每年春节前后，我和丹慧必定要请先生吃一次饭，常常还邀金冲及先生、张椿年先生、阮芳纪先生作陪。齐先生爱吃海参，所以每次我都为他点一道高档的小米煮海参。三年前一次相聚，我发现齐先生突然瘦了许多，但精神很好，说话底气十足，便没有在意。后来卫华告诉我，先生那时就发现患了癌症，但他不许家人对外说起。看着先生到处开会、讲话，还时常写文章（先生每次发表文章都会寄给我），无论如何也想不到他已经绝症缠身。用卫华的话说，老爷子就是一辈子好强。

那晚在中日友好医院急诊室的病榻前，我紧紧握着先生的手，头脑中翻滚着本来准备到春节聚会时要对他讲的话。我想告诉先生，今年 4 月，经全国社会科学基金规划领导小组批准，给我下达了一个国家特别委托项目——“中国周边国家对华关系档案收集及历史研究”，我正在组织这个庞大的工程，希望听取先生的意见和教诲。我想告诉先生，今年 10 月，我苦心研究了多年的《毛泽东、金日成与中朝关系（1945—1976）》已经完稿，尽管中文版尚未出版，但美国、日本、韩国都在翻译，而且征求意见稿送出之后，也得到了一些好评。这是一个极为敏感也是前人几乎没有研究过的课题，希望先生对书稿提出修改意见。我还想告诉先生，我主持的上海市社科重大课题“中朝关系：俄国与东欧国家解密档案选编”已经基本编好，我正在做最后的统稿，今年年底便可结项。在离开医院回家的路上我还想，待 12 月见面先生精神好一些的时候，我再行汇报。学生有了一点成绩，第一个就想让老师知道，这大概不是我一个人的想法。能为师门增光，就是尽了弟子的本分，我多么希望先生可以亲耳听到这些消息。然而，现在、今后，所有这些话，我只能到先生的灵前去倾诉了。我相信，先生在九泉之下听到这些消息也会微笑的……

恩师驾鹤仙逝，弟子悲痛万分，唯可告慰先生的是，学生定会继承您的事业，不辱师门，为中国的历史学发展奉献毕生！

# 齐世荣先生领我走上学术研究之路

徐　蓝

能够成为77级大学生，是我的幸运。能够成为齐世荣先生的亲传弟子，更是我的幸运。

我还清楚地记得，在大学期间，我选修了齐先生开设的一门选修课“现代国际关系史”。先生旁征博引，通过十几个专题，为我们讲述了20世纪前半期的国际关系。这门课程使我第一次接触了大量外文史料和西方学者的学术观点。在先生的讲述下，我对如何运用马克思主义唯物史观来分析问题，有了一些切实的感受。我也初步认识到，对历史的研究不仅要勾勒通史的发展，还要对许多重要问题进行深入的个案探讨，而后者正是前者的重要基础和支柱。同时我对史学的实证研究方法也有了一些了解，这为我以后研究世界历史打开了一扇门。

1982年1月我大学毕业后，留校任教。除了在历史系主讲世界近代史之外，还在当时的政法系、马列教研室、外语系讲授世界近代史、世界通史和美、英、法、德、俄（苏）、日、意等大国的历史，以及在国际政治学院（中国人民警官大学前身，现为中国人民公安大学团河校区）讲授世界现代史和世界当代史。当时齐先生是系主任，又有许多社会工作，我们年轻教师平时很难见到他。有一天，我在路上遇到齐先生，先生告诉我，我的课受到了学生和各系领导的肯定，他也很高兴。记得先生当时对我说，一定要好好教书，好好备课，讲好通史和断代史，你将会受益无穷。受到先生的表扬，我很高兴。但对于先生的教诲，却是后来才体会到的。几年的通史教学，虽然占用了我的大量时间，也为我以后的教学和研究打下了比较厚实的基础。后来我研究的一些重要课题，大多是从教学中，从学生的疑问以及与他们的探讨中形成的。教学相长，使我终身受益。

1984 年，中国史学会第一次作为国际历史科学大会的集体成员，决定派代表团正式参加 1985 年 8 月 25 日在当时联邦德国斯图加特市召开的第十六届国际历史科学大会。齐先生作为代表团成员，承担了撰写《中国抗日战争在第二次世界大战中的地位和作用》长篇论文的任务，希望找一个助手为他核查一些日文资料并做必要的书面翻译。系里有老师向齐先生推荐了我。有一天，齐先生让我到他的主任办公室，从对面的资料室拿出两本关于日本历史的著作，我还记得一本是远山茂树的《昭和史》，一本是信夫清三郎的《日本外交史》下册。先生问我是否看过这两本书，还问了几个有关日本历史的问题。得益于我的通史和日本史的教学，这两本书我都看过，所以回答得不错，先生很满意，我就算是通过了考试。于是，当年的暑假，我几乎每天都待在北海旁边的北京图书馆里，“早八晚八”，按照先生要我查找的资料清单，借阅了大量日文资料集和专著，并且每周把查到并翻译成中文的资料交给先生。正是循着齐先生的研究路径，我初步学会了治史方法，受益无穷。从此，我作为先生的“编外”学生，直接获得了先生的传授。

我留校任教后，齐先生知道我之所以没有报考他的研究生，是英文不行，便鼓励我学习英语，要求至少能够达到熟练阅读专业书籍的程度。记得当时先生给我复印了一本英文书中的一章，书名记不得了，但那一章的题目是“第一次世界大战的后果”，让我逐字逐句地翻译，并答应我有问题可以问他。齐先生的英文极好，特别是他对介词的用法和翻译，有相当的独到之处。他还对我说，翻译的时候不要怕麻烦，一定要查字典，很少有人不查字典就能翻译准确的，因为历史著作中的许多英文词汇，并不是取它的基本词义，往往都是该词的引申义，否则翻译出来的句子就可能没有道理。在先生的指导和帮助下，我完整地翻译了两本英文著作（作为学习，并未出版），英文大有长进。我还在先生的支持下，尽可能旁听了世界史研究生的课程，并通过考试获得了各门研究生课程的成绩。与此同时，我也找到了一个可以深入研究的问题，即把第一次世界大战前的德国与英国的矛盾与对立，作为我学术研究的起点。这就是在齐先生的指导下完成的我的第一篇论文《试论围绕修筑巴格达铁路的德英之争》，并于1985年6月发表于《北京师范学院学报》第3期上。

齐先生所在的世界近现代史和国际关系史专业于1983年获得博士学位授权，1984年开始招生。当时由于我没有硕士学位，无法报考，非常遗憾。但是第二年教育部就下发了以同等学力报考博士研究生的文件，其中规定：以同等学力报考博士研究生的考生要有公开发表的学术论文和硕士研究生的学习成绩，而我正符合这些条件。于是我决心报考齐先生的博士研究生。我把这个想法告诉齐先生，先生给了我极大的支持。当我收到录取通知书时，我深深地感谢先生，因为正是先生给我创造的学习机会，才使我具备了报考条件和基本的学术水平，才有可能成为他的正式的“编内”弟子。

1986年2月，我作为齐先生的第一届博士生（前两年先生没有招博士生），开始在职攻读博士学位。在博士学位论文的选题、收集国内外资料、写成初稿以及修改成书的整个过程中，我自始至终得到齐先生的指导、鼓励和帮助。在论文的选题方面，通过先生的指导，我阅读了大量国内外学术界关于绥靖政策的研究成果，了解了国际学术界的研究动态。我发现，从20世纪60年代后期至70年代，国际学术界对30年代英国绥靖政策的研究已经从英国对德国和意大利的绥靖政策扩展到英国对日本的绥靖政策，出版了一些重要专著，其中存在着英国的对日政策是“绥靖政策还是绥靖行动”“是否存在远东慕尼黑”等的争论；对该政策形成的原因也从“传统派”向“修正派”发展，即从较为简单地论述张伯伦等人“对凡尔赛条约的罪恶之感”“对希特勒所追求的目标的错觉”以及“避战求和”，转向了依据解密档案研究更为复杂的英国的政治、军事、经济、意识形态、民意舆论、英帝国、国际组织等方面，而这些问题，也正是我在教学中遇到的问题。但是国内学术界的研究除了齐先生的几篇重要论文之外，仍然较少涉及这些问题，一些涉及该问题的论述也重点强调“祸水东引”“避战求和”；另一方面，国际学术界关于英国对日本的绥靖政策的研究主要建立在梳理英国方面的原始资料的基础之上，相对缺乏日本和中国方面的资料，因而也存在着史料的缺陷。在齐先生的鼓励和指导下，我便以 20 世纪 30 年代英国在日本侵略中国的情况下对日本采取的绥靖政策作为我的博士论文选题。其写作主旨，就是要系统考察在 1931—1941 年这一阶段的日本侵华战争中，英国对日本所推行的绥靖政策的产生、演变和最后失败的历史进程，搞清其来龙去脉，以揭示这一政策如何不断鼓励日本法西斯扩大侵华战争，如何对日本发动太平洋战争起到了重要的推动作用。

在资料的收集方面，齐先生对资料的要求极为严格，要求我必须掌握最重要的中外资料。当时在国内收集与我的论文相关的档案资料并不容易，远不如今日便捷。我在上课之余，在北京图书馆（今国家图书馆）、中国科学院图书馆、北大图书馆、社会科学院近代史所图书馆和世界史所图书馆、上海图书馆等图书馆复制了大量资料。当齐先生听说华东师范大学的潘人杰先生从美国带回了 20 世纪 30 年代的英国内阁档案的缩微胶卷后，立刻亲自带我到华东师范大学将这些胶卷全部复制；为了能够尽快找到存于南京中国第二档案馆《国民政府外交部档案》中的有用资料，先生又带我到南京找到第二档案馆的领导，使我很顺利地抄录了我所需要的这批档案中的史料。齐先生还介绍我到南开大学复印了俞辛焞先生从日本带回的远东国际军事法庭审判的记录。这些资料涉及英、美、德、日、中等国家的文献，奠定了这篇论文的多国档案史料基础。

在具体的论文写作中，我时时能够感受到齐先生高度的马列主义理论水平和广博的知识，以及他严谨求实的学风和一丝不苟的治学态度，这些都成为他留给我的宝贵财富。不仅如此，齐先生在论文写作方法上的一些要求，也极有价值。例如，齐先生告诉我，博士论文的每一个部分，都应该是一个独立成章的专题研究，要从宏观的视野设计这些专题，从微观的角度进行个案研究，而所有的这些微观研究，又都要始终指向一个明确的目标，才能使整篇博士论文浑然成为一体。先生的教导如醍醐灌顶，至今不忘，也成为我后来进行研究和指导学生的基本方法。

1990 年 1 月我获得了历史学博士学位。此后一年，我一边完成紧张的教学任务，一边修改补充我的博士论文。1991 年 7 月，在当时经费相当紧张的情况下，这本40多万字的专著得到了校长出版基金的资助，得以出版。后来我才知道，那笔出版基金，是齐先生作为校长（当时是北京师范学院院长），在办学经费相当紧张的情况下，为鼓励学术研究而坚持设立的。

在我学术成长的道路上，还得益于齐先生对我委以重任，使我能够在学术研究的实践中获得更多的锻炼和提高。这里仅举两例。

其一是参加“吴齐本”教材的讨论和写作。从20世纪80年代中期开始，我作为齐先生的助手，几乎参加了他和吴于廑先生主编的6卷本《世界史》（简称“吴齐本”）的所有讨论，并在先生的要求下撰写了凡尔赛—华盛顿体系和20世纪20年代国际关系的一些内容。这也促使我进一步思考第一次世界大战和第二次世界大战之间的关系，思考20年代的国际关系与30年代的国际关系之间的区别与联系，以及两次世界大战之间存在着的因果关系，实际上，有关这方面的研究，也成为我后来的一个学术研究方向。2000年，“吴齐本”进行修订，修订版改为4卷，齐先生作为总主编，分配我撰写“第一次世界大战”“凡尔赛—华盛顿体系”“20年代的国际关系”“战后初期国际关系和两极格局的形成”“两大阵营的分化”“世界多极化趋势与两极格局的瓦解”“冷战结束后的世界”等现代卷和当代卷的部分内容，这些章节加起来大约有22万字，使我得以将多年的教学与科研的点滴成果写进这些教材当中，为后来我自己主编的教材《世界近现代史1500—2007》奠定了基础。

其二是参加《20世纪的历史巨变》的研究与写作。1997年，齐先生和廖学盛先生开始主持国家社会科学基金“九五”规划重大课题《20世纪的历史巨变》的研究工作，分配我撰写1900—1990年的国际关系部分。这个任务是对我的一次挑战，因为在此之前，我从来没有写过如此需要宏观把握的问题。于是我停下了正在撰写的专著，转到这个课题领域。我在以往的教学与科研基础上，首先进行中观研究，把两次世界大战放在一起进行比较，分析它们在起源方面的共性和个性，找出它们之间的联系，写出论文《战争与和平：两次世界大战的比较研究》作为中期的研究成果①，

① 见齐世荣、廖学盛主编：《20世纪的历史巨变》（论文集），人民出版社2000年版。

然后再从两次世界大战对20世纪国际格局演变的影响的角度，适当运用国际关系理论，论述这90年的国际关系变化，使研究得到深化。这些研究成果，成为齐、廖两位先生主编的专著《20世纪的历史巨变》的第十章、第十一章[①]的基本内容。通过这个课题的研究，我进一步体会到：对历史发展过程中的重大事件的基于第一手资料的个案微观研究是十分重要的，它有助于我们对中观和宏观历史的更准确地把握，没有这种实证研究的基础，就不可能有真正的宏观考察；但是如果只有微观研究，而缺少站在更广阔的视野上进行宏观考察，就看不清历史发展的整体脉络，也就会影响微观个案研究的深度。因此，只有把两者联系起来，一幅完整的历史画面才会比较清晰地展现在我们面前。我曾把我的这些体会告诉先生，先生也很欣慰。这些研究工作，为我进一步研究20世纪的战争与和平问题、20世纪国际格局的演变与大国关系的互动研究等课题，提供了前期准备。

2011年，我申请到国家社会科学基金重大项目“20世纪国际格局的演变与大国关系互动研究”的课题，先生为我高兴，并鼓励我说，这是“水到渠成”。直到他去世前，还在关心这个课题的进展情况。

2015年12月3日，齐先生驾鹤西去。对他多年来对我在学术上和思想上的关心、引领与教诲，我的感激之情、怀念之情无以言表，唯有在学术的道路上继续前行，传承先生的事业，以告慰先生的在天之灵。

① 见齐世荣、廖学盛主编：《20世纪的历史巨变》（论文集），学习出版社2005年版。

# 严师促我，砥砺前行
## ——怀念恩师齐世荣先生

武　寅

齐世荣先生虽然已经离开了我们，但是作为他的学生之一，我对他严谨的学风，以及在培养和指导研究生方面一丝不苟、认真负责的态度却记忆犹新。记得20世纪80年代，有一种流行的说法，叫作“最穷的是教授，最傻的是博士”。我就是在那个时候，跟了齐世荣先生读博士。我是齐先生招的第一届世界历史学科的博士生，我很“傻”，当然，齐先生也不富裕，也很穷。

从我入学一直到毕业，齐先生给我印象最深的就是他的严格。我是在中国社会科学院研究生院读的硕士，那时也没有觉得对研究生的要求有多么严，可是硕士毕业后，跟着齐先生读博士我可领教了：先是入学考试，要考两门外语，我记得当时第一外语是日语，第二外语是英语，分数都要求很高，毫不含糊。

入学以后，博士生还需要非常正规地去上课。一门一门地听课，而且都留有作业，还要判分计分。写博士论文的时候，即使是论文提纲，老师也要求得相当严。我现在也已经是博士生指导老师了，受齐先生对我的影响，我对学生也比较严格，这也是一种薪火相传。齐先生研究绥靖政策是很有名的，他让我在这个方面选题，我一开始对这个选题应该怎么写并没有特别清楚的思路。提纲写好后拿给齐先生看，他看了以后说不行，得改。我就拿回去修改。改完后再拿给齐先生看，他还是说不行，要拿回去再改。就这样改了七遍都没过关。我本来以为选定一个题目写就是了，老师不会管得太多的，结果没想到会这么严格。齐先生开导我说：“博士论文一定要写出新意来，因为关于绥靖政策写的人已经有很多。”我问：“怎么才能写出新意呢？”他说：“绥靖政策一般都是从西方国家角度出发，你能不能从被绥靖的对象日本的角度出发来写绥靖政策。从这个角度，换一个思路，发挥你的日语优势，多看一些日文资料。研究日本是怎么从九一八事变到七七事变那么快它就扩大了侵华范围，加快了侵华步伐，日本是怎么受到绥靖政策影响的？日本怎么会胆子越来越大？从这个角度来写，不就写出新意来了吗？”我一听非常受启发。而且，齐先生跟我说，你需要看大量的第一手资料，二手资料不行，这是第一点。也就是要看档案，第一手的档案，包括英国的外交档案以及美国、日本的外交档案。看档案，一个是原始档案，一个是原文的一手资料。第二点要求就是：参考书不能少于 200 种，少于 200 种不行。

因为要求以第一手资料为主，所以我跑了很多地方，特别是北京图书馆。我当时看遍了北图所有与九一八事变（日语叫满洲事变）相关的日文材料。我还记得当时在北图，每天去缩微胶卷室看日文档案的就我一个人，几乎每天都要看到头晕眼花的程度。等到论文写完，临近毕业的时候，同学们看到我都吓一跳，说：“你怎么瘦成这样！”我瘦了整整三十斤。我打趣说，这可真是减肥的好办法，你想不减都不行了。齐先生批改论文非常认真，他要求引文注释尽量用第一手资料，特别是外文资料。

不仅入学严，论文写作严，而且答辩的过程也非常严，真正做到了每一个环节都一丝不苟。我记得论文答辩需要通讯评审加上会议评审，总共加起来评委要有好几十人。现在博士论文答辩，有的地方通讯评审只要两三位评委就可以，然后答辩时五六位评委就可以了。而当时我的通讯评审环节就有 15 到 20 位评委参与，答辩环节也有八九位评委，包括金冲及先生都是我论文的评审委员。这个博士论文要想过关真是不容易呀！毕业时，齐先生说，你毕业了，不容易。

毕业后，我回到原来的单位中国社会科学院世界历史研究所，继续从事科研工作。齐先生当时也是世界历史研究所的学术委员。毕业以后他勉励我，一定要好好做学问，不能荒废了学业，不能毕业了就完事大吉了。毕业只是在世界历史这个学科从事学术研究的一个新起点。要争取有所成就，不能辜负了国家的培养。

在以后的科研工作中，我始终牢记着齐先生的这些话。后来，我当了世界历史研究所的所长。我想，无论从哪个角度上说，我们这一代人都应该为世界历史学科建设做出我们这一代人应有的贡献。围绕这个问题，我跟大家进行了深入的交流与探讨。大家普遍认为，我国的世界史研究起步较晚，整体水平不仅无法与中国史研究相比，而且与国际学术界的同类研究相比也有很大的差距。我们至今还没有中国人自己写的多卷本《世界历史》。经过老一辈学者的努力，我们已经有了一定的基础和学术积累，现在是时候了，我们可以考虑上马多卷本《世界历史》的写作。这是我们老中青三代世界史学者的共同愿望，也是中国社会科学院世界历史研究所责无旁贷的使命。

尽管如此，这毕竟不是一件小事，对于这么一个规模巨大的工程性项目，各种质疑的声音可谓不绝于耳。诸如：你这胆儿够大的呀，敢写多卷本《世界历史》，这是不可能的，因为条件还不成熟……当时我想，到底行不行，我还是要请教我的老师齐世荣先生，他是我国世界史学界的老前辈，也是国内公认的著名学者，如果他也说不行，那我就得再考虑了。怀着忐忑的心情，我去拜访了齐先生。我说："齐先生，我作为世界历史研究所的所长，想集全所之力，再吸收国内世界历史专业的中青年骨干，上马多卷本《世界历史》的写作，您看怎么样?"说话时的心情就好像是一个小学生在等着老师宣判大考的成绩，不知齐先生会怎样回答。过了一会儿，只听齐先生说："行！你敢这么想，敢这么做，我支持你。"他还说，这件事应该做，只要你们有决心，不懈努力，就一定能做到。齐先生的态度让我一下子吃了一颗定心丸，信心百倍。

后来，我们正式申报立项了中国社会科学院重大课题。我们聘请了齐先生，还有几位世界史学界的老前辈作为顾问，随时随地请教他们，认真听取他们的意见和建议。齐先生也多次抽出时间，亲自来参加我们的学术讨论会，为我们提出了很多宝贵的意见和建议。我与所内外专家学者一起，包括所里有些已退休的老学者也都被请过来，用了将近一年的时间，进行课题的框架设计论证。我们对外国的各种版本，包括剑桥系列、苏联科学院版本进行分析比较，最后决定，中国学者要有中国学者自己的看法、自己的风格、自己的特色，不照搬他们的模式，不采取传统的按时间顺序分成古代史、近代史、现代史这样的写法，而是采取专题与编年相结合的撰写体例，也就是首先选取人们普遍关心的若干重点领域，然后，再按照时间顺序，对每个领域的历史进行系统的阐述。它以专题为导向，以时间为连线，点面结合；既有系统连贯的时空涵盖面，又有重点专题上的学术深度。通过这样的设计，力求体现出鲜明的时代性，更好地、更有针对性地回应时代发展对世界历史研究的迫切需求。

在确定作者队伍时，首先动员了世界历史研究所几乎所有的科研骨干，在此基础上，为了确保学术质量，针对所里相对薄弱的研究领域，坚决借助外力，聘请国内高校在相关领域确有造诣的科研骨干加盟。因此最后确定的一百多人的作者队伍，基本上代表了当时国内世界史研究的最强阵容。

我们这个团队群策群力，兢兢业业，辛勤耕耘，一干就是十几年。我记得出席2013年中国社会科学院重大成果发布会，我在介绍我们的多卷本《世界历史》的创作过程时，禁不住流下了激动的泪水。我们的多卷本《世界历史》加上年表、图册，一共39卷，1500余万字。这里面包含着多少心血和汗水，多少无私的奉献和付出。有的老学者已经离我们而去，他们未能够看到今天，看到这个成果问世。有的老学者已经到了癌症晚期，但是仍一直坚持着，直到写完交稿。我们曾经想要帮助他，或者找人代替他，但他都拒绝了，他凭着坚定的信念，顽强地坚持到最后。我在成果发布会上回忆起这一个个感人的细节，包括自始至终支持和帮助我们的齐世荣先生等几位老前辈，心中充满了感激之情。

2006年，我进入了中国社会科学院院级领导班子，并分管科研工作。我还记得齐世荣先生语重心长地对我说的话。他说："不论你做了多高的领导，都不能忘记，你是我指导的第一届世界史研究的博士生，你知道国家培养一个人才有多么不容易，所以我希望你能够继续在世界史学科领域保持和发挥你的专业特长，永远也不要丢掉你的专业。"齐先生的话给我留下了很深的印象，甚至感到有几分意外，因为按照一般的常理，如果有谁晋升了职务，特别是担任了高级领导干部，人们都会说些讨喜的话来表示祝贺，而说了这么多严肃认真的肺腑之言和殷切期望，着实令人不敢掉以轻心。

从那时起，我再一次暗暗地下定决心，绝不能辜负先生的期望，我要永远记住，我不仅是领导干部，我还是一名学者，是一名世界史研究的科研人员。我不仅要做好科研管理工作，还要继续从事科研，继续为世界史学科建设发挥应有的作用。也正是在先生的激励下，我开始了又一项更大规模的学术工程，那就是《剑桥世界史》的翻译工程。这一工程的总量比我们自己写的多卷本《世界历史》翻了一倍，达到 3000 余万字。除了原版英语外，它还没有其他外国语的译本。中国学者有这个能力和水平，让它的第一个外文译本是中文。其翻译难度是相当大的，要求也是相当高的，我们的翻译团体不仅有很高的外语水平，而且有扎实的专业基础，他们都是在世界史研究领域长年从事研究的专家学者，许多人本身就是博士生指导教师。现在《剑桥世界史》翻译工程已经完成过半，初稿基本上都翻译出来了，已进入后期修改审校阶段。

齐先生，放心吧！您的学生不会辜负您的期望，一定会继承老一辈学者脚踏实地、献身科学的精神，继承那种志存高远的理想，严谨求实的学风，以此来激励自己，鞭策自己，只有进行时，没有完成时，薪火相传，不懈努力，去回答先生的殷切期待。

# 怀念恩师齐世荣先生

赵军秀

庆贺齐先生 70 岁、80 岁生日的场景依然历历在目，原本大家说好今年 10 月给齐先生做寿，庆贺先生 90 华诞。2015 年 12 月 3 日先生离世，晚辈学生共同的心愿永远不能实现了，悲痛万分，永远的怀念。

## 一、指点迷津

齐先生是我的博士生导师，但先生对我的指导和教诲却远远早于我跟随他读博。记得 1981 年初大学三年级寒假，打算毕业后考研，得知齐先生在世界史领域的学术造诣，在回京探亲期间拜访了齐先生，以求得先生的指教。当时作为在读学生的我十分怯懦，近乎战战兢兢，但先生与我交谈后使我逐渐放松，这是我第一次目睹先生的大师气度和长者风范。他问我读过哪些世界史特别是国别史的书，因当时中国学者的国别史著作凤毛麟角，中译本也十分有限，我将看过的几本书一一作答后，先生还较为满意，提到学习历史要心静，甘于坐冷板凳，勤奋读书。当先生得知我竟然没有读过一本英文历史著作时，认为这是很大的缺憾，并指出若进一步学习研究历史，必须读英文著作。这次拜访使我大开眼界，深感先生的博学多才，并有追随先生学习的志向。回到陕西师范大学以后，曾给先生写了一封致谢信，先生回信再次鼓励我令我十分感动。

大学毕业因条件限制未能报考读研，但幸运的是回京工作并能到北京师范学院历史系任教。最初被分配在中国现代史专业，离开了我比较感兴趣的世界史，有些失落。一次在教学楼四楼走廊遇到齐先生，他询问我近况后告诫我，即便担任中国史教学也不要放弃外语。他特别举例说，如研究北洋军阀史，直系军阀吴佩孚就是被英国支持，英国为什么支持直系，背后的深层次原因，都需要研读英文专著，结合中外学者的研究才能真正理解。寥寥几句话的点拨，使我茅塞大开，我开始调整自己的学习心境，探讨学习与思考问题的视角。

当时作为青年教师，我积极旁听历史系名师的课程，先后听过齐先生、宁先生、谢承仁先生和黄一欧先生的课程，对我启发很大。齐先生的讲授我至今记忆犹新。他曾对学生说，对历史的研究，任何人都可能有局限性，且不说阶级的局限性，时代的局限肯定有。他还用苏轼诗句加以论证："横看成岭侧成峰，远近高低各不同。不识庐山真面目，只缘身在此山中。"因此他教导学生说，对历史的研究一定要保持一段距离，什么距离？即时间的距离，这样才能冷静研究，得出较为客观的结论。我觉得这些话很经典，使我受益匪浅，也指导我日后的教学与学术研究。

## 二、收我为徒

1986 年底，因为工作需要我转到世界近代史专业，此后直接间接得到齐先生许多指导。先生给予的鼓励、批评与帮助，促进我在学术研究道路上不断成长。记得先生在授课和许多场合多次强调要多读书，不倦地读书，勤奋、持之以恒地读书。他谈到因为多读书才能有联想，而灵感恰恰产生于联想之中。先生的这番话语千真万确，掷地有声。后来我的一些论文乃至科研项目的选题都来源于读书中的联想。如 19、20 世纪之交英帝国防御研究问题就是在看书过程中有感英帝国防御与其战前外交战略之间关系而选择的题目。我带研究生之后也将先生这番话传授给我的学生，使他们领悟读书的要领以及与联想、灵感和思考之间的关系。我的一个硕士就是在阅读泰勒《争夺欧洲霸权的斗争 1848—1918》一书的注释中突发灵感，进一步拓宽思路并查找资料确定她的论文选题《从格雷–豪斯备忘录看一战期间的英美关系》。先生这番话对我的教学也大有裨益，讲课中的即兴发挥以及回答学生的各种问题，都因为有了多读书的积淀，才能更加得心应手。

记得我写第一篇论文《试论七年战争中英普同盟的建立与破裂》，当时自以为这个题目国内没什么人专门研究，自己阅读查找了诸多英文资料，包括七年战争时期老皮特的演讲和书信集等。初稿完成后有些许沾沾自喜，请齐先生提修改意见。后来先生一句话惊醒我，他说："你以为你把资料都堆放在那里就是一篇好文章呀?"这是先生对我最严厉的一次批评，对我而言，可以说刻骨铭心，但从内心感激涕零。因为有了先生如此一针见血的批评指正，才有我逐渐学会怎样梳理与运用史料，并在此基础上论证自己的见解与观点，这些不仅是日后写论文的首要思考，也成为我指导学生写作的重要告诫。另外，一般认为写论文收集资料要多多益善，乃至收集资料的脚步停不下来。针对这种弊病先生也曾指出："雪球不能总在滚动中，资料是无尽的。"他告诉大家恰如其分地运用资料最为可贵，深刻阐释收集资料与写作之间的关系。

更为难忘的是 20 世纪 90 年代中期我在美国纽约州立大学科特兰学院访学时，曾考虑延期读个学位回来，并将此想法告知时任系领导陈曦文、于祥莲两位老师。她们回信告知，与齐先生商量后建议我准备回国后报考先生的博士研究生。当时我很惊喜，只因从不敢想象，主要研究两次世界大战之间国际关系的先生能收我这个近代国际关系研究方向的学生。我被先生对中青年教师的学术关怀和具体帮助深深感动，这也是先生对我担任 3 年主管学生工作副书记工作的肯定与爱护。我只有以勤奋学习报答先生的培育之恩。

我曾经在 20 世纪 80 年代末与 90 年代中期两次聆听齐先生给研究生讲授"史学方法"课程。先生对史料的分类及各种史料的价值分析有其独到见解，这已经在他近年发表的系列论文中精辟阐述。2014 年首都师范大学出版社将这些论文汇集出版《史料五讲》一书，我这里就不赘言。但我想说两点：一是先生注重史料的"旁征博引"，先生既给予日记、私人信函和回忆录等私人文件的史料价值以充分肯定，但也指出不能听一面之词，要讲究互证或者多方引证。先生以身示教，他讲课和做报告非常注意举例，为了说明一个道理，有时会用3个事例反复说明。不仅使听者印象深刻，而且从中领悟到深入浅出、以事喻理的重要。先生强调的多方引证对我后来探讨战前英国外交战略颇有启发。我注意将贝尔福、格雷、阿斯奎斯、劳合·乔治等英国决策人物回忆录进行比较鉴别，并在此基础上决定取舍。二是先生《谈小说的史料价值》，论及小说如何能作为史料和怎样作为史料。先生特别看重法国现实主义作家巴尔扎克《人间喜剧》的史料价值，他引用经典作家恩格斯谈及《人间喜剧》的名言：《人间喜剧》给我们提供一部法国“社会”，特别是巴黎“上流社会”的卓越的现实主义历史，用编年史的方式几乎逐年地把上升的资产阶级1816—1848年这一时期对贵族社会日甚一日的冲击写出来——围绕着这些中心图画，他汇集了法国社会的全部历史，因此从中所学的东西，比从当时所有职业的史学家、经济学家和统计学家那里所学到的东西还要多。此外，先生也十分关注与肯定《水浒传》《儒林外史》和明清野史的史料价值。正是先生的分析与论述，使我在教学与研究中也注意近代史一些名著的史料价值，如托尔斯泰的《战争与和平》对拿破仑战争时期法俄关键性战争“博罗迪诺”战役的史料价值，等等。

在我写博士论文与修改论文成书的过程中，先生悉心指导并提出许多极为重要的意见与建议。先生百忙之中为书稿作序，序中特别提出学者的成就基本取决于三个因素：第一，勤奋；第二，天资；第三，机遇。先生强调勤奋是最主要的，并援引黄侃的话进一步论证：“凡古今名人学术之成，皆由辛苦，鲜由天才。”① 先生称赞黄侃是大学者，自幼聪慧过人，但并不认为天才是学者取得成就的重要因素，而把“辛苦”做第一位因素。他称赞黄侃一生勤奋治学，临终前一天还圈点《唐文粹补编》两卷。我从中体会先生阐述的“勤能补拙”的道理，也是对我这个“不是很聪明”的学生的鼓励。

① 张晖编：《量守庐学记续编》，生活·读书·新知三联书店2006年版，第4页。

先生不仅称赞黄侃，对一代学者大师都十分尊重与敬佩。在授课与聊天中多次讲授陈寅恪、雷海宗、邵循正、齐思和、翁独健、周一良等诸位先生的学术成就，赞颂他们的学术精神。先生认为：学者的价值在于以十分严肃的态度对待科学，尽力把自己最好的东西奉献给社会。先生自己就是勤奋、严谨治学的典范。他学贯中西，博闻强记，聪明睿智，依然不倦地学习与研究。即便年近90岁，仍笔耕不辍，每天伏案工作研究。他收录在《史料五讲》中的几篇论文就是在近几年陆续发表的。他曾说，必须努力、努力，再努力，直到生命最后一刻。先生正是这样做的，直至最后在病榻上，他还敦促女儿为其有关纪念第二次世界大战稿件的校对工作联系学报编辑杜平。

## 三、共同怀念

先生不仅是我的博士生导师，我的两个妹妹也都得到过先生的指导与帮助。

妹妹军华是我校马列部老师，1992年赴香港中文大学访学，她对中国传统文化颇感兴趣，时任首都师范大学校长齐先生恰巧赴港访问，积极支持她学习研究传统文化。军华回校后在全校“两课”开设“中华伦理”课程，后来主编、撰写《中华伦理》一书，得到齐先生肯定，并申报获得北京市哲学社会科学优秀成果二等奖。军华对齐先生非常敬佩，她回忆道：齐先生作为长者，大师级人物，可对当代青年提出的问题，热议话题甚至是爱开的玩笑都饶有兴趣，每次交谈中都会询问这方面情况。这说明先生始终俯身向学，精神永远年轻。

妹妹军利20世纪80年代末曾在北京外国语学院纳忠先生门下攻读博士，纳先生指定她来首都师范大学聆听齐先生的“史学方法”课程。在听课过程中，军利得到先生的具体指导与鼓励，她的博士论文题目即是有关中世纪阿拉伯史学理论。

我们姐妹都十分敬重并由衷感谢齐先生。如今，先生离我们而去。在此我代表我们姐妹共同缅怀先生。高山仰止，景行行止，虽不能至，然心向往之。先生的学术风范，令人敬仰，道德文章，永存人心。永远怀念恩师齐世荣先生！

2016 年元月

# 为学为师的典范：追忆恩师齐世荣先生

梁占军

齐世荣先生是我的授业恩师。自1990年我有幸被先生纳入门下，屈指一算，已逾26载。今年是先生90华诞，原本同门计划搞个聚会给先生祝寿，但谁知年前先生竟因恶疾突然离世……这个噩耗引发的震惊和懵眩，恍惚就在昨天。当时想写些文字寄托哀思，但一时间头绪纷乱，竟不知如何下笔。如今先生诞辰日已近，却无法再见到恩师，每思及此，不禁悲从中来。以往追随先生问学的亲身经历如过电影般历历在目，先生一生为学为师的独特风采亦一一重现眼前。不过限于弟子的眼界，本文只能敬述点滴有关恩师为学为师的故事和自己的感悟，以致纪念。

## 一

我是1990年9月正式成为齐先生的门下弟子的，但对先生的大名却早在上中学时就知道。因为当时我们用的高级中学课本《世界历史》是改革开放后编写的全新教材，齐先生作为世界现代史部分的主要参编者之一名列书中，这可谓是我和先生师生缘分的开始。事实上，我对历史的兴趣始自高中阶段，教我们历史课的林老师是最初的启蒙者，他见多识广，曾介绍说齐先生原来当过中学老师，现在是北京师范学院的教授，很有学问云云。那时我对国内史学界的情况一无所知，但主观上认为能编写全国通用的高中历史教材的人必定是了不起的大历史学家。因此，我在1986年高考时三个志愿都填写了北京师范学院历史系，并最终以全校文科第一的考分如愿以偿。要说本科阶段就有要追随先生求学的心思未免过于夸张，但毕业后继续攻读研究生，争取做一名像先生那样的大学老师的目标还是有的。

经过四年的学习，我在毕业前以连年获得奖学金的优异成绩获得了86级唯一的保送攻读研究生的资格。在选择硕士阶段的专业方向时，我毫不犹豫地选择了齐先生指导的世界现代史。第一次和先生正式见面是在1990年4月的一个下午，在原来的东风楼（现已拆除）四层东侧历史学院的大会议室里，先生对我进行了面试。由于平时见过先生高大威严的样子，又听说过先生对学生的要求极严，因此在等候的时候心中一直忐忑不定。不过，出乎意料的是，见面后先生态度很和蔼，他让我坐在他身旁的沙发上，只是简单地问了我几个问题，如外语什么程度？是否过了六级？课外读过哪些世界现代史方面的书？读外文书速度如何等等，待我一一作答后，先生只是说了句“好，就这样了”便起身离去。令我终生感到幸运的是，通过这次短暂的面试，终蒙先生不弃，获得了忝列门墙的机会。从1990年9月开始，我正式师从先生攻读世界现代史方向的硕士学位，1993年7月毕业后留校工作，先在《首都师范大学学报》编辑部做历史编辑，后于1995年初调回历史系任教。这期间，我报考了先生的博士，经过严格的考试，在1994年又幸运地得以继续跟随先生在职攻读现代国际关系史方向的博士学位，直至1998年毕业。

在长达7—8年的学习过程中，亲耳聆听先生的教诲，学习先生传授的知识、体悟先生治学的方法，通过一件件大事小事，渐渐地对于先生的治学风格有了一些较为深入的了解，先生贯通中西的学识和教书育人的风范也给我留下了难以磨灭的印象。

## 二

先生年轻时曾受教于我国著名历史学家陈寅恪、雷海宗、邵循正、齐思和、翁独健、周一良等诸位先生，老一辈学者贯通中西的史料功底和融会贯通的治史风格对先生影响很大，这首先体现在他独特的授课内容上。当时先生开设了一门名为“史学方法”的专业必修课。记得第一次上课先生就论及陈寅恪等大师的著述及其治史料的经验，并要求我们课后到图书馆去把课堂上提及的著述都借来看，这大大出乎我们的意料。先生强调史料是治史的基础，研究中国史和外国史都一样，必须重视史料学的知识。作为世界史的研究生绝不能只关注外国史而忽视中国史，这不仅是因为中国史是世界史的一部分，而且是因为在中国研究外国史必须立足于为中国服务，不懂中国史就无法进行中西比较。由于世界现代史学科是个很年轻的学科，在研究方法和史料整理方面都还需要完善，中国治史前辈积累的宝贵经验值得认真借鉴。为了帮助我们记全笔记以便课后能够按图索骥，先生的讲稿课后都会留给我们参考一段时间。因此，上述课程的笔记我都记得比较完整，其中引用古今中外资料的丰富程度着实令人敬佩。

伴随先生身边的时光流逝得很快，不知不觉先生已年过八旬。2010年的一天，先生把我叫去家里，指着一摞书和复印资料对我说，他上年纪了，写不动大文章了，这些资料都是他以前收集来的，希望我能够充分利用，写一些有分量的论文。听到先生这么说我心里隐隐地有些感伤，一时不知说什么好，忽然想起当时市面上正流行翻版民国时期的老教材，故灵机一动对先生说，当初听您讲的关于史料学的课印象深刻，那种中西贯通的讲法现在已经鲜有人能做到。能否把讲稿整理出来出版，我相信对后学会有帮助的。先生闻言说，原来的讲稿都有，不过要发表还需要好好补充修改才行。先生说到做到，半年后，便送我一本《首都师范大学学报》2010年第10期，内有《谈小说的史料价值》一文；此后，《谈日记的史料价值》《谈私人信函的史料价值》《略说文字史料的两类：官府文书和私家记载》《谈回忆录类私人文件的史料价值》等文章相继发表，平均一年一篇，直至2014年《史料五讲》一书问世。先生以治世界近现代史闻名于当代，而此书展示了他在中国历史及中国文献方面的深厚功底。此书出版后，得到学界专家的高度好评，用瞿林东先生的话说就是：“论述问题，征引繁富，可谓古今中外，信手拈来，使其所论具有极强的吸引力和说服力。”先生晚年以八十高龄，仍笔耕不辍，历时五年把自己的史料心得流传后人，这种“该罢休时不罢休”的精神永远值得我们学习。

## 三

先生治学的眼界极高，且很重视学以致用。他的著述涉及世界现代史、现代国际关系史、第二次世界大战史、苏联史、史学理论、史学方法、世界通史等多个领域，成果丰硕，见解深刻。尤为难得的是，其著述从来都是针对一些重大学术问题或全局性的实际问题，决不放无的之矢。作为先生的弟子，我平时一直注意收集先生发表的各种文字，先生治学选题的特点给我留下了深刻的印象。

作为经历了激情燃烧岁月的那一代人，先生骨子里饱含着一种高度的社会责任感和历史责任感。因此，他的学术关注和论著指向往往与时代发展的需求高度契合，而非仅仅拘泥于个人的研究兴趣。例如，1985 年第二次世界大战胜利 40 周年之际，第十六届国际历史科学大会在联邦德国的斯图加特召开，先生作为首次参会的中国代表团成员，在大会上作了题为《中国抗日战争在第二次世界大战中的地位和作用》的专题报告，针对西方学界长期忽视第二次世界大战期间中国抗战贡献的实际情况，第一次从世界全局的宏观视角，论述了中国战场的存在及其长期抗战对于牵制和消耗日本侵略者、配合与支援反法西斯同盟国取得最终胜利等方面所做出的实际贡献。这篇论文运用了中日英美等多国第一手史料，论证扎实有力，获得了与会各国学者的重视和好评，其观点至今依然是中国学者有关中国抗战贡献的代表性看法。在我攻读硕士期间，先生曾多次在上课的时候以这篇论文为例，谈及从世界史视角研究中国史的可能性、谈及掌握外语对于运用第一手史料的必要性，特别是国际关系史研究需要多国史料互证的重要性等等，把他的研究成果运用于教学中。

此外，针对苏联解体前后社会上对于十月革命道路选择的混乱认识，先生先后发表了《论有关十月革命的几个问题》《从俄国十月革命到中国社会主义初级阶段——纪念十月革命 80 周年》等文章；针对国家改革开放大国崛起的时代要求，他应邀给中央政治局领导讲课，阐述历史上主要发达国家的崛起之路，先后编写了《世界近现代史干部读本（1500—1945）》《15 世纪以来世界九强的历史演变》《15 世纪以来世界九强兴衰史》（全 2 册）《20 世纪的历史巨变》，主编了《强国兴衰史丛书》《帝国史译丛》系列丛书等，上述种种，充分展示了老一辈历史学家强烈的历史责任感和学以致用的现实关怀。

## 四

在治学方面，先生博学睿智，对自己的要求极为严格，对于学生也一样。他容不得对学问的丝毫懈怠和马虎，对于学生的论文从来都是认真审阅批注，而且常常还要核对引注的原文，发现问题绝不姑息，这一点在同门中是众所周知的。我第一次被先生狠批就是因为硕士论文的标点符号，因此印象极为深刻。事情发生在 1993 年初，我硕士毕业前夕，由于知道先生对于论文的审核极为严格，因此我在撰写硕士毕业论文时非常小心，在资料收集、行文结构、引证规范等各个方面均严格按照先生的要求，生怕在大的问题上有疏漏。不过当时电脑还不普及，因此学生的毕业论文一般都是手写的初稿，我提交先生的论文稿也是自己誊写的，结果恰恰在这里出了问题。记得先生把我叫到办公室，指着桌上的稿子，非常严厉地批评我不认真，其中一句我终生难忘："标点符号都写不好，怎么当研究生！"原来稿纸上所有逗号，我都习惯性地点成了点，先生用红笔圈改了多处，在旁边空白画了个大大的叉，还附上几个大大的惊叹号！

起初我对于先生的批评表面上接受，心里却有点不以为然，觉得有点小题大做。直到后来先生上课期间多次提到"研究历史必须要养成严谨的学风"，"精细认真的习惯有助于培养见微知著的能力"后才有所醒悟。记得他曾在课上就第二次世界大战爆发前签署的《苏德互不侵犯条约》是否附有秘密议定书一事提问我们：在《苏德互不侵犯条约》的秘密议定书未被证实之前，如何从条约本身发现端倪？见我们面面相觑，先生拿出他主编的《世界通史资料选辑》现代部分第一分册，找出条约文本，指着最后一句“本条约签字后立即生效”说：“这句就能说明问题！”因为一般的国际条约签署后并不立即生效，还要等待国会的批准。如《凡尔赛和约》，虽然美国总统威尔逊在巴黎和会期间作为主要缔造者已正式签了字，但最终却因国会没有批准，而在美国没有生效。那么“互不侵犯条约”是否例外呢？先生说他对比了其他同时期的类似条约，都没有立即生效的。这就说明《苏德互不侵犯条约》特别增加的这一句，幕后肯定别有深意：一方面说明时间紧急，有某种重大的需求要求立即生效，另一方面也说明苏德之间就这种重大的需求已经事先达成了完全的一致。事后证明，德国既定的 9 月 1 日进攻波兰的计划和苏德之间关于东欧和波罗的海势力范围的划分达成共识是增加该句的背景。课后我按先生说的一查，果然如此。苏联在战后坚决否认秘密议定书的存在，以致学界对此一直有争论。先生在此事被证实前的 1980 年即将该秘密议定书全文编入《世界通史资料选辑》，附在《苏德互不侵犯条约》之后，显示了其对于历史判断的高度自信和勇气。当时我对先生这种明察秋毫、见微知著的严谨学风便极为钦佩，自己开始指导研究生后，对当初先生“小题大做”的深意又有了更深的体会。时至今日，看到有些学生一而再地犯马虎的错误，我就常常引用自己因标点符号挨先生训斥的故事，告诫学生们养成细致认真的治学习惯的重要性。

但是，跟随先生久了，就会发现先生的批评虽然严厉但往往只是针对犯错误的学生，对于好学、上进的学生则有着更多的帮助和关爱。我在读硕士初期就萌发了想继续跟随恩师学习的想法。当他得知我有意报考他的博士继续深造后，他要求我再选学一门外语，说要想研究国际关系史，只懂英语不够，起码要懂两门，否则无法利用第一手史料进行两国互证。在问清我的意向后，他推荐我到外国语学院法语系插班学习，后来又帮助我联系了一位法语教师进行一对一的指导。这充分体现了一个老师对于自己学生的关爱和支持。

在我硕士毕业留校工作后，先生要求我首先要站稳讲堂、讲好课，其次再读博。在先生的指导下，我先后承担了世界近现代史、世界当代史、第二次世界大战史、世界现代史史料学等本科和研究生课程的教学任务，在教学过程中日益深刻地体悟到了先生所说的教学相长，教学与科研相互促进的乐趣。在这期间，我曾应约为《炎黄春秋》写了一篇《中国放弃日本战争赔款的来龙去脉》的文章，被《新华文摘》全文转载，发表的几篇学术论文也连续被《人大复印资料》全文转载，先生得知后特意把我叫去，说他看了我的文章，写得不错，但离“好”还有距离，要我不要自满，要继续努力。记得当时先生的原话是：“要我说好，还差得远呢。”2006 年起我开始担任历史系科研副主任，2007 年改系建院后又先后担任学院科研副院长和党委书记，这期间先生时常结合自己的经验提醒我，行政会耽误不少时间，要合理安排，不要丢掉了学问，也别脱离教学。先生常说：“一个好（大学）教师应当在教学、科研两方面都做出优秀成绩。”管理工作是为大家服务，只是阶段性的工作，最终还是要回归学术，因此学术研究应该是个人的终身目标。这些叮嘱我谨记在心。

## 五

“将相无种，事在人为”这八个字是先生在首都师范大学建校六十周年纪念大会上对于学校创建初期“白手起家”精神的精辟总结。其实这更是他个人长期治学、管理的经验总结，相对于世界史学科来说尤为贴切。首都师范大学世界史学科今天在国内位居前列，与先生等奠基前辈的这种自信和努力进取是分不开的。

伴随先生身边，时时能感受到他身上所拥有的这种与生俱来的自信与大气，2014 年是首都师范大学建校六十周年，我当时任历史学院党委书记，如何筹备相关活动自然是分内之事，由于前期每年教师节前后都组织摄影展，因此想搞一次书画摄影展。我找到先生，希望他带头做点贡献。先生欣然答应，挥笔写下了八个大字：“将相无种，事在人为”。他对我讲这是他作为首都师范大学创业者的真实感悟。在他任系主任和校长期间，曾经遇到无数困难，但由于心中怀有“王侯将相，宁有种乎”的高度自信，既不盲目迷信权威，也不畏惧困难，而是用扎扎实实地努力工作，推动各项事业的开展。他希望我们在自己的工作中既要对自己有高度的自信心，又要甘于踏踏实实地努力进取。我想，这八个字就是先生在治学方面那种大气和自信的由来。

这种自信和大气，使得先生在面对任何困难，乃至生死考验时都能从容不迫。2015年11月5日傍晚，先生的女儿齐卫华打电话告诉我，先生突发病症，跌倒昏迷，已送中日友好医院急救。这让我觉得非常惊讶，因为尽管先生近年来身体消瘦明显，但每问及他的身体状况，都得到非常乐观的回答。看情况紧急，我立即将情况向学校领导和郝春文院长做了汇报。当晚我和刘新成教授及其夫人王勤榕老师一起赶去医院探望并协助联系床位，半夜方回。次日上午再次到医院，仰卧在病床上的先生已经清醒，看到我脸上微微露出笑容。我担心先生头脑是否清醒，便故意问先生："您知道我是谁吗?"先生似乎看穿了我的心思，顿了一下，微笑着说了两个字："废话。"这是先生对我最后的"训斥"。虽说被批了，但我的心情一下轻松了许多。也许是注意到了我紧张的样子，先生缓缓地挥挥手连说了两遍"这算不了什么"。卫华姐说先生早在一年前就查出了癌症，但当时瞒着没有告诉别人，这次住院也不让惊动别人。以后几天，我先后到上海和台湾出差，只能从电话短信中了解先生的病情。回京后又和师兄王祖茂一起去探望过先生，当时看先生身体虽虚弱但还能说笑，并不时关注新编中学教材的进展情况，精神状态还好。我以为先生可以度过这一劫，至少能坚持三个月到过年。但谁知到了12月3日早上6点58分，竟接到了卫华姐的短信，说先生凌晨6:15去世了！这消息如同晴天霹雳，惊得我很长时间都不知所措，我不敢相信那个睿智自信、笑对病魔的恩师竟然会走得如此突然！

敬爱的恩师永远离开了，离开了他亲身开拓并终身致力的世界史学科，离开了他服务了一生的首都师范大学和历史学院，离开了他始终关心与提携的学界朋友和学生们。作为先生的亲传弟子，把先生毕生积累的治学经验和学术思想传承下去是义不容辞的责任，但总结和提炼先生对于世界史研究的独到心得不是轻而易举的事，那需要后人细致、认真的梳理、体验和领悟方能将之继承与传承下去……我们会努力的，先生放心！

# 齐世荣先生晚年印象

郭岭松

第一次听到齐世荣先生的名字，是拿到北京师范学院录取通知书后，回家的路上。1992 年 8 月某天下午，我骑着自行车飞快地往家跑，快到工厂北门的小桥时，遇到了高三历史老师赵文龙。赵老师毕业于苏州铁道师范学院历史系，得知我被北京师范学院历史系录取了，他很兴奋地拉着我在树底下聊了十来分钟，谈话的中心是北京师范学院历史系有多牛。赵老师重点介绍了两个人，宁可和齐世荣。宁可的名字，好像在哪本书里见到过。齐世荣是何许人也？赵老师说，这是一位非常有名的学者，以世界史研究见长。

那年 9 月初，大概是 5 号或者 6 号，92 级新生入学报到。那天，我去得比较早，走进学校大门时，看到工人正在更换校牌。黑底白字的北京师范学院校牌已经摘了下来，放在地上，同样形状、字体的首都师范大学校牌刚刚挂好，牌子挂得有点歪，工人师傅在一点点调整。当时只瞥了一眼，便急忙奔向新生报到处。报到后没几天，我第一次见到了齐世荣先生。

齐先生以校长、系主任的身份，给我们历史系 92 级新生作了半个小时左右的报告。说实话，究竟讲了些什么一点都不记得了，当时也确实没有认真听，给我留下深刻印象的是：这个身材魁梧的老头子嗓门很大、底气十足，说话瓮声瓮气，看上去凶巴巴的，很有威严，令人难免心中生畏。

大学四年，虽然偶尔在系里见过老人家，但都是远远地望见而已，即使碰了个面对面，老先生大概也不会有跟我这个本科生聊几句的兴致。由于没有过直接接触，首都师范大学历史系这位在学界最著名的老先生，成为同学们之间的遥远传说。大家交换着道听途说来的消息，据说齐先生脾气很大，动不动就瞪着眼睛训人，不少人暗地里叫他“学阀”。有眼界较广、胆子偏大的同学甚至私下议论，齐先生述而不作，没有专著，只凭着几篇文章如何如何。随着毕业、恋爱、考研、就业等这些实际问题的到来，齐先生作为那个遥远的传说，逐渐淡出了同学们的生活。

再次见到齐先生已经是20年以后了，在一家烤鸭店。我夫人鲁静参加工作后又回学校读了齐先生的博士。因之有幸，我与学界大师的晚年人生，有了一段不大不小的交集。

## 听齐先生谈往①

第一眼望过去，齐先生几乎和1992年新生入学大会上没什么两样，嗓门依旧很大，底气仍然十足，只是耳朵有些重听，背驼了。再仔细端详，老人身上当年的霸气和威严还在，但却平添了许多慈祥与淡然。齐先生食欲特好，荤素不忌，尤喜海参，但吃起来颇有节制。那天老人家兴致挺高，顺手拿起我吸的玉溪烟反复看了看（当时北京的公共场所还没有全面控烟），问道：“现在还有‘三五’吗？”我一愣，回答说：“有啊，不过现在吸洋烟的人少了，大部分人都吸国产烟。您也吸吗？”他略带得意、愉快地晃着脑袋：“早戒了，我们那会儿都抽洋烟，‘三五’、万宝路、希尔顿，我都抽过。”从烟又聊起了海参。齐先生说：“海参是个好东西，蛋白质高，口感也好，以前山东馆子最擅长做这个菜，小时候父母带我们下馆子必点海参。”老人谈兴正浓，由此又谈起了许多往事。

**齐先生**：小时候家里来人打麻将我特别高兴，一般他们都是打个通宵。那个时候主人打牌，佣人是有小费的。天快亮了，佣人就会出去买早点，平时买回来的经常是半热不凉温吞吞的油饼、烧饼，可有牌局的时候不同，佣人因为得了小费，很积极，买回来的早点都是刚出锅的，吃起来

① 本部分系根据录音整理，齐先生生前曾过目。

特别香。

**我**：您父亲从政还是经商啊。

**齐先生**：做官儿的。我父亲年轻时家里送他到法国学军事。后来，他去了南方，母亲带着我们在北京。国民党快垮台那会儿，我正在清华大学历史系读书，着实经历过那种恶劣的经济状况。物价飞涨、货币贬值……当时通用的货币就是金圆券，金圆券我可是尝着滋味啦！为了贴补学费，我用业余时间给一个美国研究生做家教，一边给他补习中文，一边给他讲梁启超的文章，因为他的论文是写梁启超，但看不懂梁的文章。最初他都是月底给钱，头一个月是用金圆券给结的工资，我挺乐，立马出去买了一双新皮鞋，到第二个月吧，还是给的金圆券，结果甭说一双皮鞋啦，半双都买不了啦。没办法，我脑筋一转，跟那美国人说你要是打算继续学呢，咱们就改月初发薪吧。他反正是拿美金，马上同意以后月初发薪。

谁承想再过几天呢，没用了，这么做也没用，给这钱也没用啦，国民党又改流通银圆券啦。银圆券表面上说是可以换袁大头，可以换洋钱的，实际上也不能换。像清华大学那些教授，每次发薪带一个大麻袋，装一大麻袋纸币，小了根本装不下。许多教授拿着这一麻袋纸币，赶紧上东单、西单、西四，找专能换洋钱的地方，把这一大麻袋纸币换成两三块的洋钱。如果换晚啦，可糟啦，上午一个价，下午一个价。

那时候当教授唯一值钱的，是什么，像清华、北大的教授，是每人有一袋美国面粉。我有个老师叫邵循正，有一回到他把面领出来了，可是抱不动，他身体弱，走几步就走不动了。我正好路过看见，我说邵老师我给你抱回家吧，就给邵先生把面扛回家，我到现在记得清清楚楚，终生难忘。

有些中学呢，特阔，比大学还阔，就是教会办的中学，像育英、贝满、汇文啦。教会办的中学的老师，一个月能拿到三四袋面。这可值钱啦，这比什么都值钱，又是实物。一直到 1949 年咱们解放军进城，那时候工资是发小米。一般的人工资是每月 300 斤小米。

我是被政府派到一个教会学校当政治教员，那阵教会学校还没改革呢，我工资呢仍然是拿面，给我的是面。育英学校啊，特阔！那时候我是年轻教师，工资最低，每月工资是六袋半美国面粉。好家伙！我 8 月报到，9 月份拿了 13 袋洋面，哎呀！发财啦！我自己留了一半，给我父母拉回去一半，在我们那胡同引起轰动，街坊邻居都看着洋车上有六七袋洋面。我雇的人力车，我坐一辆，另一辆拉面，美国的金豹洋面。街坊都说这齐家的少爷发财啦，给家运回来六七袋洋面。这我都印象深刻，这是 1949 年。那六七袋面一个人吃也吃不完呀，我都给卖了，卖了变成钱啦，拿着钱吃小馆儿啊，北京的馆子换着吃，一顿呢 5 毛钱。哎呀！吃的那简直是……（老头说到这儿手舞足蹈，做兴奋状）5 毛钱。那阵儿像今天咱们吃这个吧，1 块 5 毛钱，绝对到不了两块。你想我那六七袋面换成钱，得怎么个吃法？因为上大学那会儿没吃过，我好馆子换着吃，上东来顺 5 毛钱就够。

那时候爱吃什么呀？爱吃烤肉，就像你们在电影里看过的那样，饭馆弄一个大铁炙子，客人点好了肉，跑堂的给端上来，顺便会给你一双大长筷子，比一般筷子长，这旁边是作料，愿意老一点、嫩一点，你自己来，吃着特别热乎。现在都是服务员给烤好了再端上来，都凉了，根本就不好吃。烤肉馆最特别的是没有座位，全是板凳，客人一只脚踩着板凳，一只脚放地上，没有坐着吃的。那感觉就跟到了水泊梁山似的，大块吃肉大碗喝酒，真叫一个痛快。这要是二十几岁的小伙子，一顿能吃掉一斤半烤肉，当时就 5 毛钱，最多 5 毛。这就是 1949 年、1950 年时候的事，币值还是以万为单位，后来 1 万换 1 块。

那时候育英中学就在灯市口附近，那周围有好多名馆子，东来顺、萃华楼，晚上我们就吃去。我们好多年轻教员当时还都没结婚，整天晚上今儿这馆子，明儿那馆子，就是吃。那时候老师过得比现在好啊！那会儿大学毕业工资比现在高多啦，当然当时全国的大学毕业生可能还没有现在的博士多。哦，我想起来啦，我拿那六七袋面换了 70 万元，相当于现在的人民币 70 块，那时候货币已经稳定啦。就说一般吃个鱼香肉丝吧，也就两毛钱，再要碗饭、要碗汤，顶多也就 5 毛钱，吃得很好。一般的也就 3 毛钱，一菜一汤。你想我一个月挣 70 块，那怎么花呀？很快我工资就涨到 100 块啦。

到 1954 年，我就调到北京师范学院来啦，就给我涨到 100 块啦。好家伙，那100块，富裕！比现在挣1万块富裕！那阵吃得太便宜啦，但那阵儿什么贵呢？手表、自行车贵，比现在贵得多。手表，现在不算什么了，但是五几年的时候至少得攒好几个月的钱才能买得起。

那会儿没人讲究穿，女同志也算上，都不讲究穿，一律都是布衣裳，灰的、蓝的就这俩色儿，样式也很单一，不是列宁服就是中山服。“文化大革命”开始后，1966年，我们学校办过一个资产阶级生活方式展览，就在北京师范学院，有夫妇俩，都是化学系的讲师，被当作腐朽生活的典型。他们腐朽到什么程度呢？之所以被当作典型，就是那个女老师有6件毛衣，那男的有6件衬衣。现在人听了简直不可思议，可在当时来说这可是不得了的事情啊。哎哟，她竟然有6件毛衣呀！那不是腐朽是什么啊。后来这夫妇俩去了香港。我当校长时去香港访问又见到他们了，拿当年的事情当笑话来讲，就因为几件衣服就成了反面典型。现在女同志谁没有十件八件毛衣呀，可能都不止。那天我女儿在德国说给我买衬衣来啦，我老伴说你要那么多干嘛，我说我不是要，有人送我就要呗，她说你得有二三十件衬衣啦，我说是有啦，长袖短袖都加上，这要在当年，6件就“展览”啦。其实也不是没钱买不起，就是那种社会风气。那时候人也有换衬衣的办法，就是夹领。衬衣的领子不是坏了吗，跑到裁缝铺去，就换一个领子，不买新衬衣，当时就流行这个。

我念书那会儿，周围人说的英语都漂亮极啦。我有个老师叫刘崇鋐，后来去了台湾，这个人你们可以好好查查他的材料。美国有个研究生在我们系，他跟我说，那个教授英文说得太漂亮啦！我说你指的是谁，他说有个人，灰白头发，中分……哦，我说你指的是刘教授。他说对，那英语说得忒漂亮啦。他们那一代人，像季羡林他们英语说得都漂亮，现在人不行。

季羡林、钱学森这批老先生走了之后，社会上说中国再也没有大师了。我个人认为，现在教学体制限制了学术研究的发展。比如像陈寅恪先生那一代，即便是三年不发表文章都没人管，你只要有几篇文章在那儿镇着，地位定了的话，你爱什么时候写就什么时候写，即便不写生活也不会受影响。现在的大学教授可不行，你不发文章这也评不上那也评不上。陈寅恪先生一个月工资400块大洋。当时雇一个保姆多少钱？2块5一个月；厨子，6块到8块一个月。20世纪30年代，陈先生那拨教授家里一般都是至少俩保姆。现在你要一个教授雇俩保姆，得多少钱？你要再雇一厨子，这厨子得多少钱？“文化大革命”前我翻译《西方的没落》，拿了900块稿费，就够我过好多日子，那阵的茅台酒是6块5一瓶，茅台啊，6块5一瓶。

当时像什么师大附中啊、育英中学啊、男四中啊，这些学校的老师工资能挣到100块大洋，你要是能在那里教10年书，能买一所小房子。你们没赶上，咱们系有个死了的老师，姓贾，现在活着一百多啦，“文化大革命”前的老师。他在师大附中教了20年以后，就买了一所房子，当然不大，有十二三间。

我岳父在20年代翻译了一本屠格涅夫的《前夜》，在商务印书馆出的，《前夜》很薄啊，稿费拿了400块大洋。那年才二十几岁，他是俄文专修馆毕业（齐先生一口京腔，把俄读成饿，发四声），跟瞿秋白是同学。《前夜》也就这么薄（齐先生边比画边说），那稿费多凶啊！老头特别得意，老说：“我20年代第一次翻译书我拿了400块大洋！”而且最得意的是什么啊？他的长兄啊，也就是我爱人的伯父，把他老婆陪嫁的一所房子给当出去啦，我岳父又用稿费得来的这400块大洋给赎回来啦。

我插了一句，问道：您岳父叫什么名字啊。

**齐先生**：沈颖，编过《俄汉大辞典》。

**我**：那他应该跟刘泽荣认识吧。

**齐先生**：对呀。他跟刘泽荣很熟。刘泽荣这人也不得了，在俄国待过好多年，见过列宁。

我告诉齐先生，当时我手头正在编一本刘泽荣的传记。但是稿子质量一般。

齐先生一听，大感兴趣说：那我得看看呢，你想着回头书出来给我一本。

话题一下子转到了俄文翻译上来。

**齐先生**：上大学时我们学的是英文，俄文是后来我自学的。现在基本上还能看，但是口语肯定不行了。1958 年，我刚三十几岁时翻译过一本俄文书，是苏联一个蒙古史专家写的，这人叫茨拉特金。他这本书叫《蒙古近现代史纲》。第一编讲蒙古近代史，从古代写到十月革命以前；第二编讲蒙古现代史，从十月革命写到 50 年代。第一编史料丰富，第二编价值不大。我翻译的就是第一编。第一编史料丰富，它怎么呢？它利用了俄国档案和中国史料，其中俄国最有价值的是这个档案：《国家中央古代文件档案》，有好多很特别的东西，价值最大，这中国人从来没看过。我这个译本最有价值的在哪呢？我根据中国史料《清朝文献通考》《亲征平定朔漠方略》等等，对原著的某些失误作了注释。这个最能看出当年我们这一代人的功夫，现在啊，就给专研究清史的、蒙古史的，他也注不出来。举个例子啊，我这个译本里面头一个注就是“阿巴海”。当时，我查中国的史料，清史里没有这个阿巴海，费了九牛二虎之力，怎么也查不到这个人是谁。我就去请教我的老师翁独健。他会蒙语，也会满文，元史大家，他给我查出结果，这才知道阿巴海就是皇太极。阿巴海是蒙语里面“兄”的音译，和满语里面的“阿哥”意思差不多，在这本书里专指皇太极。当时翻译完了，我把稿子交到人民出版社准备出版，没想到赶上中苏关系恶化，出版社说这是苏修的东西，我们不能出。结果这稿子一搁就搁了 50 年了。你们都是搞出版的，有机会得把这本书给我出喽。

2014 年春节前后，这部搁浅了 50 年的书稿终于得以成书。把书送去那天，齐先生早早就在门口等着了，老头还特意把三个书柜的下层打开让我看：我提前都把地方腾出来了，你看看放得下吗？看得出，老人家为了却一桩半个世纪的心愿而欣慰不已。我们夫妇在出书过程中协助齐先生做了点儿工作，老人特地送我们 5 本签名本，留作纪念。

此后，我和齐先生的接触逐渐多了起来。当时何兆武的《上学记》出版不久，我和夫人提起，应该跟齐先生说说，抽时间做个口述，出不出书另说，先把资料保存下来。齐先生得知后表示可以，但是不必着急，过两年再说。

言犹在耳，老人家却已驾鹤西行。这件事成了永远的遗憾。

# 齐先生给我开的一次“小灶”

2013 年我出了一本小书，叫《微观记录》。临近元旦的时候，去看望齐先生。行前，犹豫再三到底要不要给老头送一本。先是担心，自己这点儿水平拿出来糊弄糊弄孩子还可以，在齐先生这样的史学大家面前简直不值一提。转念又想，无论怎样，毕竟是自己的一点儿心血，就当新年礼物送给老头吧。谁承想，齐先生在饭桌上就认真翻了起来，边看边说，挺好玩的，有意思，我得好好看看。我抓起手机，用照片把当时齐先生的神态记录下来。

大概是三四天之后，夫人很开心地告诉我，今天下午齐先生来电话说：你那本书他从头到尾看完了，觉得很不错，让你元旦前后找一天时间去趟家里，还要再给你说说。学历史的人送齐先生的书多了，能让他一页不落看完，还要给提提意见，这待遇可不是一般人能享受的，你赶紧去吧。

到齐先生家，老头已经在等我了：你这书不错，但有几处错误我得给你讲讲。桌子上摆着我的那本书，不仅有问题的页码都夹了纸条，而且齐先生还在页眉页脚的空白处做了大量批注。坐下后，他开始逐页给我讲。我用了一条史料，是说钱玄同在给学生上课时，从来不考试，评定成绩的时候按照花名册的顺序从 60 分、61 分开始，如果这门课有 40 个学生选，那名单上最后一个就是 100 分，如果人数超过 40 人，那第 41 个人就又是 60 分了。齐先生批注到：此条有内涵。老头指着这段内容，眉飞色舞地讲了起来，这事儿还有一种说法，就说啊，钱玄同拒绝判卷子，不给学生打分，你说那时候的大学教授多有意思……还有一段材料，是说袁世凯酝酿复辟时，小凤仙问蔡锷为什么要反对帝制，蔡锷回答，现在咱们见面拉拉手就可以啦，一旦恢复帝制，袁做了皇帝，我们就得下跪磕头了，这可怎么受得了。齐先生特别郑重地说：这段材料可就把蔡锷说矮了，不能这么看蔡锷。我说：这是民国某人的回忆。齐先生告诉我，运用口述史料得特别当心，要注意比较、甄别，你可以看看我写的《史料五讲》。我想，这就应该是常说的历史观了吧。非常遗憾的是，当时时间过于仓促，在这个问题上没有来得及进一步向齐先生讨教。

书中有一段文字涉及清代谥法，齐先生给我做了讲解，还特地说：一般人都认为谥号里面“正”字最难得，其实应该“成”在“正”前。说完，随手从桌子底下拿出一套事先准备好的《史记》递给我：这套书送给你。《史记》最后附有《谥法解》，你有时间可以好好读一读。实际上，从2014年前后开始，齐先生就开始有意识地把自己的藏书陆续送给有需要的学生和朋友。因见我对民国史感兴趣，后来他还送给我一套中华书局版13卷本的《顾维钧回忆录》。几年时间，老人家送给我们的藏书大概有几十册。据我所知，有不少老师和同学都得到过齐先生的赠书。当时拿到书光顾高兴了，没有往深处想。等齐先生回归道山后，我才醒悟过来，老人家送书多少有些提前安排后事的意思在里面。大学者洪业从20世纪30年代就开始收集砚台，为此还写过一篇文章，说等自己老了，就准备像老和尚传钵一样，把砚台传给自己的学生，象征着自己的名山事业后继有人。据说，改革开放以后，他请王锺翰代自己把这些砚台分给了在国内的学生。我想齐先生送书可能与洪业送砚台有着同样的初衷。现在，有时候在书房找书，偶尔看到那套《顾维钧回忆录》，心下总会生出一种别样的感触。

接着，齐先生又把书中其他一些错误，一一指给我并做了详细讲解。最后，我请齐先生在书的扉页上给写两句批语，老头拿起桌上的一支圆珠笔，略一思索，便龙飞凤舞地写了几个大字：

阅过。内容颇佳，但还须再做若干修改，修改后可再出一版。

齐世荣

2014年1月2日

我只是一个历史爱好者，一本小小的习作能够得到齐先生这样大学者的点评，可谓与有荣焉。冬日午后阳光，透过齐先生书房的窗子，洒在我们一老一少身上，齐先生面带笑容的慈祥长者模样在我心中永远挥之不去。

告辞出来，齐先生送我到门口，还不忘嘱咐一句：你把我写了字的这本书拿走了，回头想着再给我一本新的。

## 最后一次通电话

2015 年 11 月初的一天中午，我刚进停车场，电话响了，一看是齐先生打来的，赶紧把车停好，按了接听键。话筒里传来熟悉的大嗓门：是郭岭松同志吗？齐先生说，自己新写了一篇大文章，大概有七八万字，让我找个人电脑录入一下。老头反复强调，稿子是手写的，字迹比较潦草，如果录入员不懂历史，很多字可能就认不得，必须要找一个有历史学基础的人。我告诉他，没问题，等稿子写好了就去家里取。老头说，我这篇文章写的基本都是清末民初的，都是一段段特别好玩的小故事，跟你那本书有点类似。说到这儿，老头有些自得地说，当然了，我这个跟你那个可不一样。印象非常深刻，当时听到这句话时，我在电话这边笑了，心里想，好家伙，我跟您老人家怎么比啊。老头在电话那头儿，继续扯着嗓门说道：我给你举个例子啊。慈禧呀，特别地腐败。她每年固定的花费基本上由内务府提供，可不够花的，她还有一项专门收入。崇文门当时是税关，每年的税收不入国库，专门“供内廷脂粉之用”，这笔钱几乎分不到别的嫔妃头上，都归了慈禧啦。崇文门管税的官儿是个肥差，地位也高，正监督由大臣出任，副监督由内务府大臣担任。我敢说，这条史料没几个人知道……稿子我写得差不多了，等写好了我给你们打电话，你们来取就行啦。不着急。再见。挂了电话后，我觉得嗓子有点干。齐先生耳朵不好，跟他说话特别是打电话时必须得大声喊，我曾经和夫人开玩笑说，跟老头说话是个力气活儿。

世事无常。想不到这个电话，竟是此生和齐先生最后一次交流。

大概一周之后，齐先生住进了医院，脑子有些糊涂已经认不得人了。到医院探望时，齐先生正躺在病床上昏睡，稍坐了几分钟，老人醒了过来，看着我们夫妇略怔了一下，便用惯常的大嗓门热情地打着招呼：你们来啦，快坐呀。那一瞬间，心中一喜，老头精神还算健旺，居然认出了我们，但很快就被拽回了现实之中，老头只是出于本能在打着招呼，至于来访者是谁，恐怕早已认不得了。原来，老头在此前已经确诊为癌症。告辞出来之后，心中泛起阵阵酸楚。据齐先生的女公子事后讲，那天我们走后，齐先生就跟她闹着要稿子，家人也不知道他说的是哪篇稿子，连哄带劝，最后拿本杂志塞到他手里，老头才算踏实些，很快又进入昏睡状态。后来，我一直主观地认为：那天，躺在病床上的齐先生多少认出了我们夫妇，他向家人讨要的就是在电话里提起的那篇准备找人录入的有趣的大稿子。

12 月 9 日，寒冷的初冬，我们夫妇到八宝山去送齐先生最后一程。

2016 年即将过去，齐先生离开我们将近一年了。每每想到齐先生，耳边经常会响起那瓮声瓮气的大嗓门：郭岭松同志啊……

逝者已矣，生者如斯，呜呼哀哉。

愿齐先生在天堂快乐、安宁。

补：齐先生在电话里提及的那篇大稿子，是这位史学大家生前最后一篇作品，名字叫作《读史见微录》，已附于《史料五讲（外一种）》由人民出版社于 2016 年 10 月正式出版。

2016 年 11 月 5 日于北京左家庄

# 燃烛照人，不知疲倦

## ——追忆导师齐世荣先生

史林凡

从知先生西去始，记忆的闸门便已开启。一个多月来，无论在讲台上，还是在书桌前，和先生在一起时的点滴记忆总能在不经意间，透过时间的厚幕重帘，渗进我的话语，融入我的笔端。我知道，先生仍活在我心间。

和很多晚辈一样，我对先生的了解也是从吴齐版6卷本《世界史》教材开始的。但在念本科时，学习不得要领，读书不懂章法；只知道牢记具体史实，以求考试取得高分。虽模糊地知道这套《世界史》教材的主编是学界权威，但并不清楚如何从书中获得修齐治平的启示。

经历了硕士阶段的学术启蒙和训练后，2007年3月，我进京参加首都师范大学博士生入学笔试和面试。尽管认真准备了很长时间，但并无多大把握。为了减轻内心的紧张，我给同学开玩笑说："即便考不上，能见见老先生，也算没白跑一趟。"但随后得知，面试安排在晚上进行，七点钟开始。我当时想，先生已米寿在望，可能不会参加了吧。

吃罢晚饭，我无处可去，便提前40分钟赶到了文科楼408会议室外，但没想到先生已经坐在那里了，竟比我们这些年轻人还早，且会议室里只有他一个人。紧张加上激动，恍惚间，面试就开始了。梁占军老师主持，测试完口语后，又让我口译了一段英文材料。接着，徐蓝老师询问了我的研究兴趣和知识储备。先生看出来我紧张，便笑道："问你个简单的，你说说自己对全球史观的理解和看法，读过哪些相关的书？"这是一道送分题呀！报考首都师范大学的世界史专业，怎会不关注全球史观及相关研究？我顿时放松下来，“关公面前耍大刀”，以致徐老师提醒我注意时间。面试结束后，一个威严但和蔼的前辈形象便留在了心里。

2007 年 9 月入学后不久，我接到学院办公室电话，说先生叫我中午到他家里去一趟。一进门，他吩咐我坐下后，详细问了我的读博打算。听完陈述，先生指示我尽快补上知识结构上的短板，扩大学术视野，高度重视原始史料的发掘和利用。他说自己年纪大了，无法亲自给我上课，便列出了徐蓝老师给研究生开设的课程，叫我务必去听；若遇到生活上的困难，他叫我直接找梁占军老师帮助解决，因为他已和梁老师提过了。对于首次进京求学但人地两生的我而言，先生的关爱让我非常感激。谈话结束前，先生到书房挑选了一些资料送给我，让我回去认真读读。

2006 年 10 月齐先生八十寿辰时，《首都师范大学学报（社会科学版）》第 5 期曾刊载张宏毅先生评介齐先生学术成就的专稿和邹兆辰先生对齐先生的访谈。除了这两篇文章，先生又赠我《齐世荣史学文集》和《20 世纪的历史巨变》，用意很明显，即学习他做学问和写文章的方法，但愚钝的我直到今天才明白先生的另外一层用意：若想全面了解先生的史学成就，应该把评介先生的文字和先生自己的文字结合起来读；若想沿着先生的足迹继续走下去，应该把先生的史学思想、治学实践和中国世界史学科未来的发展结合起来看。

欲成大器，必先大气。在接下来我与先生的交往中，这种感悟日益强烈。先生所赠资料中还有章百家和牛军两位学者主编的《冷战与中国》，这是提醒我关注 20 世纪国际关系史的研究热点。由于硕士阶段主要研习的是第二次世界大战后的英国史，我在读《冷战与中国》时，曾一度想把博士学位论文的选题定在冷战史方面。但 2008 年秋天，在徐蓝老师精彩而富有启发性的课堂上，我被两次世界大战之间的国际关系史深深地吸引，以至想继续研究英国绥靖政策。当时的考虑有两点。一方面，齐先生和徐老师等前辈已耕耘多年，硕果累累，又有历史系资料室里丰富的档案可以利用；另一方面，我也想挑战一下自己，看“站在巨人的肩膀上”，能否有新的发现。不过，重新选题使我在时间上已经很紧张了。

我给先生打电话，简单讲了想法。先生听完，在电话里未置可否，约我到文科楼 408 会议室再谈。待到那天下午约定的时间，我才知道先生已在那里给本科生做了一个半小时的讲座。我赶紧端了杯热茶，请先生休息一下再听我汇报。但他摆摆手，说："老题新做不容易，任务艰巨，赶紧说吧。"学生的需求被先生如此看重，着实让人感动。先生高寿，不辞辛劳，又实在让人心疼。

先生的鼓励和建议增强了我的信心，有效地帮我解决了博士学位论文创新上的困难。不过，最大的困难是时间不够用，因为离提交答辩论文只剩 13 个月了。2010 年春，我赶在截止日期前敲下最后一个字符，却做了一个相反的决定：推迟一年答辩和毕业。当我拿着延期申请表和论文到先生家里时，先生让我把它们放下，等他看完论文后再来。大概一星期后，我再次到先生家。他肯定了我的创新，也提出了不少修改意见。不过，我发现先生尚未在延期申请表上的导师意见栏里签字。先生看我疑惑，就问我为何要延期。我回答说："论文写得仓促，还得仔细改。另外，找工作又太耗时间。"听我如此讲，先生笑了，拿着申请表到书房里签了字。随后，我把延期申请表交到了办公室，碰到了梁占军老师。他也支持我的决定。等电梯下楼时，我盯着院训看了许久。"敬畏学术，追求卓越"，这或许就是"齐家军"的组织纪律吧！当你遵守它时，非但不觉得束缚，反而获得了更多自由。现在想来，延期一年，能更多地向先生和历史系其他前辈请教，是我的福分。

时间转眼到了 2011 年 5 月 25 日，我参加博士学位论文答辩的日子。5 月底的北京已是夏日炎炎，先生却穿着厚厚的西服来到了文科楼 408 会议室。姚百慧师兄私下告诉我，先生感冒了。四年前，入学面试时，他坐在我对面较远的地方，都能听清我在说什么；而四年后，毕业答辩时，我坐在他侧面三把椅子的距离上，他都要求我讲话大声些。四年来，先生于耄耋之年燃烛照人，不知疲倦。文科楼 408 会议室见证了这一点。

四年前，入学面试时，因梁老师和徐老师的提问，我过分紧张，而先生的和蔼让我"原形毕露"。4 年后，毕业答辩时，因外校专家的肯定，我有些得意，而先生的严谨又将我"打回原形"。等答辩委员会主席和委员们评议完，先生作为导师便对我"发难"了。他让我讲讲英国军事理论家利德尔·哈特的生平和霍布斯鲍姆所著《极端的年代》中文版的翻译问题，因为我在论文中提到了他们。我一下子蒙了。关于利德尔·哈特的生平，我只在徐老师的课上听到过一些；关于《极端的年代》，我并没有对照过英文原版。没想到答辩会上，当着外校专家的面，先生不顾感冒不护短，讲了十多分钟，给我上了一堂终生难忘的课。之所以难忘，不仅因为自己羞愧难当，还因为先生在我即将完成学业时，用这种“无情”的方式让我铭记严谨治学的重要性。《论语·述而》有言：“不愤不启，不悱不发。举一隅不以三隅反，则不复也。”先生深谙此理，在我面红耳赤之时进行启发，使我受益至今。

到内蒙古大学工作后，我时常想起2010年冬天在首都师范大学举办的世界史精品课程研讨会上先生语重心长地告诫，其大意是先要把书教好，多做些教学相长的事情，少写些心浮气躁的文章，青年教师尤当如此。近年回京参加学术会议时，我也总能见到先生。会前会中，每次向先生问安的机会都很难得，他常对我强调要教好书。在目前高校普遍以科研为主导的评价机制中，先生的话可谓用心良苦。因此，每当单位领导和同事称我为先生的关门弟子时，我都笑而不语，惶恐多过自豪。一则先生的学问博大精深，哪里是我能在四年中完全领悟的？二则先生折枝成林，身后郁郁葱葱，门前桃李芬芳，都以先生为楷模，岂是关门弟子一人能代表的？三则先生言传身教，孜孜以求我国世界史学科进一步发展壮大，有志于此的晚辈哪一个不能研读先生的等身著作、以他为导师呢？

先生走好，学生会继续践行您教的点滴！

# 怀念我的父亲齐世荣

齐卫华

2015 年 12 月 3 日凌晨，父亲永远地离开了，享年 89 岁。

之后常在梦里相见。前些日子梦到他从一十字路口朝我走来，问我他的书怎么样了？又说这段时间确实写得有点累，打算好好休息一阵。

最近父亲的遗稿在他九十诞辰之前出版。我想他应该放心了。

父亲一辈子笔耕不辍，读书写作和吃饭睡觉一样，是生活中不可缺少的部分。他晚年常自豪地说脑子还很好使，思路清晰，写东西依然很快。突然发病住院后，他一醒来就翻来覆去地向我们要稿子。当天正赶上学报编辑把父亲要发表的文章校样送来，我拿到病床前让他过目，可惜他已经无法签字，只好由我代签了。

小时候我对父亲的印象是位严父，发起脾气来吓人，大笑起来感人。看到最多的是他伏案写作的样子。家里有个写字台，台面上尽是他的字痕，刀刻似的。我曾笑言，这回知道什么叫“力透纸背”了。那个年代没有电脑，修改文章的时候，父亲把改好的部分在另一张稿纸上重新写过，再剪下来贴在原稿上。只要听到他那边梆梆敲桌子的声音，就知道他又在贴稿子了。动静儿跟剁白菜似的。声音一停，母亲就玩笑说，一板子白菜剁熟了。

长大后听过父亲的课，觉得他挺适合当教师。有学问有口才，声音洪亮。作为老师他教学认真，对学生要求很严格，作为学生他非常尊师，我见到他晚年时对老师辈的人依旧毕恭毕敬，像个小学生。他常提起自己年少时数学考了 0 分，但因为英文和国文很好被清华中学校长破格录取的事。说没有这位先生，他恐怕很难顺利考入清华大学。他也常感叹那个年代的各位名师学问之深，当今学者难以企及。

父亲平时爱读书，爱买书。年老时腿脚不方便，就列出书名让外孙女在网上购买。他也勤于赠书，尤其在晚年送出了大量藏书。每次他来学校，都让我准备小黄条（即时贴），然后选出相关的书籍，写好被赠人的名字贴在封面。我想有不少人都收到过他贴着小黄条的赠书。面对越来越浮躁的社会风气，他希望能有人踏踏实实做学问。常听他叮嘱学生，千万不要丢了业务。记得他说，小时候刚学会用“白驹过隙”形容时间的时候，觉得很得意，后来真是体会到了时光如白驹过隙。他说，可惜自己精力最旺盛的年纪被各种政治运动耽误了，当今的社会环境和研究条件好了很多，年青一代应该利用现在的优越条件取得更大成绩。晚年他越发对学生们寄予厚望。记得有一次他对来家的学生说，这个题目你可以考虑写。我本来打算自己写的，现在写不动了，据我了解国内还没有人写过。有学生讲，齐先生一来系里，大家就说“开题了”。对一心向学的业余作者和喜欢文史的中小学生他也积极鼓励，赠书，帮他们看文章，提建议。一个业余作者说，齐先生学问渊博，对不同领域的问题都很有见解，没有架子，会说“向你请教”。他感叹真正有底气的人，才会如此谦虚。

父亲是个刚正不阿，喜怒形于色的性情中人。他重义爱才讲原则。待人坦诚率真。我听过他在家人、同事面前称赞好友的道德文章，也见过他直言不讳地对老友说出自己的不同意见。我知道他在恩师、好友去世后，依旧尽己所能继续照顾其家人。也了解他爱打抱不平，常不计个人得失仗义执言。他没有门户之见，热情帮助、提拔有才华的人，即便是整过他的人他也不计前嫌。对他认为不合规矩的事，就算亲朋好友也不网开一面。

父亲很有志气。记得当年粉碎“四人帮”的消息传来，他在家中异常兴奋地朗诵“老骥伏枥，志在千里。烈士暮年，壮心不已”的诗句，恢复工作后越发勤奋，成绩斐然。曾有不少名校邀请他前去任教，但他始终没有离开与同事们一道“白手起家”创办起来的首都师范大学，并为之付出了大量心血，他自信“将相无种，事在人为”。首都师范大学世界史学科今天在国内位居前列，与父亲和同事们的努力是分不开的。

晚年他在家的时间长了，人也随和了不少，我更多地看到了他幽默风趣的一面，感觉他越来越像个老小孩儿。他拿出《蜀山剑侠传》当作枕边书之一，说这是小时候最喜欢看的。他最大的爱好是围棋，后来老棋友们相继去世，他也不再下棋，但依然喜欢看棋谱，围棋杂志每期必买。茶余饭后，他常讲些趣闻和掌故，也让我们帮他上网看国内外新闻。周末，他会招呼全家打麻将，主动下厨房帮助清洗碗筷。最常干的家务就是洗衣服，尽管他说看见各种按钮就晕，只会用洗衣机的标准档。衬衣不熨是不会穿出门的。即使腿脚不便拄上了拐杖，仍旧保持着“笔挺”的形象。他喜欢美食，从老字号到新馆子都去。爱看欧美老电影，也看新国产剧，虽然经常一边换台，一边评论：“瞎编。”他兴奋时天南地北地海聊，思维敏捷精神十足。听学生说，稍不留神就跟不上齐先生的思路。他重视传统也关心新事物，和小辈没有明显代沟。我常跟朋友们说，我老爸比我时髦。

母亲在世的时候，里里外外一把手，对父亲永远包容。父亲在家更像个被宠的大孩子。母亲去世后他懂事了许多，曾在日记里写道：一定好好保重身体，不给子女添麻烦。以前他稍有不舒服就煞有介事地向家人宣布：“我一定酝酿着一场大病”。这时候我常说：你向我妈学习学习，人家心态多好。他也老实承认“我连你妈一半都不如”。这回他真的被查出大病倒显得很平静，起居如常，照样写文章。他仍习惯用传统的稿纸写作，修改时还是用胶水粘贴，只是“剁白菜”的声音已不似从前响亮。他有时候也说：“这文儿写完就不写了。”可他一直没有停笔。后来不得不坐上了他最不愿意看到的轮椅，让保姆推着还去打印稿件。

父亲很要强，发病住院的时候身体虽然不能动，说话底气依旧挺足。也许是不愿意别人看到他躺在病床上的样子，醒来就催着我们离开，说他没事。没想到病情急转直下。他去世前的两天基本都在睡，偶尔睁开眼睛已经不再说话，只是看着身边的人微笑，安静、温和。父亲肤色一直很好，也没有老斑。此时本来就很浅的皱纹也几乎消失了。病房中我轻轻抚摸着他的额头，仿佛看到了那个想成为剑仙的大男孩。愿他好梦。

追悼会上有那么多人来为父亲送行，他的在天之灵也该欣慰了。白色百合花丛中的他，面容清秀而安详。我对他说：“老爸，你真漂亮。”

# 下

# 胸中自有一部世界史
## ——齐世荣教授谈世界史研究*

张宏毅
北京师范大学历史系

齐世荣教授是我国著名学者，现任首都师范大学历史系教授并担任名誉校长。齐先生还是国务院学位委员会历史学科评议组的成员，中国社会科学院世界历史研究所学术委员会学术委员，中国历史学会副会长和中国世界近现代史研究会会长。齐先生学问渊博，学贯中西，在现代国际关系史、世界现代史和史学方法方面都有深入的研究和独到的见地。齐先生治学严谨，既注重基础理论的研究和探讨，又注意对国内外最新学术动态的追踪和把握；既注重对历史的宏观概括，又不放过对重要史料的考证。对年青一代本科生、研究生和史学工作者的培养，一向坚持高标准、严要求。我受白寿彝教授和《史学史研究》编辑部之托，于1994年3月31日专访了齐先生。话题首先从齐先生的经历和如何走上历史教学和研究的道路谈起。

**齐先生**：我1926年出生在江苏连云港，很小的时候来到北京。我初中是在北京念的。当时因痛恨日本帝国主义，不愿当亡国奴，由北京跟着亲戚到了四川。高中在重庆清华中学。这个学校的教学质量很高，对学生要求十分严格，给我打下了扎实的基础。大学阶段，上了两所大学，前两年在燕京大学，后两年在清华大学，读的都是历史系，1949年毕业。当时燕京大学历史系有一些名教授，如邓之诚先生、齐思和先生、翁独健先

---

* 原文载于《史学史研究》1994年第3期。

生等。清华大学历史系的名教授更多，如陈寅恪先生、雷海宗先生、刘崇鋐先生、邵循正先生、孙毓棠先生、吴晗先生、周一良先生等。这些老师学识专精，其中一些还可称是学贯中西。如陈寅恪先生曾留学德、法、美等国，会多种文字，虽然专搞中国史，但对西洋文化的了解，也是很深的。清华大学历史系的学风是强调中西贯通，这对我一生的影响是很大的。

我毕业以后，最初分到北京育英中学（今第二十五中学），教高三世界史和政治课。1954 年调入北京师范学院（今首都师范大学），一干就是 40 年，主要教世界现代史、现代国际关系史和史学方法几门课程。我近些年的研究对象主要是两次世界大战之间的国际关系，当然其他问题也兼搞一些。

**张宏毅**：由吴于廑先生和您主编的、国家教委重点高等学校教材 6 卷本《世界史》，目前已经出版了近代史编上下卷，古代史编上下卷即将面世，现代史编上下卷也即将付印，在这一大工程基本告一段落之际，请您谈谈参与主持这部通史以及对世界史研究的一些想法。

**齐先生**：首先，我想谈谈世界史这门学问。实际上，世界史之成为古老的历史学中一门自成体系的、独立的分支学科，严格说来，是从 20 世纪五六十年代开始的。这个道理并不复杂，因为正如马克思在《〈政治经济学批判〉导言》中所说：“世界史不是过去一直存在的，作为世界史的历史是结果。”人类历史是从原始、孤立、分散的人群最终走向全球一体化的过程。无疑，历史学也是先有国别史、地区史，最后才有世界史。

历史学家开始自觉地意识到需要撰写世界历史并且写出近代意义上第一部世界通史的，是 18 世纪法国启蒙思想家伏尔泰。他的那部著作是《论各民族的风格与精神》（全书于 1757 年问世）。为什么到 18 世纪才产生这样一部著作呢？我们知道，人类进入 15 世纪、16 世纪以后，发生了重大的历史变化。地理大发现以及由它直接诱发的商业革命和西欧诸国的海外殖民扩张，对于西欧国家的资本主义工业化起了最有力的催化作用。近代资本主义大工业的出现，创造了世界市场，从而“首次开创了世界历史，因为它使每个文明国家以及这些国家中的每一个人的需要的满足都依赖于整个世界，因为它消灭了以往各国自然形成的闭关自守的状态。”① 这一系列重大历史事件使得人类历史开始走向了一体化的过程，一部真正近代意义的世界史此时也就应运而生。

但是，更严格意义上的世界史是从第二次世界大战以后才开始的。这是因为，人类进入 20 世纪，特别是第二次世界大战以后，世界才在经济、政治、文化各个方面日益密切联系成为一个整体，世界史的撰写到这时才成为时代的迫切需要。我们中国的情况当然也跟这个趋势一样，世界史也是第二次世界大战以后，确切地讲是 1949 年以后才有的。在这以前，真正研究世界通史，在大学里教世界通史，是不可能的。特别是，1949 年以前的中国是一个半殖民地半封建社会的国家，那时的中国史学家没有条件研究世界通史。

世界通史或者叫全球通史这门学问，无论在中国，还是就世界范围看，相当长时间内都不受专业历史学家的重视。他们认为世界通史的内容“太空泛”，难以把握，不能成为一门学问。挑一个国别史或者在国别史里再挑一段或若干专题进行研究，写出来的东西才是“高、精、尖”。其实，他们心里怕的是：由于世界通史范围太广，必须大量利用别人研究的成果，写出来的东西难免“硬伤”累累，受专家讥笑。因此，正如威尔斯在《世界史纲》的“导言”中所说的那样：“现今的历史学者大多是学究气十足的人，他们唯恐有微小的错误，而宁可使历史互不连贯，他们害怕写错一个日期，遗人笑柄，甚至于害怕作出可以争论的错误评价。从他们那里可以得到的只是积累起来的资料，而不是装配和聚集好了的成品。”

其次，我想谈谈世界通史这门学问的重要性。因为今天人们生活在 20 世纪 90 年代，眼看就要进入 21 世纪。现在是全球经济、全球政治、全球文化的时代，整个世界已连成一体。如果我们对整个世界没有一个总体的看法，那么我们就无法生存。不能说中国人就知道中国的事，美国人就知道美国的事就行了。从一个国家来讲，它没法治理，从一个人来讲，他就不是一个合格的 21 世纪的公民。整个世界已经打成一片，而你却对

---

① 《马克思恩格斯选集》第 1 卷，人民出版社 2012 年版，第 194 页。

世界茫无所知，不管你从事何种职业，都是不行的。关于世界通史的重要性，今天已成为世界多数历史学家的共识。英国著名史学家巴勒克拉夫说：“每一时代都需要它自己对过去的看法，在今天这个全球政治和全球文化的时代，则需要对历史的全球看法。”① 另一位史学家丹斯从不了解世界历史的恶果的角度讲道：“只要每一民族对其他各民族的基本理想和文化依然一无所知，灾难将永远像现在这样就在附近。”② 麦克尼尔也持同样的看法：“当美国人到处与其他民族的人们日益密切、日益持续不断地相互作用时，了解那些我们与之共占地球表面的其他民族的重要性，是不言自明的……对其他民族的人们茫无所知，将付出越来越高昂的代价。”③

还在两次世界大战期间，已出版了一批世界通史著作，它们竭力跳出“局限于西方世界”的窠臼而把世界作为一个整体来对待。最具代表性的当称非职业历史学家威尔斯撰写的《世界史纲》。从 20 世纪五六十年代到今天，各国学者更加致力于编写真正能够反映全人类成就的世界史。已经出版的集体著作有联合国教科文组织编写的 6 卷本《人类史》、G. 曼恩主编的新版 10 卷本《世界史指南》（柏林 1960—1966 年出版）、M. 克鲁泽主编 7 卷本《文明通史》（巴黎 1953—1957 年出版）、苏联科学院主编的 10 卷本《世界通史》（莫斯科 1955—1965 年出版）等。还有不少是个人编写的。

关于我国的情况刚才提到了，跟世界一样，世界史这门学问是近几十年来才建立起来的。世界史研究自 20 世纪 50 年代以来，特别是打倒“四人帮”以来进展很快。我在《历史研究》1994 年第 1 期上发表的一篇文章《我国世界史学科的发展历史及前景》，谈到了这些年来我国世界史研究的状况，可以说有了突飞猛进的发展。

第三，我想谈谈我国世界通史的研究、编写状况。其中较重要者有周

---

① ［英］杰弗里·巴勒克拉夫：《世界史》，参见 H.P.R. 芬贝格编：《探索历史》，伦敦，1962 年版，第 108 页。

② ［英］E.H. 丹斯：《导入歧途的历史学：对偏见的研究》，伦敦，1960 年版，第 48 页。

③ ［美］威廉·H. 麦克尼尔：《人类社会史：从史前到今天》，新泽西，1987 年第 2 版说明。

谷城的《世界通史》(1949 年出版)、周一良，吴于廑主编的《世界通史》(1962 年出版) 等书。周谷城著反对以欧洲为中心，主张从全局来考察世界历史，具有开拓性的价值。周吴本是中华人民共和国成立以来第一部综合性的世界史著作，它从马克思主义基本原理出发，比较系统地叙述了整个世界从人类起源到第一次世界大战结束的历史，体现了中国学者当时对世界史的认识和研究水平。当时各大学几乎都采用这部书。这部书起了很大作用，教育了整整一代人。缺点是限于历史条件，还未能完全摆脱苏联 10 卷本《世界通史》的框架。比方说，按苏联传统说法，该书近代史以巴黎公社为界划分前后两个时期，前期是所谓资本主义上升时期，后期是所谓资本主义衰落时期。今天看来不是这么回事了。因为资本主义实际上在 19 世纪七八十年代还有很大发展，如美国、德国经济大发展恰恰在巴黎公社革命以后。所以说那时资本主义就走下坡路了，显然不符合历史事实。

后来，吴于廑先生对世界史作了专门的研究，提出了一系列看法。具体体现在吴先生撰写的《大百科全书·世界史卷》的大条目上。再后来，国家教委委托吴先生和我主编一套新的《世界通史》。吴先生是主帅，我是他的副手。这个书现在已经出了近代史编上下卷，是 1993 年出的。古代史编上下卷两本 1994 年夏有望出版。现代史编现代史和当代史两本现已基本完成，估计 1995 年 7 月也可出版。这套书各分卷的主编对该段历史都很有研究。古代史卷由刘家和教授和王敦书教授主编，中古史卷由马克垚教授和朱寰教授主编，近代史卷由刘祚昌教授和王觉非教授主编，现代史卷和当代史卷由我和彭树智教授主编。这套书有一些新的地方。从体系上讲，打破了苏联的很多框框，也体现了中国学者这几十年自己的研究成果。比方说，近代史从 1600 年起作为开端。这可以从马克思主义经典著作中找到根据，而且也是完全符合历史实际的。因为地理大发现、商业革命、文艺复兴和宗教改革这一系列事件实际构成了近代史开端，即人类终于走上了近代化道路。过去近代史以英国资产阶级革命为开端，道理是不充分的。再比如，现代史不是以十月革命而是以 20 世纪初作为开端。因为正如列宁所说，19 世纪末 20 世纪初是人类跨入帝国主义时代的开始时期，从经济上讲，这是一个重大的变化。从政治上讲，20 世纪有了巨大变化。过去的 19 世纪是所谓欧洲人的世纪。进入 20 世纪后，出现了两个新的世界级的大国，即亚洲的日本，美洲的美国。整个世界政治格局变化了，欧洲人发号施令统治世界的局面一去不复返了。此外，亚洲的觉醒等也出现在 20 世纪初。所以，以 20 世纪初作为现代史的开端比拿十月革命作为开端更为妥当。总之，这套书摆脱了苏联的世界史体系的影响，在很多具体内容上都有我国学者自己的研究成果。这是第一个特点。再一个特点是，把中国作为世界的一个部分写进去了。这并不是简单地把中国历史的有关部分压缩进去就完事了，而是把中国历史放到整个世界中去看。还有一点，关于科技、文化、社会生活等方面，过去我们世界史教材中比较薄弱的环节，在这部书里都增添了相关的内容。

**张宏毅**：齐先生您研究世界现代史已经四十多年了，一定有许多思考，请您就世界现代史研究谈谈。

**齐先生**：我们认为，“现代”指的大约是从 20 世纪初到今天这一段时间。20 世纪是人类历史的一个特殊阶段。这个阶段的主要特征是世界在政治、经济、文化各个方面联系成为一个息息相关而又充满矛盾的整体，或概括地说，全球的一体化。

前面已经提到，19 世纪是欧洲支配世界的世纪。进入 20 世纪后，国际政治发生了重大变化。因英德争霸而引起的第一次世界大战削弱了欧洲，成为它由盛转衰的分水岭。1917 年爆发的俄国革命震撼了世界，打破了资本主义的一统天下，建立了人类历史上第一个社会主义国家。第二次世界大战以后，社会主义越出一国范围，帝国主义殖民体系瓦解，第三世界蓬勃兴起，这一系列的重大事件从根本上改变了国际格局。80 年代末以来，世界局势进一步发生了深刻而剧烈的变化。美、苏两个超级大国争霸的两极格局已经结束，世界正朝着多极化方向发展。今天，任何一个大国，不管它有多么强大，要想独霸世界，对其他国家发号施令，都是办不到的。在经济方面，生产和资本国际化、一体化、集团化的趋势日益加强。现在，发达国家之间、发达国家与发展中国家之间，以及某种程度发展中国家之间，既存在着种种矛盾，又存在着千丝万缕的联系。任何一个国家都要依靠国际市场，闭关自守是死路一条。在文化方面，由于现代化交通、通信、印刷等工具的出现，文化交流的规模和速度都达到了惊人的程度，从而开阔了人们的眼界，增进了互相之间的了解。另一方面，不同体系的意识形态也互相渗透、互相斗争，但总的趋势是人们越来越认识到意识形态的分歧不应影响国家之间的和平共处。总之，20 世纪的确是人类历史的一个相对独立的阶段，有其自己的显著特点，因此应当建立一门以这个阶段为特殊研究对象的学科，即世界现代史。如前面所说，世界的一体化虽然萌芽于 15、16 世纪，但最终形成于 20 世纪。因此从这个意义上讲，世界史就是现代史。反过来看，现代史只有用全球一体化眼光才能认清它的特质，因此从这个意义上讲，现代史就是世界史。

对于世界现代史，在很长时间内许多专业历史学家都不承认它，轻视它。他们认为，“现代”与“史”这两个概念是互相矛盾的。“现代”不成其为“史”，只能属于政治、时事的研究对象。这是一种根深蒂固的偏见。西方打破这种偏见比我们早。第二次世界大战后，西方一些大历史学家开始撰写世界现代史的著作。如 D. 汤姆森主编的《新编剑桥近代史》第 12 卷（1960 年版），D . C. 瓦特、F. 斯潘塞和 N. 布朗三人合著的《二十世纪史》（1967 年版），D. 汤姆森写的《世界史，1914—1969 年》（1964 年版），S.C. 伊斯顿写的《1945 年以来的世界史》（1968 年版）等等。还有一些学者从理论上对现代史做了探讨，例如，巴勒克拉夫的《现代史导论》（纽约 1964 年版），就是一本很有分量的著作。

国际史学界的这种新趋势是符合时代要求的。研究世界现代史确实有重大的意义。第一，在世界一体化的时代，任何一个国家要立足世界，都不能闭关自守，都必须了解世界，既要了解世界的今天，也要了解世界的过去，特别是距今天最近的 20 世纪的历史，即世界现代史。在这样一个各国息息相关的时代，中国当然不能再走闭关自守的老路。在这一点上，我们老祖宗是吃过苦头的。面向世界的中国，在同外国交往时，在向外国借鉴时，必须知己知彼，才能做到“洋为中用”。例如，我们在实现四个现代化的过程中，不能只停留于了解资本主义发达国家的现状，还必须深入了解它们现代化的全部历史，研究其正反两方面的经验。我们要建立有中国特色的社会主义就有必要研究当年苏联革命和建设的经验与教训。不能因为苏联今天解体了，就说它没有成功的地方。当然，它的解体，说明有很大的失误。对于这些失误，我们应当怎样避免？这些都需要研究世界现代史。第二，研究世界现代史，为研究世界近代史、世界古代史提供了一把钥匙。马克思有一段名言是大家所熟悉的。他说："人体解剖对于猴体解剖是一把钥匙。反过来说，低等动物身上表露的高等动物的征兆，反而只有在高等动物本身已被认识之后才能理解。因此，资产阶级经济为古代经济等等提供了钥匙。"① 法国年鉴学派史学家布洛赫也说："历史感的培养并非总是局限于历史本身，有关当今的知识往往能以一定的方式更为直接地帮助我们了解过去。"② 今天，许多资产阶级历史学家对人类前途丧失了信心。但是，我们如果通过现在对人类的过去有一个贯穿古今的了解，就会发现：无论如何，人类历史是一个不断进步的过程。从原始、孤立、分散的人群发展为全世界成一密切联系的整体，从原始社会发展为资本主义社会和社会主义社会，人类毕竟是在前进的，虽然前进的道路是曲折的，有时看来似乎是停顿的，甚至是倒退的。研究历史，可以增强人们对世界前景的信心。

**张宏毅**：许多人都不愿意研究现代史，对世界现代史尤其怕，觉得困难太多。您对这个问题是怎样看的？

**齐先生**：研究现代史，包括世界现代史，确实有很多困难，但也有有利条件，看不到有利条件，也是不对的。

第一，研究世界现代史，有大量的史料可看。过去人们总以为，研究现代史，看不到原始资料，这其实是一种误解。首先，学者今天有档案可以利用。许多国家的档案保密期限都趋向于缩短。英国、美国、法国、加拿大等国的档案，30 年后就解密了。此外，还出版了大量的文件汇编以及个人回忆录、日记、书信等等。总之，世界现代史的原始资料不是太少，而是太多，多到令史学家望而生畏的地步。仅以同盟国在 1945 年虏

---

① 《马克思恩格斯选集》第 2 卷，人民出版社 2012 年版，第 705 页。

② 马克·布洛赫：《历史学家的技艺》，上海社会科学院出版社 1992 年版，第 36—37 页。

获的德国外交部1880—1936年的档案为例，就有40吨之重！再如，保存在美国弗吉尼亚州亚历山德里亚的德国国防军以及德国政府其他机关的档案（原件已归还西德，但均已由美方制成缩微胶卷），数量极多，如无指导，根本无法阅读。后来由美国历史协会组织编了一套详细的《德国档案指南》目录，单是目录从1958年开始出版到1991年已有84卷问世。所以，面对如此丰富的甚至庞杂的史料，史学家即使选择一个范围相当狭窄的题目，要把有关这个题目的史料看完，也是办不到的。

那么，出路何在呢？关键在于史学家应努力提高自己的理论水平，具有从史料库中选择最有价值部分的能力。

第二，由于作者与所论述的问题有直接或间接的关系，涉及国家、民族、阶级、集团或个人的荣辱利害，难以做到公正客观。这是撰写现代史的不利条件。但从另一角度看，也有优势。现代史的作者对时代精神、对具体事件和人物，能有较深的领会，写出来的东西可能更符合历史真相。许多伟大的历史著作都属于现代史的范畴。古希腊希罗多德的《历史》、修昔底德的《伯罗奔尼撒战争史》，都是当时的现代史。年鉴学派历史学家布洛赫在第二次世界大战爆发后任军事参谋，写了《奇怪的失败》一书，至今被认为对法国的失败做了最令人信服的分析。我国的《春秋》《史记》《汉书》《三国志》等，其中一部分写的也是当时的现代史。

第三，现代史所涉及的事件正在演变，尚未结束，或结束不久，史学距论述的时代太近，因而对一系列事件的前因后果和意义都难以做出充分的分析和恰当的评价。恩格斯也曾论及这一问题。但是，他又说："这并不妨碍任何人去写当前事变的历史。"他以马克思的《1848年至1850年的法兰西阶级斗争》为例，说明马克思着手写作此书时，也无法避免上述的那种产生错误的源泉，但他的"叙述对当时事变的内在联系的揭示达到了至今无人超越的程度"①。马克思主义经典作家在这方面为我们树立了光辉的榜样。

其实，研究任何一段历史，都有有利条件和不利条件。历史学家如

---

① 《马克思恩格斯全集》第22卷，人民出版社1965年版，第591—592页。

果能够清醒地认识到自己的局限性，反倒更能写出接近客观实际的历史著作。

**张宏毅：**您近年重点研究现代国际关系史，请谈谈对这门学科的看法。

**齐先生：**现代国际关系史也是一门年轻的学科。它是一门跨学科的学问既属于历史学范畴，又属于政治学范畴，是一种交叉学科。无须赘言，由于今天整个世界已连成一片，研究国际关系史的重要性也就会更凸显出来。限于当时的条件，我国老一辈学者从世界范围来研究国际关系史的很少。多半是从两个国家之间的关系进行研究，如王绳祖先生着重研究中英关系，周一良先生着重研究中日关系，季羡林先生着重研究中印关系。从世界范围来研究国际关系是近些年来才开展起来的。跟世界现代史一样，现代国际关系史的研究条件也越来越好了。今天有关这方面的各国出版的文献资料非常之多。举个例子，英国外交政策文件过去出的是1919—1939年这一套，分一、二、三集。最近英国著名史学家肯尼思·伯恩和D.卡梅伦·瓦特又主持出了一套《英国外交事务文件集》（*British Documents on Foreign Affairs*），它是由英国保存的有关19、20世纪世界历史及国际关系方面最重要的一些原始文件所构成。所以，今天研究国际关系史的条件是非常好的。加之今天由于中国改革开放的政策，学者们有更多的机会出国实际考察，这在过去是无法想象的。总之，这门学科在中国的前景是十分美好的。

当然，现代国际关系史这门学问要把它真正建设好，可能需要几代人的努力。因为我们过去写出来的国际关系史实际上都是外交史，只限于国与国之间的外交关系。但顾名思义，国际关系史的范围应当比外交史更为广泛，包括政治、经济、文化各个方面的相互关系。但要把上述几个方面的关系综合起来加以考察，找出它们之间的相互影响，哪怕只是勾画出一个大概的轮廓，都是很困难的事情。举例来说，1925年召开了洛迦诺会议，签订了《莱茵保安公约》等条约。这件事当时英国、法国、德国的银行、金融界巨头都在背后参与，这就需要深入一步研究。我们今后研究国际关系只注意政治家还不够，还必须注意银行家和财政巨头。现在外国已出了有关英格兰银行总裁诺曼的传记。这些金融界巨头与政治、外交活动究竟是什么关系，从世界范围看，这种研究还刚刚起步。再如，文化交流问题，有时它比某个条约的影响还要深远得多。像中日、中印之间文化交流，佛教传入中国的影响，遣唐使对日本文化的影响等。所以，真正的国际关系史一定要打破外交史的框框，要把它的面加以拓宽。

**张宏毅：**借此机会，请您谈谈治学的经验和体会。

**齐先生：**治学经验实在没有什么，只能谈点感想。我想，研究任何一门学问，都需要做到以下几点。第一，要对自己所从事的这门学问的重要性有充分的认识，并要有强烈的爱好与兴趣。如果仅仅把它作为一种任务，那样还不够。要达到这样一种程度，对这方面的东西一天不看，心里就觉得不舒服，就像吃饭、睡觉，天天都离不开。这样才会有成就。

第二，研究任何一门学问都要把基础打好，不要急于求成。我的好多位老师都是知名学者，他们经常对我讲，如果你能一年写一篇好文章，就相当不错了，如果是两篇，那就很好了。当然，他们定的标准是很高的。要做到这点，基础一定要打好。研究世界现代史，首先要对世界通史有一个比较好的基础，起码对近代史要相当熟，古代史也要有相当基础。对中国历史也要懂。因为你是在中国国土上研究外国历史的，你的研究首先要为中国人服务，不懂中国历史就没法进行中西比较。再有，你的服务对象既然首先是中国人，中文修养也一定要好。外文的重要性就不用说了，因为搞的就是外国史嘛。学外文，我认为最重要的，首先要把一门搞得很通，然后再学一门，不要同时并进，除非你对学外语很有天赋。真正学会一种，再学另一种，就快了。其次，多多益善。起码要精通一两门，再有若干种基本上能够阅读。今后学术上也要有竞争。你会一种外文就觉得挺神气了，这不行，人家有会两种，还有会三四种的。

实际上还有一种特别重要的基础，那就是理论。光有史料，没有理论是不行的。理论水平越高，驾驭史料的能力就越强，才会写出真正有创见的文章。现在有些青年对理论重视不够，其中原因之一是“文化大革命”所造成的逆反心理。由于“四人帮”歪曲历史，也把马克思主义理论糟蹋了，名声弄坏了。所以，“文化大革命”后有些青年人就认为西方资产阶级的理论是最新最好的。其实这是错误的。马克思主义理论仍然是我们研究历史的一种基本功。这不仅是我们的看法，西方一些真正有见识的史学家也是承认马克思主义理论对历史研究的贡献的。比方说，巴勒克拉夫在《当代史学主要趋势》一书中说："马克思主义的影响之所以日益增长，原因就在于人们认为马克思主义提供了合理地排列人类历史复杂事件的使人满意的唯一基础。"他认为马克思主义作为哲学和总的观念，从五个主要方面对历史学家的思想产生了影响，详细内容，可看该书中文版第 27 页。

打好基础以后，可以选择一两门学科进行专门研究。这就是由博返约。科学越来越发达，分工越来越细，想什么都懂，什么都会，什么都写，是不可能的。像达·芬奇那样百科全书式的人物，可以产生于文艺复兴时期，今天是不可能了。

第三，学风要严谨。成名的老一辈学者无不学风严谨。所谓严谨，拿历史学来说，对所研究的问题从史料到理论一定要首先弄清楚，只有彻底清楚才可以写。讲课也是如此。写东西不能粗枝大叶，更不能粗制滥造。《资本论》在马克思生前只出过一卷，恩格斯老催着他出，可马克思认为没有达到他认为可能的尽善尽美，所以就不拿出来。青年史学工作者从一开始就要养成严谨的态度，大至理论依据和史料是否准确可靠，小至标点符号，都要一丝不苟。这样才具备一个历史工作者的基本条件。

和学风密切相关的是史德问题。中国古代很强调史德。就我们现在来说，所谓史德是一个历史工作者对自己从事的教学、研究要有一种高度责任感，要对人民负责，对后代负责。具体来讲，比如，我们不能违心地写东西，不能赶浪潮，随波逐流，什么时髦就写什么。很多老一辈严谨的历史学家在"四人帮"横行时，即使一个字不写，也决不趋炎附势。今天，我们不能时而把资本主义说得一切都好，又时而把资本主义说得一无是处。

**张宏毅**：不少中青年教师感到教学与科研有矛盾，您怎么看这个问题？

**齐先生**：教学与科研，应该是互相促进的。有一段时间，有些青年教师愿意搞科研，不愿意教书，认为教书吃亏。这是错误的。现在世界上的通常办法是，大学教师都既教书，又搞科研。很少有只搞科研不教书的。其实，这两者是互相促进的。教学中发现的问题就是科研题目，你把这个科研项目研究出来就是科研成果，然后再把它反映到教学中去。这是一个相互促进的过程。当年我的一些老师都是这样做的。他们的教学内容经常反映他们的最新研究成果。陈寅恪先生讲课时，一些正教授也去听。当今没有一个外国教授是专写文章不教书的。教书不能教得很少，不能一门课几个人分担。一个大学教授起码要能讲三门课。我在大学念书的时候，教授接聘书，必须能讲三门课。有些著名学者一生不知讲多少门，七八门、十来门的都有。我在清华的时候，雷海宗先生教的课很多，外国史、中国史都教，我就听过他的四五门课。所以我觉得教书与科研是相互促进的。我们不应只重视科研而轻视教学。当然，相反，也不能只教书，从来不搞科研，那也是不行的，教学质量也提不高。

**张宏毅**：今天，拜金主义的风气开始抬头，有些青年人对历史学在社会上的地位和作用有点茫然。能否请您就这一问题谈点看法？

**齐先生**：目前由于拜金主义流行，历史学受到冷遇，许多青年人觉得学历史无用，这是事实。我也正在思考如何解决这个问题。

今天的经济热潮是件好事。因为我们许多年不注重搞经济建设了，有段时间只唱革命高调，不认真从事经济建设。现在大规模从事经济建设，经济热潮来了，很多人注意实用科学，如工程技术、经济学、法律学，这也是好事。历史学在一定程度上受到“冷落”，也是可以理解的。但对于我们从事历史研究的人来说，头脑还是要清醒，要冷静。我个人的理解是：第一，我们要讲历史学的重要性；第二，我们也不要盲目地追求使历史学成为像工程技术、经济那样的热门科目。

历史学的重要性是不能被抹杀的。因为人类历史就像一条源远流长的大河一样，你今天把过去的事情当成历史，再过几十年、几百年看我们今天就是历史了。所以，现在与过去都是相对的，是割不断的。从经济基础到上层建筑都是割不断的，既然是割不断的，所以我们今天如果完全抛弃过去，是办不到的，不能生存的。大到齐家治国平天下，小到一个人处世立身，都离不开历史。许多大政治家都是历史学家，如毛泽东对历史很精通，西方的一些大政治家如戴高乐、丘吉尔、罗斯福等历史修养都是很深的。因为他们要从事政治，治理国家，就不能不了解自己国家的历史。过去我们讲历史使人聪明，确实如此。这是我讲的第一点。就是不管什么情况下，就是在经济热潮时期，也仍然需要研究历史。

关于第二点，不必期望历史学像工程技术、经济、法律那样成为一门显学。研究历史不可能像一些实用科学那样需要许多人。但我想，学习历史，则是全民的事业。我是一个从事历史教学工作四十多年的老教师，按照我的看法，大学、中学的历史教学必须保留。作为一个中国青年，如果对中国近现代史也不了解，是非常可悲的。比方说，前几年听说有些中国青年根本不知道日本帝国主义侵略中国的历史，只知道日本商品不错，盲目的崇洋媚外。再比方说，我几次出国都碰到好多在国外的中国青年诉苦。他们原来以为来到外国生活会很好，没想到生活很糟。因为对历史茫无所知，以为到了资本主义世界，就像进了天堂一样，遍地都是黄金，待几年就可以发财回去了，结果在现实中希望破灭。这是很惨痛的教训。我觉得大学必须恢复一门历史课，就像我们读大学的时候那样，中国通史是大一学生都要"学"的，无论是文学院、法学院还是理学院。中学历史课要保持一定的分量，小学不一定专门教历史，但有些综合课中，要有历史的重要内容。

这次访问进行了两个多小时，而且几乎完全由齐先生一人不间断地在讲。访问的时间又是安排在上午齐先生谈完工作、用完午餐之后立刻进行的。这对一位年近七旬的老教授来说，实在是太重的负担。访问中我时时感到歉疚，怕影响了他的正常休息。但齐先生还是老习惯，说要干的事一定认真地干完。在我告辞时他还一再叮嘱，即席谈话总有不准确之处，其中重要之处及引语一定要核对他已发表的几篇文章。他那种一丝不苟的精神再次激起我一种崇敬之情。

# 在新中国成长起来的我国第一代世界史专家齐世荣教授*

徐　蓝
首都师范大学历史系

首都师范大学教授齐世荣先生，是在新中国成长起来的我国第一代世界史专家。他从事世界现代史教学与研究40余年，桃李盈门，成绩斐然，是我国这一学科的当之无愧的开拓者之一。

## 一

齐世荣先生原籍河北省南皮县，1926年10月23日生于江苏省连云港。1945年考入成都燕京大学历史系。1947年转入清华大学历史系，1949年毕业。1949年8月，齐先生任北京市育英中学（今二十五中学）政治教员，后兼任历史教员、教导主任。1954年转入北京师范学院任教，历任历史系讲师、教授。1983年经国务院学位委员会批准，任历史学科世界近现代史博士研究生导师。齐先生还先后任北京师范学院历史系主任、历史研究所所长、院长、首都师范大学校长等行政职务。目前先生任首都师范大学历史系教授、名誉校长，并兼任清华大学、复旦大学、吉林大学、天津师范大学等校历史系教授。主要社会兼职有：中国史学会副会长，中国世界近现代史研究会会长，国务院学位委员会第二届、第三届

* 原文载于《世界历史》1995年第5期。

（本届）学科评议组历史学分组成员，中国社会科学院世界历史研究所学术委员，第八届全国政协委员等。

齐先生的求学时期，正值中国历史上最关键的剧烈变革时代。国家与民族所经历的内忧与外患、危机与革命，不仅培育了齐先生的赤诚爱国之情，也赋予了齐先生一种高度的历史使命感。这种使命感成为齐先生在以后的学术发展上不断开拓进取的动力。齐先生在燕京大学和清华大学读书时，曾受教于我国著名史学家陈寅恪、雷海宗、邵循正、齐思和、翁独健、周一良诸位先生。这些齐先生所具有的中西贯通，既对本国传统史学有深厚的修养，又精通多种外文、熟悉西方史学成就的共同特点，以及他们的言传身教，奠定了齐先生中西史学的深厚功底和融会贯通的治史基础。如果说齐先生对世界历史研究的兴趣产生于大学求学期间，那么真正从事世界历史的研究则是在新中国成立之后，在马克思主义的理论指导下进行的。齐世荣先生正是以他较高的马克思主义理论水平、广博的知识和严谨求实的学风，在具体缜密的研究中逐渐走出了自己的学术之路。

## 二

齐先生长期从事世界历史的教学与研究，虽着重于世界现代史和现代国际关系史，但对世界古代、中古和近代的历史亦有所涉猎。在多年的治学实践中，他对世界史和世界现代史学科的研究对象和学科特点，以及它们之间的内在联系，逐渐形成了自己的一套看法。

齐先生认为，世界史是古老的历史学中的一门自成体系的独立的分支学科。严格说来，这门学科在我国是从20世纪五六十年代才建立起来的。人类历史是从原始、孤立、分散的人群最终走向全球一体化的过程。与此相适应，历史学也是先有国别史、地区史，然后才有世界史。18世纪法国启蒙思想家伏尔泰所著《论各民族的风格与精神》一书，是近代意义上的第一部世界通史。但是到了19世纪，民族国家兴起，撰写民族国家的历史成为一时风尚。这种以民族主义为特征的历史一直盛行到第一次世界大战，甚至直到第二次世界大战结束才告式微。

齐先生进一步指出：人类进入 20 世纪，特别是第二次世界大战以后，世界在政治、经济、文化各个方面日益密切联系成为一个整体，世界史的撰写到这时才成为时代的迫切需要。而且由于欧洲政治、经济地位的降低，“欧洲中心论”的世界史体系也开始面临严重的挑战。由于世界史是历史学中一门新兴的分支学科，迄今为止对它的研究对象、范围、意义等，只是进行了一些初步的探讨。齐先生根据中外世界通史专家周谷城、吴于廑、斯塔夫里阿诺斯、鲍尔、麦克尼尔等人的看法，认为中外史学家今天大致已达成以下几点共识：第一，世界历史本身是一个有机的统一体；第二，研究世界历史，应运用全球观点（或称世界全局观点）去综合考察各地区、各国、各民族的历史，或运用全球观点去看待某一地区、国家、民族在整个世界史中的地位；第三，世界史的主要内容应是那些具有世界性影响的运动和世界各地的相互关系；第四，在全球一体化的时代，不了解其他国家、民族的历史，将会导致灾难。

世界现代史是齐世荣先生的专攻对象。经过多年的研究，他认为：现代指的是大约从 20 世纪初到今天的这一段时间。20 世纪是人类历史的一个特殊阶段，这个阶段的主要特征是世界在政治、经济、文化各个方面联系成为一个息息相关而又充满矛盾的整体，或概括说，全球的一体化。因此，世界现代史的研究对象应该是从 20 世纪初到今天走向整体化的过程。世界现代史的研究者应当抓住世界一体化这个总趋势，看人类社会如何在互相依存、互相渗透、互相影响以至于互相斗争的矛盾运动中曲折地前进。这样才能使人民从真实的历史中获得清醒的认识，从而增加面对现实的勇气和沿着社会主义道路前进的信心。

关于世界通史与世界现代史的关系，齐先生认为：世界一体化的过程虽然萌芽于 15、16 世纪，发展于 17—19 世纪，但只有进入 20 世纪以后，人类社会才联系成为一个息息相关的整体，世界历史才最终形成。因此，在这个意义上，我们可以说，世界史就是现代史。反过来看，现代史又只有用全球一体化的眼光才能认清它的特质，因此在这个意义上，现代史就是世界史。这种看法从本质上弄清了世界通史与世界现代史的关系，是很深刻的。

齐世荣先生认为20世纪是人类历史上变化最大、最快的世纪，人类在这一百年中取得了一系列的伟大成就，最主要的是三项：社会主义制度的建立；殖民体系的瓦解；科学技术的飞速进步和经济的巨大增长。但20世纪也是一个战乱频仍的世纪，并且遗留下若干如果处理不好就会给人类带来无穷灾难甚至毁灭人类自身的大难题，诸如热核战争、“人口爆炸”、环境污染、自然资源破坏和浪费、生态失去平衡等等。这些都有待于下一个世纪的子孙后代去解决，在解决这些大难题的过程中，吸取正反两方面的历史经验是十分必要的。

出于一个历史学家的高度责任感，先生通过写文章和讲演不断阐述他的上述观点。其中有代表性的是：《漫谈世界史和世界现代史》[①]《我国世界史学科的发展历史及前景》[②]《关于开展世界现代史研究的几个问题》[③]《漫谈有关提高世界现代史研究水平的几个问题》[④]等等。

近年来，齐世荣先生受国家教育委员会委托，与吴于廑先生共同担负起了重新编写一套新的6卷本《世界史》的工作。正如北京大学周一良先生所说，这是“新的体系性突破工作”。今天，吴先生已归道山，齐先生担子更重。但值得欣慰的是，该书的古代史、近代史卷已经出版，现代史卷也将于今年问世。

## 三

齐世荣先生主要研究世界现代史和现代国际关系史，尤侧重于两次

---

① 北京师范大学史学研究所编：《历史科学与历史前途——祝贺白寿彝先生八十五华诞》，河南人民出版社1994年版。

② 齐世荣：《漫谈世界史和世界现代史》，《历史研究》1994年第1期。

③ 齐世荣：《我国世界史学科的发展历史及前景》，《历史教学问题》1988年第2期。

④ 齐世荣：《漫谈有关提高世界现代史研究的几个问题》，《中国世界近代现代史研究会世界现代史专业委员会通讯》1992年第10期。

世界大战之间的国际关系。齐先生认为，严格意义上的国际关系，是从资本主义时代开始的。国际关系的范围包括政治、经济、文化等各个方面，因此国际关系史的范围应当比传统的外交史更为广泛。尤其是人类进入20世纪以来，不仅国家之间的交往日益频繁，领域不断扩大。世界连成一体，而且资本主义与社会主义两大体系之间的长期共存、竞争、斗争和相互影响更是构成了人类历史上从未有过的崭新的国际关系，从而为现代国际关系史的研究提供了更加广阔的天地。齐先生指出，要提高国际关系史的研究水平，一个关键问题是不仅要注意研究国际关系的政治方面，而且要注意研究国际关系的经济与文化方面。某些国际条约在当时举世瞩目，看起来作用很大。但不久便“灰飞烟灭”了。《慕尼黑协定》于1938年9月30日签订，但到了第二年的3月15日，德国便吞并了捷克斯洛伐克，张伯伦所梦想的一代人的和平顿成泡影。可是，有些文化交流的影响却能够持续几十年，甚至几百年的时间。印度佛教对于中国的影响、中国唐代典章制度对于日本的影响，都是极其深远的。不仅如此，齐先生还进一步强调，应当把政治、经济、文化诸方面的关系综合起来加以考察，找出它们之间的互相影响。这当然是很困难的，需要各国学者几代人的共同努力才能办到。

多年来，齐先生以上述思想为指导，对世界现代史和现代国际关系史上的事关全局的重大问题，撰写了多篇学术论文，提出了自己的独到见解。初步概括起来，齐先生的学术贡献主要有以下三个方面。

第一，关于20世纪30年代绥靖政策的研究。

20世纪30年代，英法资产阶级民主国家面对德、意、日法西斯国家的侵略扩张所采取的绥靖政策，是第二次世界大战前史中的一个重大问题，各国学者对它的研究兴趣至今不衰。齐先生阅读了近几十年来西方出版的有关这一问题的大量主要著作，指出：纵观西方学者的观点，除少数人对这一政策给以尖锐抨击外，大多数人的看法可分为两类。一类是对《慕尼黑协定》和绥靖政策“小骂大帮忙”的，即作者在若干具体问题对绥靖政策颇能予以“谴责”，甚至并不讳言《慕尼黑协定》是“西方民主国家的奇耻大辱”。但在根本问题上却为这一政策进行精心的辩护，强调它的本意在于维持和平，极力说明《慕尼黑协定》由于种种客观历史条件而成为不可避免的等等。另一类是全盘肯定，把绥靖政策看作是一种类似从实力出发进行谈判的积极政策，而不是一种“以让步求得和平”的消极政策；“绥靖”一词绝不含有任何“对威胁的投降”或“安抚侵略者之意”。① 苏联学者则专门强调绥靖政策的反苏反共性质。在绥靖政策的形成原因方面，各国学者的解释虽多种多样，但归纳起来大致可列为七种：“维护和平”说、“军事力量软弱”说、“舆论反战”说、“经济因素至关重要”说、“反苏反共”说、“赎罪”说和“误信敌人”说。②

那么，什么是绥靖政策的实质？这一政策产生的原因又是什么？它与第二次世界大战的关系究竟如何？齐先生感到必须深入探讨这些课题，拿出我们中国学者自己的符合历史实际的看法。为此，齐先生对 20 世纪 30 年代国际关系史上的一些重大课题进行了系统研究，撰写了一系列论文，如《试析意埃战争前夕英国的“双重政策”》《论“不干涉”政策的创始者及其动机》《慕尼黑危机的真相不容歪曲——评西方资产阶级史学著作中的几个流行论点》《论 1939 年 3 月英国对波兰保证的原因及其破产》《现代国际关系史的一个“热门”——评介西方学者关于绥靖政策形成原因的研究》和《三十年代英国的重整军备与绥靖外交》等。③

在这篇篇力作之中，齐先生以丰富翔实的史料和深刻中肯的分析，主要阐述了下列问题。

（一）无论是英国的“双重政策”，还是英法的“不干涉”政策；也无论是《慕尼黑协定》，还是英国对波兰的单方面保证，英法的目的都在于

---

① 参见齐世荣：《慕尼黑危机的真相不容歪曲——评西方资产阶级史学著作中的几个流行论点》，《世界历史》1979 年第 1 期。

② 参见齐世荣：《现代国际关系史的一个“热门”——评介西方学者关于绥靖政策形成原因的研究》，《世界史研究动态》1984 年第 3 期。

③ 这些论文分见：《世界历史》1989 年第 5 期；《第二次世界大战史论文集》，生活·读书·新知三联书店 1985 年版；《世界历史》1979 年第 1 期；《北京师范学院学报》1981 年第 1 期；《世界史研究动态》1984 年第 3 期；《历史研究》1984 年第 2 期。

避免与法西斯国家发生冲突，以牺牲其他国家的利益换取英德和解，最终达到“以英德为核心，英、德、法、意四国共同主宰欧洲”的局面。英国统治阶级认为，这种局面出现后，定会大大有助于繁荣不景气的资本主义经济和稳定不巩固的资本主义统治秩序。这是他们的根本利益。

（二）从政治、经济、军事各个方面论述了绥靖政策产生的原因。在政治方面，英法统治阶级不仅“害怕对德战争会引起本国革命”，并且“只能为苏联所利用”，而且把纳粹德国看作防止共产主义在欧洲扩张的屏障，在这个意义上，希特勒非但不是打击的对象，反倒是必须联合的“盟友”，因此必须避免与德国开战。在经济方面，“最根本的一点，就是日益没落的英法资产阶级一心要保住既得的经济利益”，害怕战争破坏经济复兴，这与第一次世界大战前它们与德国争夺世界霸权时的态势是大不一样的。在军事方面，英国充满着失败主义情绪，认定自己没有能力同时对付德、意、日三个敌人，因而采取消极防御的战略方针，并企图通过绥靖外交来弥补国防力量的不足。法国则盲目相信马其诺防线，以为借此可自保求和。

（三）揭示了绥靖政策的实质和它所带来的严重后果。通过上述分析，齐先生认为，绥靖政策是走向没落的英国和法国在20世纪30年代所执行的一种妥协政策。它们企图通过牺牲其他国家的手段，克服法西斯国家与它们之间的矛盾与冲突，以达到保存自己既得利益的目的。① 然而，“绥靖外交推行得越彻底，欧洲的局势就越遭到破坏，英法的战略地位也就越加恶化”。当英法“把西班牙、奥地利、捷克斯洛伐克——牺牲给法西斯侵略者，世界危险地点的‘局部化’似乎成功了”的时候，“世界大战却在总体上更加迫近了”。因此，“第二次世界大战固然是由德、意、日三个法西斯国家发动的，但战前英法所推行的纵容战争、挑拨战争的绥靖政策无疑也是促成世界大战爆发的一个主要原因”。

齐先生对绥靖政策所做的这种系统而深入的研究，不但批判了西方资产阶级学者为这种政策所做的种种辩护，也纠正了苏联学者的片面观点，

---

① 见齐世荣为《中国社会科学家大辞典》（英文版）所写的词条。

做出了中国学者自己的合乎历史真实的论断。先生的研究得到了我国史学界的充分肯定和重视。在朱庭光、陈之骅在提交第 16 届国际历史科学大会所写的《1980—1984 年中国世界史研究的基本情况》一文中，把先生的上述一系列论文，作为我国学者研究第二次世界大战前史的主要成果予以评价。

第二，关于中国抗日战争在第二次世界大战中的地位和作用的研究。

齐世荣先生认为，中国抗日战争在第二次世界大战中的地位和作用，是世界现代史上的一个值得深入研究的重大课题。但是外国史学家对中国抗战的地位和作用往往估计不足，甚至有意贬低，因此中国史学家负有义不容辞的责任去阐明这一重大问题。齐先生在提交给第 16 届国际历史科学大会的《中国抗日战争在第二次世界大战中的地位和作用》的长篇学术论文中，充分利用战后出版的中、日、英、美、苏各国的文献资料和各国最新研究成果，旁征博引、言必有据地对这一课题进行了新的探讨。在这篇文章中，他以世界全局的眼光，把中国的抗日战争放在全球反法西斯的第二次世界大战的巨幅画面中进行全过程的考察，分三个历史阶段（从 1937 年七七事变到 1939 年 9 月欧战爆发；从欧战爆发到 1941 年 12 月珍珠港事件；从珍珠港事件到 1945 年 9 月日本投降）逐一深入地分析、论证了中国抗日战争的重大国际贡献。齐先生运用宏观与微观、世界史与中国史相结合的研究方法，充分揭示了中国战场与第二次世界大战中逐步形成的几大战场的有机联系、相互制约和影响，东西兼顾，详细说明了中国战场在使苏联避免两线作战，从而能集中力量打击纳粹德国方面；在推迟德意日三国同盟形成，从而大大减轻英法在远东受到的打击并有利于欧洲和北非战场的盟军行动方面；在推迟太平洋战争爆发使美英争取到更多的备战时间方面；以及在太平洋战场上中国牵制日本百万大军方面所起到的至关重要的作用。这篇论文使读者深切感受到中国抗日战争对当时整个国际局势和各主要交战国的战略部署的深远影响，令人信服地证明了中国人民艰苦卓绝的八年抗战为最终战胜德意日法西斯集团作出了不可磨灭的贡献。①

---

① 该文见《第十六届国际历史科学大会中国学者论文集》，中华书局 1985 年版。

齐先生的研究和在大会上所做的报告，获得了与会各国学者的重视与好评。日本茨城大学教授伊集院立在日文杂志《历史学研究》（1986年第6期）上撰文评论道："这个报告是把中国历史中的抗日斗争放到世界史中而做的分析。齐的报告把中国人民对于欧洲、东亚及美洲大陆的国际反法西斯战线所做的贡献及所占的地位进行了冷静的分析论述。这一分析，给予人们深刻的印象。"日本立命馆大学名誉教授池田诚在《抗日战争与中国民众》（1987年版）一书中，也对齐先生报告的论点作了详细介绍，认为是中国学者有代表性的看法。我国史学界对齐先生的研究成果也给予了充分肯定。在进行了上述研究之后，齐先生又进一步专门从国际关系的宏观角度，阐述了中国抗日战争在世界历史进程中所产生的重大影响。

1987年在日本京都、东京两地举行的"卢沟桥事变五十周年中日学术讨论会"上，齐先生提交了题为《中国抗日战争与国际关系（1937—1945)》的论文。① 齐先生的这篇文章以及以此为题所做的报告，受到了与会日本学者的赞赏和重视。专门研究中国现代史的日本茨城大学教授石岛纪之评论说："该报告对美、英等国以及苏联对中日战争所采取的态度进行了精确的分析，明确了中国抗战在国际关系中的地位，把抗日战争看作中国全民族的抗战，这些都给人留下了深刻的印象。"

第三，关于世界现代史资料的建设。

严格说来，世界现代史是在第二次世界大战以后才形成独立学科的。据齐先生所知，在旧中国的北方各大学中，仅燕京大学的齐思和教授开过一门西洋现代史。而关于世界现代史的原始材料，也只有齐思和教授用英文辑录的一本，且内容集中于欧美国家。1949年以后，我国的世界现代史学科逐步建立起来，但直到70年代仍然没有我们自己编写的为配合教学与科学研究的世界现代史资料汇编。面对由于各国政府文件保密期限趋于缩短而解密的浩如烟海的原始档案和大量的私人文件，以及在我国这些

---

① 该文见中国人民纪念馆编：《中日学者对谈录——卢沟桥事变五十周年中日学术讨论会文集》，北京出版社1990年版。

原始资料在当时又不易觅得的情况下，如何帮助从事世界现代史的教学与研究工作者找到最重要的史料，便成为这一学科建设的当务之急。为此，齐世荣先生经过多年努力，终于使《世界通史资料选辑·现代部分》第一分册和第二分册得以于 1980 年和 1982 年分别由商务印书馆出版。先生主编的这部书，不仅是我国第一部关于世界现代史的原始资料汇编，而且是迄今为止内容最为丰富的一部。周一良教授评："本书的总体安排、章节提法、繁简取舍等方面，体现了正确的立场观点"；"取材广泛，反映出主编者在本门学科中较高的学历和修养"。世界现代史的同行们则公认它是"教学与科学研究的必备参考书"。可以说，今天活跃于我国世界现代史教学与科研战线上的一大批中青年学者，最初都是从这部书中获得原始资料的。

另外，齐先生还主编了《世界史资料丛刊·现代部分》[①] 和《当代世界史资料选辑》。[②] 这些原始资料的汇编不仅为世界现代史学科的基本建设作出了突出贡献，而且对于提高我国世界现代史学科的教学与科研水平无疑也具有相当大的价值。

## 四

作为一名历史学家，齐世荣先生不仅对具体的历史问题进行了深入细致的研究，而且对西方史学、史学理论和史学方法也很有兴趣，具有较深的造诣。

在西方史学方面，最值得称道的是齐先生对德国历史哲学家奥斯瓦尔德·斯宾格勒的代表著作《西方的没落》一书的介绍与研究。

《西方的没落》是齐先生的重要译著之一（与戚国淦等先生合译），于

① 《世界史资料丛刊》最初主编是杨人楩先生，原由生活·读书·新知三联书店出版，1962 年起改由商务印书馆出版。"文化大革命"期间中断，1979 年后《世界史资料丛刊》重新上马。现代部分由齐世荣先生担任主编。

② 第一分册已由北京师范学院出版社 1991 年出版，第二、三分册即出。

1963年在我国第一次出版，从而使我国学者得以了解这部西方史学名著的主要内容和观点。但斯宾格勒是否真的承认西方已经没落了呢？齐世荣先生撰写的《〈西方的没落〉——德国法西斯哲学的先声》和《德意志中心论是比较文化形态学的比较结果——评〈西方的没落〉》两篇文章，对上述问题做了透彻的说明。①

齐先生指出，“《西方的没落》是一部以比较文化形态为理论体系的历史哲学著作，但其中也包含着一系列政治主张，中心内容是说明德意志民族统治世界的历史‘宿命’”。许多人没有深入研究斯宾格勒的著作，以为他真的在讲西方的没落，其实他宣扬的是一种改头换面的“西欧中心论”，更确切些说，是“德意志中心论”。尽管斯宾格勒不得不承认西方的没落现象，但又强调西方文化的特殊精神和特殊使命，认为西方文化是世界上唯一还有生命的文化。这才是这部洋洋百万言的巨著所要说明的核心思想。正由于此，斯宾格勒的历史哲学以及由这种哲学导出的政治主张，才能成为纳粹意识形态的一个来源。当然，对于历史学家来说，《西方的没落》也有它一点积极意义，即它扩大了历史学家的视野，使他们更宏观地观察历史，但这却是违背作者本意的结果。

在历史理论方面，齐先生主张历史研究必须把科学性与革命性内在地不可分割地结合起来，这是历史学科为无产阶级革命事业作出贡献所必须遵循的原则。因此不但要根除影射史学，而且就是那种认为科学性是从属于革命性的，为了某种“政治上的考虑”，可以有选择地对史料作些“剪裁”工作，牺牲一下科学性也无妨的做法，也是要不得的。齐先生还认为，历史研究要与现行政策的宣传有所区别，它不是也不应当是某项现行政策的历史注解。历史科学由于它本身的特点，为无产阶级服务的途径应该是总结人类历史的发展规律，帮助人们树立共产主义的世界观，通过总结人类阶级斗争、生产斗争等方面的经验，作为无产阶级政党制定路线、方针和政策时的借鉴。齐先生根据自己的上述认识，于1980年发表了一篇论文《列宁论无产阶级专政的

---

① 这两篇文章分别见于《西方的没落》中译本，商务印书馆1963年版和1991年版。

实质》。[①] 文章鲜明地指出：列宁关于无产阶级专政非有暴力不可的论点，是人们所熟知的，但列宁关于无产阶级专政的实质主要不在于暴力的论点，却是被许多人忽略了。列宁指出："无产阶级专政不只是对剥削者使用的暴力，甚至主要的不是暴力。这种革命暴力的经济基础，它的生命力和成功的保证，就在于无产阶级代表着并实现着比资本主义更高类型的社会劳动组织。实质就在这里。共产主义的力量源泉和必获全胜的保证就在这里。"[②] 齐先生对这一点作了详细的阐述，并进一步指出，列宁关于无产阶级专政实质的精辟论述，对于一切无产阶级专政国家都具有普遍指导意义，而对于那些在革命前经济、文化比较落后的国家则尤其具有特殊的重要意义。落后国家在建立无产阶级专政后，应当清醒地看到自己向社会主义过渡的长期性和特殊困难，更有必要竭尽一切努力不断完善新的社会劳动组织，大大发展生产力，体现出社会主义的优越性。在当时许多人经常强调无产阶级专政的暴力作用的时候，敢于提出上述的见解是需要有一定勇气的。

齐世荣先生一贯重视史学方法的研究，每年都给研究生讲授"史学方法"课程。他经常强调的有以下几点。第一，要全面、大量地占有史料。针对许多人以为在中国研究世界史缺乏史料可看的片面认识，他指出："今天搞世界现代史和现代国际关系史，不愁没有史料可看，而是愁史料太多看不完。仅以现代国际关系史的范围而论，英、法、德、意、日、美、苏等国都已出版了并正在继续出版多卷本的外交文件汇编，我国虽然未能全部购买，但已经购得的部分并不算少，可惜至今利用率不高。"他特别强调要密切注意国外新出版的史料，常引陈寅恪先生的话："一时代之学术，必有其新材料与新问题。取用此材料，以研求问题，则为此时代学术之新潮流"，来教育学生，要他们重视新材料的使用。第二，研究世界现代史和现代国际关系史，既要掌握丰富的史料，更要具有高度的马克思主义理论水平。现代历史十分复杂，如不

① 《列宁论无产阶级专政的实质》，《世界历史》1980 年第 4 期。

② 《列宁选集》第 4 卷，人民出版社 2012 年版，第 9—10 页。

具有较高的理论水平，就无法从浩如烟海的史料中去粗取精，去伪存真，揭示历史的真相。为此齐先生要求他的学生必须认真学习马克思主义，还要批判地吸取非马克思主义的史学理论和方法，以丰富我们的史识。第三，不断积累书目知识。齐先生常以清代学者王鸣盛在《十七史商榷》一书中所说："目录之学，学中第一紧要事，必从此问途，方能得其门而入"，来教育学生，强调积累目录知识对于治学的重要性。在这方面，齐先生为我们树立了榜样。他平时十分注意史籍目录的积累，下了很大的功夫，因此校内外的博士、硕士研究生在撰写论文时常常向他请教。他常对我们说：中国古代目录学水平很高，但后来落后了。今天，西方学者很重视目录学，一些专著都是由知名学者编写的，嘉惠后学，功劳很大。例如，要研究现代国际关系史，就不能不利用20世纪八九十年代最新出版的《研究和研究资料指南——英国（法国、德国、意大利、苏联）外交政策1918—1945年》这套书。第四，治学要中西贯通，基础要雄厚，然后由博返约，千万不可一开始就钻在一个狭小的范围里面。他常举陈寅恪、雷海宗等先生的例子，说这些前辈是学贯中西的，眼界广，思路开阔，故能发现别人发现不了的新问题。

齐先生重视理论，也重视史实的考据。关于考据在史学研究中的地位和作用问题，齐先生曾在《杨妃入道之年考读后——兼论考据在史学研究中的作用和地位》① 一文中做了专门论述。他指出，考据在史学研究中所起的作用是提供可靠的资料，它在整个研究中占有重要的辅助地位。考据与整个研究的关系，从过程看，是开始阶段（打基础阶段）与终结阶段（完成阶段）的关系；从范围看，是局部与全体的关系；从性质看，是原料（初步成果）与成品的关系。但不论从什么角度看，对它的作用和地位既不应夸大，也无须贬低。我们应当向马克思的著作学习，观点与材料融为一体，达到高度的统一。

① 齐世荣：《杨妃入道之年考读后——兼论考据在史学研究中的作用和地位》，《北京师范学院学报》1989年第5期。

## 五

齐世荣先生是一位诲人不倦的好老师。他对学生一贯坚持高标准、严要求。为了使他们成为献身于祖国社会主义现代化建设事业的合格人才，齐先生在思想上十分关心学生，要求他们热爱祖国，献身教育事业，“安贫乐道”。齐先生还从遵守纪律、言行一致、遇事考虑他人利益等具体事情抓起，教育学生“学会做人”。在业务上，先生不仅教育学生要“取法乎上”，攀登科学高峰，而且从基本功教起，训练学生的找书能力、鉴别和使用史料的能力、写作论文的能力等等。对学生的论文，不仅要求立论有据，史料准确，就连引文出处页码、标点符号的使用以及抄写是否工整都不放过，凡错误之处都一一予以指出并亲自核对修改，学生们无不为之感动而深受教育。

今天齐先生仍以敏捷的学术思维活跃于教学与科学研究的第一线，为了实现使我国的世界史学科在国际学术界占有一席重要地位的目标而奉献着自己的一切。

# 精于治学，敏于致用
## ——记新中国成长起来的第一代世界史专家齐世荣教授*

梁占军
首都师范大学历史学院

齐世荣教授，1926年10月生，河北省南皮县人，1945年考入成都燕京大学历史系，1947年转入清华大学历史系，1949年毕业分配到北京育英中学教授世界史。1954年调入北京师范学院（今首都师范大学）历史系，长期从事世界历史的教学和研究。作为新中国成立后成长起来的第一代世界史专家，他专长世界现代史和现代国际关系史研究，是我国世界史学科的开拓者之一。齐先生求学时期曾受教于我国著名历史学家陈寅恪、雷海宗、邵循正、齐思和、翁独健、周一良诸位先生。这些先生各有专门的研究领域，但共同特点是学术功底深厚，学识贯通中西，视野开阔，勇于创新，这极大地影响并塑造了齐先生的治学风格。笔者以为，齐先生从事世界史研究的特点可用十六字概括：功底扎实、中外兼通、精于治学、敏于致用。几十年来，齐先生的史学研究涉及世界现代史、现代国际关系史、第二次世界大战史、苏联史、史学理论、史学方法、世界通史等多个领域，研究成果丰硕，学术见解深刻，在国内有较高的声望，在国外也有一定的影响。限于篇幅，本文仅从治学和致用这两个方面来介绍齐先生的学术成就。

* 原文载于《社会科学战线》2008年第11期。

## 一、精于治学

精于治学是齐先生治史的突出特点之一。这反映在他的治史视野开阔，研究领域宽广，考证严谨，立论有据。下面从现代国际关系史、第二次世界大战史、苏联史、世界现代史和世界通史等四个方面加以介绍。

### （一）现代国际关系史方面

作为世界史学工作者，齐先生专攻现代国际关系史，特别是两次世界大战之间的国际关系史，几十年来成绩斐然。其中最显著的成就是齐先生写过的一系列关于绥靖政策的论文，如《三十年代英国的重整军备与绥靖外交》《试析意埃战争前夕英国的“双重政策”》《论 1936 年 7 月至 1938 年 11 月英国对意大利的外交政策》《论“不干涉”政策的创始者及其动机》《慕尼黑危机的真相不容歪曲——评西方资产阶级史学著作中的几个流行论点》《论 1939 年 3 月英国对波兰保证的原因及其破产》等，这些论文根据大量史料，针对西方学者中流行的种种错误论点，提出了自己独到的见解，具体而又深刻，论战性很强，具有很强的说服力。其主要研究结论如下：第一，分析澄清了两次世界大战间英法等国外交政策的主要动机。齐先生指出，无论是英国对意埃战争所奉行的“双重政策”还是英法在西班牙内战问题上所实行的“不干涉”政策，也无论是慕尼黑协定还是英国对波兰的保证，英法的目的都在于避免与法西斯国家发生冲突，以牺牲其他国家的利益来换取与德国的和解，最终实现以英、德为核心，英、德、法、意四国共同主宰欧洲的局面。英法统治阶级认为，这种局面出现后，定会大大有助于繁荣不景气的资本主义经济和稳定不巩固的资本主义统治秩序。这是他们的根本利益。第二，从政治、经济、军事等方面阐述了绥靖政策产生原因。在政治方面，英法资产阶级不仅“害怕对德战争引起本国革命”，并“为苏联所利用”，而且“把纳粹德国看作防止共产主义在欧洲扩张的屏障”，“在这个意义上，希特勒非但不是打击的对象，反倒是必须联合的盟友”。在经济方面，“最根本的一点，就是日益没落的英法资产阶级一心要保住既得的经济利益”，害怕战争会破坏经济复兴，以致在大敌当前的时候，仍然不肯加大财政拨款，加速扩充军备。在军事方面，英国充满失败主义情绪，认定自己没有力量同时对付德、意、日三个敌人，又不愿团结法、美和中小国家，因而采取消极防御的战略方针，并企图通过绥靖外交来弥补国防力量的不足。法国统治阶级则盲目相信并依赖马其诺防线，错误地认为借此可以自保求和。第三，揭示了绥靖政策的实质及其带来的严重后果。齐先生认为，绥靖政策是 20 世纪 30 年代走向衰落的英国和法国面临德、意、日法西斯国家的挑战，为保存自己的既得利益所采取的一种以牺牲其他国家为手段换取与对手妥协的政策。然而“绥靖外交推行得越彻底，欧洲的局势就越遭到破坏，英法的战略地位也就越加恶化”。当英法“把西班牙、奥地利、捷克斯洛伐克一一牺牲给法西斯侵略者，世界危险地点的‘局部化’似乎成功了”的时候，“世界大战在总体上却更加迫近了”。因此，第二次世界大战固然是德、意、日三个法西斯国家发动的，但战前英法推行的纵容侵略的绥靖政策无疑也是促成战争爆发的重要原因。齐先生对绥靖政策问题所作的这种系统而深入的研究，得到了我国史学界的充分肯定和重视。

### （二）第二次世界大战史方面

在第二次世界大战史方面，齐先生深感于外国史学家对中国抗战的地位和作用往往估计不足甚至有意贬低，因此曾在抗战胜利四十周年前后围绕中国抗日战争与世界反法西斯战争的关系等问题发表了几篇论文，如《中国抗日战争在第二次世界大战中的地位和作用》《中国抗日战争与国际关系（1931—1941）》和《中国抗日战争与国际关系（1937—1945）》等，引起了广泛的影响。

在《中国抗日战争在第二次世界大战中的地位和作用》一文中，齐先生充分利用了战后出版的中、日、英、美、苏各国的文献资料及最新研究成果，以世界全局的眼光，把中国的抗日战争的全过程放在世界反法西斯战争的全景画面中进行整体考察。他运用宏观与微观、世界史与中国史相结合的研究方法，旁征博引、言必有据地说明了中国战场所起到的至关重要的作用：使苏联避免两线作战，从而能集中力量打击纳粹德国；推迟德、意、日三国同盟形成，从而大大减轻了英法在远东受到的打击，并有利于欧洲和北非战场的盟军行动；推迟太平洋战争的爆发，使英美争取到更多的备战时间；在太平洋战场牵制日本百万大军。这些例证和分析，令人信服地说明了中国人民坚苦卓绝的八年抗战为最终战胜法西斯集团作出的不可磨灭的贡献。该文曾提交第 16 届国际历史科学大会宣读，获得了与会各国学者的重视与好评。日本茨城大学伊集院立教授在日本杂志《历史学研究》1986 年第 6 期上撰文评论道："这个报告是把中国历史中的抗日战争放到世界史中而做的分析。它把中国人民对于欧洲、东亚及美洲大陆的国际反法西斯战线所做的贡献及所占的地位进行了冷静的分析论述。这一分析，给予人们深刻的印象。"日本立命馆大学名誉教授池田诚在《抗日战争与中国民众》一书中也将齐先生的论点作为中国学者的代表性看法。

而《中国抗日战争与国际关系（1937—1945）》一文则是在前文研究的基础上，进一步从国际关系的角度，阐述了中国抗日战争史。该文曾于 1987 年在日本京都、东京两地举行的"卢沟桥事变五十周年中日学术讨论会"上提交，受到了日本与会学者的赞赏。专门研究中国现代史的日本茨城大学教授石岛纪之评论说："该报告对美、英等国以及苏联对中日战争所采取的态度进行了精确的分析，明确了中国抗战在国际关系中的地位，把抗日战争看作中国全民族的抗战，这些都给人留下了深刻的印象。"齐先生对于第二次世界大战期间中国战场的深入研究提升了我国抗日战争史研究的层次，同时也为相关研究的进一步拓展奠定了基础。

### （三）苏联史方面

齐先生对苏联史也有研究，虽数量不多，但多有创见。如他在 1980 年撰写了《列宁论无产阶级专政的实质》一文，文章鲜明地指出：列宁关于无产阶级专政非有暴力不可的观点是人们所熟知的，但列宁关于无产阶级专政的实质主要不在于暴力的论点却被许多人忽视了。齐先生详细阐明了列宁的论断："无产阶级专政不只是对剥削者使用的暴力，甚至主要的不是暴力。这种革命暴力的经济基础，它的生命力和成功的保证，就在于无产阶级代表着并实现着比资本主义更高类型的社会劳动组织。实质就在这里。共产主义的力量源泉和必获全胜的保证就在这里。"① 此文还进一步指出，列宁关于无产阶级专政实质的精辟论述不仅对于一切无产阶级专政国家具有普遍指导意义，而且对于那些革命前经济、文化比较落后的国家尤其具有特殊的重要意义。落后国家在建立无产阶级专政后，应当清醒地看到自己向社会主义过渡的长期性和特殊困难，更有必要尽一切努力不断完善新的社会劳动组织，大大发展生产力，体现出社会主义的优越性。显而易见，在改革开放刚起步的特定历史时期，齐先生敢于提出上述独到的见解，是需要胆识的。

20 世纪 90 年代苏联解体后，在西方和俄罗斯内部都有一批人攻击、否定十月革命。针对这些谬论，齐先生发表了《论有关俄国十月革命的几个问题》一文。深刻说明了十月革命不是"早产"，十月革命没有失败，它在历史上留下了巨大的影响，是不容抹杀的。齐先生还写了《从国际共产主义运动史看社会主义初级阶段理论的伟大意义》《从俄国十月革命到中国社会主义初级阶段——纪念十月革命 80 周年》等文章，从总结国际共产主义历史和苏联历史的经验教训的角度，论证社会主义初级阶段理论的伟大意义。

此外，齐先生还编译了《苏联历史论文选辑》第一、第二、第三辑（与余绳武等同志合译，生活·读书·新知三联书店 1964—1965 年版），《西方资产阶级学者论苏联历史学》（商务印书馆 1964 年版）等著作向国内学者介绍苏联史学研究的重要成果和国外苏联史学研究的进展情况。

① 《列宁选集》第 4 卷，人民出版社 1995 年版，第 9—10 页。

### （四）世界现代史和世界通史方面

世界现代史是古老的历史学科中的一个相对年轻的分支。我国各高等学校开设世界现代史课是 1949 年新中国成立以后的事。齐先生几十年来一直从事这门课程的教学和研究工作，为中国世界现代史学科的奠基付出了辛勤的劳动，其相关成果大致可以概括为以下几个方面。

其一，从理论和学术层面对世界现代史进行总体探讨。

齐先生曾在《关于开展世界现代史研究的几个问题》《漫谈世界史和世界现代史》《世界史·现代史编》等论文和著作中对世界现代史的断限、特征等问题提出自己的看法。关于世界现代史的断限，齐先生认为大体上指从 20 世纪初至今。之所以把上限定在 20 世纪初，是因为：第一，20 世纪初，资本主义发展到帝国主义阶段；第二，两大帝国主义军事集团为重新瓜分殖民地、势力范围和争夺世界霸权而展开的斗争，导致了第一次世界大战；第三，在大战的过程中，俄国无产阶级进行社会主义革命，建立了人类历史上第一个社会主义国家；第四，由于帝国主义力量在战争中的削弱，由于十月社会主义革命的影响，战后出现了殖民地半殖民地民族解放运动的高潮；第五，国际格局发生了重大变化：19 世纪欧洲资本主义列强支配世界的局面告终，美、日两个新兴的帝国主义国家崛起于北美和东亚，社会主义国家苏联在地跨欧、亚两大洲的俄罗斯帝国废墟上兴起。这一系列的重大历史事件和变化都发生在 20 世纪初，故把世界现代史的上限定在 20 世纪初比较合适。过去苏联史学家都以 1917 年十月革命作为世界现代史的开端，西方史学家则或以 1914 年第一次世界大战为开始，或以 1919 年凡尔赛和会召开作为世界现代史的开端，齐先生认为这些分期方法虽各有一定的道理，但比较片面，不如综合多种重要因素，定在 20 世纪初为妥。

关于世界现代史的特征，齐先生认为，世界在经济、政治、文化各个方面日益联系成为一个整体，即世界历史的全球化运动，是世界现代史最主要的特点。近代资本主义大工业创造了世界市场，从而“首次开创了世界历史，因为它使每个文明国家以及这些国家中的每一个人的需要的满足都依赖于整个世界，因为它消灭了各国以往自然形成的闭关自守的状态”①。世界历史虽然从近代已经开始，但到了20世纪特别是1945年以后，随着经济的全球化，世界才在经济、政治、文化各个方面密切联系起来，因此，在一定意义上可以说世界史（完整意义的世界史）就是现代史。反过来看，现代史只有用全球眼光去观察，才能认清实质和各种问题，因此在这个意义上又可以说现代史就是世界史。

齐先生还与中国社会科学院廖学盛研究员共同主编了《20世纪的历史巨变》一书。这是国内第一部全面论述20世纪历史的专著，被评为全国哲学社会科学规划办《国家社会科学基金成果文库》首批优秀成果，又获北京市第九届哲学社会科学研究优秀成果一等奖。

其二，在世界现代史资料建设方面做出卓越贡献。

史料是研究历史的基础，然而直到20世纪70年代末，我国一直没有自己编纂的用于教学与科研的大型世界现代史资料汇编。有感于国内世界史资料的匮乏和工作的需要，齐先生在1980年、1982年和2007年先后编辑出版了《世界通史资料选辑·现代部分》第一、二、三分册（商务印书馆出版），这是我国第一部关于世界现代史的原始资料汇编，而且也是迄今为止内容最为丰富的史料集录。已故著名史学家周一良教授认为：“本书的总体安排、章节提法、繁简取舍等方面，体现了正确的立场观点”，“取材广泛，反映出主编者在本门学科中较高的学历和修养”。国内世界史的同行们也公认它是“教学与科学研究的必备参考书”。此外，齐先生还主编出版了《当代世界史资料选辑》三册以及《世界史资料丛刊·现代部分》（美国、法国、德国、印度、朝鲜等）八册。可以说，一大批从事世界现代史教学与科研的中青年学者都从这些史料汇编中获得益处，这是齐先生对世界现代史学科基本建设所做出的一项突出贡献。

其三，主编有中国特色、有影响的世界通史教材。

齐先生一贯重视世界史教材的编写，先后主编了多种世界通史教材，其中最重要的是20世纪90年代出版的六卷本《世界史》和2008年刚刚

① 《马克思恩格斯选集》第1卷，人民出版社1995年版，第114页。

出版的四卷本《世界史》。六卷本《世界史》是武汉大学吴于廑先生与齐先生共同主编的，其前身是20世纪60年代周一良、吴于廑主编的四卷本《世界通史》。20世纪80年代，国家教委鉴于周一良、吴于廑本的内容需要更新，遂请吴于廑、齐世荣两位先生合作，主编一套新的6卷本《世界史》。这套书的体系是由吴先生生前定下来的，吴先生去世后，齐先生具体负责完成了各卷的编写工作。该套教材问世后曾获1995年国家教委颁发的第三届普通高等学校优秀教材一等奖，并被许多高校采作教材，至今已发行15万套、80万册，堪称国内迄今为止最具影响力和代表性的世界通史教材。新版的四卷本《世界史》是由齐先生担任总主编的国家高等教育“十五”规划教材，于2006—2007年由高等教育出版社出版，古代、近代、现代和当代各一卷。参加各分卷编撰的均是近年来国内影响较大且在各自领域学有专长的中青年学者，他们吸取了国内外最新研究成果，在某些内容上颇有新意。此外，2002年，齐先生还主编出版了面对广大领导干部的单卷本简明教材《世界近现代史干部读本（1500—1945）》（中共中央党校出版社2002年版），以简明、通俗的文笔，系统、全面地回顾了自地理大发现以来直至第二次世界大战结束的历史演变，是一部集思想性和科学性于一体的普及教材。

## 二、敏于致用

如果说严谨治学高质量产出的“精于治学”是齐先生的学术特点之一的话，那么可以说“敏于致用”则是齐先生治学的另一个鲜明的特点。齐先生在治学过程中始终注重发挥史学的功能，他有着敏锐的历史责任感，时刻注意以自己的学识和学术研究成果服务于社会。

### （一）发挥史学的咨政功能

关于历史学的阶级性及其与政治的关系，是一个十分重大而又多有争议的问题。1980年齐先生在全国世界史学术年会上作了一个报告，会后撰成《谈历史学科为无产阶级服务》一文。文章指出：历史学科为无产阶级服务，要从根本途径上着手，例如阐明历史发展的规律；总结阶级斗争、生产斗争等方面的经验；培养人们观察问题的历史意识和方法；等等。文章同时强调指出，历史研究要与现行政策的宣传有所区别，它不是也不应是某项具体的现行政策的历史注解。文章列举了以往苏联某些史学家为了迎合当政者的政治需要，不惜歪曲史实，在陈述和评价历史人物和事件时变来变去的荒谬做法。此文发表于1980年，距打倒“四人帮”不久，它对肃清“四人帮”推行的“影射史学”流毒和纠正过去史学界某些过“左”的做法，起到了积极的作用，颇得同行的好评。另外，齐先生在《学习世界史与建设有中国特色社会主义》一文中指出学习世界史可以从几个方面为中国特色社会主义建设服务：第一，可以了解今天改革开放世界的历史根源，加深对改革开放重要性的认识；第二，可以总结世界各国发展的历史经验，作为建设中国特色社会主义的借鉴；第三，可以通晓人类社会发展的规律，坚定走建设社会主义道路的决心。

2003年11月24日，齐先生应邀为中央政治局常委作了有关大国兴衰史专题讲座，题目是《15世纪以来世界主要国家发展历史考察》。其后，齐先生撰写了《创新是国家兴旺发达的不竭动力——历史考察》《从中外历史看抓住机遇的重要性》等文章，从总结历史经验的角度对于如何面对我们这个时代所赋予的机遇和挑战发表深刻见解。齐先生还主编了《强国兴衰史丛书》（全6卷）和《15世纪以来世界九强的历史演变》等著作，系统地论述西班牙、葡萄牙、荷兰、英国、法国、德国、美国、日本等国跻身世界强国的历史轨迹，为大国的兴衰这个题目提供了更为丰富的历史注脚和读本。

## （二）关注和指导世界史学科的建设

齐先生学以致用的另一个表现是身体力行，用自己的学识和经验推动中国世界史学科的建设和发展。他曾任中国史学会副会长，中国世界近现代史研究会会长，国务院学位委员会第二、第三届历史学科评议组成员等职，为推动我国历史学科的发展尽心尽力。几十年来，他不断发表文章就世界史学科的发展、教研人才队伍的培养和学风的建设等方面提出自己的见解。

首先，针对近代以来中外历史学家普遍存在的忽视和轻视世界史研究的现实，齐先生鼓励中青年学者要立大志，敢创新，勇于进行世界史研究。他在《攀登世界史研究的高峰——我国世界史学科中青年同志的历史重任》一文中鼓励中青年学者学习第一代学者那种学贯古今、会通中西的学术品格，努力把中国的世界史研究提升到国际水平。同时他在《学术的生命力》和《关于史学研究的创新问题》等文中指出，研究学问，必须处理好继承与创新的关系："学术的生命力在于创新，但创新的基础和前提条件是继承"，"继承与创新是一根链条上的两个环节，缺一不可"。此外，齐先生对于某些人认为中国人无法撰写世界通史的论点极不认同。他认为研究世界史、编写世界史不仅是可能的，而且是必要的。他在《漫谈世界史和世界现代史》一文中指出：不论编写世界史有多少困难，"无论如何我们不能在面临编写世界历史的伟大任务时止步不前，而满足于把一批又一批的专题论文和国别史、地区史堆集在读者面前。如果这样做，读者关于世界史的局部的、具体的知识虽然会不断增加，但将永远不会知道'世界'史是什么样子。在历史正在发生迅速变化的今天，'细节'固然需要了解，但'总画面'更需要让人们清楚。否则就会只见树木，不见森林"。他还指出，随着全球化的趋势日趋增强，今天人们必须用全球眼光来看待历史。今天编写世界史必须注意以下三点：第一，世界历史本身是一个有机的统一体；第二，研究世界史，应运用全球观点（或称世界全局观点）综合考察各地区、各国家、各民族的历史，或运用全球观点来看待某一地区、国家、民族在整个世界中的地位；第三，世界史的主要内容应是那些具有世界性影响的运动、事件和世界各地区的相互关系。与此相关，齐先生还针对当代人能否写当代史的争论，撰写了《"合之则两美，离之则两伤"——试论当代人写当代史与后代人写前代史》一文，深入探讨了这个问题，指出二者各有其优越性，也各有其局限性，不可偏废。这篇文章不仅从理论上说明了这一问题，而且由于结合古今中外许多历史著作的实例，体现了深厚的学术功底，具有很强的说服力。

其次，对于我国世界史学科如何持续良性地发展，齐先生在其先后撰写的《世界现代史学科建设中的几个问题》《漫谈科学研究与学科带头人问题》《有关世界史学科建设的两个问题》《加强队伍建设，是根本大计》等几篇文章中分别从不同的角度强调人才队伍建设对于世界史学科发展的重要性，并提出自己的看法和建议。如他指出世界史学科能否发展，其带头人至关重要，好的学科带头人的标准应是德才兼备，具体讲即应是精通业务，眼光高远，品德高尚，善于团结人和培养新生力量。而针对国内学界存在的一些浮躁现象和不科学的考评之风，齐先生则陆续撰写了《漫谈学风问题和学术批评问题》《学界要力戒浮夸浮躁》《书评不要八股化》《论学术评定工作中过分量化、过分硬性规定的危害》等文章，分别给予及时的批评和建议。他倡导树立创新和扎实的学风，反对学术浮夸和“泡沫学术”，建议在学术评估方面慎用量化的指标等等，在规范学风和学术道德方面做了应尽的努力，体现了老一辈学者对于现实的忧虑和对后辈学者成长的关爱。

此外，对于国内学界对国际前沿学术的探讨，齐先生也积极支持。2004 年底，首都师范大学成立了国内第一个全球史研究中心。虽然目前全球史研究在国内还处于起步阶段，学界也有不同的认识，但齐先生对该中心的筹备工作给予了很大的支持，并欣然担任该中心的学术顾问及中心刊物《全球史评论》的编委。这体现了齐先生作为老一辈学者对后辈学术创新的关注和支持。

### （三）重视世界史知识的普及工作

齐先生十分重视世界史知识的普及，并身体力行地做了许多工作。他早在 1994 年发表的《我国世界史学科的发展历史及前景》一文中便着重指出：“我们生活在一个正在变得越来越小的地球上，如果对外国的事物茫然无知，或所知甚少，那是无法自立生存的。对外国的了解深浅如何，可以作为测验某个国家发达程度的一项指标。”为此，他呼吁要重视世界史知识的普及工作，同时他还辩证地阐述了普及与提高的关系，说我们必须在普及工作方面下功夫，引起广大人民对世界史的兴趣，使他们通过自己的学习认识到世界史知识对于一个现代公民的重要性。在此基础上，才能产生出一大批世界史的爱好者，再从这批爱好者当中涌现一支支世界史的专业队伍和业余队伍。队伍壮大了，人才多了，高水平的学术著作才能出现。齐先生还进一步指出，普及的目的不单是为提高打基础，普及工作本身就具有巨大的社会价值。撰写深入浅出、引人入胜的通俗读物是要付出艰辛劳动才能办到的，不仅如此，这一工作非人人可办，因为能深入者未必能以浅出之。基于这种深刻的认识，为了普及世界史知识，齐先生曾先后编写多部世界历史读物。如《人类文明的演进》是齐先生与马克垚、朱龙华、刘宗绪、张象四位资深教授合编的精品读物，共 2 卷，50 多万字，勾勒了人类起源到 20 世纪末的文明史，线索清楚，重点突出，文笔生动，图文并茂，非常适合普通读者阅读。此外，齐先生还精心组织人力，编写了一套 20 册的《精粹世界史》，内容主要为世界历史上的重大事件，贯通古今，地域上包括欧、美、亚、非几大洲。例如，古代的有《璀璨的古希腊罗马文明》《西欧封建社会》《独特的拜占庭文明》等；近代的有《新世纪的曙光——文艺复兴》《英、法、美资产阶级革命》《1848 年欧洲革命风暴》等；现代的有《建设社会主义的第一次尝试》《从萨拉热窝到东京：两次世界大战》《法西斯运动与法西斯专政》《20 世纪科技革命与世界历史进程》等。这套丛书还精选了一些跨度大的专题性历史题目，从总体阐述世界史上的若干重大问题，例如《推动历史进程的工业革命》《欧洲优势 · 美苏对峙 · 多极世界》等。总体上看，这套丛书最突出的特点和优点，就是学术性与通俗性的有机结合。丛书出版后颇获好评，《世界历史》《光明日报》等报刊予以报道和评论，称之为“深入浅出，雅俗共赏”，“融深刻学术性和史实真实性于活泼流畅的文风之中”。

在工具书编写方面，齐先生主编了一部《世界五千年纪事本末》（人民出版社 2005 年版），以 200 万字左右的篇幅，叙述了从远古到 20 世纪末世界历史上发生的千余起重大事件。这部工具书的一个重要特点是“略古详今”，古代和近代史重大事件有40余条，现当代史约有700余条。《世界五千年纪事本末》叙述准确、具体，观点寓于叙事之中，不作空论，体现了工具书应有的功底深厚的特点，是一部高质量的案头参考书。

与此同时，他还多次著文鼓励人们学习历史知识。发表了《认真地读一点世界史》等文章，阐述了今天我们学习世界史的三点现实益处：第一，通过学习世界史，可以了解人类历史自古至今的发展过程及其规律，从而看清人类的光明前途，坚定我们建设有中国特色社会主义事业的信心；第二，中国是世界的一部分，中国的发展离不开世界，建设有中国特色社会主义的事业要求我们必须了解世界，既要了解它的现状，也要了解它的历史；第三，借鉴世界历史经验，可以知兴替之道。今天，作为新中国成长起来的我国第一代世界史专家，齐世荣先生虽然已年过八十，但他仍然以敏捷的学术思维活跃于教学与科研的第一线。他“精于治学、敏于致用”的学术风范影响着许多中青年学者在创新世界史研究的道路上刻苦钻研，踏实工作，为实现使我国的世界史学科在国际学术界占有重要地位的目标而努力。

# 终身从事中国的世界史研究
## ——访齐世荣教授*

齐世荣口述，邹兆辰、江湄整理
首都师范大学历史系

齐世荣，1926 年 10 月生于江苏省连云港市。原首都师范大学校长，现任首都师范大学历史学院教授，研究方向为世界现代史、现代国际关系史。主要著作有 6 卷本《世界史》（与吴于廑共同主编）、《绥靖政策研究》（主编）及论文《中国抗日战争在第二次世界大战中的地位和作用》等数十篇。

**记者**：听您讲课，或听您平时谈话，我们感觉到您的知识结构是中外兼备的。那么，在新中国成立初期，在您刚刚开始从事教学和研究工作之时，您为什么会选择当时基础比较薄弱的世界史呢？那时，您要是研究中国史不是更容易出成果吗？尤其是世界现当代史，就当时的条件来说，从事这方面的教学和研究有很多难处，您又为什么选择了这一学科呢？您觉得您从事世界史教学和研究的主要优势是什么？

**齐世荣**：当时我是怎么样走上世界史教学研究之路呢？主要有两个因素：一个是工作的分配，另一个是自己的兴趣。我是 1949 年分配到育英中学（现在是二十五中学）作政治教员，当时的校长听我的课时，发现我讲政治课经常联系历史，他就要求我兼教历史，分配我教高三的世界史。1954 年来北京师范学院，仍然分配我教世界现代史，当时老教师们不愿意教这门课，因为政治性太强，容易犯错误。而我来师范学院时才 28 岁，

* 原文载于《历史教学问题》2003 年第 1 期。

对世界史和中国史都有兴趣，老教师的顾虑我并没有，没想那么多，就走上了这条路。说到学术兴趣，就要说到我在大学时代受到的影响。我在燕京大学念了两年（1945—1947 年），又到清华大学念了两年（1947—1949 年），当时，我的一些老师，他们都是学贯中西的。燕京有两位老师，一位是齐思和先生，他开两门课，一门是《战国史》，一门是《西洋现代史》。一中一西，一古一今，都引起我的兴趣。另外一位老师翁独健先生，他是元史专家，还另外开了一门课叫《远东史》，我听过他的《远东史》。后来转学清华，有几位先生给我的影响很大，最大的一位是雷海宗先生，雷海宗先生也是学贯中西，他当时在清华教好多课，在中国史方面，他教《秦汉史》和《商周史》；在外国史方面，他教《西洋近古史》和《西洋文化史》，等等。我听他的课，印象最深的是《西洋近古史》和《西洋文化史》。再比如，邵循正先生，当时我听的他的课是《中国近代史》，但他对西方的学术非常熟悉，他又专长于中国近代史中的外交史部分；周一良先生，当时我听的他的课是《日本史》，但他本来研究魏晋南北朝史，十分有成就，也是中西兼通的。受他们的影响，我在上大学时，就对中国史、外国史都有兴趣，树立了一种使我受益终身的思想，就是研究历史，眼界要开阔。特别是清华的学风，现在有人总结是中西会通，我觉得是很对的。在这种学术背景、大环境的影响下，我在年轻时候就觉得，研究历史，虽然最后要给自己定一个范围，但是，不能除了这个范围以外，对其他的不知道，或知道的很少。当时有一件事出乎我意料，也给我留下深刻印象。做毕业论文时，我选择了一个和戊戌变法有关系的具体问题，就去问系主任雷海宗先生谁是我的指导老师，我以为一定指定邵循正先生，不料，雷海宗先生指定我跟刘崇鋐先生去做。刘先生当时教的是《英国史》《美国史》《西洋近代史》，他在清华一直都没有教过中国史。后来我才听雷先生说，刘先生对戊戌变法有专门研究。如果不是做这篇论文，我永远也不知道这么回事。我说这个例子，就是说明清华的学风，这些教授虽然有自己的专门研究，但学问的基础是广博的，都是中西会通的。至于当时最有名望的陈寅恪先生，那就更不用说了。我受到这样的影响，所以当时分配我教世界现代史，我就很自然地接受了，并没有考虑教什么更容易些。解放后，我从事世界史的教学和研究，如果说，有什么优势的话，就是我受到这些著名学者的教导，视野比较开阔。我现在已经进入老年了，虽说专业是世界现代史，但每天都用几个小时看中国史方面的书，我在这方面，有浓厚的兴趣。研究历史，是需要中外比较的，在有些事情上中、外的道理是贯通的，如果中国史、外国史都看的话，你就会看出，同中有异，异中有同，这样才不至于把自己的眼光局限在一段里。对上下左右都不知道，这样就谈不上有深入的研究。

**记者**：我们觉得，在解放后这么多年，作为一个中国学者研究世界现当代史一定会碰到许多困难，您能回忆一下您所遇到的困难吗？

**齐世荣**：困难当然有。在1978年以前，最大的困难就是当时特别强调历史要为政治服务，实际上就是强调历史要为每一阶段的现行的具体的政策服务。但是现行的具体的政策是不断变化的，而研究现当代史的学者就得紧跟，时而这样说，时而那样说，对这点，越来越觉得非常不好处理。具体地说吧，1949—1959年这十年，必须学习苏联，不仅政治一边倒，学术也是一边倒，教世界现代史就必须随时和《联共党史》对号，你不能和它不一样，否则就犯政治错误，苏联学者的书，也得经常对号。当时教世界现代史，就老得看苏联的祖波克这些人的书。中苏关系破裂之后，在1960年，就有一次检查教学上的修正主义的运动，这时候，你按苏联学者讲的东西又都是修正主义观点了。所以1960年搞教学检查时，世界现代史的教师受的批判最多。等到了“文化大革命”时候，中国现代史的教师挨批又最厉害。这是第一大困难，就是老得跟着政治形势走，基本不可能根据马克思主义的基本原理进行研究。所以在1978年以前，我写的文章很少，主要是搞翻译了。到“文化大革命”十年，就更不用说了，历史科学根本取消了。第二个困难就是资料少。世界史的资料极大地丰富起来，是在1978年以后，在这之前，我们买的书主要是俄文书，英文书和日文书买得都很少，像北京图书馆20世纪50年代的进书，俄文书占绝大部分。另外，当时原始文献进得比较少。

**记者**：在研究世界史的过程中，具备马克思主义的基本理论素养是非常重要的，您当时是如何学习和掌握这个基本理论的？掌握这个基本理论在您的世界史教学和研究中起到了什么作用?

**齐世荣**:我一开始教书就是1949年了,当时的大环境是非常强调学习马克思列宁主义、毛泽东思想的,所以在年轻的时候,我在这方面下了很大功夫。经过这么多年的学习,直到现在,我仍然对马克思主义有很大兴趣。因为我认为,经过反复的比较,马克思主义的基本原理最能够从大的方面、基本道理方面把历史讲透。比如,经济基础决定上层建筑,上层建筑对经济基础有反作用,归根结底是经济因素起作用,等等,这些最基本的原理,我认为迄今为止没有理论能够超过,也不能代替。我教学生,强调有五本书一定要反复读,有《〈政治经济学批判〉序言》《共产党宣言》《反杜林论》《路德维希·费尔巴哈与德国古典哲学的终结》,我认为历史唯物论的最根本的道理,在这四本书里都讲得很透彻了。另外一本是《路易·波拿巴的雾月十八日》,这是马克思自己写的一部当代史,研究当代史的人可从这本书里学到如何写当代史。至于马克思研究历史得出的一些具体结论,那就不是到哪个国家都适用了。对马克思主义下过一番功夫的,即使是西方资产阶级学者,他们也认为马克思对历史学贡献很大,比如巴勒克拉夫,在《当代史学发展趋势》中,他曾就此讲了五点。再有就是伊格尔斯,他是美国现在著名的研究史学史、史学理论的学者,我与他相当熟悉,他对马克思主义的研究是很深入的,他也承认马克思主义对历史学的贡献和影响。现在西方的新理论层出不穷,风行一时,有些青年人容易追求这些,可是其中很多东西,如果你看的东西多了,从一开始出现时你就会发现它的局限性很明显。比如,有一阵一些学者特别相信计量史学,实际上多想想就知道,如意识形态、文化这些方面,你怎么能够计量呢?研究古代经济史也常常没法计量,因为资料太少。恩格斯在马克思墓前的讲话,说马克思有两个伟大发现,其中之一就是发现了人类历史的发展规律。我认为有了这个基本理论,尤其在研究世界现代史、当代史时,大方向就能把握住。现在有的人就被当代的一些现象迷惑了,甚至把资本主义国家过分美化,但是如果我们掌握了马克思主义基本原理,就不会这样了。下面,我在讲绥靖政策时可以再说明这一点。

**记者**:20世纪50、60年代,苏联史学对中国的世界史研究影响很大,今天您是如何估价苏联史学的这种影响呢?

**齐世荣**:我认为,这个影响既有积极的方面,也有消极的方面。积极的方面就是把历史唯物主义介绍到中国来了。苏联史学在大的方面是试图按照马克思主义的指导进行研究的,而我国在1949年以前受实证史学的影响比较深,至于马克思主义理论如何运用于具体的世界史研究,那还是通过苏联介绍过来的。从具体的方面说,苏联有些历史著作,今天也不能说就没有价值了,有些分析是有道理的。在20世纪50年代,教材只能用苏联的,比如,中古史用的是斯卡兹金的,近代史用的是叶菲莫夫的。至于消极影响,主要是教条主义。比如说,他们讲"五种生产方式",当年我们也这么讲,少一种都不行。雷海宗先生说奴隶社会不一定普遍都有,就成右派了。"五种生产方式"是列宁斯大林讲过的,而马克思只是说"大体说来"如何,而且,他还曾讲过,他所说的情况是仅限于西欧的。列宁在《论国家》里讲了五种,到《联共党史》第四章第二节,那就更确定了。苏联史学里还有歪曲马克思主义的,比如,斯大林讲,社会主义建设越成功,阶级斗争就越激烈。当时我们讲现代史,也都得这么讲。还有,苏联史学一个很大的毛病,就是先有结论,后凑例子,这种倾向很严重。一旦脑子清醒了再看,发现事实太不具体,基础太薄弱,给人假大空的感觉。当时苏联的《历史问题》杂志,你们可以去看看,一篇研究希腊罗马史的文章,头一段讲的是十九大(1952年苏共十九大)召开了,斯大林同志指示什么,对我们有什么教导,然后再写我要研究什么事情。现在觉得真是不可思议。再比如,说一个人是工贼,但他在工会里担任什么职务呢,则不写。而现在苏联解体以后,又对以前的史学批得太凶了,意识形态大翻个,对社会主义文化也一笔抹杀了。其实有一些著作,到现在西方人也还承认。

**记者**:在20世纪60年代初期,您与其他几位先生一起翻译了斯宾格勒的《西方的没落》,这是我国比较早的一部关于西方现代史学思想的译著,在20世纪80年代产生了很大的影响。当年您是怎么想到翻译这部书的呢?现在您怎样评价这部书的史学思想?

**齐世荣**:在20世纪60年代,上级要求学术界批判在西方有影响的著作，让自己挑，由上面认可。我在上大学的时候，跟雷先生读过《西方的没落》，但也只读过一部分。这部书讲的“文化形态史观”曾经有较大的影响，斯宾格勒表面上说，世界上文化有很多种，都有生有死，不分优劣，这很迷惑人。斯宾格勒的书特别晦涩，很难读，他爱杜撰概念，又很博学。所以我们很难做到全部翻译，只是翻译了一半。这书的第一卷第一章是“数”，还有音乐、建筑，没能力翻译，我们就挑了第二卷，和历史、政治有关的，然后把第一卷的序言翻译了。有人说斯宾格勒是反对西方中心论的，这不对，他表面上反对西方中心论，骨子里是西方中心论。斯宾格勒认为八种文化里七种都已经死亡了，只有西方文化还有生命力，这不是西方中心论吗？在西方文化里，他又挑出德意志民族，说德意志民族有一种宿命，实际上是说德意志民族是最优秀的。英国史学家汤因比受斯宾格勒影响很大，多卷本《历史研究》在历史哲学体系上与斯宾格勒是一样的。巴勒克拉夫对“文化形态史观”的看法是很重要的，他说：“正因为他（汤因比）最早发动了对欧洲中心论的猛烈批判（尽管他的全部历史观充满了他所攻击的那种欧洲中心论的异端邪说），因而具有解放的作用，这才是他名满天下的原因。”这也可以用在斯宾格勒身上。斯宾格勒的观点是极端的唯心论，他说自己的方法是直觉的，每一种文化都有一种灵魂，彼此互不理解，那问题是你怎么都能理解呢？斯宾格勒在中国对“战国策派”影响最大，雷海宗先生就太迷信斯宾格勒这套体系，让我感到不可理解。

**记者**：您参与翻译的这部书，在20世纪80年代中后期，有很大的影响，它毕竟使我们了解了“文化形态史观”是怎么一回事，“唯心主义”地讲文化的精神是怎么样的讲法，它和马克思的唯物主义理论又怎么不一样。

**齐世荣**：这部书总是有人看。在“文化大革命”以后，商务印书馆再版了两次，都卖完了。当时翻译这部书是很困难的，进行得极慢。所有的注释都是我做的，现在看看都奇怪，当时在图书馆是怎么把这些资料找出来、把这些注解做出来的。当时才三十几岁，精力旺盛，正是研究学问的好时候。

**记者**：记得在粉碎“四人帮”不久，您写过一篇文章《谈历史科学为无产阶级服务》，讲史学和政治的关系，那篇文章对于澄清当时人们思想中的混乱起了很大作用，今天，您是怎样看待史学与政治的关系呢？

**齐世荣**：1979 年，武汉大学开了一次世界史学术讨论会，我在这个会上做了发言，就是谈这篇文章的意思。史学与政治不可能没有关系，任何一个历史学家总是一个历史阶段的一定政治环境下的人，他自觉不自觉地受政治影响。马克思主义史学家当然要为人类走向社会主义、共产主义这个最大的政治服务，这不是一句空话，我们在历史发展的不同阶段都要有使命感。西方学者讲为史学而史学，其实并不是的。对于中国现在的马克思主义史学家，最大的政治就是为建设有中国特色的社会主义服务，我们要为这个最大的政治，根据史学本身的特点去服务，而不是把每一篇文章去和每一项现行的临时的政策去对号。我觉得，邓小平的话说得最透彻："党对文艺工作的领导，不是发号施令，不是要求文学艺术从属于临时的、具体的、直接的政治任务，而是根据文学艺术的特征和发展规律，帮助文艺工作者获得条件来不断繁荣文学艺术事业，提高文学艺术水平"①。我是受到他的启发才写这篇文章的。那么，在今天，就我研究的世界现当代史，和政治是什么关系呢？怎么才算是从最总体的方面为建设有中国特色的社会主义服务呢？我认为有这么几点：第一，要阐明历史发展规律，阐明历史是从低级到高级发展、人类是向社会主义、共产主义这个方向发展，给年轻人树立一个正确的人生目标。现在的年轻人有不少只顾眼前的利益，不讲人类的前途、国家的前途，这是一个世界性的问题，在西方尤其厉害。年轻人如果只想如何找一个好工作、多挣钱，没有什么大的理想，只是贪图眼前的物质利益，如果都是这样的话，人类就很难进步了。所以讲世界现当代史，还是要讲历史是发展进步的，讲历史的前途所在。第二，世界现当代史最能有力地从历史的角度说明社会主义初级阶段这个重要的理论，它是怎么来的。十月革命以后苏联建立了社会主义制度和社会主义国家，这之间有成就有失败；新中国在建国以后也有成就有失败，怎么样最后总结出经验、总结出理论来？邓小平研究并总结了国际共

① 《邓小平文选》第二卷，人民出版社 1994 年版，第 213 页。

产主义运动的经验，研究了中国的经验，最后得出：社会主义初级阶段这个历史阶段不能超越。世界现当代史能够最好地讲清这个道理。我认为，在邓小平理论里，讲社会主义初级阶段是相当重要的一点，过去没有解决好这个问题。列宁也认为实现共产主义不需要很长时间，在《论国家》里，他曾对青年人说，我们这代人看不见共产主义了，你们可以看得见，这估计得太快了。苏联后来越估计越快。我们也有脑子发热的时候。1958年，我带学生参观河北省一个据说是实现了共产主义的县，当时岁数大一点的，脑子里都有疑问，但不敢讲。第三，根据历史唯物主义基本原理，现当代史应该深刻说明20世纪各种大问题、复杂问题。比如总结两次世界大战的历史经验，来看21世纪如何实现世界和平；研究苏联这第一个社会主义国家为什么解体；研究资本主义国家在第二次世界大战后为什么会迅速发展；研究经济全球化和第三世界的关系；等等。再比如文化问题，过去人们研究的文化都是精英文化，而现在有一个大问题，就是通俗文化、大众文化，这是研究当代史的一个大课题，西方已经有很多人在研究这个问题了，中国还没有多少人研究。我想研究这样的问题都是从大的方面为政治服务。绝不能把学术研究和政治画等号，那样非犯错误不可，今天这样说，明天又那样说，使后人不信。有一些教训是很深刻的，如苏联史学家早年说14国武装干涉的主角是英国，这是对的。第二次世界大战以后，他们要反对美国了，就说14国武装干涉的主角是美国，这就不对了。再比如，1959年以前，你就不能讲沙俄侵华的事，因为中苏友好，范老倒是说过沙俄侵华也可以研究，但事实上就是你写出来，也没人给你发表。珍宝岛事件之后，才开始大讲沙俄侵华史。

**记者**：您对20世纪30年代英、法等国的绥靖政策很关注，投入很大精力进行这方面的研究。我们看到《历史研究》2000年第1期上有您的新作《论英国对意大利的外交政策》，您认为这个问题有什么样的重要性？

**齐世荣**：英法的绥靖政策是导致第二次世界大战的一个重要原因，研究第二次世界大战，这是必须研究的问题。但是，多数西方资产阶级学者老要给这件事翻案，就是不承认英法对法西斯国家的纵容是第二次世界大战爆发的重要原因。这也说明政治意识形态对历史学家的影响太厉害了。即使铁案如山，他们还是要挖空心思，做各种巧妙的解释，说在当时只能这样做，没有别的办法，并不是他们想牺牲谁，而是在那个环境下，这是唯一可行的政策。他们不肯承认自己的政治家在当年干过很丑恶的事，总要把它粉饰成一个积极正面的政策，而不是纵容法西斯国家。我的研究就是跟他们针锋相对，还历史真相。他们的研究很细致，不断地从各方面找材料，辩解也越来越精巧。我对他们的东西一般都掌握，对这个问题研究得也比较深入。今年我又写了《论英国对意大利的外交政策》，以往国际上研究对意大利绥靖政策的文章比较少了，国内还没有见到深入的研究。

**记者**：您已经是德高望重的学者了，现在年事已高，但您还是不断有新的研究成果问世，是什么样的动力使您这样孜孜不倦呢？

**齐世荣**：其实我现在已经写得很少了。我觉得一个学者如果不继续研究了，学术的生命也就停止了。很多人也劝我别写了，到处玩玩，多活几年。可我觉得，这没什么意思。从事研究一辈子，如果说到了晚年，忽然厌烦了，这是极端错误的。以后即使我写不动了，或写得很少，但还是要继续看书的，还可以说一说。在这方面，一些老师给我树立了很好的榜样。周一良先生晚年得了帕金森症，他不能写了，但口述文章。白寿彝先生也是我老师一辈的人，他开始编20卷本的《中国通史》时，是70岁。这个毅力是了不起的。结果他90岁完成了这个工作。季羡林先生也是我老师一辈的人，他的《糖史》也是在80岁以后写的。应当学他们的精神，当然成就有高低。我60岁以前写东西比较快，现在相当慢了，但还可以写。对一个学者来说，你看了书之后，研究了之后，确实有心得，你就想把它写下来。我可没有想再出什么名。我也没有奢望说，自己的东西几十年、几百年之后，还有人看，只是确实有心得，就把它写出来，总是一点贡献。

**记者**：您今后在研究上有什么具体的设想吗？

**齐世荣**：很难说。我的兴趣比较多，对史学理论也有兴趣。我写过一篇《合之则两美，离之则两伤》，登在《史学理论研究》2001年第2期上。最近我还想写一篇《历史规律与人的能动性》。当然，绥靖政策问题我还要继续研究。现在正在与一些同志合写《20 世纪的历史巨变》。

**记者**：你觉得当前我国世界史研究的水平如何？中国学者有没有建立自己的世界史学科体系？与发达国家相比，我们在研究上的差距主要是什么？

**齐世荣**：从 1978 年到现在，世界史的研究有极大的进步，这个进步不仅是量上的，质的方面也有很大的进步。最突出的表现是，中国学者对一些问题有了自己的看法。新中国成立前，我们主要是跟着欧美跑，“文化大革命”前，主要是跟着苏联跑，而现在能提出自己的看法了。跟世界上发达国家相比，我们对世界史的研究还有较大的差距，因为我们研究外国，起步较晚。我写过一篇《我国世界史学科的历史回顾和展望》的文章，谈到这些问题。一门学科从建立到成熟，没有几百年不行。所以，我认为中国学者还没有建立起中国的世界史学科体系。建立体系很难，西方学者也没有几个真正建立体系的，他们有一个大弱点，就是对东方研究太少。苏联的十卷本《世界史》，后来又续了很多卷，他们要建立一个体系，但基本上是“西欧中心论”。剑桥那套书，从古代、中世纪到近代，更是西方中心论的体系。真正用马克思主义为指导的、大体上能够说服人的这么一个体系，我认为全世界都没有，中国也没有。这得经过多少代人的积累。比如，建立一个世界史体系，你要研究伊斯兰世界历史这一大块，但中国这方面的专家太少了。拿欧洲来讲，到现在我们还没有一个西班牙史专家，在北欧历史方面，也没一个专家。建立世界史体系，对主要的文明、主要的国家都得有研究，这不是一个人、一代人能做到的，保守地说，也得过五十年以后。说到差距，我认为一方面是我们研究的题目比较老，比较窄，眼光刚刚摆脱政治史的局限。比如谈到 1929—1933 年的经济危机，就说日本、德国为了摆脱经济危机、转嫁经济危机，而发动对外战争，这是一个很笼统的说法。至于它如何一步步地走到要发动战争的地步，我们并没有拿出很信服人的说法。经济史、文化史的研究刚刚开始，还有许多新的视野、新的问题，是我们根本没想到的。比如，在 1985 年第 16 届国际历史科学大会上，我看到一个题目，讲高速公路对社会的影响；还有文章深入研究第二次世界大战时期的电影对战争起了什么作用？

西方研究大众文化、通俗文化，已经出过百科全书了，对这个东西你还非研究不可，你看看现在电视对人的影响比什么书都厉害。还有食品文化的影响，美国靠麦当劳、肯德基这些东西就把文化推广过来了，服装文化也是一样，它们比西方小说的影响要厉害多了。另一方面是研究方法比较单一。例如前面讲到的计量史学方法，我们仍然停留在介绍阶段上，至今无人按照这种方法写出有分量的专著或论文来。它的有效性如何？局限性又如何？要拿出具体成果，才能看得清楚。再一个差距就是资料方面的问题，这倒容易弥补，以后有钱了就多买吧。中国人研究世界史，大有可为。随着我国的国际地位的不断提高，世界史研究的重要性将越来越看得清楚，也必将越来越受到重视。今天的中青年一代，是我国世界史学科的希望所在。我祝愿他们勇攀科学的高峰，为我国世界史学科在世界史坛上占有一席重要地位而奋发努力。

# 我国世界史学科的一位开拓者
## ——齐世荣教授学术成就评介*

张宏毅
北京师范大学历史系

今年是我国著名世界史学家齐世荣先生八十华诞。先生学问渊博，治学严谨，既注重对基础理论的研究与探讨，又注意对国内外最新学术动态的追踪和把握；既注重对历史的宏观概括，又不放过对重要史料的细心考证。对年轻一代本科生、研究生和史学工作者的培养，一向坚持高标准、严要求。在约六十年治学、从教的经历中，先生为推动我国世界史，特别是世界现代史的研究与教学作出了突出贡献，成绩斐然。在此，借庆祝先生华诞之机，总结他的学术成就，以供中青年史学工作者从中获得有益的教益和启迪。

## 一、走向成熟的历程

齐世荣先生1926年10月生于江苏省连云港市，很小的时候来到北京。他成长的青少年时期，正是祖国处在灾难深重的危急关头。先生当时因痛恨日本帝国主义，不愿当亡国奴而由北京冒险到了四川。高中时就读于重庆清华中学。这是一所教学质量很高、对学生要求十分严格的学校，从而给他打下了扎实的基础。1945 年考入成都燕京大学历史系，1947 年转入

* 原文载于《首都师范大学学报（社会科学版）》2006 年第 5 期。

清华大学历史系，1949 年毕业。先生在燕京和清华大学读书时，曾受教于我国著名历史学家陈寅恪、雷海宗、邵循正、齐思和、翁独健、周一良等先生。这些先生功底深厚，学问渊博，各有专精的研究，又有学贯中西、视野开阔的共同特点。这些先生学术研究的特点，加上清华大学历史系一贯强调中西贯通的学风，给齐先生以很深的影响，也是他以后在教学和科研中时刻用以自勉的。

如果说，齐先生在学习阶段打下了扎实的业务基础，那么，在进入工作阶段之后，他又进一步拓展了业务领域，提高了理论水平和见识力，从而使他在学术研究的领域里日益成熟。先生的教学生涯是从中学开始的。大学毕业后，他被分配到北京育英中学（今第二十五中学），教高三年级的世界史和政治课，不久担任教务主任并于 1953 年光荣加入中国共产党。这段经历对他的人生有着深刻影响，使他切实地接触到普通中学的教学实际，并在广阔范围内学习和钻研世界史问题。和今天有些青年教师轻视中学教学不同，先生十分珍视并怀念这段时光。事实上，中外史学家中有许多人都曾有过中学教学的可贵经历，并以能直接面向青少年学生而感到自豪。

1954 年，齐先生调入北京师范学院（今首都师范大学）历史系，用他自己的话说，一干就是 50 多年。这期间，先生主要从事世界现代史、现代国际关系史和史学方法几门课程的教学，同时在整个世界史研究方面不断开拓并作出新的贡献。

从 1954 年至今 50 多年时间，齐先生的学术和政治生涯大致经历了两个阶段。从 1954 年到 1976 年“文化大革命”结束是第一阶段。齐先生是一位优秀的教师，他的教学效果一直很好，深受学生欢迎，听过他讲课的老学生至今犹称道不已。齐先生一面教学，一面担任历史系党总支书记，是“双肩挑”的干部。在政治运动接连不断的情况下，他基本做到了“两不误”，甚至抓紧时间学会了俄语，在 1958—1959 年间翻译了《蒙古近代史纲》一书。今天看来，他的这种作为值得称道，但在当时却属于走“白专道路”的性质。1958 年，“大跃进”运动在全国轰轰烈烈展开，高等学校也是一派热火朝天。齐先生在历史系总支书记的岗位上，坚决抵制了只讲去工厂农村劳动、不要课堂教学的错误倾向，对成天忙于“人人作诗”“大搞卫生”等一系列严重破坏学校教学秩序的运动表示强烈不满，结果作为学校反对“大跃进”的重点人物而遭到批判。这一方面说明先生际遇坎坷，另一方面也说明他见识的敏锐以及作为一位学者和政治工作者光明磊落的态度。1959 年受处分以后，齐先生并未意志消沉，仍与戚国淦教授等五人合译了德国历史哲学家斯宾格勒所著的《西方的没落》一书，实属难能可贵。

1976 年“文化大革命”结束之后，齐先生开始了自己学术生涯的第二阶段。这个阶段的 30 年，是先生焕发学术青春的 30 年，是大展宏图的 30 年。先生的见识和才华在这可贵的 30 年里得到充分发挥，他对世界史学科的卓越贡献有目共睹。

1978 年，我国即将走上改革开放之路，先生此时从讲师直升为正教授，这在当时是少有的。不久，先生担任了历史系主任工作，并于 20 世纪 80 年代末被任命为首都师范大学校长，从而使他有机会把自己的学识和教育理念实际应用于行政管理工作。不过，即使在百忙之中，先生仍抓紧时间从事教学和学术研究。除了招收一批又一批硕士生和博士生，在相当长一段时期他还坚持给本科生上课。在我的印象之中，先生最初研究工作的重点放在原始资料的收集、翻译和编撰上，经过多年努力，从 1980 年到 1982 年先后出版了《世界通史资料选辑·现代部分》第一、二册。它是我国第一部关于世界现代史的原始资料汇编，而且迄今为止仍然是内容最为丰富的。先生如此注重史料，与他的史学思想是完全一致的。他一再强调要有严谨的学风，必须既掌握理论，又占有史料，二者结合才能有真正的研究。我们看到，在以后的日子里，他对理论的钻研和对史料，特别是新材料的搜寻是如此执着，实在是他在最近 30 年取得巨大成就的重要原因之一。

在几十年的学术生涯中，先生先后担任了若干社会兼职，除前面提到的系主任、校长等行政职务，还担任过国务院学位委员会历史学科评议组成员，中国社会科学院世界历史研究所学术委员会委员，中国历史学会副会长和中国世界近现代史研究会会长、名誉会长等职。先生运用自己的学识，也利用他担任的各种职务，为推动我国世界史学科的建设和发展以及人才的培养，尽职尽力地工作，直到今天，还在发挥着作为开拓者和带头人的重要作用。

## 二、坚持唯物史观，求实而辩证地对待历史问题

齐世荣先生高度重视马克思主义唯物史观的指导作用，他认为从事历史研究没有理论修养是不行的，治史者必须首先打好这个重要的基础。理论水平越高，驾驭史料的能力就越强，才会写出真正有创见的文章。他指出，现在有些青年对理论重视不够，其中原因之一是“文化大革命”所造成的逆反心理。由于“四人帮”歪曲历史，也把马克思主义理论糟蹋了，名声弄坏了，所以“文化大革命”后有些青年人就错误地认为西方资产阶级的理论才是最新最好的。其实，马克思主义是一个博大精深的体系，迄今为止还没有任何学问能超过它。马克思主义理论仍然是我们研究历史的一种基本功。齐先生指出，这不仅是我们的看法，西方一些真正有见识的史学家也是承认马克思主义理论对于历史研究的贡献的。他举例说，巴勒克拉夫在《当代史学主要趋势》一书中说：“马克思主义的影响之所以日益增长，原因就在于人们认为马克思主义提供了合理地排列人类历史复杂事件的使人满意的唯一基础。”①美国史学理论与史学史专家伊格尔斯也说：“马克思主义史学明显地影响了非马克思主义史学家，把他们的视线引到历史中的经济因素，引导他们研究被剥削者和被压迫者。”②

齐先生要求学生必须认真学习马克思主义原著，并指定四本书让学生精读：第一，《共产党宣言》，这是科学共产主义伟大的纲领性文件；第二，

① 杰弗里·巴勒克拉夫：《当代史学主要趋势》，上海译文出版社1987年版，第27页。

② 伊格尔斯：《历史研究国际手册》，华夏出版社1989年版，第14—15页。

《〈政治经济学批判〉导言》，这篇文章对唯物主义历史观作了精辟的论述；第三，《反杜林论》；第四，《路德维希·费尔巴哈和德国古典哲学的终结》。关于后两本，恩格斯曾说："我在这两部书里对历史唯物主义作了就我所知是目前最为详尽的阐述。"对于攻读世界现代史博士和硕士学位的研究生，齐先生要求他们再精读马克思的《路易·波拿巴的雾月十八日》，以便学习经典作家是如何撰写现代史的。

齐先生不仅重视马克思、恩格斯等革命导师创立的学说，同时强调重视对其他无产阶级革命家理论观点的研究。他曾提到对卢森堡的评价问题。卢森堡与列宁发生过几次分歧与争执，但总的说来，列宁认为卢森堡是"世界无产阶级国际的优秀人物"；然而到斯大林时期，苏联对卢森堡的评价发生了突变，这是因为卢森堡一贯强调反对官僚主义和特权化，反对权力过于集中，主张党内民主和社会主义民主，这些实际上是对30年代苏联出现的对斯大林"造神运动"的否定。齐先生指出："苏联解体后，我们总结苏联兴亡的历史经验教训时，回过头来再看卢森堡的理论学说，对其中的合理内核就可以看得更加清楚了。"①

齐先生一贯强调，马克思主义不是僵死的教条，而是发展的学说，并主张参与这种发展。他说："马克思主义是在不断发展的，列宁主义、毛泽东思想、邓小平理论都是它各个阶段的发展，同样是我们研究历史的指南。马克思主义今后仍然需要继续发展，这不仅是政治家的事，各门科学的专家包括历史学家，都有责任参加这项伟大的工作。"② 与此同时，他批驳了所谓"马克思主义过时"论。他说："今天有些青年好骛新奇，看到一种新学说、新理论，就以为旧学说、旧理论一文不值，可以抛弃了；有人甚至认为马克思主义产生于19世纪，已经过时了。这种不加分析的、

① 《漫谈学风问题和学术批评问题》,《齐世荣史学文集》，人民出版社2002年版，第432—433页。

② 《漫谈学风问题和学术批评问题》,《齐世荣史学文集》，人民出版社2002年版，第434页。

盲目的‘喜新厌旧’是十分错误的。”①

齐先生认为，应当全面理解和运用马克思主义研究历史的方法。他依据马克思主义关于经济是基础，政治则是经济的集中表现，又反作用于经济的基本原理，认为“纠正传统史学以政治史为中心的偏颇，并不等于说政治史就不重要”；“重视经济基础的研究，决不意味着可以忽视政治以及其他上层建筑的研究”②。他引证恩格斯在1890年10月一封信中的精彩表述：如果“认为我们否认经济运动的政治等等的反映对这个运动本身的任何反作用，那他就简直是跟风车做斗争了……再说，如果政治权力在经济上是无能为力的，那么我们何必要为无产阶级的政治专政而斗争呢？暴力（即国家权力）也是一种经济力量！”③ 他又着重强调研究意识形态与政治经济的关系的重要性，指出“社会存在决定社会意识，一定的意识形态是一定社会的政治和经济的反映，但是意识形态一经产生，就具有相对的独立性”；而且，“意识形态的影响，有时比政治的影响还要持久得多。某些政治条约举世瞩目，当时看起来似乎作用很大，但不久便‘灰飞烟灭’了”。例如，1938 年 9 月 30 日签订的《慕尼黑协定》，英国首相张伯伦吹嘘它将带来一代人的和平，但是转过年来的 3 月 15 日便被希特勒撕毁了。“因此，对具有相对独立性的意识形态的研究是十分必要的。但是这种研究相当困难，意识形态不像政治、经济事实那样具体，它对人们的影响主要是精神方面的，确实存在，但又不易捉摸，更难用量化的材料来说明。这就要求我们付出艰巨的努力。”④ 总之，齐先生认为，研究历史时应当把经济、社会因素同政治、文化等因素联系起来进行综合考察，否则就会把错综复杂的历史现象简单化。齐先生自己在研究绥靖政策产生的原因时，既注意政治因素，也把经济、军事、意识形态等因素一并予以考察；

---

① 《〈经济社会史研究丛书〉总序》，《齐世荣史学文集》，人民出版社 2002 年版，第 453 页。

② 《〈经济社会史研究丛书〉总序》，《齐世荣史学文集》，人民出版社 2002 年版，第 453 页。

③ 《马克思恩格斯选集》第 4 卷，人民出版社 1995 年版，第 704—705 页。

④ 《〈20 世纪文化〉序》，《齐世荣史学文集》，人民出版社 2002 年版，第 448—449 页。

在研究苏联剧变和解体的原因时，既分析苏联高度集中的经济体制，也分析苏联高度集中的政治体制和文化体制，更着眼于苏联党的民主集中制的破坏。

齐先生在论述唯物史观的重要性时有个显著的特点，就是他能够十分娴熟地把马克思主义创始人的主张和我国优秀传统文化结合在一起加以思考。例如，他一方面谈到“对历史中经济、社会因素的重视，首先应归功于马克思主义创始人”，但紧接着就指出，中国“古代一些卓越的史学家相当重视经济和社会因素在历史上的作用，这在其他国家的史学史上是很罕见的”。他指出，在司马迁的《史记》中就包含有“试图用经济现象说明社会问题和社会意识问题，并把经济发展状况同政治上的治乱兴衰联系起来的卓越见识”；同时还指出，在班固所著《汉书》和杜佑所著《通典》中同样包含着重要的经济思想。①

齐先生既重视马克思主义理论的指导作用，也重视历史材料的扎实可靠。历史无法再现，只能通过史料来研究，因此必须从史料的搜集、鉴别和分析着手。在中国研究外国史，搜集材料有很大困难。20 世纪 80 年代初，“文化大革命”刚刚结束，那时外文资料还很缺乏，但即使在这样的条件下，齐先生所写的几篇有关国际关系史的论文也有材料丰富的优点。当时齐先生遍寻北京各大图书馆，搜集有关资料，仍感不足时就想方设法托人在国外复印。有了丰富的材料，还需作进一步的鉴别、归纳、分析等工作，为此考据是治史者不可缺少的一种基本功。齐先生有感于新中国成立后几十年来时而重理论、轻考据，时而重考据、轻理论，特别是“文化大革命”后一些青年学者的文章时有“硬伤”的缺点，专门写了一篇文章讨论理论与考据的关系②。他以陈寅恪、陈垣两位史学大师身居南北两地，考杨妃入道之年同一问题，得出同一正确结论为例，说明如果方法正确，运用得当，考据是有科学性的。齐先生

① 《〈经济社会史研究丛书〉总序》，《齐世荣史学文集》，人民出版社 2002 年版，第 452—453 页。

② 《杨妃入道之年考读后——兼论考据在史学研究中的作用和地位》，《首都师范大学学报（社会科学版）》1989 年第 5 期，第 377—393 页。

说，我们应当向马克思学习，把观点与材料融为一体，达到高度的统一。《资本论》在当时是最新最革命的学说，但又是以最扎实、准确的材料为基础写成的。马克思说："我的《资本论》一书引起了特别大的愤恨，因为书中引用了许多官方材料来评述资本主义制度，而迄今为止还没有一个学者能从这些材料中找到一个错误。"①

## 三、世界现代史和现代国际关系史学科的开拓者和带头人

在齐先生的学术活动中，世界现代史和现代国际关系史是他从事教学和研究活动的主要领域，在这个领域取得的成就也最为突出。世界现代史是古老的历史学科中一个年轻的分支。从世界范围看，这一学科是在第二次世界大战结束以后才逐渐建立起来的。从我国看，新中国成立之前各大学极少有人研究世界现代史，也很少有人开这门课程。新中国成立以后，我国各高校先后设立了世界现代史课程。齐先生从 50 年代至今一直从事这门课程的教学和研究，主编了若干套有影响的通史、教材和资料文献集，撰写了一系列论文和专著，为世界现代史学科的奠基工作付出了辛勤的劳动。与此同时，在现代国际关系史领域也作了一系列开拓性工作。限于篇幅，此处着重介绍以下四个方面。

### （一）对世界现代史学科的特征和重大意义作深入探讨

首先，明确界定了世界现代史学科的基本特征。世界现代史大体上相当于 20 世纪的世界历史，对于这一点达成共识较早。但 20 世纪世界历史的特点是什么？吴于廑教授 1984 年在我国第一次提出，应把研究世界史的注意力引向历史怎样"在愈来愈大的程度上成为全世界的历史"，这个看法对世界现代史研究很有启发性。齐先生在一篇文章中着重论述世界

① 《马克思恩格斯全集》第 22 卷，人民出版社 1965 年版，第 165 页。

现代史的特点，指出世界现代史的“研究对象是从20世纪初到今天世界走向整体化的过程”。他在与吴于廑先生共同主编1994年出版的《世界史·现代史编》的“前言”中指出：“世界历史虽然从近代已经开始，但到20世纪世界才在经济、政治、文化各个方面联系成一个息息相关的整体。因此在一定意义上可以说世界史就是现代史。反过来看，现代史又只有用世界一体化的眼光才能认清它的实质和各种问题，因此在这个意义上又可以说现代史就是世界史。”① 不少西方学者认为编写世界通史（包括世界现代史在内）是不可能的，《新编剑桥世界近代史》的主编克拉克就曾说过，按照其编写宗旨，《剑桥近代史》新版不过“是许多符合事实而又前后一致的评价的汇编”。这套书第12卷（相当于现代部分）的主编莫瓦特也同意这种看法，他说：“今天几乎没有历史学家……认为我们还能写出世界通史或终结性的世界史。”② 针对此点，齐先生做了很好的回答。他说：“终结性的世界史，是不可能写出来的，因为任何一代人，无论晚到什么时候，都不可能穷竭真理。但是，世界通史，包括断代性的世界古代史、世界近代史、世界现代史，都是完全能够写出来的，而且能够写得越来越接近客观真实。”他还说：“作者要想把充满矛盾运动的全球一体化的历史进程和概貌勾画出一幅清晰的图像，是很不容易的。但是，难道我们因此就可以止步不前，满足于把一批又一批的专题论文和国别史或国别史的汇集堆在读者面前吗？如果只是这样做，他们关于现代史的局部的、具体的知识虽然会增加很多，但将永远不会知道‘世界’现代史是个什么样子。人类发展到20世纪，已经到了一个新的转折点：发达的科学技术可以极大地造福人类，但也达到了可以毁灭人类的地步。世界现代史学家有责任用清醒的、深刻的历史认识去启发人们，使人们变得更加理智、更有远见。但要做到这一点，就不能只有微观的历史研究，而无宏观的历史研究。‘细节’固然需要知道，但在一定意义上‘总画面’更需要让人们清

---

① 吴于廑、齐世荣：《世界史·现代史编》，高等教育出版社1994年版，第1页。

② 参见中文版《新编剑桥世界近代史》第12卷，中国社会科学出版社1987年版，第2页。

楚。研究世界现代史的学者应当不怕困难，勇敢地承担起贯通、综合、概括的工作。”① 齐先生的论述得到许多世界现代史同行的赞同，一批综合性的世界现代史著作、教材在我国陆续出版，这些著作力求使20世纪发生的纷纭复杂的各种事件统一于世界历史整体发展进程之中，在揭示世界现代历史本质运动上做了进一步有益的探索。

其次，高度评价了世界现代史的社会功能。齐先生认为，研究世界现代史有重大意义。第一，在经济全球化的时代，任何一个国家要立足世界，都不能闭关自守，都必须了解世界，既要了解世界的今天，也要了解世界的过去，特别是距今最近的20世纪的历史，即世界现代史。面向世界的中国，在同外国交往时，在向外国借鉴时，必须知己知彼，才能做到“洋为中用”。例如，我们在实现四个现代化的过程中，不能只停留于了解资本主义发达国家的现状，还必须深入了解它们现代化的全部历史，研究其正反两方面的经验教训。我们要建立中国特色社会主义，就有必要研究当年苏联革命和建设的经验与教训。不能因为今天苏联解体了，就说它没有成功的地方。当然，它的解体，说明有很大的失误。对于这些失误，我们应当怎样避免？这些都需要研究世界现代史。

第二，研究世界现代史，可以为研究世界近代史、世界古代史提供钥匙。马克思有段名言是大家熟悉的，他说：“人体解剖对于猴体解剖是一把钥匙。反过来说，低等动物身上表露的高等动物的征兆，只有在高等动物本身已被认识之后才能理解。因此，资产阶级经济为古代经济等等提供了钥匙。”② 法国年鉴学派史学家布洛赫也说：“历史感的培养并非总是局限于历史本身，有关当今的知识往往能以一定的方式更为直接地帮助我们了解过去。”齐先生指出，现在有许多资产阶级历史学家对人类前途丧失了信心，但是，“我们如果通过现在对人类的过去有一个贯穿古今的了解，就会发现：无论如何，人类历史是一个不断进步的过程。从原始、孤立、分散的人群发展为全世界成一密切联系的整体，从原始社会发展为资

---

① 齐世荣：《关于开展世界现代史研究的几个问题》，《历史教学问题》1988年第2期。

② 《马克思恩格斯选集》第2卷，人民出版社1995年版，第23页。

本主义社会和社会主义社会，人类毕竟是在前进的，虽然前进的道路是曲折的，有时看来似乎是停顿的、甚至是倒退的。”“研究历史，就可以提高人们的觉悟程度，增强人们对世界前景的信心。”①

第三，辩证地分析研究世界现代史的不利条件和有利条件。齐先生认为，研究现代史，包括世界现代史，确实有很多困难，但也有有利条件，看不到有利条件也是不对的。他着重指出以下三点：

其一，研究世界现代史，有一生看不完的大量史料，这既是有利条件，也是不利条件。过去人们总以为研究现代史看不到原始资料，这其实是一种误解。首先，今天有档案可以利用。许多国家的档案保密期限都趋向于缩短。英、美、法、加拿大等国的档案 30 年后就解密。此外还出版了大量的文件汇编以及个人回忆录、日记、书信，等等。总之，世界现代史的原始资料不是太少，而是太多，多到令史学家望而生畏的地步。仅同盟国在 1945 年虏获的德国外交部 1880—1936 年档案就有 400 吨之重！面对如此丰富的史料，史学家即使选择一个范围相当狭窄的题目，要把有关这个题目的史料看完也是办不到的。这不像研究古代史，在材料上可以做到“竭泽而渔”。那么出路何在呢？关键在于史学家应努力提高自己的理论水平，具有从史料库中选择最有价值部分的能力。

其二，由于作者与所论述的问题有直接或间接的关系，涉及国家、民族、阶级、集团或个人的荣辱利害，难以做到公正客观。这是撰写现代史的不利条件。但从另一角度看，也是优势。现代史作者对时代精神、风俗习惯、社会心理、政治、经济、法律制度的实际操作和运转等等有亲身体会，有直接的感性认识，写出的东西可能更符合历史真相。许多伟大的历史著作都属于现代史的范畴。古希腊希罗多德的《历史》、修昔底德的《伯罗奔尼撒战争史》都是当时的现代史。法国年鉴学派历史学家布洛赫在第二次世界大战爆发后任军事参谋，写了《奇怪的失败》一书，至今被认为是对法国的失败做的最令人信服的分析。我国的《春秋》《史记》《汉书》《三国志》等，其中一部分写的也是当时的现代史。

① 《漫谈世界史和世界现代史》，《齐世荣史学文集》，人民出版社 2002 年版，第 340 页。

其三，现代史所涉及的事件正在演变，尚未结束，或结束不久，史家距论述的时代太近，因而对一系列事件的前因后果和意义都难以做出充分的分析和恰当的评价。恩格斯特别指出，现代史学家对经济状况（所研究的一切过程的真正基础）的种种变化不可能在当时就得到充分的材料，从而不可避免地包含产生错误的根源。但恩格斯又说："这并不妨碍任何人去写眼前的事件。"他以马克思所著《1848 年到 1850 年的法兰西阶级斗争》为例，说明由于马克思运用了他创立的历史唯物主义理论，而且精通法国历史，所以"对当时的事变作出的叙述，对其内在联系的揭示达到至今还无人达到的程度"。① 齐先生引用恩格斯关于现代史的精辟论述，目的在于希望研究现代史的人要向马克思主义经典作家学习，运用唯物史观并掌握大量史料，这样就能克服困难，不因有不利条件而缩手缩脚。先生认为，其实研究任何一段历史都有有利条件和不利条件。历史学家如果能够清醒地认识到自己的局限性，反倒更能写出接近客观实际的历史著作。

### （二）有关现代国际关系史的研究

现代国际关系史，特别是两次世界大战之间的国际关系，是齐先生的一个研究重点。他认为，严格意义上的国际关系史是从资本主义时代开始的（此前没有全球性的国际关系），它包括政治、经济、文化各个方面，其内容比传统的外交史更为广泛；特别是 20 世纪以来，国家、民族之间的交往日益频繁和密切，而且异常复杂；要提高现代国际关系史的研究水平，关键是要把国际关系中的政治、经济、文化诸方面因素综合起来加以考察，找出它们之间的相互关系和影响。

齐先生在国际关系史方面的贡献集中反映在对绥靖政策及对中国抗日战争史的研究上。

1. 关于绥靖政策的研究

齐先生写过一系列关于绥靖政策的论文，如《三十年代英国的重整军

---

① 《马克思恩格斯选集》第 4 卷，人民出版社 1995 年版，第 506—507 页。

备与绥靖外交》《试析意埃战争前夕英国的“双重政策”》《论“不干涉”政策的创始者及其动机》《论 1939 年 3 月英国对波兰保证的原因及其破产》等，这些论文根据大量史料，针对西方学者中流行的种种错误论点，提出了自己独到的见解，具体而又深刻。

齐先生从政治、经济、军事各个方面论述绥靖产生的原因。在政治方面，英法等国的资产阶级不仅“害怕对德战争引起本国革命”并“为苏联所利用”，而且“把纳粹德国看作防止共产主义在欧洲扩张的屏障，在这个意义上，希特勒非但不是打击对象，反倒是必须联合的盟友”。在经济方面，“最根本的一点，就是日益没落的英、法资产阶级一心要保住既得的经济利益”，害怕战争会破坏经济复兴，以致在大敌当前的时候，仍然不肯加大财政拨款，加速扩充军备。在军事方面，英国充满失败主义情绪，认定自己没有力量同时对付德、意、日三个敌人，又不愿团结法、美和中小国家，因而采取消极防御的战略方针，并企图通过绥靖外交来弥补国防力量的不足；法国则盲目相信并信赖马其诺防线，错误地以为借此可以自保求和。

齐先生揭示了绥靖政策的实质及其带来的严重后果。他认为，绥靖政策是 20 世纪 30 年代走向衰落的英国和法国，在面临德、意、日法西斯国家的挑战时，为了保存自己的既得利益所采取的一种以牺牲其他国家为手段，换取与对手妥协的政策。然而，“绥靖外交推行得越彻底，欧洲的局势就越遭到破坏，英、法的战略地位也就越加恶化”。当英、法“把西班牙、奥地利、捷克斯洛伐克一一牺牲给法西斯侵略者，世界危险地点的‘局部化’似乎成功了”的时候，“世界大战在总体上却更加迫近了”。因此，第二次世界大战固然是由德、意、日三个法西斯国家发动的，但战前英、法推行的纵容侵略的绥靖政策无疑也是促成世界大战爆发的一个重要原因。

齐先生的论文有很强的论战性。例如一些西方学者认为“不干涉”政策是法国主动提出的，另一派则认为它的真正策源地是伦敦。齐先生分析了英法外交文件和当事人的回忆录等大量史料，得出结论：“就实质而论，英、法两国是这一政策的共同创始者。”又如西方学者大多数认为，1939 年 3 月英国对波兰的保证结束了绥靖外交。齐先生从“应付国内的压力”“防止德国的西进”“勾结德国的新策略”几个方面，说明英国在宣布保证波兰独立以后，在军事上、经济上都未给波兰以实际援助，而且一再要求波兰对德国做出让步，因此“结束绥靖政策”一说不过是西方资产阶级史学家为破产的绥靖政策所作的无力辩护而已。

齐先生还研究了一些中外学者研究较少的问题，如意埃战争中英国推行的“双重政策”等。①

齐先生对绥靖政策所作的这种系统而深入的研究，得到了我国史学界的充分肯定和重视。在朱庭光、陈之骅提交第16届国际历史科学大会的《1980—1984年中国世界史研究的基本情况》一文中，把齐先生上述一系列论文作为我国学者研究第二次世界大战前史的一项主要成果予以评介。

2. 从国际范围研究中国抗日战争的地位和作用，阐明其重大历史意义

齐先生认为，中国抗日战争在第二次世界大战中的地位和作用是一个值得深入研究的重大课题，但是外国史学家对中国抗战的地位和作用往往估计不足，甚至有意贬低，因此中国史学家有义不容辞的责任去阐明历史真相。他在提交给第16届国际历史科学大会的长篇论文《中国抗日战争在第二次世界大战中的地位和作用》中，充分利用战后出版的中、日、英、美、苏等国的文献资料和各国最新研究成果，旁征博引、言必有据地对这一课题进行了新的探讨。他以世界全局的眼光把中国的抗日战争放在全球反法西斯战争的巨幅画面中进行全过程的考察，并将抗日战争史分为三个阶段（1937年7月7日—1939年9月1日；1939年9月1日—1941年12月7日；1941年12月7日—1945年9月2日）逐一进行深入分析，论证中国抗日战争的重大国际贡献。他运用宏观与微观、世界史与中国史相结合的研究方法，充分揭示了中国战场与第二次世界大战中逐步形成的几大战场之间的相互制约和影响，详细说明了中国战场在以下几方面所起到的至关重要的作用：使苏联避免两线作战，从而能集中力量打击纳粹德国；推迟德、意、日三国同盟的形成，从而

① 参见齐世荣主编：《绥靖政策研究》，首都师范大学出版社1998年版。该书集中体现了齐世荣先生和他的学生们关于绥靖政策的研究成果。

减轻英、法在远东受到的军事压力，并使日本未能在军事上给德国以实际援助；推迟太平洋战争的爆发，使英、美得以集中力量对付德国，并争取到更多的备战时间；在中国战场上牵制日本百万大军，使日本不能全力进行太平洋战争。这些例证及其分析，令人信服地说明了中国人民艰苦卓绝的八年抗战为最终战胜法西斯集团所作出的不可磨灭的贡献。这篇论文获得了参加大会各国学者的重视与好评。日本立命馆大学名誉教授池田诚在《抗日战争与中国民众》一书中对齐先生的论点作了详细介绍，认为这是中国学者有代表性的看法。

在上述研究的基础上，齐先生又进一步从国际关系的角度阐述了中国抗日战争史。1987 年在日本京都、东京两地举行的“卢沟桥事变五十周年中日学术讨论会”上，齐先生提交了题为《中国抗日战争与国际关系(1937—1945)》的论文，这篇文章受到与会日本学者的赞赏。专门研究中国现代史的日本茨城大学教授石岛纪之评论说：“该报告对美、英等国以及苏联对中日战争所采取的态度进行了精确的分析，明确了中国抗战在国际关系中的地位，把抗日战争看作中国全民族的抗战，这些都给人留下了深刻的印象。”

### （三）关于苏联史的研究

齐先生对苏联史有深入的研究。1980 年他发表了《列宁论无产阶级专政的实质》一文，观点鲜明地指出：列宁关于“无产阶级专政非有暴力不可”的论点是人们所熟知的，但列宁关于“无产阶级专政的实质主要不在于暴力”的论点却被许多人忽视了。齐先生详细阐明列宁的论断：“无产阶级专政不只是对剥削者使用的暴力，甚至主要的不是暴力。这种革命暴力的经济基础，它的生命力和成功的保证，就在于无产阶级代表着并实现着比资本主义更高类型的社会劳动组织。实质就在这里。共产主义力量的源泉和必获全胜的保证就在这里。”① 并且进一步指出，

① 《列宁选集》第 4 卷，人民出版社 1995 年版，第 9—10 页。

列宁关于无产阶级专政实质的精辟论述，对一切无产阶级专政国家都具有普遍指导意义，对于那些革命前经济、文化比较落后的国家尤其具有特殊重要的意义。落后国家在建立无产阶级专政后，应当清醒地看到自己向社会主义过渡的长期性和特殊困难，因而更有必要竭尽一切努力不断完善新的社会劳动组织，大力发展生产力，体现社会主义的优越性。在20多年前“文化大革命”结束才三四年的时候，许多人还习惯于把无产阶级专政只同暴力联系在一起，在这个时候齐先生敢于提出上述见解，是需要相当胆识的。

苏联解体后，在西方和俄罗斯内部有一批人开始攻击和否定十月革命。针对这些谬论，齐先生发表了《论有关俄国十月革命的几个问题》一文，深刻说明十月革命不是“早产”，十月革命也没有失败，它在历史上留下了巨大的影响，其历史地位是不容抹杀的。齐先生还撰写了《从国际共产主义运动史看社会主义初级阶段理论的伟大意义》《从俄国十月革命到中国社会主义初级阶段——纪念十月革命80周年》等文章，从总结国际共产主义运动和苏联历史的经验教训的角度，论证社会主义初级阶段理论的伟大意义。

齐先生在苏联史方面的最新研究成果体现在由他主编的《15世纪以来世界九强的历史演变》一书，特别是由他撰写的第七章“苏联的建立、兴盛和解体”中。在这里，他结合苏联史实，特别强调必须一分为二地分析苏联历史，既要看到社会主义的优越性和成就，又要记取问题和教训。关于苏联兴亡的历史经验教训，他作了深入的分析，具体总结了五点：第一，社会主义的根本任务是发展生产力；第二，社会主义制度建立以后，必须不断改革，才能继续发展；第三，在不发达国家建设社会主义，必须学习和借鉴资本主义，为此要对外开放；第四，必须发展社会主义民主，充分发挥人民群众的政治积极性；第五，加强和改进党的建设，始终保持党的先进性，是关系到社会主义事业兴衰成败的头等大事。①

---

① 参见齐世荣主编：《15世纪以来世界九强的历史演变》，广东人民出版社2005年版，第363—372页。

### （四）关于整个 20 世纪史的研究

齐先生与廖学盛同志共同主编了《20 世纪的历史巨变》（以下简称《巨变》）一书，该书集近 20 位专家之力，费时 8 年始告完成。《巨变》已被列入《国家社会科学基金成果文库》，作为首批优秀成果十本书中的一本于 2005 年出版。《巨变》坚持以马克思主义唯物史观为指导，以百年来世界上所发生的重大事件为线索，分为“20 世纪主要资本主义国家的历史变革”、“社会主义制度的形成与发展”、“殖民体系的瓦解和发展中国家的发展”、“百年来国际关系的演变”四个部分，对 20 世纪历史变化作了全景式的系统研究。鉴定专家认为，该书资料丰富、论述全面、见解深刻，是多学科交叉创新的重要成果，也是国内第一部对 20 世纪人类历史进行深刻总结和反思的学术专著，具有重要的理论价值和实践意义。

## 四、为推进世界通史研究作出重要贡献

齐先生治学范围宽广，在世界通史方面也作出了突出贡献。

（一）在对世界史这门学问的认识上，齐先生提出不少具有启示性的看法。他认为，世界史之成为古老的历史学中一门自成体系的、独立的分支学科，严格说来，是从 20 世纪五六十年代开始的。马克思在《〈政治经济学批判〉导言》中说：“世界史不是过去一直存在的；作为世界史的历史是结果。”世界历史的形成，可以追溯到大工业和世界市场的出现，但直到第二次世界大战后，世界才在经济、政治、文化诸方面日益密切地联系在一起，各国史学界的有识之士于是开始认真思考撰写世界史，把世界作为一个整体进行研究，而不是只局限于国别史、区域史和专题史。但是，世界通史或者叫全球通史这门学问，无论在中国，还是就世界范围看，相当长时间内都不受专业历史学家的重视。他们认为世界通史的内容“太空泛”，难以把握，不成其为一门学问；挑一个国别史，或者在国别史里再挑一段，或挑若干专题进行研究，写出来的东西才是“高、精、尖”。齐先生指出，

其实有些人心里怕的是：由于世界通史范围太广，必须大量利用别人研究的成果，写出来的东西难免“硬伤”累累，受专家讥笑。因此，正如威尔斯在《世界史纲》的“导言”中所说的那样：“现今的历史学者大多是些学究气十足的人；他们唯恐有微小的错误，而宁可使历史互不连贯；他们害怕写错一个日期，遗人笑柄，甚至于害怕做出可以争论的错误评价……从他们那里可以得到只是积累起的资料，而不是装配和聚集好了的成品。”

关于我国世界史学科的前景，特别是中国学者能否与西方学者争胜的问题，齐先生提出一个发人深思的看法。他多次强调，中国人搞外国史，要有点志气，要拿出自己独到的见解。他批驳了那种认为中国人研究外国史，材料掌握不如对方多，很难达到高水平的看法，指出“材料是研究的基础，当然重要。但我们只要掌握了足够的材料，就可以进行研究，就能写出高质量的著作，并非掌握的材料要和外国人一样多，才能达到他们的水平。恩格斯写《德国农民战争》，材料主要根据戚美尔曼的《伟大的德国农民战争》，但水平显然高于后者”。齐先生还以外国人的中国史著作为例，说他们掌握的中国史史料能与中国学者一般多的很少，但这并不妨碍他们写出一些高水平的著作，其中某些见解仍是值得我们参考的。齐先生还提出一个重要论点，即本国人研究本国史，“难免‘不识庐山真面目，只缘身在此山中’的缺点。‘旁观者清’恰恰是外国学者特具的优点”①。齐先生不仅这么说，而且还身体力行。1982 年他赴美讲学，在纽约州立大学布法罗分校作了两次学术报告：“论‘不干涉’政策的创始者及其动机”和“论 1939 年 3 月英国对波兰保证的原因及其破产”，讲的是西方学者熟悉的题目而不是中国史，但是齐先生掌握了与所讲问题有关的大量史料并且熟习西方学者的有关著作，更确信运用唯物史观能阐明历史真相，知己知彼，故而敢与西方学者争鸣。齐先生的老师周一良教授听说后十分高兴，特为此来信鼓励，赞赏他的学生“堂而皇之，正经八百地对外国人讲世界史问题，亮出我们的观点与水平”，是“为国争光，可喜可贺”。

① 《齐世荣史学文集》，人民出版社 2002 年版，第 482 页。

齐先生还有一个重要主张，即中国的世界史学家必须对本国史有相当的了解，其理由之一是通过中西历史对比，才能看出异中有同，同中有异，从而对两方面都看得更加清楚；理由之二是中国史学有悠久传统，有许多宝贵遗产值得继承，切不可“数典忘祖”；理由之三是作为中国人研究外国史，重要目的之一是“洋为中用”，从外国历史中汲取对我们有益的营养，而不懂得中国史就起不了这种作用。齐先生经常提醒中青年世界史工作者，不要仅仅钻研自己研究的那段外国历史，不要过分强调没有时间看中国史的书，应该把眼光放得更开阔一些，否则就难以达到第一流水平。齐先生本人对中国历史是相当熟悉的，这在他的文章和讲课中都有明显的反映。他讲《史学方法》课，系领导规定全系的博士生和硕士生都要听；因授课内容所举例证包括古今中外，故研究中国史的学生听后也感到很有收获。

（二）与吴于廑先生共同主编6卷本《世界史》。20世纪60年代，周一良、吴于廑两位先生主编出版了4卷本《世界通史》。80年代，鉴于这套书的内容亟须更新，国家教委遂请吴先生和齐先生合作，主编一套新的6卷本《世界史》。这套书的编撰体系是吴先生生前定下来的，吴先生去世后，齐先生具体负责完成了各卷编写工作。

6卷本《世界史》在广泛吸收国内外学者研究成果的基础上，更多地体现了撰写者自己的研究心得。这部通史具有以下特点：第一，在分期上，没有把上古、中古分作两个阶段，而是统一为古代部分。古代上下两卷的分界，大致为公元1世纪开始直到5、6世纪方始结束的横贯亚欧大陆的民族大迁徙运动，这一迁徙导致亚欧大陆南部文明地区政治格局的巨大变化，有些地方（只是有些地方）则伴以社会形态更迭——奴隶社会终结和封建社会开始。近代以1500年为上限，在此前后发生的一系列重大事件如新航路的发现、文艺复兴、宗教改革等，导致西方资本主义发展，从而引起遍及世界各地的社会经济重大变化。正如马克思所说：“资本主义时代是从十六世纪才开始的。”① 现代则以20世纪初为起点，而不

① 《马克思恩格斯全集》第23卷，人民出版社1972年版，第784页。

是像以往那样以十月革命或第一次世界大战为起点。第二，反映中国学者自己的世界史观点。例如过去苏联学者都以巴黎公社作为划分世界近代史两个阶段的标识，《世界史》则不再沿用这种划分办法。又如过去苏联学者一贯谴责法国热月政变，《世界史》则运用相关史料，说明热月政变是结束恐怖统治，恢复和建立资本主义正常秩序的重大转折点。再如关于纳粹党与大资产阶级之间的关系，过去苏联与东德学者一致强调纳粹党是德国大资产阶级豢养起来的，而西方学者则否认纳粹党受到过大资产阶级的扶植。《世界史》全面地分析了这个问题，指出纳粹党经过十几年经营，到上台前已得到广大中下层群众，特别是城乡小资产阶级支持，从而在 1932 年成为议会第一大党。20 年代德国统治阶级对它还不重视，但进入 30 年代后，由于纳粹党是唯一能够对抗共产党，维护资本主义秩序的有组织的力量，所以得到大资产阶级、容克地主和国防军的认可，并在他们的支持下取得政权。第三，在体例上，包括了中国史部分。把中国史放在世界范围内探讨其地位和作用，可以体现完整意义上的世界史，而非外国史的汇编。当然，《世界史》中的中国部分，其具体写法与专门的中国史有所不同。第四，在时间跨度上包括现当代史，一直写到 20 世纪 90 年代。“文化大革命”前很有影响的 4 卷本《世界通史》，限于当时的条件，不包括现代部分。《世界史》率先打破禁区，敢写世界现当代史，开学界研究之新风。今天大家对这一阶段的研究已经很少有顾忌了。第五，在内容上加强或增添了文化、科学和社会生活等方面的研究成果。例如，古代部分有专节介绍阿拉伯—伊斯兰文化、拜占庭文化；近代部分有专节介绍自由主义思潮，特别是专门有一节介绍资本主义社会的物质和精神生活，包括社会财富分配、服饰、饮食、卫生与健康、人口、家庭、教育、高层文化、低层文化娱乐等。

由于具有上述诸多创新与成就，6 卷本《世界史》已被许多高等学校采用作为教材，具有广泛的影响。1995 年，该书获国家教委颁发的第三届普通高等学校优秀教材一等奖。

（三）为普及世界史做了大量工作。齐先生认为，普及与提高应当并举，在普及的基础上提高，在提高的指导下普及。“没有普及作基础，得不到社会的公认，只在几百个人的小圈子中打转转，文章再好，学科也没有生命力，久而久之，也就自行消亡了。”[①] 他还指出，普及读物并不容易写，需要“深入浅出”，内容是深刻的，形式要通俗易懂。写出引人入胜的通俗读物是要付出艰辛劳动才能办到的，亦非人人可办，能深入者未必能以浅出之。为实践自己的主张，齐先生与马克垚等同志共同编写了《人类文明的演进》[②]；与朱龙华、刘宗绪同志合写了《世界近现代史干部读本(1500—1945)》[③]。此外，齐先生还主编了20卷本《精粹世界史》[④] 和《强国兴衰史丛书》[⑤]，这些书均受到广大读者欢迎，对普及世界史起到了良好作用。

## 五、辛勤耕耘的历史教育家

齐先生不仅是著名的世界史学家，也是一位造诣很深的历史教育家。他在深入进行史学研究的同时，又以极大的精力关注历史教育工作。他所总结的许多教育经验，对我们今后历史教学的普及与提高，对于人才培养，都有很强的学习和借鉴意义。

齐先生强调：“教学与科研，二者是密不可分的。在学校，首先要教学，这是天经地义的事”；但是，“教书，有两种教法。一种是年年老一套，讲稿的纸变黄了，内容还不变。这种低水平的教学必须否定。另一种是内

① 《世界现代史学科建设中的几个问题》，《齐世荣史学文集》，人民出版社 2002 年版，第 416—417 页。

② 齐世荣主编：《人类文明的演进》，中国青年出版社 2001 年版。

③ 齐世荣、刘宗绪、朱龙华编著：《世界近现代史干部读本（1500—1945）》，中共中央党校出版社 2002 年版。

④ 齐世荣主编：《精粹世界史》，中国青年出版社 1999 年版。齐先生在“序言”中说，“精粹”的含义，一是所选的 20 个专题都是世界历史的重大事件；二是每本书的字数不过 20 万字左右，尽量体现“少而精”的原则，绝非主编和作者自诩“精品”之意。

⑤ 齐世荣主编：《强国兴衰史丛书》，三秦出版社 2000 年版。

容不断更新，及时反映学术前沿的成果，反映教师自己研究的心得”。怎样才能做到这一点呢？只有进行科学研究。他举著名史学家陈寅恪先生讲课为例，“每一遍都有新内容，精彩的内容，反映他的新的研究心得”。但反过来齐先生又强调：“教学也能起到促进科研的作用”；“教学的过程，也是教师再学习的过程”。对于有些问题，教师平日读书和备课时以为明白了，待到把它们讲给学生听时，就往往发现并未彻底搞清楚，还得再思考，再学习。① 他批评现在有些 50 多岁的教授就不愿上基础课的现象，指出老教师一定要上基础课，因为老教师知识面广并有专门研究，在多年教学中积累了丰富经验，故由他们上基础课，对学生的好处很多。最后，他把上述内容归纳为一个结论：“一个好教师应当在教学、科研两方面都做出优秀成绩。”② 齐先生本人在 76 岁以前每学期必上一门课，近两三年虽然不上学期课了，仍不断作些学术报告。

齐先生教导学生要处理好创新与继承的关系。他说，学术的生命力在于创新，但创新的基础与前提条件是继承。没有继承，就谈不上创新。人类知识是一个不断积累、不断发展的过程。每一个人在开始从事一门学科的研究时，总要先了解前人已经做过哪些工作，以及这些工作的成败得失如何。所以，有成就的学者没有不重视目录学的。齐先生平时十分注意史籍目录的积累，下了很大功夫。他密切注意西方新出版的史学著作，并写专门的评介文章，如《西方对世界现代史的研究》《现代国际关系史的一个“热门”——评介西方学者关于绥靖政策形成原因的研究》等。他还专门为研究生开设“世界现代史要籍评介”课程，以丰富他们的书目知识，开阔他们的眼界。齐先生入室弟子所写的文章，都有材料丰富的优点，这与齐先生的教导是分不开的。但是只有继承而无创新，学术的发展就会停止，学术就会丧失生命力。“发前人未发之覆”，是一切科学工作者都应当追求的目标。齐先生批评当前那种只讲数量、不重质量的学风，特别反对

---

① 《漫谈科学研究与学科带头人问题》，《齐世荣史学文集》，人民出版社 2002 年版，第 423—425 页。

② 《漫谈科学研究与学科带头人问题》，《齐世荣史学文集》，人民出版社 2002 年版，第 423—425 页。

在职称评定上过于量化的错误做法。[①] 他说，明末清初大学者顾炎武对著作持十分严格的态度，他的标准是“其必古人之所未及就，后世之所不可无而后为之”。我们应当像顾炎武那样，要精品，不要废品。

齐先生对青年同志提出了“立志”“勤奋”和“虚心”三条希望。他要求青年“要立志做教育家，而不是教书匠；立志做史学家，而不是史抄公”，因此一定要争取做到“为文要有创见”。同时，“要有成就，就得勤奋，要‘小聪明’是绝对害人害己的。”在勉励中青年“要虚心”时，他在一次会上坦诚地批评“有两三位中青年同志的口气很大，动不动就用‘全称肯定’和‘全称否定’的语气讲话。不客气地说，这是很危险的”。他进一步语重心长地指出，“你读过的书还很有限，怎么能这么大的口气呢！颜之推说：‘观天下书未遍，不得妄下雌黄。’真是至理名言啊！”[②] 这些年来同志间的坦诚批评越来越少，齐先生这样一位老一辈学者对中青年提出的忠告是何等的恳切，这才是“忠言逆耳”，对有志于史学的青年是可以受用一生的。

为了提携年轻人，齐先生也向老同志提出希望，特别提到“老教师的一项重要任务是培养中青年，发现人才并提拔人才”；而“一个人如果能在一生中发现一些人才，并帮助他们成熟起来，那就是对社会做出了贡献，也是做教师的最大幸福”。[③] 事实上，在这方面齐先生自己就是一位笃行者。他既教书又育人，历半个世纪的教学生涯，培养出许多专家、学者和有用之才，可以说是桃李盈门，成绩斐然。

齐先生是一位诲人不倦的好老师，他对学生高标准，严要求。为了使他们成为建设社会主义现代化事业的合格人才，齐先生在思想上十分关心学生，要求他们热爱祖国，献身教育事业，安贫乐道。齐先生还从遵守纪

---

① 参见齐世荣：《论学术评定工作中过分量化、过分硬性规定的危害》,《高校理论战线》2002 年第 7 期。

② 《世界现代史学科建设中的几个问题》,《齐世荣史学文集》，人民出版社 2002 年版，第 419—422 页。

③ 《世界现代史学科建设中的几个问题》,《齐世荣史学文集》，人民出版社 2002 年版，第 419—422 页。

律、言行一致、遇事考虑他人利益等具体事情抓起，教育学生“学会做人”。在业务上，先生教育学生要“取法乎上”，攀登科学高峰，并从基本功教起，训练学生搜集、鉴别和使用史料的能力，写作论文的能力，等等。对学生的论文，他不仅要求立论有据，史料及译文准确，就连引文出处、标点符号使用以及抄写是否工整都不放过，凡错误之处都予以指出并亲自核对修改，学生无不为之感动而深受教育。今天，齐先生虽然已经八十岁了，但仍然以高度的责任感和敏捷的学术思维活跃于教学与科研第一线。

## 六、高度的历史使命感是永不枯竭的动力源泉

齐先生八十岁高龄仍然笔耕不辍，并以极大的热情关注我国世界史学科建设和人才培养，他之所以如此执着，根本原因在于具有高度的历史使命感。他不止一次说过，我国在 1949 年以前只讲外国史（主要是西洋史），而无世界史，原因固然是多方面的，但最主要的原因还在于旧中国是半殖民地半封建国家，在整个世界上不占重要地位，因而那时各学校的主持人也就不可能有胸怀全球的抱负，即使个别人有这样的抱负也无济于事，不能影响全局。况且，当时知识界上层普遍崇拜欧美资本主义国家，西洋史自然便取得了支配地位。他兴奋地指出，今天，我国的国际地位大大提高，经济繁荣，这就为世界史学科建设创造了良好条件。改革开放的时代需要了解世界，而世界历史这门学科恰好是了解世界的一个有力工具。正是基于这种认识和使命感，齐先生强调世界史学家应抱着为建设中国特色社会主义的崇高目标建设自己的学科。他说：“当今国际局势多变，各国之间综合国力的竞争日趋激烈。学习世界史，能够帮助我们辨明国际形势，认清时代潮流和历史发展趋势，从而坚定地走建设中国特色社会主义的道路，为实现中华民族的伟大复兴而奋斗！”①

---

① 齐世荣：《学习世界史与建设中国特色社会主义》，《求是》2004 年第 7 期。

记得齐先生不时说起，臧克家先生曾经赠白寿彝先生诗句："该罢休时不罢休"，对于白先生在年逾古稀之时竟根本没有想到"老之已至"而赞叹不已，并"对自己的懒惰深深愧疚"。其实，和白先生一样，齐先生不也同样是"该罢休时不罢休"吗？他正是以白先生和其他前辈的精神为榜样，时时激励自己。高度的历史使命感和对事业的执着成为他永不枯竭的动力源泉。

# 为推进中国的世界史教学与研究尽心竭力

## ——访齐世荣教授*

邹兆辰
首都师范大学历史系

**邹兆辰教授**：齐先生，记得是在2002年8月间，我们曾对您进行过一次访谈，主要谈到您从事世界史特别是世界现代史教学与研究的经历。当时，您的史学文集还没有出版，对于您的一些文章还没有看到，我们提的问题也不够全面。近几年，您又有许多新的学术活动和新的史学成果问世，同时您又提出了一些新的思想、新的见解，所以希望再和您就有关问题谈一次。

**齐世荣先生**：可以。不知你又发现了一些什么新的问题？

## 一

**邹兆辰教授**：我首先想问的也许不是新问题，就是师承关系问题，但还是要从这里开始。您曾多次谈到您的老师对您的影响，说您的老师大都是学贯中西，成就卓著，还有几位堪称一代宗师。由于您受过名师指点，见过世面，知道学问的门径，可以以大师为榜样去引导下一代。我想这一点很重要，您可以具体谈一下他们对您的影响吗？

**齐世荣先生**：我的许多位老师确实都是这样的学贯中西的学者。我是

---

* 原文载于《首都师范大学学报（社会科学版）》2006年第5期。

1945年在成都考入燕京大学历史系的，1946年回到北京。当时，齐思和先生讲两门课，一门是战国史，一门是西洋现代史，我都听了。这就是一中一西，一古一今。这两门课都引起了我的兴趣。另一位是翁独健先生，他是元史专家，但还开一门远东史的课，我听过这门课。我在燕京大学读了两年。1947年我上大三的时候，转入清华大学历史系，又读了两年。在清华对我影响最大的有雷海宗、邵循正、周一良等先生。雷先生在中国史方面教中国通史、商周史、秦汉史，在外国史方面教西洋近古史、西洋文化史。我听邵循正先生讲的是中国近代史，但他对西方的学术也非常熟悉，特别专长于中国近代史中的外交史部分。我听周一良先生讲的课是日本史，但他本来是研究魏晋南北朝史的，十分有成就，也是中西兼通。至于当时最有名望的陈寅恪先生就更不用说了。

我在清华毕业时写的论文与戊戌变法有关，我想一定是邵循正先生指导我，但是系主任雷海宗先生却指定我跟刘崇鋐先生作论文。刘先生当时在清华是教英国史、美国史、西洋近代史的，并不教中国史。后来，我听雷先生告诉我，刘崇鋐先生对戊戌变法是有专门研究的。这就说明，当时清华的学风是讲求中西会通的，而且很多老师不仅会通中外，还兼通古今。我受他们的影响，在读大学时就对中国史、外国史都有兴趣，这种学风使我终身受益。在这种学术大背景下，我在年轻的时候就觉得，研究历史虽然最后要给自己确定一个范围，但是不能在这个范围之外的其他东西都不知道，或知道的很少。研究中国史的人，必须懂得一些外国史；研究外国史的人，必须懂得一些中国史。眼界宽，思维广，才能有更高的成就。当然，我距离这个标准还差得很远，但是这种学术追求却是从那时就形成了，我也这样要求我的学生，希望他们向太老师们学习，“取法乎上”。

**邹兆辰教授**：这些老师自身的素质和他们的学术追求对您产生了很大影响，您是否可以更具体地谈一下，比如说雷海宗先生对您有哪些影响？

**齐世荣先生**：我在1947年秋从燕京大学转到清华大学的时候，见到的第一位老师就是慕名已久的雷海宗先生。他当时是系主任，新生选课完毕以后，要由他来签字。他给我的第一印象就是对学生很亲切，没有架子。在这两年里我听了雷先生几门课，给我印象最深的是西洋近古史和西洋文化史这两门。他的学问渊博，贯通古今中西，但是讲起课来井井有条，总是围绕中心题目加以发挥，并且能够深入浅出，能强烈地吸引学生的注意力。他讲课的某些内容在时隔五十多年之后，我还能够记得很清楚。记得他在西洋近古史课上讲到宗教改革，先从基督教在中古欧洲的巨大作用说起。他说一个人从生到死要经过“七礼”或者叫“七圣事”，婴儿一出生，要受洗礼；长大成人以后，结婚时要由教士主持婚礼；临终时，要由教士将油膏涂在病人身上，就是敷油礼；等等。他这样一讲，立刻引起学生们的兴趣。然后他再讲教会的腐败，并很自然地引出路德的宗教改革。记得他在讲《堂吉诃德》这部名著的重大意义时，说：“它使全欧洲在一阵大笑中结束了骑士文学。”这句生动的话给同学们留下了深刻印象。

雷先生上西洋文化史课完全采用“讨论班”的办法。每次都由一个学生做读书报告，书的内容事先由先生指定，报告完后大家讨论，雷先生随时插话，最后他来做总结。我还记得第一次是由一位同学做关于汤因比的《历史研究》的报告。当时这部名著的索姆维尔缩写本 1946 年刚刚在牛津大学出版，我们在 1948 年就读到了它。由此可见雷先生上课是很具前沿性的。我还记得我是在第二次课做的报告，我读的是《墨西哥征服史》和《秘鲁征服史》两部书。我从图书馆把书借出来，开始觉得篇幅太大，生字也很多，但老师既然已经指定，我就硬着头皮看下去，看了几章以后倒觉得很有兴趣，两部书终于读完了。这样，不但历史知识有所丰富，英语阅读能力也有所提高。至今我仍觉得雷先生主持的西洋文化史讨论班很能调动学生的积极性，能培养学生的独立思考能力，是我在四年大学期间受益最大的几门课之一。

雷先生不仅教学十分认真，而且还关心学生、爱护学生，特别鼓励我们的进步。记得有这样一件小事：1951 年我在《光明日报》上发表过一篇小文章，谈在世界史教学中贯彻爱国主义教育的问题。没想到在一次返校时见到雷先生时他说：“你在《光明日报》上发表的那篇文章写得不错，看得出是用了一番功夫的。”听了老师这几句话，我既惭愧，又感动。惭愧的是这篇小文章实在没有什么新意，感动的是老师对于学生的一点成绩也要加以鼓励。我确实没有想到雷先生对我这篇习作会给以注意。我现在也教了几十年书，因此我想明白了，当年我这篇习作所以引起先生的注意，并不是因为它有什么新意，而是体现了老师对于他所培养过的学生的一种期待。

我受雷先生的影响，一是他的博学，他的知识贯穿中外古今，这一点我非常佩服。二是他有考据的基本功夫，但不论是讲课还是写文章，他都不限于考据。他有明确的观点，从不搞烦琐的考据。他不限于考据，也不止于考据。清华学派的学者都有这个特点，他们都有考据的功夫，但写出来的东西都是分析某一个问题。比如，雷先生对武王伐纣在哪一年有考证，至今还受到一些学者的推崇。但他讲课不限于引证，而是有独立见解，分析问题非常透彻。清华大学的刘崇鋐先生曾经跟我说过，要我多听雷先生讲课，因为雷讲课有哲学味道，刘先生自谦他没有。确实，雷先生对上下古今都有自己的看法，从不人云亦云。当然，他的分析我们也不一定都同意。

在燕京大学时对我影响最大的就是齐思和先生，他也能贯通中西古今，我听过他讲的《战国史》和《西洋现代史》，这就包括了古今中外，有这种学问的人不多。我追随他们的路子，但是达不到他们的境界。比如《东方历史学术文库》这套书，是包括古今中外的内容的，现在我担任主编，每当讨论书稿时，即使不属于我的专业范围，有时我也可以提出一些意见。我觉得这就是在上大学时，这些老师对我的影响。

**邹兆辰教授**：那么，后来在60年代您组织几位老师翻译斯宾格勒的《西方的没落》，是不是也是受雷海宗先生的影响呢？

**齐世荣先生**：我在上大学时跟雷先生读过《西方的没落》，但是只读了一部分。在20世纪60年代，上级要求学术界批判在西方有影响的著作，让自己挑，经过上面认可就可以译。斯宾格勒的书名震一时，很多人知道有这么一本书，但很少有人读完它，因为从内容到表达方式都特别晦涩，很难读。他爱杜撰概念，又很博学。我们没有全部翻译，只翻译了一半。我们选择第二卷，即和历史、政治有关的这一卷，把第一卷的序言也翻译了，第一卷讲数学、建筑等部分没敢翻译。这部书讲的是“文化形态史观”，说世界上文化有很多种，都有生有死，不分优劣。这很迷惑人。斯宾格勒在中国对“战国策派”影响最大，雷海宗先生就是太相信斯宾格勒这套体系，让我感到难以理解。

我们在翻译这部书时困难很大，进展得很慢。书里所有的注释都是我作的。现在看起来都觉得奇怪，当时在图书馆是怎样把这些资料找出来的，又是怎样把它们一一注出来的。其实就是因为当时年轻，只有三十几岁，精力旺盛，正是研究学问的好时候。不过现在这部书还是有人看。在“文化大革命”以后，商务印书馆再版了三次，也都卖完了。

**邹兆辰教授**：是不是可以这样说，由于雷海宗先生的学识渊博、中西贯通，对于您后来在史学研究的追求上起了很大作用，但是在解释历史的历史观方面您还是有自己的见解的？

**齐世荣先生**：雷先生对我的影响主要是学贯中西的学风和他在学术上勇于创新的精神，而不是他提倡的文化形态史观。我对文化形态史观是持批判态度的。有人说斯宾格勒是反对“西方中心论”的，这不对。他表面上反对“西方中心论”，但骨子里还是“西方中心论”。他认为八种文化里面七种都已经死亡了，只有西方文化还有生命力，这不是“西方中心论”吗？在西方文化里，他又挑出德意志民族，说德意志民族有一种宿命，实际上是说德意志民族是最优秀的。英国史学家汤因比受斯宾格勒的影响很大，他的多卷本《历史研究》在历史哲学体系上与斯宾格勒是一样的。英国史学家巴勒克拉夫对汤因比的书的评价可以说一针见血。他说，因为汤因比最早发动了对“欧洲中心论”的猛烈批判，因而具有解放的作用，这才是他名满天下的原因。同时巴勒克拉夫还指出，他的全部历史观充满了他所攻击的那种“欧洲中心论”的异端邪说。我觉得巴勒克拉夫的这种批判用在斯宾格勒身上也是可以的。斯宾格勒的观点是极端的唯心论，他说自己的方法是直觉的，每一种文化都有一种灵魂，彼此互不理解。那问题是你怎么都能理解呢？但是，不论斯宾格勒也好，汤因比也好，至少他们从表面上承认世界历史是多种文化的生长和衰亡的历史。斯宾格勒还说他的著作不承认古典文化或西方文化比印度文化、巴比伦文化、中国文化、埃及文化、墨西哥文化等占有任何优越地位；汤因比也说各种文明在价值上是相等的。虽然他们在思想深处仍然是“西欧中心论”者，但他们能够把西方文化与其他文化相提并论，这在一定意义上也是对“西欧中心论”的突破，在世界史编纂学上还有一定的进步意义。

说到这里我还想说一下，今天有些青年好骛新奇，看到一种新学说、新理论，就以为旧学说、旧理论一文不值了，可以抛弃了。有人甚至认为马克思主义产生于19世纪，已经过时了。这种不加分析地盲目地“喜新厌旧”是十分错误的。其实，在人文社会科学领域里，新学说、新理论有时胜过旧学说、旧理论；有时反倒不如旧学说、旧理论，只是昙花一现，很快就被人忘了；有时新旧可以并存，并无代替的关系。钱钟书先生谈过这个问题。所以，我们在看到一种新学说、新理论、新学科的时候，正如对待一切事物一样，要采取分析的态度，认真研究它的内容，不要盲从。我这样要求自己，也这样要求我的学生。我今年已经80岁了，越来越相信对任何事物都要采取分析的态度。

这里我还想跟你多说几句。雷海宗、齐思和、周一良等这样一批学者，给了我这样一种训练，就是要多知、多学，这样就不会盲从。眼界宽，思路才能广。现在为什么有些青年会好骛新奇呢？就是由于他们学得少、见得少，所以一见到新奇的东西就都信了，而对别的东西就认为都不对。而我们由于受了他们这一辈学者的训练，所以就不会盲从。比如说后现代主义的问题，西方在六七十年代曾风行一时，到八十年代高潮就已经过去了。后现代主义传入中国以后，对文学、艺术、哲学等都有很大影响。但是它在历史学方面的基本观点是错误的。它走了极端，认为客观历史根本是没有的。一个“文本”出来以后，谁都可以解释。有人对后现代主义十分推崇，但我认为“文本”是不能随意解释的。一个很复杂的东西，是可以有多种解释，但是最根本的东西你不能改。比如第二次世界大战德国战败了，签署了投降书，这是一个文本。你再怎么解释，德国也是战败了，你不能解释成德国打胜了。当然，对投降的原因你可以作多方面的分析。但这个“文本”是投降书，你怎么分析也不能说德国打胜了。再有，后现代主义反对因果律，反对大历史，反对搞宏观的历史，在一些小问题上大做文章。过去学术界忽视微观史学，现在强调它固然也有作用，但是反对大历史也不行。我的意思就是说，受了雷、齐、周等老一辈学者的教导，不会盲目地跟着别人跑。现在有的青年人，跟着人家跑，什么都瞧不起，其实你所崇拜的东西，在西方已经又过时了。当然，这是一种潮流，这种学风扭转起来也很难。

说到我自己，从青年到现在，一直把马克思主义作为研究历史的指导原则。但是马克思主义不是一个封闭的体系，我们应该像马克思主义创始人那样及时吸收、消化各种新理论、新方法。当马克思主义刚刚传入中国不久，还是一个新理论的时候，郭沫若就根据这新理论，利用出土不久的甲骨文材料，使用王国维的“二重证据法”，写出了在中国史学史上具有重大意义的《中国古代社会研究》，这是一个把新理论、新材料和新方法三者结合利用的成功范例，值得后人好好学习。我是研究世界现代史的，常看西方学者的著作，对他们某些具体的论点，如果认为可取，则予以适当吸收，但从不全盘肯定。

## 二

**邹兆辰教授**：这次访谈想重点向您请教一下关于“世界史”的问题。在一般人看来，所谓世界史，就是中国以外的国家和地区的历史；或者是把世界各个国家、民族、地区的历史总和在一起就是世界史。但是读您的文章，感到“世界史”原来是有它确定的含义的。是不是这样？

**齐世荣先生**：世界史是历史学中一门新兴的分支学科，所以迄今为止人们对于它的研究对象、方法、范围、意义等，只是进行了一些初步的探讨。当前不少历史学家都认为，世界史有它独特的研究对象和限定的内容。首先要排除一种十分容易产生的误解，就是把世界史当作国别史、地区史的总和或是集成。如果把世界史当作一门囊括一切国家、民族和地区的历史，那么它所包含的内容势必十分庞杂，难免成为一只什么都可以装进去的“大麻袋”。这种界限含混不清的“世界史”，实在不能成为一门科学。即使写出来，也一定杂乱无章，令人只见树木，不见森林。巴勒克拉夫说：世界史不仅是它的各个部分的总和；如果将它分割再分割，就会改变其性质，正像水一旦分解成它的化学成分，就不再称其为水，而变成氢和氧一样。美国的斯塔夫里阿诺斯也说：世界史不是也不能仅仅是国别史或地区史的总和。我国已故历史学家吴于廑先生对世界史学科作为历史学一个专门分支的研究对象和内容有过精辟的论述，后面我将详细对你说。

**邹兆辰教授**：这就是说，对于这个问题中外一些史学家已经有所认识，并且在实践中已经在一定程度上改变了传统的历史编纂方法？

**齐世荣先生**：是这样，但这是一个很长的认识和实践的过程。如果向上追溯，可以说到 18 世纪。因为，从 15、16 世纪以来，世界发生了重大的历史变化。新航路的发现以及由它直接诱发的商业革命和西欧诸国的海外殖民扩张，对于西欧国家的资本主义工业化起了催化作用，资本主义工业创造了世界市场，从而首次开创了世界历史，消灭了以往自然形成的闭关自守状态。这样，历史学家开始自觉地意识到需要撰写世界历史了。法国启蒙思想家伏尔泰的《论各民族的风俗与精神》一书，现在译名《风俗论》，在 1757 年问世，就是近代意义的第一部世界通史。这书在纵的方面，从他认为最远古的中国讲起；在横的方面，也不再局限于欧洲一洲的狭隘范围，而把亚、非、美几大洲的历史都包括在内。当然，这只是一种初步的尝试。

**邹兆辰教授**：19 世纪德国史学家兰克也编撰了世界史，这是不是这种潮流的继续呢？

**齐世荣先生**：这不一样。因为到 19 世纪民族国家纷纷兴起，于是撰写民族国家的历史便成为一时的风尚。这种以民族主义为特征的历史学一直盛行到第一次世界大战，甚至直到第二次世界大战后才逐渐消退。当然这期间也有一些世界史著作，其中以兰克编撰的世界史最有代表性。他的这部世界史规模很大，在他生前只完成了 7 卷，其余部分是他的弟子们续完的。但是，他的这部书把创造了优秀文化的许多东方民族排斥于历史主流之外，实际上只是古希腊罗马和中世纪西欧的历史。这是一部典型的以西欧为中心的世界史，反映了欧洲资本主义列强在 19 世纪主宰世界的经济和政治地位。继承兰克学派的英国历史学家阿克顿也主张撰写世界史，他还说，所谓世界史，按照他的理解，它不同于一切国家的历史组合，不是脆弱的拼凑，而是一个连续的发展过程。他的话有一定合理的成分，但是他所说的连续的发展过程，实质上指的是西欧的进步过程。由他倡导编纂的《剑桥近代史》就体现了这种思想，它仍然是一部以西欧历史为中心的世界史汇编。

**邹兆辰教授**：那就是说，这种状况只有到了20世纪以后才有所改变？

**齐世荣先生**：是在20世纪，准确地说，是在第二次世界大战以后。因为第二次世界大战以后，欧洲的地位显著降低，以欧洲为中心的世界史编纂体系开始受到严重的挑战。而世界在政治、经济、文化各方面日益密切地联系成为一个整体，世界史的编撰到这时才成为时代的迫切需要。原来那种以西欧为中心的历史编纂体系，不仅受到第三世界学者的谴责，也受到来自于西方学者内部的批评。

这里我仅举两个例子来说明：一个是西德的历史学家泽贝尔教授，他在美国历史协会1950年年会上曾经这样表示：我们必须重新评价我们的课程，重新组织我们的教学大纲，并且必要的话，重写我们的教科书，以便我们对待的是世界上一切伟大的民族，而不单单是西欧的那些民族。再一个例子是美国历史学家麦克尼尔，他的看法也很有意义。他说，当美国人到处与其他民族的人们日益密切、日益持续不断地相互作用时，了解那些我们与之共占地球表面的其他民族的重要性，是不言自明的。对其他民族的人们茫然无知，将付出越来越高昂的代价。当然还有很多来自西方学者内部的批评，这里我仅举这样两个例子来说明，他们讲的还是相当深刻的。

在具体的史书编撰上也有一些成绩。在两次世界大战之间就已经出版了一些世界通史，其中有一些是卷帙浩繁的“巨著”，我就不一一列举了。但我要说一本中国读者都很熟悉的书，那就是由非职业历史学家威尔斯个人撰写的《世界史纲》。他认为过去欧洲历史学者严重地贬低了亚洲中央高地、波斯、印度和中国等文化在人类这出戏剧里所分担的部分，因此决心在他的著作中把世界作为一个整体来对待，而不再局限于西方世界。这书出版后风行一时，很受一般读者欢迎，虽然专业历史学家看不起它。从五六十年代到今天，各国学者集体编著的大部头多卷本的《世界通史》已经不少了，这里有苏联编的，也有西方学者编的，内容都很丰富，可以作为参考书来查阅。但由于出自众人之手，缺乏严密的体系，使人感到有些杂乱无章。个人编写的在这方面就好一些，例如斯塔夫里阿诺斯的《全球通史：1500 年以前的世界》《全球通史：1500 年以后的世界》《自古以来人类的命脉·新世界史》，还有麦克尼尔的《西方的兴起：人类共同体史》《世界史》等等。以个人之力来编写世界通史，由于知识不足可能出现一些史实错误，但是能够自成体系，前后一贯，能给读者清晰的印象。

**邹兆辰教授**：中国的历史学家是不是也有这样的世界史的观念呢？

**齐世荣先生**：有啊！你应该知道复旦大学的周谷城先生，他的《世界通史》就强调世界通史并非国别史之总和，他主张把世界历史作为一个整体来研究，重视世界各地之间的相互关系，并反对把欧洲作为世界历史的中心。这些观点对于我国世界史学科的建设是具有开拓意义的。以后，在世界通史方面，周一良、吴于廑先生主编的 4 卷本《世界通史》于 1962 年出版，这是中华人民共和国成立以来第一部综合性的世界历史著作。这部书遵循马克思主义基本原理，比较系统地叙述了整个世界从人类起源到第一次世界大战结束的历史，体现了中国学者在当时对于世界史的认识和研究的水平。但是，限于当时的历史条件，这部书没有现代部分，并且在体系上也没有彻底摆脱苏联科学院主编的《世界通史》的影响。

对于世界历史体系问题认识最深刻的是吴于廑先生。在改革开放的新形势下，吴于廑先生对世界史体系问题进行了深入的探讨。他认为世界史不是一门中国域外史，也不是包容一切国家、地区历史的总汇。他根据马克思、恩格斯的观点明确指出：世界历史是历史学的一门重要分支学科，内容为对人类历史自原始、孤立、分散的人群发展为世界成一密切联系整体的过程进行系统探讨和阐述。也就是说，世界史要探讨和说明的主题应当是“历史怎样发展为世界的历史”。也就是说，人类历史由原始的彼此闭塞的人群的历史发展为世界的历史，其自身是一个历史过程。吴于廑先生根据他的这个观点为《中国大百科全书·外国历史卷》撰写了“世界历史”这个概括性很强的总条目，此外还连续写了 4 篇互相关联的重要论文，使他对这个问题的认识有了更具体的说明。吴先生对于世界史学科的认知对象和主题所作的这种说明，对于我们编纂新的世界历史具有非常重要的指导意义。

**邹兆辰教授**：后来国家教委委托吴于廑先生和您一起共同主编的6卷本《世界史》，是不是就体现了吴先生的认识呢？

**齐世荣先生**：这部书是国家教委在1987年委托我们主持编写的。各分卷的主编都是那一领域很有成就的学者，如古代史编的主编是刘家和、王敦书、朱寰、马克垚，近代史编的主编是刘祚昌、王觉非，现代史编的主编是我和彭树智。这部书体现了我国学者新的研究成果，涉及经济、政治、文化、社会诸多方面，较以前的教材包括了更多、更广泛的内容，同时在体系、分期、中国在世界中的地位等一些问题上都有新的见解。这部教材的总序用的是吴于廑先生为《中国大百科全书·外国历史卷》撰写的“世界历史”总条目。他在这里特别强调世界历史的纵向发展和横向发展，这里说的纵向发展，是指人类物质生产史上不同生产方式的演变和由此引起的不同社会形态的更迭；所谓世界历史的横向发展，是指历史由各地区相互闭塞到逐步开放，由彼此分散到逐步联系密切，终于发展成为整体的世界历史这一客观过程而言的。

**邹兆辰教授**：据我所知，您现在正在主编一部4卷本的《世界史》，这部书与以前的6卷本《世界史》有何关系呢？

**齐世荣先生**：从指导思想上，仍然是以马克思主义为指导原则，力图从纵向发展与横向发展说明历史如何发展为全世界的历史。纵向与横向又是互相影响的。纵向发展所达到的水平和阶段，规定了横向发展的规模和广度。横向发展一方面受纵向发展的制约，反转过来又对纵向发展产生促进和深化的影响。在历史向资本主义过渡的时代，横向发展对纵向发展的反作用表现得尤其明显。4卷本的一个特点是它的作者主要是四五十岁的中年学者，他们许多人是6卷本作者的学生，但都有自己的钻研成果。他们在某些问题上研究得很深很专，并敢于提出自己的见解。这些中青年学者，改革开放以后出国的机会很多，有的出国五六次、七八次，可谓见多识广，书中都有他们钻研的结果，写的内容新，有学术水平。不过作为一部教材，它的效果怎样，还要在实践中检验。而6卷本的各卷主编、作者大都是我们这一辈人。这套书对周吴本有继承，也有发展。

**邹兆辰教授**：您在您主编的《世界史·现代编》的“前言”中说：在一定意义上可以说世界史就是现代史；反过来又可以说现代史就是世界史。您可以解释一下这个观点的含义吗？

**齐世荣先生**：这里我觉得首先要对“现代”的概念有一个明确的认识。世界史可以按通史来写，即从远古写到今天，当然也可以分阶段来写，如世界古代史、世界近代史、世界现代史。这里要讨论的是“现代”指的是人类历史的哪一段？再有就是这个阶段有没有区别于其他阶段的显著特点？如果有的话，那么以这个阶段为研究对象的学科就应该成立，否则就没有研究的必要。

我觉得，从生活在21世纪的人来看，“现代”指的是大约从20世纪初到今天这一段时间。20世纪是人类历史的一个特殊阶段，这个阶段的主要特征是世界在政治、经济、文化各个方面联系成为一个息息相关而又充满矛盾的整体，或者概括地说，就是人类历史趋向全球化。

在政治上，世界正在走向多极化。今天，任何一个大国，要想独霸世界都是办不到的。这里我想起英国著名历史学家卡尔说过的一句话，他说只有在今天，才第一次有可能想象一个完整的世界，这个世界是由名副其实地充分进入历史范畴的各国人民组成的。他说这话的时候是20世纪的60年代，今天更是如此了。在经济方面，生产和资本国际化、一体化、集团化的趋势日益加强，任何一个国家都要依靠国际市场，闭关自守是死路一条。在文化方面，各国之间文化交流的规模和速度都达到了惊人的程度，增进了互相之间的了解。不同体系的意识形态也相互渗透，相互斗争，但总的趋势是人们越来越认识到意识形态的分歧不应该影响国家之间的和平共处。

这样，我们可以看到，20世纪的确是人类历史的一个相对独立的阶段，有自己的显著特点。因此，我们就应当建立一门以这个阶段为特殊研究对象的学科，即世界现代史。前面我们已经谈到，全球化萌芽于15—16世纪，但最终形成在20世纪，我就是从这个意义上来说，世界史就是现代史。但反过来，现代史又只有用全球化的眼光才能认清它的特质，所以在这个意义上说，现代史就是世界史。

## 三

**邹兆辰教授**：我看到您在2004年发表的一篇文章，题目是《创新是国家兴旺发达的不竭动力——历史考察》，当时没有怎么注意，也不太了解您写这篇文章的意义。2006年初在国家召开的全国科技大会上，胡锦涛总书记提出党中央、国务院作出了建设创新型国家的战略决策。现在，再回过头来看您的文章就很有意义了。您这篇文章是对近代欧美主要资本主义国家的兴起和发展进行了深入的历史考察后得出的认识吧?

**齐世荣先生**：是这样的。我们纵观15世纪以来世界主要资本主义国家，在它们的兴盛时期都是重视创新的，不是墨守成规、因循守旧的。党的十六大报告讲得很好：创新是一个民族进步的灵魂，是一个国家兴旺发达的不竭动力，也是一个政党永葆生机的源泉。这里，首先要重视科技创新的问题，因为科技创新是奠定国家兴盛的经济基础的重要因素。比如，英国的技师瓦特1763年改进了铁匠纽可门的蒸汽机的动力装置，造出了可以连续运动的蒸汽机。以后瓦特得到了波尔顿的经费赞助，继续进行研究，终于在1782年制成了复动式蒸汽机，完成了蒸汽机的发明和改造过程。从此，波尔顿就从一个制造纽扣的商人一变成为蒸汽机的第一个制造家，他们就是最早的一批工业资本家。这是技师和制造家的结合，没有这种结合，科学和技术结合的产物就不可能大规模地在工业中推广。19世纪三四十年代，英国的机器制造业实现了机械化，使英国成为第一个实现工业革命的国家。而工业化的实现，就使英国的经济繁荣起来，在世界上处于领先地位。由于它的雄厚的经济基础，使英国得以称霸19世纪。

美国后来居上。从19世纪末一直到今天，美国始终是世界上第一号经济强国，这和它的高度发达的科学技术有很大关系。以物理学、化学和医学这三项诺贝尔奖来说，从1910年到今天，美国共获奖212次，英、德、法三国共获奖 171 次，美国一国的获奖数超过了三国的总和。更值得注意的是，20 世纪 90 年代美国率先走上信息经济道路，非常重视以信息技术为核心的高新技术的开发和利用。2000 年，美国的研发开支达到 2640 亿美元，占世界研发总开支的 45%。科技研发大大提高了美国的劳动生产率，它的劳动生产率的提高有一半以上归功于信息技术产业。

**邹兆辰教授**：苏联在建立政权以后的 20 年里，从一个落后的农业国变成了先进的工业国，成为世界工业强国，也和它在当时重视科技有关系吧？

**齐世荣先生**：是的。我在文章中也谈到这一点。从这些实例中可以看出科学技术在国家兴旺发达中起到的作用。据我观察，这种作用越到后来越大，而推进科技发展，关键是敢于和善于创新。历史上的科学发现和技术突破，可以说都是创新的结果。

**邹兆辰教授**：您认为在“科学技术是第一生产力”这个命题中，“科学”的概念是单指自然科学，还是也包括社会科学在内呢？

**齐世荣先生**：我认为应当包括社会科学在内。因为社会科学领域的正确与错误，成功与失败，和自然科学一样与生产力的发展有很大关系。比如，20 世纪 50 年代初作为学者的马寅初先生提倡节制生育，当时不但没有采纳他的建议，反而批判他是新马尔萨斯人口论，结果后来中国多了几亿人口，不但给经济带来极大压力，也影响到人口素质。这不是很好的例子吗？

除了科学技术创新以外，还有思想理论创新和制度创新的问题，我这里就不谈了。总之你可以看出来，一个国家、一个民族，当其兴盛的时候，都是富于创新精神，生气勃勃的；当其走向衰落时，就丧失了进取精神，变得死气沉沉。英国就是一个很好的例子。它是第一个实现工业化的国家，曾经走在世界前列，但到第二次工业革命的时候，陆续出现了一些新兴的工业部门，如化工等，而英国资本家不愿意放弃在煤炭、纺织等传统工业方面的利益，不去投资新兴工业，只靠对传统工业增加投资、扩大劳动力和产量的办法来促进经济增长，很少进行技术改革，这样就逐渐落后于美国和德国。对于英国的工厂主满足于昔日“世界工厂”的地位，骄傲自大、不思进取这一点，恩格斯曾给予过尖锐的批评。历史证明，一个国家不论曾经多么强大，当它变得狂妄自大，丧失创新进取精神以后，就必然要走下坡路。

**邹兆辰教授**：您说的这一点很重要，假如不是对近代以来各强国的兴衰作历史考察，是很难看出这一点的。从您 2003 年为中央领导同志讲解“15 世纪以来世界主要发达国家发展历史考察”，是否可以看出历史学的功能确实还是很大的，它可以为现在的领导者治理国家提供咨询服务，也就是为政治服务。

**齐世荣先生**：史学与政治不可能没有关系，任何一个历史学家总是一个历史阶段的一定政治环境下的人，他自觉不自觉地会受到政治的影响。马克思主义史学家当然要为人类走向社会主义、共产主义这个最大的政治服务，这不是一句空话。对于中国现在的马克思主义史学家，最大的政治就是为建设中国特色社会主义服务，我们要为这个最大的政治，根据史学本身的特点去服务，而不是把每一篇文章去和每一项现行政策去对号。

就世界史来说，如何去为中国特色社会主义服务呢？我想从这样几方面来看：首先，学习世界史，可以了解今天开放世界的历史根源，加深对改革开放重要性的认识。改革开放现在是我们国家的一项基本国策，从世界近现代历史可以看到，世界各个强国的兴起都得益于对外开放。葡萄牙、西班牙的兴起，受惠于最先探索世界新航路。继起的荷兰是一个海外贸易十分发达的商业资本主义国家。而英国在 19 世纪 50—70 年代不仅是世界第一工业大国，还是世界第一贸易大国。日本在明治维新以后，大力推行“文明开化”政策，学习和引进西方的文化、科技、先进的教育，通过全方位的改革走上了资本主义的发展道路。苏联在结束帝国主义武装干涉和国内战争以后，列宁说，社会主义共和国不同世界发生联系是不能生存下去的，在目前情况下应当把自己的生存同资本主义的关系联系起来。后来苏联采用租让制、半租让制（合资企业）、吸收外国贷款、接受西方技术援助、招聘外国技术人员、发展对外贸易等方式，加快了苏联社会主义经济建设进程。了解了世界各强国发展的历史，就会对我们应采取的方针有所认识。邓小平同志具有宽广的世界眼光，深刻了解世界的发展趋势，把中国的发展同世界的发展紧密联系起来。强调关起门来搞建设是不能成功的，中国的发展离不开世界。事实证明，我国改革开放的基本国策是非常正确的，成绩是伟大的。

第二，学习世界史，可以总结世界各国发展的历史经验，作为建设中国特色社会主义的借鉴。从人类历史上看，任何一个民族、一个国家，都需要学习别的民族、别的国家的长处。在近现代，后起国家在实行工业化的过程中，凡是成功的，都借鉴了先进国家工业化的经验，学习它们的科学技术和各方面的典章制度等等。日本就是典型的例子。明治维新以后不久，在 1868 年发布了《五条誓约》，宣告要“求知识于世界”。1871 年，日本派出一个大规模的政府高级代表团，任务之一就是调查和研究欧美各国的政治、经济、文化等制度。代表团经过考察以后，明确了要大力发展工商业、努力普及教育、改革政治体制与健全法制、保护个人财产等向西方资本主义国家学习的重要内容。日本的发展缺乏人才，于是官方和民间企业都聘用了大批外国专家。在“请进来”的同时，还采取“派出去”的办法。派往西方国家的留学生是日本实现现代化的一支重要力量。第二次世界大战以后，日本虽为战败国，但它的经济很快恢复过来并迅速发展，原因之一就是实行了“技术吸收性”战略，及时引进外国先进技术，然后加以改造，使之日本化，起到了后来居上的作用。日本在掌握国外现代新技术的过程中，大约节省了三分之二的时间和十分之九的研究费用。我仅举这一个例子，就可以说明学习世界史确实可以使我们了解各国发展的经验，作为我们自己的借鉴。

第三，学习世界史，可以通晓人类社会发展的规律，坚定走建设有中国特色社会主义道路的信心。作为唯物主义者，应该能够在错综复杂、千变万化的历史现象中看清主流，认识到人类从远古到现在是朝着进步的方向，由低级到高级发展的。当然，这种发展不是笔直的，而是螺旋式前进的。比如，俄国十月革命成功，社会主义制度在苏联建立，这是 20 世纪历史上一个惊天动地的大事，世界各国进步人士都从中看到了人类的光明前景。但是，到 20 世纪行将结束的时候，90 年代初发生了举世震惊的东欧剧变和苏联解体。这甚至使那些一向反对社会主义的西方政治家都感到吃惊。于是，资本主义的辩护士们就纷纷断言社会主义已经灭亡，一些认识模糊的人也感到悲观失望。但是，如果我们真正了解世界历史，能够把握世界历史和社会进步的规律，就不会因此丧失信心。正像列宁所说的，如果从实质上来观察问题，难道历史上有一种新生产方式是不经过许许多多的失败、错误和反复而一下子就确立起来的吗？

**邹兆辰教授**：我看到您发表的文章中谈到对当代资本主义和社会主义的认识，现在谈这个问题的学者好像不多。您还是坚持认为资本主义的固有矛盾依然存在，社会主义制度最终代替资本主义制度是历史的必然。对当代青年来说，这个问题是非常重要的。您可以谈谈您的基本观点吗？

**齐世荣先生**：我确实多次谈到过这个问题。社会主义制度代替资本主义制度，不是以一种剥削制度代替另一种剥削制度，而是要从根本上消灭剥削制度，这是十分困难的事情，需要很长的时间。第二次世界大战后，资本主义经过不断的自我调整，生产力至今还在发展，因此在相当长的时间内，资本主义是会存在下去的。但这并不等于说，资本主义生产方式就已经克服了它的根本矛盾，可以“万古长青”了。远的不说，仅在20世纪，世界资本主义体系就经历过四次严重的政治经济危机。第一次是第一次世界大战和俄国十月革命胜利。布尔什维克利用帝国主义战争的有利时机夺取了政权，建立了世界上第一个社会主义国家。第二次是1929—1933年资本主义世界经济危机。这场危机的规模之大，持续时间之长和对资本主义经济打击之强烈，都是前所未有的。第三次是第二次世界大战和战后欧亚一系列人民民主国家的出现。苏联和世界人民的力量在战争中壮大起来，战后出现了一系列人民民主国家，社会主义越出了一国的范围。德、意、日三个法西斯国家灭亡，英、法沦为二等国家，只有美国一国成为超级大国。第四次是和第三次大约同时发生的，存在数百年之久的世界殖民体系终于在第二次世界大战后土崩瓦解，第三世界兴起，帝国主义力量受到削弱。

资本主义的辩护士会说，你所说的上面这些危机已成历史陈迹，现在有了“新经济”，资本主义体系，至少在美国，再不会出现危机了。“新经济”难道真是一剂能够确保资本主义稳如泰山的灵丹妙药吗？我觉得并不那么简单，以高新技术及其产业为基础和支撑的“新经济”能够推动经济的增长，却不能消灭衰退的根源，正如蒸汽机、铁路、电报、电话以及汽车的发明未能阻止周期性的危机爆发一样。以上论述，绝不是说资本主义经济已经失灵了，只是说资本主义固有的基本矛盾仍然存在，有效需求不足仍然是新经济的主要问题，资本主义周期性危机仍将不可完全避免。资本主义虽然会通过自我调节继续存在很长时期，但绝非万古长青。

所以还是我上面说的，我们通过学习世界史，可以了解人类历史自古至今的发展过程及其规律，从而看清人类的光明前途，坚定我们建设中国特色社会主义事业的信心。

**邹兆辰教授**：我还想和您谈一下中国学者治世界史的问题。您曾经批评过那种认为中国人研究外国史，材料掌握不如对方多，很难达到高水平的观点。您认为从“旁观者清”的角度说，这恰恰是中国学者具有的优势。您本人去美国作学术交流，讲的就是世界史问题，周一良先生对您这一点很称赞，是这样吗?

**齐世荣先生**：事情是这样的。1982 年我去美国讲学，在纽约州立大学布法罗分校讲了两个纯粹是世界史的问题：《论“不干涉”政策的创始者及其动机》和《论 1939 年 3 月英国对波兰保证的原因及其破产》。后来周一良先生知道了，很是高兴，专门给我来信说：“你这次堂而皇之，正经八百地对外国人讲世界史问题，亮出我们的观点和水平，在某种意义上，与打球同样是为国争光也，可贺可贺!”当然，周先生是过奖了。他是我的老师，对他的学生爱护备至，稍有成绩就给予肯定。

但是话说回来，中国学者研究世界史，有时候比西方学者更能看到事情的本质。从 20 世纪 80 年代以来，我一直在研究第二次世界大战中绥靖政策问题。我觉得英国和法国的绥靖政策是导致第二次世界大战的一个重要原因。研究第二次世界大战，这是必须要研究的问题。但是多数的西方学者老是给这件事翻案，就是不承认英法对法西斯国家的纵容是第二次世界大战爆发的重要原因。这也说明政治意识形态对历史学家的影响太厉害。即使铁案如山，他们也还是要挖空心思做各种巧妙的解释，说在当时只能这样做，没有别的办法，并不是他们想牺牲谁。我的研究就是跟他们针锋相对，揭露历史真相。他们的研究很细致，不断地从各方面找材料，辩解越来越精巧。但我对他们的东西也都掌握，对这个问题的研究也比较深入。比如英国对意大利的绥靖政策的研究，国际、国内的文章都比较少。我在《历史研究》上发表的《论英国对意大利的外交政策》就是谈的这个问题。我不认为，中国人研究世界史达不到高水平；更不认为，非得在材料上掌握得和所研究的国家的学者一样多，才能达到高水平。事实上，外国学者研究中国史，在材料上能超过我们的极为罕见，但他们的见解还是值得我们参考的。“不识庐山真面目，只缘身在此山中”，这两句诗也可以用于研究历史。有时，本国人对本国历史的某些特点反而不如外国人看得清楚。“当局者迷，旁观者清”，西方也有类似“旁观者清”的说法：The spectator sees most of the game。

**邹兆辰教授**：您曾经多次赞扬老一辈学者不知老之将至，“该罢休时不罢休”的勤奋治学精神，如已故的白寿彝先生、周一良先生、吴于廑先生和健在的何兹全先生、季羡林先生等。您特别称赞白先生说的“我觉得自己七十岁才开始做学问”这句话，他终于在 90 岁高龄时完成了他自己主持的多卷本《中国通史》的工作，而这件事是他从 70 岁开始做的。现在，您也跨入了 80 岁的门槛，您至今不但没有停止学术研究工作，而且成果非常丰硕。听说，您在 2005 年就有许多成果问世，还有些即将问世。这些我还没有看到，可以说一说您已经完成的成果和将要做的事情吗？

**齐世荣先生**：最近几年，我主编了一本《20 世纪的历史巨变》（另一主编是廖学盛），参加编写的约 20 位同志，历时七八年，才于 2005 年 10 月出版。本书已列入《国家社会科学基金成果文库》。还主编了一本《15 世纪以来世界九强的历史演变》，于 2005 年 8 月出版，其中苏联一章约 7 万字，是我写的。另有一套多卷本的《强国兴衰史丛书》，也是我主编的，已于 2005 年 5 月出版了西班牙和葡萄牙、英国、法国、德国、日本、美国几种。最大的一本是《世界五千年纪事本末》，约 200 万字，共收 1100 个词条，历时十年才完成。我担任主编，另有三位副主编，人民出版社 2005 年 10 月出版。4 卷本《世界史》是教育部委托我主编的高校教材，也将在今年下半年陆续付梓。

我今年已经80岁了，精力日衰。许多朋友关心我，说不要再写了，保重身体要紧。我也很想“封笔”，但一想到几位老师80岁以后还在著述，就觉得惭愧。书恐怕写不动了，但还有三四篇国际关系史方面的文章，如《1939年1月到1940年的英意关系》《慕尼黑会议后至二战爆发的英法关系》等，材料已经基本上搜集好了。这几个问题国内无人写过，国外学者写的也很少，我还想把它们写出来，可能还需要用两年到四年的时间吧！

**邹兆辰教授**：从您完成的这些工作来看，如果用“老骥伏枥，志在千里”这句话形容您现在的精神状态应该说是很合适的。您从教五十多年来，一直在为推进中国的世界史教学与研究工作尽心竭力，并且取得了非常丰硕的成果。很难想象一位年届八旬的老人还能做这么多工作，中青年学者确实应该向您学习。祝愿您在80岁以后，为中国的世界史研究作出更多的新贡献，同时祝您健康长寿！谢谢！

# 齐世荣先生史学思想述评*

徐　蓝
首都师范大学历史学院

齐世荣先生是我的业师，我学术成长的每一步都浸透着他的心血。如今恩师驾鹤西去，弟子悲痛万分！齐先生作为新中国成长起来的第一代世界史大家，中国世界史学界的领军人物，对中国世界史学发展的贡献是巨大的。现整理先生的重要史学思想，作为对先生的永久怀念。限于篇幅，仅从三个方面予以介绍。

## 一、世界通史与世界现代史

齐先生长期从事世界历史的教学与研究，虽着重于世界现代史和现代国际关系史，但对世界通史、史学理论和史学方法也颇有造诣。在多年的治学实践中，他对世界史和世界现代史学科的研究对象和学科特点，以及它们之间的内在联系，逐渐形成了自己的一套看法。先生认为，世界史是古老的历史学中的一门自成体系的、独立的分支学科。这门学科在我国是从20世纪五六十年代才建立起来的。先生从唯物史观出发，认为人类历史是从低级到高级，从原始、孤立、分散的人群最终走向全球一体化的过程。与此相适应，历史学也是先有国别史、地区史，然后才有世界史。人类进入20世纪，特别是第二次世界大战后，世界在政治、经济、文化各

* 原文载于《光明日报》2015年12月12日，第11版。

个方面日益密切联系成为一个整体，而欧洲由于其第二次世界大战后的整体衰落，“欧洲中心论”的世界史体系也开始面临严重挑战，因此直到此时，撰写世界史才成为时代的迫切需要。先生还认为，尽管世界史作为历史学中一门新兴的分支学科，中外史学家对它的研究对象、范围、意义等只是进行了一些初步探讨，但还是达成了一些共识：世界历史本身是一个有机的统一体；研究世界历史，应运用全球观点（或称世界全局观点）去综合考察各地区、各国、各民族的历史，运用全球观点去看待某一地区、国家、民族在整个世界史中的地位；世界史的主要内容应是那些具有世界性影响的运动和世界各地的相互关系；在全球一体化的时代，不了解其他国家、民族的历史，将会导致灾难；撰写世界史可以有多种范式或角度。

世界现代史是齐世荣先生的专攻对象。他认为，现代指的是大约从20世纪初到今天的这段时间。20世纪是人类历史的一个特殊阶段，这个阶段的主要特征是世界在政治、经济、文化各个方面联系成为一个息息相关而又充满矛盾的整体。因此，世界现代史的研究对象应该是从20世纪初到今天世界走向整体化的过程，研究者应当抓住世界一体化这个总趋势，看人类社会如何在互相依存、互相渗透、互相斗争、互相影响的矛盾运动中曲折前进。这样才能使人民从真实的历史中获得清醒的认识，从而增加面对现实的勇气和沿着社会主义道路前进的信心。

关于世界通史与世界现代史的关系，先生认为：世界一体化的过程虽然萌芽于15—16世纪，发展于17—19世纪，但只有进入20世纪后，人类社会才联系成为一个息息相关的整体，世界历史才最终形成。因此，在这个意义上，我们可以说，世界史就是现代史；反过来看，现代史又只有用全球一体化的眼光才能认清它的特质，因此在这个意义上，现代史就是世界史。

这种看法从本质上弄清了世界通史与世界现代史的关系，是很深刻的。正是由于先生的这种认识，20世纪80年代中期，齐先生和吴于廑先生（武汉大学，已故）受国家教委（即教育部）委托，共同主编了一套新的世界通史——《世界史》（6卷本）。这套通史构建了世界从分散到一体的全新的世界历史叙事体系，做出了“新的体系性突破工作”（周一良先生语），至今发行已超过百万册。以后先生又自己主编了《世界史》（4卷本），发行也已数万册。这些教材蜚声海内外，不仅引领了一代代学子进入世界史学习与研究的殿堂，更重要的是这种以整体史观为基础的历史教材有助于年轻一代形成正确的历史观和世界观。同时，为了解决当时原始资料严重缺乏的问题，先生精心主编了《世界通史资料选辑·现代部分》（全3册）、《当代世界史资料选辑》（全3册）、《世界史资料丛刊·现代部分》等资料集，为世界现代史学科的基本建设作出了开拓性、奠基性的贡献。

## 二、现代国际关系史

齐先生专长于现代国际关系史研究，尤侧重于两次世界大战之间的国际关系。先生认为，严格意义上的国际关系，是从资本主义时代开始的，今天整个世界已连成一片，研究国际关系史的重要性也就更显突出。要提高国际关系史的研究水平，一个关键问题是不仅要注意研究国际关系的政治方面，而且要注意研究其经济与文化方面，并将这些方面综合起来加以考察，找出它们之间的互相影响。多年来，先生以上述思想为指导，对现代国际关系史上事关全局的重大问题，撰写了多篇学术论文，提出了自己的独到见解。

第一，绥靖政策研究。20世纪30年代，英法资产阶级民主国家面对德、意、日法西斯国家的侵略扩张所采取的绥靖政策，是第二次世界大战前史中的一个重大问题，各国学者对它的研究兴趣至今不衰。先生在国内率先利用原始档案，对20世纪30年代国际关系史上的一些重大历史现象进行了系统研究，撰写了一系列论文，如《试析意埃战争前夕英国的“双重政策”》《论“不干涉”政策的创始者及其动机》《慕尼黑危机的真相不容歪曲——评西方资产阶级史学著作中的几个流行论点》《论1939年3月英国对波兰保证的原因及其破产》《现代国际关系史的一个“热门”——评介西方学者关于绥靖政策形成原因的研究》《三十年代英国的重整军备与绥靖外交》等，并在此基础上对绥靖政策提出了自己的定义：绥靖政策是日益衰落的英、法帝国主义面临德、意、日法西斯国家的挑战，为了保存自己的既得利益，采取的一种以牺牲其他国家利益为手段换取与对手妥协的政策，是导致第二次世界大战提前爆发的错误政策。先生为绥靖政策所下的定义，已经成为国内学界公认的定义。先生撰写的上述论文，已经成为经典之作。

第二，中国抗日战争在第二次世界大战中的地位和作用研究。齐先生认为，中国抗日战争在第二次世界大战中的地位和作用，是一个值得深入研究的重大课题。西方学者对中国抗战的地位和作用往往估计不足，甚至有意贬低，因此中国史学家负有义不容辞的责任去阐明这一重大问题。先生在提交给 1985 年第 16 届国际历史科学大会的长篇学术论文《中国抗日战争在第二次世界大战中的地位和作用》中，充分利用战后出版的中、日、英、美、苏各国的文献资料和各国最新研究成果，以世界全局的眼光，运用宏观与微观、世界史与中国史相结合的研究方法，把中国的抗日战争放在全球反法西斯的第二次世界大战的巨幅画面中进行全过程的考察，东西兼顾，详细说明了中国战场在使苏联避免两线作战，从而能集中力量打击纳粹德国方面；在推迟德、意、日三国同盟形成，从而大大减轻英法在远东受到的打击，并有利于欧洲和北非战场的盟军行动方面；在推迟太平洋战争爆发使美英争取到更多的备战时间方面；以及在太平洋战场上中国牵制日本百万大军方面所起到的至关重要的作用。这篇论文深刻揭示了中国抗日战争对当时整个国际局势和各主要交战国的战略部署的深远影响，令人信服地证明了中国人民艰苦卓绝的八年抗战为最终战胜德意日法西斯集团作出了不可磨灭的贡献。先生的研究及其在大会上所做的报告，获得与会各国学者的重视与好评。日本茨城大学教授伊集院立在日文杂志《历史学研究》（1986 年第 6 期）上撰文评论道："这个报告是把中国历史中的抗日战争放到世界史中而做的分析。齐的报告把中国人民对欧洲、东亚及美洲大陆的国际反法西斯战线所作的贡献及所占的地位进行了冷静的分析论述。这一分析，给予人们深刻的印象。"先生的观点已经成为中国学者对这一问题的代表性看法。

## 三、史学理论和史学方法研究

齐先生对西方史学具有较深造诣，最值得称道的是先生对德国历史哲学家奥斯瓦尔德·斯宾格勒的代表著作《西方的没落》（齐世荣先生与戚国淦等先生合译）一书的介绍与研究。先生指出，该书是一部以比较文化形态为理论体系的历史哲学著作，但其中也包含着一系列政治主张，中心内容是说明德意志民族统治世界的历史“宿命”；作者宣扬的是一种改头换面的“西欧中心论”，更确切些说，是“德意志中心论”。正由于此，斯宾格勒的历史哲学以及由这种哲学导出的政治主张，才能成为纳粹意识形态的一个来源。对于历史学家来说，该书的积极意义在于它扩大了历史学家的视野，使他们更加宏观地观察历史。

在历史理论方面，齐先生主张历史研究必须把科学性与革命性内在地、不可分割地结合起来。由于历史科学本身的特点，为现实服务的途径应该是总结人类历史的发展规律，帮助人们树立共产主义的世界观，通过总结人类阶级斗争、生产斗争等方面的经验，作为无产阶级政党制定路线、方针和政策时的借鉴。先生在1980年发表的论文《列宁论无产阶级专政的实质》一文中指出：列宁关于无产阶级专政非有暴力不可的论点，是人们所熟知的，但列宁关于无产阶级专政的实质主要不在于暴力的论点，却被许多人忽略了。先生引用列宁的文字：“无产阶级专政不只是对剥削者使用的暴力，甚至主要的不是暴力。这种革命暴力的经济基础，它富有生命力和必获胜利的保证，在于无产阶级代表着并实现着比资本主义更高的社会劳动组织。实质就在这里。共产主义力量的源泉和必获全胜的保证就在这里。”① 先生认为，列宁的精辟论述，对于在革命前经济、文化比较落后的国家尤其具有特殊的重要意义。落后国家在建立无产阶级专政后，应当清醒地看到自己向社会主义过渡的长期性和特殊困难，更有必要竭尽一切努力不断完善新的社会劳动组织，大力发展生产力，体现出社会

① 《列宁选集》第4卷，人民出版社1995年版，第9—10页。

主义的优越性。在当时许多人经常强调无产阶级专政的暴力作用的时候，齐先生敢于提出上述见解，是需要一定勇气的。

齐先生一贯重视史学方法的研究和教学。他强调要全面、大量占有史料，特别要密切注意国外新出版的史料，并从马克思主义理论的高度，从浩如烟海的史料中去粗取精，去伪存真，以求研究新问题，作出新解释，不断提升世界史的研究水平。他在 88 岁高龄出版的《史料五讲》，为后学留下了宝贵的治史心得。

# 将相无种，事在人为

## ——记新中国第一代世界史专家齐世荣先生[*]

管世琳
首都师范大学历史学院

齐世荣（1926—2015），我国著名历史学家、教育家，新中国世界史学科的奠基者和开拓者之一，首都师范大学历史学科的创建者之一，首都师范大学原校长。1945 年考入成都燕京大学历史系，1947 年转入清华大学历史系。1954 年调入北京师范学院（今首都师范大学）历史系任教，先后担任历史系主任、历史研究所所长、北京师范学院院长、首都师范大学校长等行政职务。曾兼任中国史学会副会长，中国世界近现代史研究会会长，国务院学位委员会学科评议组历史学分组成员，国家哲学社会学科学基金评议组成员，教育部国家基础教育课程教材专家咨询委员会副主任委员，第八届全国政协委员。

## 一、战火中的求学之路

齐世荣 1926 年生于江苏连云港，很小的时候就来到了北京。他上学的时候，“华北之大，已经安放不得一张平静的书桌”，平津危急，华北危急，中华民族危急！在战火硝烟中成长起来的齐世荣，痛恨日本帝国主义，不愿当亡国奴，毅然从北京冒险到了四川。高中时就读于重庆清华中

---

* 原文载于《北京教育（高教版）》2017 年第 Z1 期。

学，这是一所教学质量很高，对学生要求也十分严格的学校。齐世荣在这里打下了扎实的知识基础。1945 年顺利考入成都燕京大学历史系，抗战胜利后回到北京，1947 年转入清华大学历史系就读。

齐世荣在燕京和清华大学读书时，给学生上课的有陈寅恪、雷海宗、邵循正、齐思和、翁独健、周一良等历史学大家，每一位先生的名字都如雷贯耳。这些先生有一个共同的特点，那就是学术功底深厚，知识渊博，学贯中西，视野开阔。比如，燕京大学的齐思和先生当时讲两门课，一门是战国史，一门是西洋现代史，一中一西，一古一今；清华大学的雷海宗先生也是如此，在中国史方面教中国通史、商周史、秦汉史，在外国史方面则教西洋近古史、西洋文化史。学贯中西，不仅是这些先生的学术研究特点，也是清华大学历史系一贯强调的学风。齐世荣在清华的毕业论文与戊戌变法有关，他认为指导老师一定是上中国近代史课的邵循正先生，系主任雷海宗先生却指定教英国史、美国史的刘崇鋐先生来指导。这让他大感意外，后来，雷先生告诉他，刘崇鋐先生对戊戌变法有专门的研究，指导他更合适。

大学时期的中西贯通的学风，在齐世荣身上留下了深深的烙印，也让他终身受益。读大学时他就对中国史和外国史都有兴趣，毕业后进入中学任教，中外历史故事都是他讲课的生动素材。进入北京师范学院历史系工作后，他更觉得历史研究虽然最后要给自己确定一个范围，但是不能对这个范围之外的东西一点都不知道，或者知道得很少。眼界宽，思维广，才能有更高的成就。齐世荣不仅自己以老师们为榜样，读书涉猎广泛，研究兼顾中西，同时他也这样严格要求自己的学生。他常谦虚地说，自己距离这个标准还差得很远，希望学生向太老师们（也就是他的老师）学习，“取法乎上”。

战火中的求学路不仅奠定了齐世荣扎实的史学基础，而且还塑造了他强烈的家国情怀。齐世荣求学时期正值中国历史上最关键的剧烈变革时代，国家与民族所经历的内忧与外患、危机与革命，不仅培育了他的赤诚爱国之情，也赋予了他一种高度的历史使命感。这种使命感激励着他在日后的世界史研究中注重学以致用，每逢历史的关键年头都会提起手中的笔，以史为鉴，从历史的角度去研究那些关系国家民族命运的大问题；更推动他毕生致力世界通史的教育和教材的编写，将正确的历史观传递给下一代。

## 二、历史系四大台柱

1954年，北京市为了提高中小学教育质量，启动筹建北京师范学院，抽调一批优秀中学老师作师资。28岁的齐世荣，当时已经担任北京育英中学（今第二十五中学）的教务主任，被抽调到北京师范学院历史科(1955年才建立历史系)，担任世界现代史教师。

这批北京师范学院的奠基者，大部分是从各中学抽调上来的优秀教师，平均年龄在30岁上下。当时全院没有一名正教授，只有六名副教授，其他人都是讲师和助教，被叫作“没有教授的大学”。师资力量如此，图书、仪器也很贫乏、简陋，很多仪器是老师们自己动手，用土法子做成的。这样一所白手起家的高等院校，不仅社会上有人怀疑它能否办好，入学的新生也有不少人觉得“脸上无光”。很多学生在学校戴校徽，出校门就又悄悄摘下来。虽然办学条件很简陋，但这批年轻的创业者们坚信学校能够办好。他们都是各中学舍不得放走的拔尖人才，大多数出身于北大、清华、燕京等名校，受过严格的学术训练，也有很强的事业心。东风楼里两个文史专业的老师尤其朝气蓬勃，他们明白学问本无捷径可走，当他们站在四楼北望不远的北大、清华时，觉得无须仰视。历史也证明了这一点，这批初生牛犊不怕虎的青年教师中，后来走出了不少著名的学者。

历史科的情况和学院的整体状况类似，当时只有一名副教授，七名讲师和三四名助教。十几个人挤在一间大屋子里，大部分人都吃住在学校，每天工作到晚上十点以后才各自回宿舍休息。图书资料也很缺乏，老师们上课往往到家里藏书比较丰富的成庆华那里去借。齐世荣当时任历史科副主任，没有秘书等办事人员，也没有辅导员和班主任，这些职务都由他和科主任戚国淦兼任。1955年历史系建立后，他又担任历史系党总支书记，属于“双肩挑”的干部。在这样环境艰苦，任务繁重的情况下，齐世荣基本做到了“两不误”，还抓紧时间学会了俄语，并在1958—1959年间翻译了《蒙古近代史纲》一书。由于学问扎实，课又上得最好，很受学生们的欢迎，齐世荣和另外三位老师被称为历史系的“四大台柱”，受到系主任的特别重视。

齐世荣晚年曾说，时光如果可以倒流，他最想回到的就是1954年，与当年的老友重新聚首。当年，这批年轻教师经常一起讨论学术问题，谋划历史系的发展，团结协作的氛围特别好。齐世荣是一名优秀的管理者，从历史系建立之初就长期担任系领导的他，尤其注意团结同志，建立科研团队，培养事业的接班人。从这个意义上讲，他不仅是台柱子，更是领航人。在历史系积累的成功管理经验，为他日后担任院长和校长奠定了扎实的基础。他在担任校长期间，以极大的魄力推动科学研究，奖励优秀成果，培养教学骨干，推进学科建设，大大提高了首都师范大学的科研与教学水平。

## 三、国际历史科学大会为国争光

1978年，我国进入了改革开放的新时代，对外交流日趋活跃。此时，齐世荣已从讲师直升为教授，这在当时是很少见的。齐世荣虽已过了“知天命”的年纪，但改革开放为从事世界现代史研究的他，创造了较为优越的科研环境，让他焕发了学术的青春。

齐世荣是一个眼光很远大，视野很开阔的人。早在历史系建立之初，他和当时的系领导们就确立了一致的办系理念，即教学和科研应当并重。这在当时是有一定风险的，随时会被扣上“走白专道路”的帽子。改革开放后，这一理念得到了更好的贯彻，同时选定中国古代经济史、敦煌学、英国史（以都铎王朝为重点）、国际关系史（以20世纪为重点）为科研的重点方向。齐世荣本人就从事现代国际关系史方向的研究，尤侧重于两次世界大战之间的国际关系。齐世荣治学特别注意两个方面——理论和史料，特别是第一手史料。首先，他认为从事历史研究没有理论修养是不行的，理论水平越高，驾驭史料的能力就越强，才能够写出真正有创见的文章。他高度重视马克思主义唯物史观的指导作用，坚持求实而辩证地对待历史问题。他在指导研究国际关系史方向的研究生时，强调不仅要注意研究国际关系的政治方面，而且注意研究其经济与文化方面，并将这些方面综合起来加以考察，找出它们之间的互相影响。同时他还要求学生必须认真学习马克思主义原著，并指定四本书让学生精读，即《共产党宣言》《〈政治经济学批判〉导言》《反杜林论》和《路德维希·费尔巴哈和德国古典哲学的终结》。

在第一手史料的运用方面，齐世荣是当时国内世界史学界少有的，最先运用国外档案材料的几个人之一。改革开放后，中外学术交流逐渐解冻，获取国外历史文献的渠道慢慢打开。当时担任历史系主任的齐世荣，就积极向校领导申请经费，购买国外历史著作和文献资料。注重一手史料的运用，是齐世荣史学研究的鲜明特点，也成了首都师范大学世界史学科立足和发展的根本。如今，首都师范大学世界史学科，位列国内六家世界史国家重点学科之一，研究水平跻身全国前列，这与齐世荣奠定的理论与史料并重的传统是密不可分的。1989 年齐世荣担任北京师范学院院长后，他又积极推动学校与国外高校的合作，希望通过中外学术交流，开阔师生们的眼界，掌握国际学术研究的前沿动态。

中国抗日战争在第二次世界大战中的地位和作用，是一个值得深入研究的重大课题。西方学者对中国抗战的地位和作用，普遍估计不足，甚至有意贬低。时至今日，西方中学历史教科书中关于第二次世界大战的叙述，仍以欧洲战场为主，关于中国抗日战争的叙述只有只言片语，甚至略过不提。因此，中国史学家对阐明这一重大问题，负有义不容辞的责任。有鉴于此，1985 年齐世荣在参加第 16 届国际历史科学大会时，向大会提交了《中国抗日战争在第二次世界大战中的地位和作用》一文。这篇文章，充分利用战后出版的中、日、美、英、苏各国的文献资料和最新研究成果，把中国的抗日战争放在全球反法西斯的第二次世界大战的巨幅画面中进行考察，详细说明了中国战场在推迟德意日三国同盟形成，避免苏联两线作战，推迟太平洋战争爆发，以及在太平洋战场牵制日本百万大军等方面起到的至关重要的作用。文章深刻揭示了中国抗日战争对当时整个国际局势和各主要交战国战略部署的深远影响，令人信服地证明了中国人民艰苦卓绝的八年抗战，为最终战胜德意日法西斯集团作出了不可磨灭的贡献。

齐世荣在大会上的报告，获得与会各国学者的重视和好评，他的观点已经成为中国学者对这一问题的代表性看法。可以说，这篇文章的发表，不仅展现了齐世荣扎实的学术功底和鲜明的研究风格，向国际学术界展现了中国学者的风采，他对中国抗日战争在世界反法西斯战争中的地位和作用的阐释，也为国家争了光。

## 四、为中央政治局讲历史课

2012 年，齐世荣在与参加“国培计划”的中学历史骨干教师座谈时曾说，能成为一名历史老师是他一生最高兴的事情。从 1949 年进入北京育英中学任历史和政治教员算起，齐世荣从事教育事业 60 余年，最早的学生也已 80 多岁了，可谓桃李满天下，很多学生都成了所处领域的领军人物。他曾多次偶遇早年教过的学生，这些五十多年前的学生见到他时，仍能想起当年课堂上齐老师为他们讲法国大革命，讲希特勒发动战争的生动情形。这让齐世荣感到十分欣慰和高兴，因为他觉得自己五十多年前给学生们讲的历史，在他们身上起了作用。

常常会有人问，学历史有什么用。齐世荣认为，历史是将过去、现在、未来串联起来的一条川流不息的河流，现实中蕴含着历史，历史也昭示了未来，每个人都需要从历史中汲取经验教训。他曾举了一个很生动的例子来说明历史与我们日常生活的关系，“如果有人要请你到某饭馆吃饭，你往往会问那个饭馆怎么样，对方可能会说吃过几次还不错，吃过几次，这就是历史”。对于社会上出现的“重理轻文”的风气，齐世荣曾特别撰文《认真地读一点世界史》，指出看待历史的作用，不能着眼于“立竿见影”，而要更深远、更广泛地理解，希望不论干哪一行工作的，都认真地读一点历史。

齐世荣一直特别注意学习和研究世界史对于今天我们建设中国特色社会主义的借鉴作用。他曾在《求是》等杂志上发表《学习世界史与建设中国特色社会主义》等文章，从世界历史发展的角度，总结以往的经验和教训，希望我们今天社会主义建设事业能规避西方发达国家失败的做法。1997 年他曾经应邀在中共中央政治局讲课，2003 年齐世荣再次应邀在中共中央政治局讲课，题目是“15 世纪以来世界主要发达国家发展历史考察”，这次讲课的内容反映在他主编的《15 世纪以来世界九强的历史演变》一书中。他还参与主编了《20 世纪的历史巨变》等著作。齐世荣思考的问题，已经走出了校园，直面国家和社会的发展。这也很好地体现了老一辈学者，关心国家命运，竭力奉献自己绵薄之力的传统与风骨。

## 五、该罢休时不罢休

“该罢休时不罢休”，是臧克家先生写给白寿彝先生的一首诗里的一句话。2009 年，83 岁的齐世荣曾撰写《学习白先生“该罢休时不罢休”的精神》一文，表示要向白寿彝等老一辈学者学习。他也确实做到了这一点。

齐世荣晚年坚持每天看书，虽然精力不济，但仍笔耕不辍。2010 年，84 岁的他发表了《谈小说的史料价值》一文，此后《谈日记的史料价值》《谈私人信函的史料价值》等文章相继发表，平均一年一篇。2014 年，辑录这些文章的《史料五讲》一书问世。这些文章展示了齐世荣在史学理论和中国文献方面的深厚功底，是他几十年从事国际关系史研究和史学理论教学的经验总结与升华。此书出版后，得到学界专家的高度好评。

齐世荣生前始终挂念世界史学科建设和世界史教育发展。20 世纪 90 年代他与吴于廑合编的 6 卷本《世界史》，反映了当时中国学者的最新研究成果，是我国大多数高校至今仍采用的教材，影响至深。从 20 世纪 50 年代起，他又用了 30 多年的时间多方搜集资料，编辑出版了《世界通史资料选辑·现代部分》和《当代世界史资料选辑》，为学科的发展建立了基础性的资源库。与此同时，齐世荣在去世前，一直担任教育部国家基础教育课程教材专家咨询委员会副主任委员，主持教育部编初中历史教材的编写工作。教材的编写工作繁杂，需要反复征求意见，反复修改，但齐世荣一丝不苟，事必躬亲，逐字逐句地阅读。

直到 2015 年下半年，齐世荣仍陆续请历史学院的老师帮他在图书馆借书，所借书目不仅有世界史的，也有中国近现代史的。据他女儿回忆，他在病发前还在修改自己的一篇文章，看他即将出版的论文集的清样，病重入院后也经常要他的书稿。齐世荣去世后，家人在整理他的遗物时，发现了《读史见微录》的未完稿，里面的内容都是一些有趣的历史典故，充满趣味但又很有启发意义。2016 年人民出版社再版《史料五讲》时，将他的这些最后的文字收录了进去，这是对他“该罢休时不罢休”精神的最好纪念。

“将相无种，事在人为”，是齐世荣在首都师范大学建校六十周年纪念大会上，对学校创建初期“白手起家”精神的总结。这更是他个人长期治学、管理的经验总结，相对于首都师范大学世界史学科来说尤为贴切。首都师范大学世界史学科今天在国内位居前列，与齐世荣等奠基前辈的这种自信和努力进取是分不开的。他们是事业的开拓者，也是灵魂的塑造者。这种开创事业的精神，放之四海而皆准，任何时代都不会过时。

# 史学工作者应有的史料意识

## ——读齐世荣先生关于史料问题的系列文章*

邹兆辰
首都师范大学历史学院

齐世荣先生是中西史学贯通的学者。很多人知道他是一位从事世界史教学与研究的学者，实际上他中国史学的素养也十分深厚，这与他的师承关系是分不开的。他于1945—1949年先后就读于燕京大学和清华大学，亲炙邓之诚、陈寅恪、刘崇鋐、雷海宗、齐思和、翁独健、邵循正、孙毓棠、吴晗、周一良等一代名流教授的熏陶指点，在治史的原则和方法上受过严格的训练，打下了坚实的基础。在几十年的教学、科研和人才培养方面，他坚持马克思主义理论的指导，坚持对本专业领域重大问题的探讨，同时他还特别重视史学方法论的教育。在给本科生、研究生讲授世界现代史、国际关系史的同时，还经常讲授史学方法论课，长期积累了史学方法方面最重要的基本知识，让学生把根底扎牢，使学生们受益匪浅。

近年来，齐世荣先生连续发表了一系列关于史料方面的文章①，体

* 原文载于《首都师范大学学报（社会科学版）》2014年第5期。

① 这些文章包括：《谈小说的史料价值》（《首都师范大学学报（社会科学版）》2010年第5期）、《谈日记的史料价值》（《首都师范大学学报（社会科学版）》2011年第6期）、《谈回忆录类私人文件的史料价值》（《史学理论与史学史学刊》2011年卷）、《谈私人信函的史料价值》（《首都师范大学学报（社会科学版）》2012年第5期）、《略说文字史料的两类：官府文书和私家记载》（《历史教学问题》2013年第2期）。齐世荣先生已将上述五篇文章结集成书，由人民出版社在2016年出版，书名《史料五讲》。另外，《继承与创新——在“变革时代的史学与史家座谈会”上的发言》（《史学史研究》2013年第2期）也涉及相关的问题。

现了这位年逾八旬的老一辈学者的广博的学识和开阔的视野，以学贯中西的通识努力倡导开拓史料的范围，体现出他对深化中国史学研究所具有的远见卓识。纵观齐先生新发表的这一系列文章，联系他在1989年发表的《杨妃入道之年考读后——兼论考据在史学研究中的作用和地位》、1989年发表的《加强合作，促进共同繁荣——祝〈民国档案〉进入新的一年》与2001年发表的《“合之则两美，离之则两伤”——试论当代人写当代史与后代人写前代史》① 等文章，都从不同角度谈到史料搜集和史料考据。这些涉及史料问题的系列论述，提醒史学工作者要增强史料意识，把那些具有史料价值而又可能被忽视的材料充分利用起来，以扩充史料的范围，加深对历史问题的研究。这些论述鲜明地体现了齐先生的史学思想，对于史学研究的深化具有重要意义。

## 一、史学工作者必须重视史料

齐先生在他关于史料、档案、考据等问题的一系列文章中，多次强调史学工作者必须重视广泛地搜集可靠的史料，以作为史学研究的基础。作为一个马克思主义史学家，他注意到马克思、恩格斯关于学术研究必须充分地掌握历史资料的相关论述，并以此来教育年轻的学子。如马克思说，研究必须充分地占有材料，分析它的各种发展形式，探寻这些形式的内在联系。他号召青年学子应该向马克思学习。因为马克思的《资本论》在当时是最新最革命的学说，但又是以最朴实的材料为基础写成的。如马克思自己所说，他的《资本论》一书引起了特别大的愤恨，因为书中引用了许多官方材料来评述资本主义制度，而迄今为止还没有一个学者能从这些材

① 《杨妃入道之年考读后——兼论考据在史学研究中的作用和地位》，《北京师范学院学报（社会科学版）》1989年第5期；《加强合作，促进共同繁荣——祝〈民国档案〉进入新的一年》，《民国档案》1989年第1期；《“合之则两美，离之则两伤”——试论当代人写当代史与后代人写前代史》，《史学理论研究》2001年第2期。三文均见《齐世荣史学文集》，人民出版社2002年版。

料中找到一个错误。因为在他的著作中，观点与材料融为一体，达到了高度的统一。齐先生赞扬马克思、恩格斯在他们的著作中对史料的高度重视。例如，马克思写《资本论》第1卷第8章“工作日”，大量利用了英国《工厂视察员报告》《童工调查委员会报告》等材料；恩格斯为了说明英国工人阶级的状况，除亲自调查外，还广泛使用了各种官方文件和资料。

前辈历史学家关于史料问题的论述，更是齐先生长期关注的重要方面，也是常常被引用来教育青年的。如郭沫若所说：“无论做任何研究，材料的鉴别是最必要的基础阶段。材料不够固然大成问题，而材料的真伪或时代性如未规定清楚，那比缺乏材料还要更加危险。”陈寅恪关于新材料的学术价值也是他经常引用的话。陈寅恪说：“一时代的学术，必有其新材料与新问题。取用此材料，以研求问题，则为此时代学术之新潮流。”

为了说明史料对于史学研究的重要性，他曾举例说明，如现代史的研究，在很长时期内受到轻视，其中一个重要原因就是研究者看不到原始材料。他还指出：我国关于中国封建社会始于何时的问题，所以长期争论不休的一个原因，就是古代材料太少，以很少的材料立说，都显得证据不足，又都有一定道理。因此，各执己见，难有共识。

## 二、对待两类文字史料的态度

和大多数史学家对待史料的认识一样，齐先生认为史料包括文字史料、实物遗迹和口头传说三大类，而文字史料是数量最多、包罗方面最广和内容最丰富的一类，因此治史者应该高度重视和充分利用。

对于文字史料的分类各家说法不一。《隋书·经籍志》分史料为13类，《四库全书总目提要》把史部书增为15类，各派史家还有种种不同的分类方法。齐先生认为，不论把文字史料分为多少种，但概括起来不外官府文书和私家记载两大类。随着历史学的演变和发展，治史者的研究范围越来越广，从传统的政治史拓展到经济史、社会史、文化史、思想史、宗教史等，使得官书与私记的内容越来越丰富，所以文字史料的类别已经远远超过古人的界定。按照当代中外史学发展的情况，他对两大类别的史料做了如下的划分：

官书：国家档案、起居注、日历、实录、正史、诏令、谕旨、奏议、政书、方略、法规、则例、公报、调查报告、会议记录、备忘录、公约、条约、协定、官方统计等。

私记：杂史、野史、回忆录、自传、自订年谱、日记、书信、墓志、家谱、族谱、杂志报纸、契约、佛藏、道藏、语录、笔记、地理书、游记、农书、医书、文艺作品（文集、诗集、词曲、歌谣、小说）等。

如何看待官府文书和私家记载两类史料对于史学研究的作用，是史著产生以来历代史家津津乐道的一个话题，不同的史家由于个人治学的经历、习惯的不同，思维方法的不同，对待各类史料的态度也有所不同。这些不同本是一般学人不太容易发现、分辨的问题，而齐先生在《略说文字史料的两类：官府文书和私家记载》一文中，从对大量事实的精研中，梳理出三种对待上述两类史料不同的态度：

第一派：扬官书而贬私记。

这派学者多认为，官府文书比私家记载更为真实可信。例如，清人万斯同说他自少时就“默识暗诵”列朝实录，“未敢有一言一事之遗也”。待其“长游四方”，经常“就故家长老求遗书，考问往事，旁及郡志邑乘、杂家志传之文，靡不网罗参伍，而要以实录为指归”。

近人邓之诚著有《中华两千年史》，他认为：“正史据官书，其出入微；野史据所闻，其出入大。正史讳尊亲，野史挟恩怨。讳尊亲，不过有书有不书；挟恩怨则无所不至矣。故取材野史，务虚审慎，否则必至以伪为真，甚至以真为伪。”

第二派：扬私记而贬官书。

这派学者认为私记较官书更为真实可信。如梁启超说：“所谓别史、杂史、杂传、杂记之属，其价值实与正史无异，而时复过之。”比如，陈寿的《三国志·诸葛亮传》记诸葛亮南征的事“仅得二十字耶”，而常璩的《华阳国志》，则有七百余字。我们要想知道该战役的情况，还是要依靠非正史的《华阳国志》。由此可见，正史如果当作史料来读，它的价值“与一不知谁何之人所作半通不通之笔记，亦可作等夷视也”。

鲁迅也认为，“野史和杂记”比“正史”更可信一些。因为正史“涂饰太厚，废话太多”，很不容易察出底细来。而看野史和杂记，更容易了然，“因为他们究竟不必太摆史官的架子”。

翦伯赞明确指出：“就史部诸书而论，则正史上的史料，较之正史以外之诸史，如别史、杂史等中的史料，其可靠性更小。”

第三派：认为官书与私记各有短长，应当并重而不可偏废。

齐先生列举了从古代到近代一系列持这种态度的史家。刘知幾在《史通》中，把全部史籍分做“正史”与“杂述”两大类。他首重“正史”，在《古今正史》中，勾勒了中国史学的发展大势，从《尚书》到隋唐诸史，都予以说明。但是刘知幾在对“正史”的叙述中也有批判，对杂史也不轻视，认为“偏记小说，自成一家”，能与正史参行。清人王鸣盛也认为官方文书与私人记载互有短长。他主张“读史宜专心正史”，但是他并不轻视小说。他说：“大约实录与小说，互有短长，去取之际，贵考核斟酌，不可偏执”；“采小说未必皆非，依《实录》未必皆是”。

近代学者也有多人持这种态度，齐先生举蔡元培、陈寅恪、傅斯年、顾颉刚的观点为例。例如，蔡元培说：“官府文书和私家记载在史料的价值上各有短长，合综起来各有独到处，分开来便各不可尽信。大约官府的记载失之于讳，私人的记载失之于诬。”蔡元培强调：“官文和私记‘合之则两美，离之则两伤’呢!”傅斯年对这个问题的论述又更进一步了。他分析说：官府文书和私家记载的互有短长处，也是不能一概而论的。大约官书的记载关于年月、官职、地理等等，有簿可查有籍可录者，每较私记为确实；而私家记载对于一件事的来龙去脉，以及“内幕”，有些能说官书所不能说，或不敢说的。当然，这也不能成为定例，官书对于年月也很会出错，而私记说的“内幕”每每是胡说。

齐先生本人对于两类文字史料的态度基本是赞同第三派的。他认为：“各种类型的史料都有长处，也有短处，把它们综合起来，互相参照，研究的成果就有可能接近历史的真相。”①他认为，第三派的主张，是使用史料的比较妥当的办法，第一派、第二派的主张亦有可取之处。如万斯同、邓之诚重视实录、正史这类官书，有正确的一面。因为官府的载籍一直是历史文献的主体，比较系统地汇集了大量的史料。如《清实录》有4363卷，二十四史有3249卷，它们包括的内容都非常丰富，不仅包括政治，也涉及经济、文化、宗教等方面。无论从数量上还是从质量上看，零星的私记都比不上官书。国外也是如此，例如，英国国家档案局的书架超过100英里，同盟国1945年虏获德国外交部1880—1936年的档案有400吨之重。同时，齐先生认为鲁迅、翦伯赞肯定野史、杂史的价值，如不太摆史官的架子，所记较正史为真切，敢于暴露史实的真相等，都是对的。

## 三、私人文件的史料价值不容忽视

### （一）回忆录

齐先生在《谈回忆录类私人文件的史料价值》②一文中说：回忆录包括自传、自述（自叙）、自订年谱，是同一性质而各有特色的私人文件，具有直接史料的价值。回忆录大致可分为两种：一种以个人为线索，多涉作者所处的时代；另一种主要谈个人，旁及所处的时代。这两种史料都有“知人论世”的史料价值，治史者应该很好地运用，但这类史料也有它的缺陷和局限性。他对这类史料进行了分析：

第一类：以个人为线索，多涉及时代各个方面的回忆录。

一些回忆录载有政治方面的可用资料：如陈寅恪的《寒柳堂纪梦未定稿》和《读吴其昌撰梁启超传书后》中，对于戊戌变法的研究，特别是了

---

① 齐世荣：《略说文字史料的两类：官府文书和私家记载》，《历史教学问题》2013年第2期。

② 齐世荣：《谈回忆录类私人文件的史料价值》，瞿林东主编：《史学理论与史学史学刊（2011年卷）》，社会科学文献出版社2011年版。

解光绪皇帝对变法的态度以及陈寅恪的祖父陈宝箴和父亲陈三立在湖南推行新政的作为有参考价值。《杜鲁门回忆录》涉及1945年美军向日本广岛、长崎投掷原子弹的情况。爱伦堡的《人·岁月·生活——爱伦堡回忆录》涉及很多第二次世界大战前后的欧洲情况，如对1938年《慕尼黑协定》签订后法国社会的反映有生动的记载。

有一些回忆录涉及政治的某一个方面，如贪污的黑幕。他列举了清人张集馨的《道咸宦海见闻录》中，有关于外官“馈赠”京官与封疆大吏贪污的情况。汪辉祖的《病榻梦痕录》说，他在四十岁的时候（乾隆三十五年），就有商人从福建、广东等地携回“洋钱”的情况，可供经济史研究参考。一些回忆录不仅可以反映经济问题，还有一些关于社会、文化方面的记载，如北宋人孟元老著名的《东京梦华录》、南宋人吴自牧的《梦粱录》。

第二类：主要谈个人往事，但也可旁及所处时代的情形。

如司马迁的《太史公自序》开创了“自序”的体例，也是一种回忆录。《太史公自序》说明了他的家世和学术继承关系，叙述了他秉承父亲遗命修史的经过，特别是遭受了腐刑的奇耻大辱之后仍能坚持修史的情形。蔡元培的《自写年谱》，对于蔡元培整顿北京大学的经过和他所实行的原则，能很好地体现他的教育思想。胡适的《四十自述》和《胡适口述自传》是了解胡适其人的重要史料。杨树达的《积微翁回忆录》反映了这位著名的语言文字学家的读书、研究和与学者交往的情况，记述了大量的治学过程和心得，也谈了治学方法的问题。

齐先生还列举了几位学者和老革命家在新中国成立以后写的回忆录。如吕思勉的《三反及思想改造总结》（1952年）和钱基博的《自我检讨书》（1952年），都是大学教授谈20世纪50年代的知识分子思想改造运动的回忆。季羡林的《留德十年》，生动地记录了他1935—1945年留学德国的经历，其中提到德国教授献身教育和科学事业的精神十分感人。韦君宜的《思痛录》涉及“大跃进”和“文化大革命”，以及粉碎“四人帮”后为受到“文化大革命”迫害的人平反的情形。曾志的《一个革命的幸存者——曾志回忆实录》，是一位1926年入党的老党员抱病口述的一生的战斗经历，有的内容涉及井冈山时期与毛泽东的关系，是十分珍贵的资料。

齐先生也分析了回忆录的缺陷和局限性。他指出：第一，事后追忆以前的事情，特别是年代久远之后，不可避免地会有错误。人们的回忆录，不可能是对回忆对象的准确无误的再现，错误是常有的事。第二，回忆录总是经过筛选的，残缺不全的。比如说，有些重要政治人物的回忆录内容十分贫乏，对于他们亲自参与的一些重大政治事件，可能只字不提，以免对自己不利。第三，回忆录不单是对过去的追忆，也掺杂了作者在写回忆录时的看法、思想、感情，既有过去的成分，也有现在的成分。第四，回忆录有相当强的主观性，因为他写回忆录必然依据作者个人的主观印象和感受。第五，有些回忆录有扬己贬人的缺点。这里的“己”和“人”，不仅是个体，也包括己方和对方的党派、团体、民族、国家，等等。

尽管回忆录有这些缺陷和局限性，但也不可全盘否定它的史料价值。对回忆录之类的作品，全信不可；全不信也不可，无论如何其中还是有不少东西是可以作为史料使用的。

### （二）日记

齐世荣先生在《谈日记的史料价值》① 中说，日记按照年月日记录作者的亲身经历和见闻，以及作者对人对事的看法，历来被认为具有直接史料的价值，是治史者必须参考的。他指出，由于日记是写给自己看的，故能比较真实地反映作者的个性。日记谈到的作者所处时代的政治、经济、社会、文化等方面的情况，也可以与官书和其他私人文件相互参照比较。

1. 政治人物的日记

齐先生列举了《翁同龢日记》《郭嵩焘日记》《齐亚诺日记》《和平大使：阿贝农勋爵日记》和赵烈文的《能静居日记》，这些都是很有影响的大部头日记。

《翁同龢日记》起于 1857 年止于 1904 年，长达 47 年，反映了咸丰

① 齐世荣：《谈日记的史料价值》，《首都师范大学学报（社会科学版）》2011 年第 6 期。

和光绪年间的很多历史事实，也反映了作者在这时期的思想与活动。例如，翁同龢在戊戌变法过程中的作用，在中日甲午战争中的活动等都有清楚地反映，具有重要的史料价值。《郭嵩焘日记》长达37年，由于郭嵩焘是清朝同治、光绪年间洋务派中最有见地的一个人，所以顽固昏庸的士大夫激烈反对他的主张，甚至诋毁他的人格。《齐亚诺日记》是意大利墨索里尼政府的外交大臣齐亚诺的日记。他所留下的两本日记反映了1937—1943年墨索里尼政府在内政、外交方面的一些不为人知的材料。《和平大使：阿贝农勋爵日记》是1925年英、法、德、意等国签订《洛迦诺公约》时的英国驻德国大使阿贝农勋爵写的日记。当时英国是促成公约签订的重要国家，而阿贝农本人有公约“教父”之称，了解很多英国要签订条约的真实目的。因此，他的这份日记具有重要的史料价值。《能静居日记》的作者赵烈文是清代一个小官，只做到知州，但是他是曾国藩十分信任的幕僚，他所记的咸丰到光绪年间31年的日记64册，内容非常丰富。由于他先后任曾国藩、曾国荃的幕僚，所以知道许多湘军的内幕情况。

2. 文人学者的日记

《越缦堂日记》的作者李慈铭是一个文人学者，他的日记始于1854年止于1894年，前后40年。日记的内容包罗甚广，“上自朝章，中至学问，下迄相骂”（鲁迅语）。日记还保留不少社会经济的史料，比如具体记录了当时京官与外官互相勾结和京官的享乐生活。由于日记这方面的内容十分丰富，学者张德昌利用《越缦堂日记》写了一本《清季一个京官的生活》，还整理了咸丰、光绪年间银钱、物价、工资方面的资料。罗曼·罗兰的《莫斯科日记》是这位著名法国作家1935年应高尔基之邀去苏联访问近一个月所写下的日记。这是一种集中一段时间，又集中于一个主题的日记，所记就是他的苏联见闻。陈白尘的《牛棚日记》记于1966—1972年，这正是“文化大革命”中广大干部和知识分子受到迫害的年代。他的日记是那个年代里，文联各协会的知识分子遭受迫害的一份令人悲愤的记录。《朱自清日记》是朱自清先生从1924年到1948年前后二十余年的日记。他的日记完全是供自己看的，所以内容真实可信。由于不准备发表，所以日记更直率地记录了对许多人和事的看法，记录了他本人内心真实的感情活动。记者威廉·L. 夏伊勒的《柏林日记——二战驻德日记见闻（1934—1941）》，是这位美国著名记者 1934 年前往柏林时的日记，内容十分丰富，记述了希特勒和纳粹党发动第二次世界大战的过程和第二次世界大战初期的战争情况。

齐先生指出，日记确实是一种有价值的史料，但使用日记时必须参照、对比其他各种史料，分析综合，方可得出比较正确的历史认识。同时，一些有名的日记中也有糟粕，比如在日记中恶语伤人，这样就容易“流于诬妄”。因此，在使用中一定要慎重。

### （三）私人信函

齐先生在《谈私人信函的史料价值》① 一文中，列举一些政治人物和文化人物的私人信函的史料价值，认为是治史者应该利用的一种史料。他指出：在私人信函（公牍除外）中，写信人所谈自己的境遇、思想、心情等以及对人对事的看法，往往是在公开的文字中看不到的，故在相当程度上能透露历史的真相。有关论学的内容，有些是在已发表的著作中没有谈到或谈得不充分的，也可以作为公开著作的补充。

曾国藩关于会剿金陵事致弟曾国荃书，反映了清军在攻克太平天国的天京前夕，曾国藩、曾国荃两兄弟对于要不要让李鸿章的淮军来会剿的问题上的心理状态，也从一个侧面反映了湘军与淮军上层的矛盾，具有史料价值。郭嵩焘 1875 年 9 月受命为使英大臣后的几封私人信函，如行前致两江总督沈葆桢函，抵伦敦以后致李鸿章函、致朱克敬函，都论及他个人对赴英使命的感受，对英国社会制度的认识，对于开展洋务运动必要性的深刻认识，以及朝廷对开展洋务运动的重重阻挠，对国家前途的深刻忧虑等。

国外重要人物的书信中也可以找到对于研究世界史有价值的史料，齐先生列举的张伯伦的书信就是很好的例子。张伯伦在 1937 年 5 月至 1940

① 齐世荣：《谈私人信函的史料价值》，《首都师范大学学报（社会科学版）》2012 年第 5 期。

年 5 月担任英国首相。张伯伦亲自掌握外交政策，在第二次世界大战爆发前，他极力推行绥靖政策，企图以牺牲别国的利益来满足德意等国的要求，以换取英德的和解。他对自己的政策非常自信，这在齐先生所选择的张伯伦致其妹艾达的信中有清楚地反映。到第二次世界大战爆发，他的政策破产时，他仍然执迷不悟，这在他临死前数日给美国参议员约瑟夫·鲍尔的私人信件中有清楚地反映。

许多文化人物的私人信函则体现出特殊的学术价值。齐先生指出：司马迁的《报任安书》有很高的史料价值。通过这封信，我们可以知道汉武帝的专制淫威、汉代法律的残酷，更可了解司马迁受到腐刑的奇耻大辱后所以隐忍苟活的原因。嵇康《与山巨源绝交书》，反映了魏晋之际在思想上的斗争（自然与名教）和政治上的斗争（曹氏与司马氏），是有价值的史料。顾炎武在书信中谈到了著述的标准问题，他对学术著作要求很严，主张“采铜于山”，不能买旧钱以充铸，只有“采山之铜”才真正是学术精品。

有的学者在公开的文章中对某人是一种评价，在给私人的书信中则又是一种评价，而这种评价往往是作者真实的想法。齐先生举出王国维给罗振玉的书信中就反映出王国维对另一学者沈曾植的真实评价，从中也反映出王国维自负的一面。胡适论当代学人的书信，从中可以看出他的为人。表面看给人的印象谦和有礼，对前辈学者、同辈学者都是十分称赞的；但他骨子里是十分骄傲的，对他同辈的一些人十分轻视，而这些话却只能在给人的信函中吐露自己的真实思想。如 1950 年 5 月 29 日胡适致杨联陞的信，说明他对冯友兰的《中国哲学史》的评价很低，暴露出他作为一个学者的狂妄自大的一面。

### （四）小说

齐先生在《谈小说的史料价值》[①] 一文中论述了利用小说深化史学研

① 齐世荣：《谈小说的史料价值》，《首都师范大学学报（社会科学版）》2010年第5期。

究的意义，并从几个方面举例说明小说的史料价值。

小说能够在一定程度上反映出一定时代的历史面貌，历来受到重视。恩格斯指出：巴尔扎克在《人间喜剧》里给我们提供了一部法国“社会”，特别是巴黎“上流社会”的卓越的现实主义的历史，他用编年体的方式几乎逐年地把上层资产阶级在1816—1848年这一时期对贵族社会日甚一日的冲击描写出来。围绕着这幅中心图画，他汇集了法国社会的全部历史。梁启超指出：须知作小说者无论骋其冥想至何等程度，而一涉笔叙事，总不能脱离其所处之环境，不知不觉，遂将当时社会背景写出一部分以供后世史家之取材。陈寅恪认为，有些小说中所叙之人与事，未必实有，但此类事，在当时条件下，则诚有之。

为具体说明小说如何反映历史，并可以作为史料使用，齐先生列举了五个方面。

1. 反映一个历史时期的社会全貌或某一部分（道德标准、风气习惯等）

仍以法国小说家巴尔扎克的《人间喜剧》为例，他在这个标题下写了91部小说，被称为“社会百科全书”。它展示了19世纪前半叶，特别是复辟王朝时期的整个法国社会。齐先生列举了《人间喜剧》中的《贝姨》《欧也妮·葛朗台》《纽沁根银行》《古物陈列室》《高老头》《夏倍上校》等作品中的人物形象，说明了巴尔扎克所要达到的目的，非常生动形象感人。

2. 典型环境中的典型人物

以吴敬梓的《儒林外史》为例，说明该书刻画了范进这样一个力图通过科举考试向上爬的典型人物，说明中国明清两朝实行以八股取士的科举制度，封建统治者推行八股制度，把读书和升官发财直接联系起来，因此读书人醉心举业，认为“人生世上，除了这事，就没有第二件可以出头”。

3. 折射出真实的历史事件

有些小说的内容能够隐讳地折射出当时确曾发生过的历史事件，有一定参考价值。从李复言的《续玄怪录》中可以看到宪宗被弑一事。陈寅恪在《顺宗实录与续玄怪录》一文中指出，永贞内禅和宪宗被弑是晚唐的两大事变，是阉党之深讳大忌，所以韩愈撰写的《顺宗实录》中对此事不能不有所避讳，而李复言的《续玄怪录》才可知宪宗被弑一事的真相。

陶渊明的短篇小说《桃花源记》寓言的性质十分明显。但陈寅恪认为，《桃花源记》既是寓意之文，也是纪实之文。在他的《桃花源记旁证》一文中指出，西晋末年戎狄盗贼并起，中原避难之人民有的远离本土迁至他乡，有的纠合宗族乡党，屯聚坞堡，据险自守，以避戎狄盗寇之难。蒲松龄的《聊斋志异》内容虽然多是鬼狐故事，但也有的地方假借谈鬼说狐，反映清军入关后在山东屠杀人民的历史事实。牟润孙在《〈聊斋志异〉所记清兵在山东的屠杀》一文中有详细的论证。

4. 觇人情而征人心

有的小说，对于特定社会环境下的特定人群的心态描写得十分生动。如清人夏敬渠所著《野叟曝言》，对于当时“理学家”的心理有所反映。而《聊斋志异》中，对秀才入闱心态的生动描写是深刻入微的。如在“王子安”条中，写一个困于场屋的东昌名士王子安，入闱后期望甚切，他的心态变化有“七似”，极其生动。

5. 提供具体细节

齐先生认为，小说能够提供许多正史中没有的细节，对于深入了解历史，特别是社会经济史，是十分有用的。他说巴尔扎克在《人间喜剧》中，不但写人，也写“物”，就是写出人物和他们思想的物质表现，总之是“人和生活”，比如财产、房屋、家具、器皿以及衣服，等等。这样用“物”来衬托人，使人物的形象更加饱满和生动。例如，《古物陈列室》这部小说里，对德·埃斯格里尼翁侯爵公馆的描写十分精彩，小说用客厅的陈旧摆设，衬托出一群男女没落贵族荣华不再的凄凉晚景，物与人浑然一体，堪称刻画入微的佳作。

## 四、史料的扩张与史料的应用

从齐先生近年来所撰写的一系列文章来看，他是特别重视史料的扩张的。他赞同傅斯年在《历史语言研究所工作旨趣》中的说法：“凡一种学问能扩张他所研究的材料便进步，不能的便退步。”他还说：“能利用各地各时的直接史料，大如地方志，小如私人的日记，远如石器时代的发掘，近如某个洋行的贸易册，去把史事无论巨者或细者，单者或综合者，条理出来，是科学的本事。”傅斯年回顾过去中国的历史学，认为“在中国史学的盛时，材料用得还是广的，地方上求材料，刻文上抄材料，档库中出材料，传说中辨材料”。他赞赏司马迁、欧阳修、司马光对待史料的态度，慨叹当时“不特不能去扩张材料，去学曹操设‘发冢校尉’，求出一部古史于地下遗物，就是‘自然’送给我们的出土的物事，以及敦煌石藏、内阁档案，还由他毁坏了好多，剩下的流传海外，京师图书馆所存摩尼经典等良籍，还复任其搁置，一面则谈整理国故者人多如鲫，这样焉能进步”？

齐先生认为，西方史学的发展趋势也证明了史料的扩充确实有助于史学的进步。19 世纪末，历史学界出现了一种广泛的信念，认为历史学的选材必须扩大，对社会、经济文化的作用应给予更多的重视。相应地人们要求历史学应该更密切地与各类社会科学相联系。他认为：“从世界范围看，史学研究的领域正在不断扩大，我们理应发掘并利用各种性质的史料。在开拓了新的研究领域以后，过去从不看做史料的东西，也就有了价值。例如，我国笔记小说中有一类侈谈因果报应，这些迷信内容原无史料价值。但如果我们要研究心态史，便可利用这些废料，看出一定时期一定阶层的心态。”①

扩充史料的范围固然是重要的，但是，“扩大了史料范围以后，还要精于鉴别，取舍得当，方能收到综合运用的功效，这就有赖于史学工作者的眼光和素养了”。这个“精于鉴别”的工作就是考据。齐先生认为：“考据作为治史的一种工具，过去有用，今天还有用”；“考据的作用，概括说来，就是为史学研究提供可靠的材料”。考证究竟包括哪些内容，很难界说。大体讲来，从文字的校勘和训诂、版本的比较和鉴别，到史料真伪、可信程度的分析、史料内容的诠释、具体史实的考证，都属于考据学的范

① 齐世荣：《杨妃入道之年考读后——兼论考据在史学研究中的作用和地位》，《齐世荣史学文集》，人民出版社 2002 年版，第 383 页。

围。通过这一系列的工作，便能为进一步的研究打下扎实的基础。①

对于如何进行考证的问题，齐先生在《杨妃入道之年考读后——兼论考据在史学研究中的作用和地位》一文中曾经做过专门的论述。他在文章中提出四个原则和两个范例——陈寅恪、陈垣，值得我们深入领会。

第一，广搜证据。

他认为，在考据中，广集证据，是为了进行归纳。使用归纳法，一般说来，搜集的材料越丰富，则归纳的结果也越可靠。援庵先生经常讲，搞材料要做到“竭泽而渔”，便是这个道理。按照这个道理，研究问题时不能以孤证立说，不能胡乱抽出一些个别事实或玩弄一些实例，因为这是站不住脚的，没有任何意义的。他批评清代学者朱彝尊在《曝书亭集》卷五五“书杨太真外传后”一条，断言杨妃入道之年在开元二十五年正月二日，入宫时犹为处子。20世纪40年代，陈寅恪、陈垣二位先生也都考证过杨妃入道之年，两人不谋而合，得出相同结论，即杨妃入道之年在开元二十九年正月二日。杨妃入道究竟在哪一年以及是否以处子入宫这个问题本身并不重要，但两位大师考证同一事实并得出同一结论这一点是很有意义的。两位学者比朱彝尊高明之处，首先就在于使用材料的广泛性，或者说读书时是否做到了“统观首尾”。朱彝尊得出的结论，只根据《旧唐书·杨贵妃传》和《新唐书·杨贵妃传》的说法。而《新唐书》是沿袭《旧唐书》的，所以这也是一个孤证。陈寅恪和陈垣他们所用的材料则广泛得多，他们引用的材料有七条，包括《旧唐书·玄宗纪》《新唐书·玄宗纪》《旧唐书·贞顺皇后武氏传》《旧唐书·寿王传》《唐会要·皇后门》等，于是两位陈先生得出与朱彝尊不同的结论。

第二，正史、杂史多种史料参用。两位陈先生比朱彝尊高明之处就在于能够正史与杂史并用。他们不仅用了两唐书的材料，也运用了宋人乐史的《太真外传》的材料，因为他们认为乐史生于北宋初年，“其言当有所据”。而朱彝尊不相信杂史所记，认为乐史的《太真外传》是“传闻之

① 齐世荣：《杨妃入道之年考读后——兼论考据在史学研究中的作用和地位》，《齐世荣史学文集》，人民出版社2002年版，第389页。

谬”，所以他所得出的结论也是错误的。

第三，利用习见的材料。

齐先生认为：“高水平的考据，在于能利用世人习见的文献和普通的版本，看出一般人见不到的问题，得出精确的结论。而且，许多习见的材料之所以能够流传既久且广，正是由于它们具有高度的学术价值，故应予以重视。靠孤本秘籍，以偏僻的史料或字句的比勘立论，不仅不算功夫，甚至相当危险，因为这有陷于孤证的可能。”①

第四，考据应具通识。

齐先生认为：“第一流的考据必须以通识为基础。朱氏考杨妃入道之期之所以错误，两位陈先生之所以正确，原因之一在于有无通识。”他指出，朱彝尊之所以错误，其中一个原因在于它虽然知道杨妃夺自寿邸，但由于“为尊者讳”的思想作祟，硬要考证杨氏虽已受册为寿王妃，但尚未迎亲、同牢，故入宫时犹为处子，大概是想借此说明玄宗的行为尚有可谅之处。他站在卫道的立场去弥缝玄宗的丑行，用宋以后的眼光去观察唐代史事，自然不免做出十分荒唐的考证。但陈寅恪认为：“考吾国社会风习，如关于男女礼法等问题，唐宋两代实有不同。”也就是说，李唐一代，皇室也不重视闺门礼法，太宗以弟妇（李元吉妃）为妃，高宗以父妃（武则天）为后，玄宗则夺儿媳（杨贵妃）为已有，这在唐朝并不看作什么了不起的大事情，治史者应该有这样的通识。

什么是通识？齐先生认为，培养通识，应该学习和掌握马克思主义，用历史唯物主义来研究历史。“有了这样的思想武装后，再来考证历史问题，就能由小见大，由具体看一般，由现象到本质，使考证服务于总的研究目标。”②

齐先生《杨妃入道之年考读后——兼论考据在史学研究中的作用和地位》一文在批评清人朱彝尊对杨妃入道之年考证的谬误中，他着重运用陈

① 齐世荣：《杨妃入道之年考读后——兼论考据在史学研究中的作用和地位》，《齐世荣史学文集》，人民出版社 2002 年版，第 384 页。

② 齐世荣：《杨妃入道之年考读后——兼论考据在史学研究中的作用和地位》，《齐世荣史学文集》，人民出版社 2002 年版，第 388 页。

垣、陈寅恪两位先生对同一问题的考证结论，从而阐明了两位陈先生的学识渊博与考证方法之精良，以及他们所具有的通识的精神。在《略说文字史料的两类：官府文书和私家记载》一文中，对陈垣、陈寅恪两位先生对史料的认识与运用问题用一节篇幅来加以论述，进一步彰显两位大家在考证方面的卓越成就。

陈垣先生运用史料的情况：

1. 陈垣著作中使用的史料非常丰富。他一再强调，搜集材料应力求完备，常以“竭泽而渔”作比喻。他的名著《元西域人华化考》引证各类文献多达二百一二十种，所用材料以诗文集和金石录为主，其中元明人文集约百种。

2. 陈垣一生重点研究宗教史，主要研究宗教和政治、社会的关系，研究宗教的盛衰变化的情况，而不谈教义。因此，他研究宗教史不仅利用教会典籍，而且利用教外典籍。

3. 陈垣虽然广采各种类型的私家记载，但是对于官方文书也很重视。撰写《元也里可温教考》，充分利用了《元史》的材料；研究明清之际的天主教史，也参考了清廷档案。他还向学生强调清初诸帝的朱批谕旨的史料价值。

4. 陈垣善于利用历史上的工具书。如他很重视《册府元龟》，认为它材料丰富，自上古到五代，按人事人物，分门编纂，凡一千一百余门，概括全部十七史。所用之书，都是北宋前古本，可以校史，也可以补史。他曾用《册府元龟》《通典》补足散佚八百年的《魏书》的缺页。

5. 史料愈近愈繁，应该进行分类研究。他认为，道光以来的一切档案、碑传、文集、笔记、报章、杂志，皆为史料。如此搜集颇不容易。宜分类研究，收缩范围，按外交、政治、教育、学术、文学、美术、宗教思想、社会经济、商工业等，逐类研究，较有把握。这些意见，是很有见地的。

陈寅恪先生运用史料的情况：

1. 陈寅恪先生治史在史料方面的原则，一是尽可能扩充领域，二是取材详备，宁详勿略。他主张，历史研究，资料范围尽可能扩大，结论则要尽可能缩小，考证要求符合实际。他赞赏《建炎以来系年要录》喜聚异同，取材详备。对导源于佛徒的“合本子注”的宋人长编考异法，陈寅恪也十分欣赏。

2. 陈寅恪著作中使用的史料极为丰富，在利用私人记载这类史料时，“以诗证史”和“以小说证史”尤具特色。他开设“元白诗证史”课，要以“元白诗证史，用这个方法成一家之言”。在晚年耗尽心血完成巨著《柳如是别传》，共引用约六百种材料，包括正史、野史、年谱、志书、笔记小说和诗词戏曲文集，更把以诗文证史的方法发挥得淋漓尽致。

3. 陈寅恪熟悉佛藏、道藏，长于从中搜集材料，与教外文籍结合，用以研究宗教与政治、社会、文化思想、文学等方面的关系。

4. 陈寅恪对官府文书和私家记载是同等重视的。例如，他极力主张买下明清内阁大库档案，认为这些档案具有第一等原料的性质。他还参加了明清史料编刊委员会的工作，称“此残篇故纸，盖三百年前废兴得失关键之所在”。对于常见的传统史料他也十分重视。

5. 陈寅恪主张尽可能扩充史料的领域，必然也很重视新史料的发现。例如，他很重视敦煌学的材料，在理论上说明这些材料的重要性，同时身体力行，利用敦煌文献撰写文章。

齐先生总结陈垣、陈寅恪二人使用史料的原则和具体办法是：官书与私记并重、兼采，根据研究问题的需要，用当所用。他们都不专门研究经济史，故著作中涉及的经济史料很少。

齐先生有关史料问题的一系列文章提出了当今史学工作者应该具有的史料意识，同时也表现了他个人在驾驭史料方面的功力。他不仅能以广阔的视野来寻求史料、运用史料，从而做到旁征博引，而且把对史料的这种运用提高到史学方法论的层次上，体现为一种史料学思想。认真总结这些史料学思想对于深化史学研究无疑是很有价值的。他所主张的官府文书和私家记载应该同样重视的原则，以及他所列举的那些可能被人们忽视的私人史料价值都给人以极大启发，特别是他所提出的考证方法和所推荐的运用史料的两位典范，今天仍然是值得治史者认真学习的。

# 史料扩充与历史认知

## ——读齐世荣先生《史料五讲》的一点认识*

李　凯
北京师范大学历史学院

## 一、史料的扩充与历史认知的深化

史料的处理从来都不是真实与虚假的简单的划分，而是人们认识历史的观念与方式之变迁的历史。齐世荣先生的《史料五讲》虽然叙事简洁，不奢谈理论，但在分析史料的搜集范围以及运用材料的优劣特点中，已体现了对于历史认知的不断深入。

以目录而言分为五个部分：第一，略说文字史料的两类：官府文书和私家记载；第二，谈日记的史料价值；第三，谈私人信函的史料价值；第四，谈回忆录类私人文件的史料价值；第五，谈小说的史料价值；以及两篇附录。

第一篇中关于私家记载的论述已经初步包含了后面的一些内容，如讲到了小说等的史料价值，并进行了初步的分析比较。当然，我们也可以把这部分看作是这本书的总论部分，或者是作者在后记中所说的由于各篇是相继完成而出现的结果。但从后者的角度而言，也可以说是人们历史认知的转变与重视发生变化，使得后面的史料价值分量增大从而产生了专门论述的必要，因而我们会发现《史料五讲》论述的重点是私家记载。

---

*　原文载于《首都师范大学学报（社会科学版）》2015 年第 1 期。

所以，《史料五讲》的目录顺序，可以说在性质上是从愈坚实的材料到愈“浮夸”“虚假”的内容，如从第一篇的官府文书到最后一篇的小说，但就历史的认知方式以及史学的发展而言，却体现了人们对于历史的洞见越来越复杂、深化的历程。从时间的顺序来看，自探讨从古代延续下来官府文书，到论及多涉及近现代内容的日记、信函、回忆录、小说等材料，则史料越到现今而辨析越加细化，历史认知的深化在其中参与的过程则越加显著。齐世荣先生的《史料五讲》把私家记载作为全书的主要部分展开论述，体现了史料的扩展和历史认知的深化。

## 二、史料的运用与历史认知的深化过程

对于史料的运用与历史认知的深化过程，我初步认为，是否可以分为三个阶段：

首先，从史料的角度看是对官府文书的重视，以及对史料本身考证的重视与运用，这在历史认知的方式上体现为对于历史认知的对象（既包括史书也涉及史事）的重视上。

齐世荣先生在第一篇论文中就讲到了对于官书与私记的三种观点，因为私家记载在后面还会论述，这里集中讲的是齐先生对于官府文书的评价，列举了三种主要的观点。赞扬官府文书的学者认为其由官府支持，具有系统性、连续性的优点，但缺陷在于“时有篡改、伪造和粉饰，出入很大”①。而贬低官府文书的学者，也是从这些缺陷出发而赞扬私家记载的，但私家记载本身也是有一些缺点的。齐先生在对比中提出了第三种官书、私记并重的观点并列举了一些人的观点与事例。这些优点与缺点多涉及对于史书、事件的讨论，多论及史料本身真实性的争议，例如列举了明清实录的不断删改、正史中的回护与曲笔、私家记载的流于诬妄等。在第一篇中，齐先生实际上就提出了对于史料所应采取的态度就是官私并重。

---

① 齐世荣：《史料五讲》，首都师范大学出版社 2014 年版，第 6 页。

但本书的论述重点在于私家记载，同时对于私家记载的选择，对日记、信函、回忆录、小说的突出与辨析，也超出了传统史学的分类，如《隋书·经籍志》史部分类、《史通·杂述》以及《四库全书总目》的范围，可见《史料五讲》论述的是史料扩展后的新史料。新的史料的扩展，必然需要新的历史认知的发展，对其加以分析与利用，以促进史学的发展。正因为如此，从一个史学家的责任感出发，齐先生认为有必要从事这项工作，正像本书所论述的："西方史学的发展趋势也证明了史料的扩充确实有助于史学的进步。"①

其次，从史料的角度出发表现为对于新的史料来源的重视，像日记、信函、回忆录等，而这些史料本身往往具有优劣两重的性质，但多成为从当时的时代背景角度来研究社会的心态、风俗以及经济状况等的重要来源，在历史认知的发展上表现为对历史认知方法与过程的重视，即历史认知对象本身的缺陷不能阻碍对于历史客观性的追寻，新的历史认识方法的产生，对于材料的综合运用超越了历史认知对象本身的缺陷。

齐世荣先生在《史料五讲》中利用日记、信函、回忆录等充分地论证历史。而这些史料也带有许多的缺陷与不足，例如齐先生在谈到回忆录时就系统地列举了五条缺陷与不足，因而在利用的过程中，更加地注重对于历史方法与理论的应用，单纯的史料难以直接解决史学问题，必须结合对于历史的分析与方法的应用。如齐先生在讲到回忆录的时候，谈到了杜鲁门在回忆录中对于投掷原子弹的一种看法，除去这种观点外，再结合当时的时代背景综合分析，才可以了解美国投掷原子弹的真实目的。又如齐先生在分析书信时，提到曾国藩给曾国荃的书信，劝其注意身体，淮军助战事宜，李鸿章回信说淮军疲惫，无助战之意，必定要结合其他史料综合分析，才能够益见"以上数函透露了湘、淮集团在镇压农民起义过程中勾心斗角、争权夺利的内情，颇具史料价值"②，若单纯从书信本身出发则双方一团和气，全无争权夺利之心。因而，这里结合时代背景作综合分析的历

① 齐世荣:《史料五讲》，首都师范大学出版社 2014 年版，第 32 页。

② 齐世荣:《史料五讲》，首都师范大学出版社 2014 年版，第 86 页。

史认知的过程与方法就显得非常重要，或者说史料本身的简单对错，在脱离了思考者的认知方式后变得苍白无力。再如齐先生在谈及书信的篇章中提到胡适对于傅斯年、冯友兰等人的看法，看似都是针对其人的某一作品，但是综合其他材料，加以心理学的思考方式就会得出其实是源自胡适本人自视甚高，学术故步自封的心态作祟，这里通过对历史材料的综合分析，如结合胡适的《中国哲学史大纲》下卷的编写困境，陈寅恪、傅斯年对冯友兰的评价，杨联陞、陈乐素对傅斯年的评论对比，这样得出的结论就大大超出了史料本身所给予的信息。齐先生在对日记的分析中，也大量地运用了综合分析的方法，例如对于威廉的《柏林日记》的分析，涉及的问题不是战争胜负本身，而是法国假战与失败背后的厌战心态问题。而不列颠之战的问题，涉及的也不是战果，而是其统计背后的人为夸大的心态问题。而这些结论的发现与得出，抛开综合比较的历史认知方法也是难以得出的，或者说在历史认知的进步关心到这一点之前，这些材料也是易于被忽略的。这里面史料的作用不可或缺，但是研究方法的运用也是很重要的。或者说没有新的研究方法与领域的开辟，某些史料的价值也是不能被充分地发掘出来的。因而在提到日记时，齐先生指出“使用日记时，还必须参照、对比其他各种史料，分析综合，方可得出比较正确的认识”①，即是总结了这种研究方法的重要性。

最后，从史料的角度看体现为对于通常不被认为是客观记录的材料的利用，例如向来被认为是以虚构为主的文学作品的史料价值的分析。在历史认知的发展上体现为对于历史认知的主体性的反思与思考，即历史认知的进步发展为对于历史认知的主体相对性的认识，特别重视历史认识主体参与认知历史的过程。这反映在齐世荣先生《史料五讲》中对于后现代主义质疑的回应。

思考人的历史认知的方式，虚假产生的历史，或者说真实是如何被制作成虚假的过程，这样原先不能被利用，不被重视的材料，就有了丰富的可供研究的内容。这就涉及历史认知的问题，亦即最后一部分小说所表达

---

① 齐世荣:《史料五讲》，首都师范大学出版社 2014 年版，第 82 页。

的关于虚假与真实的史料运用的辩证关系。后现代主义有种观点认为历史如同小说，而《史料五讲》中特别有专门的篇幅论证对于小说的史料价值的分析，提出小说有五方面的价值：第一，反映一个历史时期的社会全貌或一部分（道德标准、风气习惯等）；第二，典型环境中的典型人物；第三，折射出真实的历史事件；第四，觇人情而征人心；第五，提供具体细节。因而齐世荣先生的这本书，虽不奢谈理论，但并非没有针对问题。如后记中所说："后现代主义把一切历史认识的对象归结为'文本'，说什么'文本之外一无所有'（德里达语），并认为'文本'本身并无确定的含义，可以因人而异地做出各种解释，一切解释都是有效的（或无效的）。这种极端的历史相对主义、虚无主义是根本错误的。"① 当然，齐先生也在注释中提到了辩证地看待："后现代主义对历史认识相对性的强调，揭示历史学家的意识形态对其研究所起的制约作用，都有一定的道理。"②

其实齐先生的《史料五讲》从史料的角度回应后现代主义理论的质疑，同样是对于理论问题的一种论述方式，如章学诚《文史通义·朱陆》篇，对于戴震的回应就采用了相同的思路。《朱陆》篇分析了朱子之学与陆王之学的不同研究侧重，然后批评了戴震治学是从考证出发转入义理，实际上是更加接近朱子之学，却因对朱子之学细枝末节的错误而在义理上大加批判，其实是站不住脚的。其中就提到朱子之学侧重道问学，而失之于支离；而陆王之学偏于尊德性，而失之于虚无。从史学的角度来看，一方侧重事实的考证汇总，一方偏重于理论的抽象总结。因而章学诚就提出了针对各自的缺陷的批评，是从理论的角度容易，而从事实的角度困难："则自命陆王以攻朱者固伪陆王，即自命朱氏以攻陆王者，亦伪陆王，不得号为伪朱也。同一门户，而陆王有伪，朱无伪者，空言易而实学难也。"③ 因而从事实的角度上去回应理论问题是能够打下坚实的基础和给予有力的回击的。针对后现代主义质疑，从理论上的回应已经不乏其人，

---

① 齐世荣:《史料五讲》，首都师范大学出版社 2014 年版，第 217 页。

② 齐世荣:《史料五讲》，首都师范大学出版社 2014 年版，第 217 页。

③ 章学诚:《文史通义》卷三《朱陆》，华东师范大学出版社 2012 年版，第 289 页。

而齐世荣先生无疑选择了一条更加坚实的道路，从史料的角度上，通过分析新史料应用中的真实与虚假的关系，来进行回击，特别肯定小说的史料价值，而其出发点也在于人的主观认知的相对性，无法脱离时代的约束，从而使得虚构的内容而带有真实的历史成分，齐先生先后列举了恩格斯、梁启超、杨绛和陈寅恪等人的论述而加以说明。齐先生之所以加重对于私家记载的分析，就在于特别强调在史料的处理过程中，文本的含义，或者说认识的相对主义是历史认知的客观因素，因而处理人的主观因素与历史叙述的关系，同样是历史学家认识历史的任务之一，而非对于史学客观性根基的动摇。

## 三、理论、方法和历史认知的发展

史料的扩充与历史认知的深化，是史学发展不可分离、相辅相成的两个方面。齐先生也谈到“进入 20 世纪，特别是在第二次世界大战以后，出现了若干新的学派。新学派为了贯彻它们对于历史的看法，就必须采用新的研究方法，开拓新的史料来源”。并举年鉴学派、经济社会史和人口史的例子加以说明，因而得出结论“现代史学扩充史料的例子可谓举不胜举”①。同时史料的日益丰富又需要理论指导来加以利用分析：“搜集史料……做到全面又谈何容易。史家为免于灭顶之灾的自救之方就有赖于理论的提高和方法的改进。”② 无论是包含了历史认知的史学理论的发展，还是从史料本身出发，都能够推导出新的研究领域。新的理论的出现，能够指导新的研究领域。而要对新的史料进行利用，也需要在历史认知上有新的创新，这反过来也促进了理论的创新。例如，齐世荣先生在谈到史料优劣的一些分析，就已经具有了拓展一些新的问题与领域的雏形。谈到回忆录中钱基博的例子，对于知识分子的思想改造运动，过往多强调政府对于

① 齐世荣：《史料五讲》，首都师范大学出版社 2014 年版，第 34 页。

② 齐世荣：《史料五讲》，首都师范大学出版社 2014 年版，第 34 页。

知识分子的从上而下的作用，知识分子本身处于一种逆来顺受的位置。但是从钱基博的视野而言，齐先生利用回忆录论及他在这场运动中的特殊性，我看杨绛的一些文章就提到了钱基博在运动中的积极性，而钱钟书则采取了另外的态度，联系钱基博的家学渊源以及钱钟书的留学经历，这就已经是一个非常好的多角度具有延续性的观察标本，为史料的分析提供了一个非常好的观察知识分子在思想改造运动中各种立场与态度的切入点。

从这个意义上说，齐世荣先生的这本书一方面本意是希望通过对新史料的分析与辨析，能规范和提高史学工作者在处理史料方面的能力，另一方面也是希望在对于史料的探讨中，特别是对于新的史料的分析中引领或导引出新的研究问题与领域，培养创新的历史认知意识，促进史学的发展，从中我们也可想见老先生的学术深蕴以及苦心孤诣。

# 博览善择　举重明轻

## ——读齐世荣先生著《史料五讲》的几点启示*

朱露川
北京师范大学历史学院

“史料”问题是中国史学家长期关注的问题，学界已出版一些专著讨论史料的整理和运用。2014 年 6 月，齐世荣先生新著《史料五讲》由首都师范大学出版社出版，该书收录了作者近年来专讲史料问题的五篇论文，另附两篇涉及史料问题的专论，反映了作者在史料学领域研究的心得和创获。研读此书，深感它对于我们后学拓展史料学视野，进一步掌握运用史料的方法和分寸，进而窥探齐世荣先生的史学思想，都有很多启示。今将笔者研读此书的几点认识，发表出来，请学术界前辈指正。

## 一、怎样看待“史料是研究历史的基础”

“史料是研究历史的基础”，是《史料五讲》再三致意的见解，因此，本书从多方面阐述这一核心思想。①

作者首先辨析了史料的种类，全书开篇着重论述了官府文书和私家记载两种文字史料各自的优劣，作者通过分析历史上学者们关于官、私史料

---

* 原文载于《首都师范大学学报（社会科学版）》2015 年第 1 期。

① “史料是研究历史的基础”是齐世荣先生史料学思想的核心所在，此句在齐先生的论著中多次出现。参见齐世荣：《史料五讲》，首都师范大学出版社 2014 年版，第 1、216、218 页。

价值的不同观点，强调“官书与私记并重，新史料与旧史料兼采”①。其余四篇详细讨论了在过去或被夸大或被忽略的四种私记史料，包括日记、私人信函、回忆录类私人文件、小说。

作者进而明确指出史料、史学理论和史学方法三者之间的关系：“史料、史学理论和史学方法是三个互相关联的问题，可分别论述，但不可奉其一为至尊。”②在史学方法上，作者提倡向马克思学习，使“观点与材料融为一体，达到高度的统一”③。作者多次强调史料是历史学研究的基础环节，但他同时指出“史料学不等于史学”④，因此不支持“史料至上”的观点。

关于史料的搜集，作者提出了两项原则，即“扩张”和“详尽”。关于扩张，他认为：“搜集材料应力求全面”，“史料以后还会继续扩充，也必须继续扩充。因为人类社会在发展，发展中必然产生新问题，有了新问题，就必须搜集与新问题有关的新资料”⑤。在跟中青年学者漫谈学风问题时，他也强调“利用新史料”是学术创新的重要途径。⑥关于详尽，作者指出：“‘竭泽而渔’，是搜集资料的最高标准。”⑦在谈到有关档案的工作时，齐先生认为档案工作者和史学工作是“互相依存”的，档案工作者应当与史学工作者“密切合作”，其中非常首要的一点就是要“坚持出版史料汇编”⑧。

史料的运用是作者非常重视的问题。他举陈垣、陈寅恪之例，指出他们两人使用史料的原则和具体办法是：“官书与私记并重、兼采，根据研究问题的需要，用所当用。”⑨他们不仅重视总结前人运用史料的经验，而

① 齐世荣：《史料五讲》，首都师范大学出版社 2014 年版，第 36 页。
② 齐世荣：《史料五讲》，首都师范大学出版社 2014 年版，第 35 页。
③ 齐世荣：《史料五讲》，首都师范大学出版社 2014 年版，第 215 页。
④ 齐世荣：《齐世荣史学文集》，人民出版社 2002 年版，第 469 页。
⑤ 齐世荣：《史料五讲》，首都师范大学出版社 2014 年版，第 35 页。
⑥ 齐世荣：《齐世荣史学文集》，人民出版社 2002 年版，第 431 页。
⑦ 齐世荣：《史料五讲》，首都师范大学出版社 2014 年版，第 200 页。
⑧ 齐世荣：《齐世荣史学文集》，人民出版社 2002 年版，第 394—396 页。
⑨ 齐世荣：《史料五讲》，首都师范大学出版社 2014 年版，第 32 页。

且在自身的史学研究中熟练地运用史料。在《史料五讲》一书中，作者旁征博引，所征引史料种类繁多，内容贯通古今、兼顾中西，包含政治史、思想史、社会史等诸多方面的史料。齐世荣先生非常鼓励中国的外国史学者通过史料的运用，在外国史研究领域树立信心。他说："中国人搞外国史，要有点志气，要拿出自己的独到见解。有不少人说，中国人研究外国史，材料掌握不如对方多，很难达到高水平；有的人甚至说不如多做点翻译、介绍工作。我一向不同意这种看法。材料是研究的基础，当然重要。但我们只要掌握了足够的材料，就可以进行研究，就能写出高质量的著作。并非掌握的材料要和外国人一样多，才能达到他们的水平。恩格斯写《德国农民战争》，材料主要根据戚美尔曼的《伟大农民战争史》，但水平显然高于后者。"① 可以说，齐世荣先生以身作则，彰显出一个史学家对于史料的熟练掌握和运用。

## 二、举重明轻，以具有代表性的实例说明某种史料的运用及其重要性

《史料五讲》在论述回忆录类私人文件中关于涉及政治事件的，举陈寅恪《寒柳堂记梦未定稿》之例，说明"光绪皇帝实行变法的认真态度以及陈氏父子在湖南推行新政的积极作为"；举《顾维钧回忆录》之例，说明英美两方在巴黎和会过程中对日本的纵容和日后太平洋战争爆发的深层原因；举《杜鲁门回忆录》之例，说明"（美国）投掷原子弹，不是像某些西方史学家所说的那样，纯粹为了达到减少美军登陆日本本土时人员大量伤亡的军事目的，而是另有重要的政治目的"；举爱伦堡《人·岁月·生活——爱伦堡回忆录》之例，说明第二次世界大战中"法国人心厌战，宁可苟安一时的心理"。在论及"涉及政治某一方面"的"回忆录类私人文件"时举"贪污黑幕"为例，说明这一丑恶现象的具体情节"从

---

① 齐世荣：《齐世荣史学文集》，人民出版社 2002 年版，第 482 页。

官方文件中很难详细看到或者根本看不到”①；论及“主要谈个人，旁及所处时代的回忆录”时，举“司马迁《太史公自序》”“蔡元培《自写年谱》”“《齐如山回忆录》”“胡适《四十自述》《胡适口述自传》”“杨树达《积微翁回忆录》”“吕思勉《三反及思想改造总结》（1952年）”“钱基博《自我检讨书》（1952年）”“季羡林《留德十年》”“韦君宜《思痛录》”“曾志《一个革命的幸存者——曾志回忆实录》”等数例，说明回忆录可以帮助研究者“重点了解作者个人，连带也了解他的‘所处之世’”②。作者举上述数例，一方面举重明轻，节省篇幅，说明道理，阐明了回忆录类私人文件的史料价值；另一方面也反映出作者的博识和对各种史料运用的“艺术”。

刘知幾在讲到史书叙事时，认为人们对于材料的运用应做到“略小存大，举重明轻”③，我们借用此语来评论齐先生的大作应当是合适的。

## 三、通识与辩证思想的体现

在谈及陈垣、陈寅恪纠正朱彝尊关于杨妃入道之年考证之讹误时，齐先生指出：“旧日学者具通识者，大抵得力于朴素的辩证思想。”④作者强调应把多种史料“互相参照比较，进行分析综合，庶几可以接近历史的真相”⑤。可以说，用分析综合的眼光辩证地看待史料，这一思想贯穿于《史料五讲》全书。

例如，在论述日记的史料价值时，作者写道：“日记确是一种有价值的史料。但使用日记时，还必须参照、对比其他各种史料，分析综合，方可得出比较正确的历史认识，这是无须赘言的。……使用日记这种私人

① 齐世荣：《史料五讲》，首都师范大学出版社2014年版，第116—120页。
② 齐世荣：《史料五讲》，首都师范大学出版社2014年版，第126—146页。
③ 刘知幾：《史通》，上海古籍出版社1978年版，第173页。
④ 齐世荣：《史料五讲》，首都师范大学出版社2014年版，第209页。
⑤ 齐世荣：《史料五讲》，首都师范大学出版社2014年版，第155页。

史料时，要注意其诬妄之处，方不致为之所误。”① 又如在作者论述了回忆录类私人文件的诸多优长之后，提出了五个方面的“缺陷和局限性”，即“后追忆以前的事情，特别是年代久远以后，不可避免地会有错误”“回忆录总是经过筛选的、残缺不全的”“回忆录不但是对过去的追忆，也掺杂了现在（即写回忆录时）的看法、思想和感情，既有过去的成分，也有现在的成分，不可认为作者回忆的纯粹是过去发生的事情”“回忆录有相当强的主观性。回忆录既然是个人性质的，主观性就必然存在。了解这一点，不仅不妨碍我们使用回忆录，反而有助于我们正确地利用回忆录”“一些回忆录有扬己贬人的缺点”。② 尽管作者指出了回忆录类私人文件的种种缺陷和局限性，但他仍认为不可全盘否定它的史料价值。再如附录中论述写当代史的问题时，分别从“当代人写当代史”和“后代人写前代史”两个方面考察，指出了两种写史方式各自的利弊，并看到前者的特殊困难其实是后者的有利条件，进而指出：“两类史著应予并重，不可偏废”“当代人写当代史与后代人写前代史，都是需要的。二者各有其优越性，也各有其局限性，借用蔡元培先生的话，‘合之则两美，离之则两伤’。”③ 作者在论述过程中，始终用分析综合的眼光看待问题，深刻地反映了作者的通识和辩证思想。

## 四、材料、文章不可“随意解释”

齐世荣先生作为一位世界史研究学者，以 87 岁高龄暮年撰文，既是从事历史学研究数十年经验的总结和反思，也是对学术界近年来研究风向和国际学术思潮的一个回应，彰显出他深切的学术关怀。

《史料五讲》一书的撰写动因来源于多方面，首先是作者数十年历史

① 齐世荣：《史料五讲》，首都师范大学出版社 2014 年版，第 82 页。
② 齐世荣：《史料五讲》，首都师范大学出版社 2014 年版，第 146—154 页。
③ 齐世荣：《史料五讲》，首都师范大学出版社 2014 年版，第 196 页。

学教学和研究经验的总结和反思。齐世荣先生非常重视历史教育问题，有学者作了这样的评论："他在深入进行史学研究的同时，又以极大的精力关注历史教育工作。他所总结的许多教育经验，对我们今后历史教学的普及与提高，对于人才培养，都有很强的学习和借鉴意义。"①

《史料五讲》的出版，实际上是齐世荣先生对学界一些史学现象的回应。第一，是对"随意解释材料"的批评，他在20世纪80年代，针对所谓"史学危机论"指出："最近一段时期，不少同志认为史学发生了危机，主张研讨新问题，采用新理论和新方法，以获得生机。于是，出现了一批历史新著，还有一些虽不属于史学范畴但其内容是进行历史反思的，也与历史有关。这批著作中有些题目新颖，立意独特，颇能发人深思，但也有一些随意解释材料，甚至胡乱拼凑史实，用以证明自己的臆说。……总之，不论采用什么样的新理论、什么样的新方法，第一步先得把材料搞准确，这是不可省略的打基础的工作。"② 第二，对后现代主义的批评："后现代主义把一切历史认识对象归结为'文本(text)'，说什么'文本之外一无所有'(德里达语)，并认为'文本'本身并无确定的含义，可以因人而异地做出各种解释，一切解释都是有效的(或无效的)。这种极端的历史相对主义、虚无主义是根本错误的。"③ 齐世荣先生放眼国际学术思潮，指出不能按照后现代主义者的主张，把一切文本解释为一种虚构，他掷地有声地说道：第二次世界大战中，德、日、意三国的签降书，"无论如何也不能解释成没有战败，甚至并无其事"④。齐世荣先生于2013年5月写下的这篇简短的后记，深刻地反映了他作为一个历史学家的时代感和使命感。

① 张宏毅：《我国世界史学科的一位开拓者——齐世荣教授学术成就评介》，《首都师范大学学报（社会科学版）》2006年第5期。

② 齐世荣：《史料五讲》，首都师范大学出版社2014年版，第214—215页。

③ 齐世荣先生指出，这里不是全面评价后现代主义的历史理论，其对历史认识相对性的强调，以及揭示历史学家的意识形态对其研究所起的制约作用，都有一定的道理。参见《史料五讲》，首都师范大学出版社2014年版，第217页脚注。

④ 齐世荣：《史料五讲》，首都师范大学出版社2014年版，第218页。

正像作者在书中所言："人们常说，看问题、看人要全面。说来容易，做到很难。"① 齐世荣先生的《史料五讲》，于通篇见器识，于细处见功力，为我们后学树立了正确对待史料、严肃对待史学工作的榜样。

① 齐世荣:《史料五讲》，首都师范大学出版社 2014 年版，第 113 页。

# 讲史料　论治学
## ——读齐世荣先生《史料五讲》书后*

瞿林东
北京师范大学历史学院

齐世荣先生的新著《史料五讲》，最近在首都师范大学出版社出版。这是一本关于如何看待、辨析、运用史料的论集，收录了齐先生近三四年来专讲史料问题的五篇论文，故名《史料五讲》。首篇论官府文书和私家记载各自的史料价值与其局限以及在这方面存在的三种不同的认识；继而依次谈到日记、私人信函、回忆录、小说的史料价值。书后有附录两篇，一是关于撰述当代史的问题，二是关于考据在历史研究中的地位问题。

韩愈在《进学解》一文曾以“闳中肆外”来说明作文应达到的一种境界，意即只有有了丰富的积累才能得以充分发挥。齐先生的《史料五讲》，旁征博引，纵横捭阖，挥洒自如，新见迭出，在讲史料的过程中，实则论述了治学问题，概而言之，自当以“闳中肆外”看待。本文拟就书中所论史料和治学问题讲一点读后的认识，请作者和读者批评。

## 一、全局的见识

《史料五讲》所包含的五个方面的史料问题，各自独立成篇，看似

* 原文载于《首都师范大学学报（社会科学版）》2015 年第 1 期。

并无直接联系，但都是与全局密切联系的一部分。所谓“全局”，主要反映在两个方面：第一，作者以论述“官书”和“私记”提携全书，使所论四种私记都不脱离全局，这一点不难理解。第二，作者的全局见识，反映在对所讲的五个方面的史料问题，都分别有总体上的把握，分则各自卓然成立，合则浑然一体，即在综论“官书”与“私记”价值的前提下，对不同的“私记”予以辨析，论其得失。这两点，对读者都有积极的启示。如：

——作者就“官书”和“私记”的价值问题，列举三种不同看法而着重讨论了第三种看法。①

——关于日记，作者指出：日记因记于当时，且是留着自己查阅的，故有治史的参考价值；但有的日记，作者是准备出版或有意于留给后人阅读的，其价值就另当别论了。②

——关于私人信函，作者认为，它是在公开的公文或公开出版的著作中所见不到的文字，因而可以扩大治史者的史料范围。③

——关于回忆录类私人文件，作者指出，回忆录类私人文件，具有重要的史料价值，但其缺陷和局限也十分突出，故以专题论之。④

——关于小说的史料价值，作者引用翦伯赞论史料的有关观点，以及恩格斯论巴尔扎克《人间喜剧》的史料价值，进而展开论述；同时强调：“使用从小说中发现的史料时，应参照其他方面提供的史料，才能得出比较正确的结论。”⑤

通观上述论点可以看出，作者在全面看待“官书”与“私记”的史料价值的前提下，对几类重要私记（小说作为私人创作亦可视为一种私记）的史料价值及其局限，作了明确的表述和全局性的勾勒，读后使人感到有一种整体上的认识和理论上的提升。

---

① 齐世荣：《史料五讲》，首都师范大学出版社 2014 年版，第 13—21 页。

② 齐世荣：《史料五讲》，首都师范大学出版社 2014 年版，第 37 页。

③ 齐世荣：《史料五讲》，首都师范大学出版社 2014 年版，第 83 页。

④ 齐世荣：《史料五讲》，首都师范大学出版社 2014 年版，第 146—154 页。

⑤ 齐世荣：《史料五讲》，首都师范大学出版社 2014 年版，第 180 页。

## 二、多种考察方法

齐先生在论述各类私记史料价值时，多采用比较的方法与分类的方法，尤其是分类的方法，使这种讨论层层推进，其结论则自然生成，读者愈往下读，愈觉豁然开朗。

作者列举“官书”与“私记”史料价值的三种看法，实有比较之意，从比较中看出它们的分歧；而第三种看法则先后概述蔡元培、陈寅恪、傅斯年、顾颉刚诸家论点，其中亦含有比较之意，即从比较中看出诸家认识上相同而表述上的差异，可谓各显风采，相得益彰，彰显出第三种看法的合理性及其多重论证的力度。

关于日记、私人信函和回忆录类私人文件的史料价值，作者运用分类的方法进行论述。如日记划分为政治人物的日记和文化人物的日记：政治人物的日记又划分为“高级官员的日记”和“中下级官员的日记”，文化人物的日记则划分为“文人的日记”和“学者的日记”。又如回忆录类私人文件分为两大类：一是以个人为线索，多涉及时代各个方面的回忆录；二是主要谈个人，旁及所处时代的回忆录。前者又分为政治、经济、社会文化三类论述。这种以类相从进行研究、论述的方法，有几个方面的益处：一是记日记的人的身份很复杂，不分类难以入手研究，也难以说明某种历史真相；二是同类型人物的日记对于反映某一社会现象有其共同点，便于揭示一个方面的历史真相。同样，私人信函也划分为“政治人物的私人信函”和“文化人物的私人信函”两大类，每类之中举其有典型意义者予以分析、判断。这种在分类基础上进行研究的方法，是作者治学中的类例思想的具体运用，这不仅使作者的论述条分缕析，也使读者读来步步深入，兴致盎然。

## 三、古今中外的材料来源

《史料五讲》一书，部帙不大，但征引的材料十分丰富。齐世荣先生以治世界近现代史闻名于当代，而在中国历史及中国文献方面功底深厚，故论述问题，征引繁富，可谓古今中外，信手拈来，使其所论具有极强的吸引力和说服力。在《谈回忆录类私人文件的史料价值》一文中，作者先后列举了陈寅恪《寒柳堂记梦未定稿》、《顾维钧回忆录》、《杜鲁门回忆录》、爱伦堡《人·岁月·生活——爱伦堡回忆录》、张集馨《咸道宦海见闻录》、张伯驹《春游纪梦》与《续洪宪纪事诗补注》、方暾《国民党军政部点验委员会的真相》、汪辉祖《病榻梦痕录》、孟元老《东京梦华录》、吴自牧《梦粱录》、司马迁《太史公自序》、蔡元培《自写年谱》《齐如山回忆录》、胡适《四十自述》与《胡适口述自传》、杨树达《积微翁回忆录》，以及吕思勉、季羡林、韦君谊、曾志等人的回忆录等，指出这些回忆录对反映一定历史时期的政治、经济、思想文化面貌，都有一定的价值。在《谈日记的史料价值》一文中，作者引用了《翁同龢日记》《郭嵩焘日记》《齐亚诺日记》《和平大使：阿贝农勋爵日记》、尼克尔森《日记与书信》，以及李慈铭《越缦堂日记》、罗曼·罗兰《莫斯科日记》、陈白尘《牛棚日记》、朱自清《朱自清日记》、威廉·L.夏伊勒《柏林日记——二战驻德日记见闻（1934—1941）》等，用来说明日记的史料价值。作者论私人信函的史料价值，列举各种信函亦多类此。

笔者列举这些书名之时，愈亦增加了对作者博览群书、知识渊博的钦佩之情，也有感于作者以如此广泛的征引来说明有关“私记”的史料价值，实乃历史文献学的一个新发展。

通读《史料五讲》，深感作者在史料的视野、辨析、抉择上的深厚功底，加深了读者对史料的认识。同时，我认为，作者在阐说史料的过程中，实际上多处涉及史学的理论和方法，即人们在认识作者的史料思想的同时，进而认识作者治学的理论和方法。

## 四、在讲史料中论治学

《史料五讲》一书，顾名思义，以讲史料为其基本旨趣和主要内容。

但是，因为治学的过程并非只有史料这一环节，故人们不可能完全脱离治学理念单纯地讨论史料问题。从齐世荣先生的学术道路和治学经历以及他的学术风格来看，更不可能在《史料五讲》中不涉及他的治学理论和学术风格。通观全书，依我的肤浅认识，我认为从治学旨趣来看《史料五讲》，它十分鲜明地反映了齐先生的治史理念和史学风格。

概括说来，这一治史理念是：应当十分重视史料，这是研究历史的基础；应当辩证地看待和运用史料，这是研究历史的关键环节；应当把史料、理论和方法结合起来，以理论分析史料的价值，以不同方法采择和使用史料，使三者密切结合作综合考察，庶几得到近于历史真相的结论。齐先生的史学风格，从上文所述各项，或可见其大概，不再赘说。

# 史料价值与辩证分析
## ——读齐世荣教授著《史料五讲》*

陈其泰
北京师范大学历史学院

齐世荣教授所著《史料五讲》（首都师范大学出版社 2014 年版）刚一出版，就因其内容的切合需要和著述的独具风格，受到读书界的欢迎。有位青年朋友高兴地说，这本书对我目前研究的课题在观点上和材料上都很有帮助。有的大学老师感觉更加敏锐，很快地在课堂上详细介绍、评论这部新著，并组织学生讨论和撰写读后体会。何以《史料五讲》如此受到关注，其内容和风格的特点是什么？我想主要体现在以下三个方面。

## 一、视野开阔，内容系统

史料是著史的基础。“巧妇难为无米之炊。”不掌握大量史料，你写出来的东西必然苍白无力。你比别人占有更加充分而完备的材料，才能得出更为全面而深刻的认识。傅斯年所言：“一分材料出一分货，十分材料出十分货，没有材料便不出货。”这话如果放在一定的范围来理解，是确有道理的。不惟对于著史者，对于读史者来说，了解一些有关史料的基本知识，也是颇为重要的。日读其书，而不知该书作者掌握史料的范围和可信的程度如何，又怎能对该书的价值做出清醒的判断？如今，

* 原文载于《淮阴师范学院学报（哲学社会科学版）》2015 年第 2 期。

《史料五讲》就是提供了一本内容切实有用，对于著史者和读史者都具有导向意义的书。作者视野开阔，分全书为五讲，首列《略说文字史料两类：官府文书和私家记载》，以下依次为《谈日记的史料价值》《谈私人信函的史料价值》《谈回忆录类私人文件的史料价值》《谈小说的史料价值》。这五讲，堪称以犀利的眼光和提纲挈领的功力，囊括了史料之海的主要内容。

本书内容的全面、系统，更见于各讲之中。官府文书和私家记载，是治史者所面对的最大量、最基本的文献，评骘两大类文献之史料价值者代有其人，见解各异，每有强调其中一类，而忽视另一类者。那么，如何认识这些史料的价值和特点，做到扬长避短，而不至于陷入认识的误区呢？书中首先为我们总结了看待官书和私记史料价值的三种观点。"第一派扬官书而贬私记，认为前者比后者更为真实可信，古人万斯同，近人邓之诚属于此派。"如，万斯同云："盖实录者，直载其事与言，而无可增饰者也。因其世以考其事，核其言而平心以察之，则其人之本末，可八九得矣。"邓之诚则云："正史据官书，其出入微；野史据所闻，其出入大。正史讳尊亲，野史挟恩怨。讳尊亲不过有书有不书。挟恩怨，则无所不至矣。"对此，作者评论说，万斯同、邓之诚之重视实录、正史一类的官书，有正确的一面。因为官府的载籍一直是历史文献的主体，比较系统地汇集了大量的史料，但是，认为实录"直载其事与言，而无增饰"，就不对了。作者举出两件有力的证据。一是"朱棣三次修《明实录》，删去了明太祖的过失和建文朝遗臣对朱棣的斥责，又歌颂'靖难'之功"，恰恰对实录"直载其事与言"提出反证。二是"《清实录》的前五朝改动最大，如隐讳后金与明朝的关系，贬抑政敌，删改统治阶级内部的倾轧斗争，美化皇帝的功绩和言行等等，既有'讳'，又有'饰'"。所以正如著名的清史专家孟森所言："清之改《实录》，乃累世视为家法。"作者又总结了第二派的观点，"扬私记而贬官书，认为私记较官书更为真实可信"。举出有代表性的学者是梁启超、鲁迅和翦伯赞。如鲁迅说："野史和杂说自然也免不了有讹传、挟恩怨，但看往事却可以较分明，因为它究竟不像正史那样地装腔作势。"对此，作者一方面补充了这一派的观点，指出私记还有两个长处。一是对史实有官书所无的具体、细节的描述。二是所记典章、制度等方面的材料，可补正史之不足，如《啸亭杂录》记清初官制和汉军八旗的设置等。另一方面，作者指出："但笼统地说野史和杂记比正史更可靠，就有些偏颇了。野史、别史、杂史也有它们的短处。"并举出四项理由：第一，"有些来自道听途说，并非亲闻亲见，不免失实"；第二，"私家记载零散，不如官府文书之有系统"；第三，"私家记载挟恩怨，流于诬妄"；第四，"私记同官书一样有吹捧帝王将相的内容"。对于野史和杂记的史料价值应该如何看待，以上正反两个方面的论述确实讲得全面而中肯。

进而，作者总结了第三派的观点，即"认为官书与私记各有短长，应当并重而不可偏废"。书中将上自唐宋明清的史家刘知幾、司马光、王世贞、王鸣盛，下至近代著名学者蔡元培、陈寅恪、傅斯年、顾颉刚，一一提炼出他们主张的精要语，作为论证的充分根据。特别举出蔡元培，称他"博通文史，对史料的运用也有精辟的见解"。蔡元培的核心观点，是明确认为"官书和私记二者都是史料的大源"，"官府文籍和私家记载在史料的价值上各有短长，合综起来各有独到之处，分开来便各不可尽信……守质者懒惰者专依赖官书，好奇者涉猎者专信些私家不经之谈，都不算史学的正轨。我们相信官书和私记'合之则两美，离之则两伤'呢！"这一篇在上述总结古代史家和近代学者看待官书和私记史料价值的三种观点的基础上，又专门设立一节，论述"陈垣、陈寅恪对史料的认识与运用"，因为二陈在现当代史坛上影响最大，他们学识渊博，学风严谨，不但撰写有享誉士林的史著，而且关于史料学发表有重要见解，本书作者选取这两位名家为典型，是极具识见的。如对陈垣，虽然他对史料价值的观点和运用史料都高出于常人，但这些材料都是分散在各处，本书作者不惮烦劳，一一搜集、爬梳，乃能将有系统性的论述呈现给读者。包括：陈垣一再强调，搜集材料应力求完备，做到"竭泽而渔"，其名著《元西域人华化考》引证各类文献多达 212 种，其中元、明人文集约百种，除一般正史、方志、杂记、随笔外，更广泛地利用了金石录、韵书、画谱、书法、进士登科录等；陈垣研究宗教史，不仅利用教会典籍，而且利用教外典籍；他又利用宗教典籍研究世俗历史；他还开拓了以释家语录考史这一新园地；陈垣不但广泛采用各种类型的私家记载，而且重视官书文献，他著《元也里可温考》，即充分利用《元史》中的材料，曾指出，关于也里可温在元朝的真相，竟赖《元史》以传；重视利用历史上的一些工具书，如以《册府元龟》校史；又很重视近代史料。以上总结陈垣关于史料运用的观点和成功实践，计有六个方面。笔者何以对此特别津津乐道呢？这是因为，陈垣先生不但是名家，他又是北师大老校长，我们多年来研究现当代史学史，他的著作是经常要阅读的。但恰恰是读了齐教授的著作后，对于陈垣老校长有关史料运用的精到观点和成功实践，才有了全面的了解，因而有豁然开朗之感，这也说明本书能给读者多么有益的启发！

《谈回忆录类私人文件的史料价值》一文，同样生动地证明本书视野开阔，内容系统的特点。作者将这一范围的史料区分为两大类。甲，“以个人为线索，多涉时代各个方面的回忆录”。其一，一些回忆录载有政治方面的有用材料。一是涉及重要的政治事件的。如陈寅恪《寒柳堂记梦未定稿》《顾维钧回忆录》《杜鲁门回忆录》、爱伦堡《人·岁月·生活——爱伦堡回忆录》。二是涉及政治某一方面的，如贪污黑幕。如张集馨《道咸宦海见闻录》、张伯驹《春游记梦》《续洪宪纪事诗补注》、方暾《国民党军政部点验委员会的真相》。其二，一些回忆录载有经济方面的可用史料，如汪辉祖《病榻梦痕录》。其三，一些回忆录，除经济史料外，还载有社会、文化方面的有用史料，如孟元老《东京梦华录》、吴自牧《梦粱录》。乙，主要谈个人，旁及所处时代的回忆录。其一，司马迁《太史公自序》。其二，蔡元培《自写年谱》。其三，《齐如山回忆录》。其四，胡适《四十自述》《胡适口述自传》。其五，杨树达《积微翁回忆录》。其六，吕思勉《三反及思想改造总结》（1952年）、钱基博《自我检讨书》（1952年）。其七，季羡林《留德十年》。其八，韦君宜《思痛录》。其九，曾志《一个革命的幸存者——曾志回忆实录》。将数量庞大的回忆录史料，这样全面地作归纳分类和详细举出典型作品作介绍评价，这是以往所罕见的。综合上述各项，可见本书视野的开阔和内容的丰富、全面，我们称《史料五讲》是一本系统论述史料价值和如何利用的著作，当是恰如其分。

## 二、论述精辟，举证确凿

阅读本书，你会获得这样的深刻印象：作者不仅熟悉多种类型的文献史料，而且由于有长期的治史经历，善于自觉地用辩证的观点分析不同史料的价值，论述精辟，处处给人以启发。作者将日记史料划分为两大类。一为政治人物日记，如翁同龢、郭嵩焘、齐亚诺（意大利外交大臣）、阿贝农勋爵（英驻德大使）、尼科尔森（英议员）、赵烈文（曾国藩、曾国荃幕僚）等人日记。二为文化人物日记，如李慈铭、罗曼·罗兰、陈白尘、朱自清、威廉·L. 夏伊勒（美国记者）等人日记。作者的讨论，涉及众多知名人物，其中有的日记，如《赵烈文日记》前后记载长达 31 年，手稿达 64 本，从事此项研究，工作量是很大的。但因作者长期下了苦功夫，故能举重若轻，衡量出其价值，并举出其中真切典型的内容，做深刻中肯的评论。这里略举数例。

如翁同龢在晚清号称“清流”人物，但从其日记内容，可知翁同龢与李鸿藻其时虽入军机，掌握实权，但他们素不知兵，以至于在中日甲午战争关键时刻，“诸公相对，一筹莫展”。故作者评论说：“总之，那拉氏、李鸿章、孙毓汶等主和派误国有罪，翁同龢、李鸿藻等主战派虽愤激有加，然无救时之才，亦不过徒作高论、张皇求胜而已。同光时，清朝统治阶级整体上已经十分腐朽，甲午战败是不可避免的。翁同龢的可贵之处，不在于他在甲午战争中的主战，而在于战后他能够猛醒，走上维新的道路。”郭嵩焘于光绪元年被任命为驻英大臣，他行程至英国后将记其见闻的日程整理呈送总理衙门，题名为《使西纪程》，总署将其刊行，却引起了一场轩然大波。因其中有“西洋立国两千年，政教修明，具有本末”一类的话，引起顽固派的肆意谩骂，编修何金寿在李鸿藻的授意下，上奏弹劾郭嵩焘，斥为“大清无此臣子”。作者评论说：郭嵩焘不仅能看到西方的“船坚炮利”，“而且能认识到西方在政治教化方面胜于中国的地方，所以他在洋务派中也是最有眼光的”。英国驻德大使阿贝农勋爵是促成 1925 年《洛迦诺公约》签订的关键人物。作者说：“英国的目的何在？阿贝农在他日记中有清楚的说明，而这些真正意图在正式的官方文件中是看不到的。”英国的一个目的是扶德抑法，防止法国称霸大陆。阿贝农在1923年8月20日的日记中写道：“在维持英法协约的同时，我不得不希望一个强大的德国的存在。”英国还有一种企图，即要凌驾于德、法之上。1925年8月11日的日记中写道：“它（指公约）使我们成为支配欧洲政治的因素。”英国人一厢情愿打好其如意算盘，那么事实的结果又如何呢？作者对此做了精辟的分析：“英国自认为公约的缔结是它外交上的一大胜利，但最大的受益国其实是德国。德国不是以战败国的身份，而是以与英、法等战胜国平等的一员出席会议并签订公约的，这就大大提高了它的国际地位。会后，德国于1926年9月正式加入国联，并成为行政院常任理事国。英国要扶德抑法，德国正好借机拆散英法联盟。德国被扶起来了，但转弱为强后，在1940年6月打败了法国，英国如无一海之隔也难逃被德国军占领的下场。”

研究历史，不是为了发思古之幽情，而是为了追寻可信而有价值的历史记忆，要从历史上总结出有益的经验教训。本书作者以睿智的眼光，透过大量的文献资料，提炼出“揭露和认识绥靖主义政策的危险性”这一有价值的论题。身为意大利墨索里尼政府外交大臣，并且是墨索里尼政治亲信的齐亚诺，在其1937年9月21日的日记中，有几句关于尼翁会议的十分重要的话：“这是一次卓越的胜利。从被怀疑的海盗变为地中海的警察——而且船只被我们击沉的俄国人被排除在外。”齐亚诺如此得意的原因，是意大利干了危害国际秩序的事，却未受到惩罚，反而受到纵容。作者分析说，1936年西班牙内战爆发后，意大利站在叛军佛朗哥一方，其潜艇和飞机悍然攻击了法、英等国的船只。9月，尼翁会议九国达成协议，建立了海上巡逻体系。“英国明明知道海盗行为是意大利干的，但仍与法国一道给意大利一定的巡逻范围。实际上，这等于给了意大利继续向佛朗哥叛军提供援助而不被发觉的便利。齐亚诺的得意扬扬，恰好说明了英、法的绥靖政策不是维护和平的政策，而是纵容侵略的政策。”1939年1月，英国首相张伯伦访问意大利，向墨索里尼示好。齐亚诺日记中恰恰对张伯伦这种低声下气的行为，表示讥笑和蔑视，说：“说到底，他们不过是这些富豪世家的没有出息的玄孙，他们会把他们的帝国败掉的。”作者分析说：“这段话说明：英国越是推行绥靖政策，法西斯国家就越嚣张，越看不起张伯伦之流，因而得寸进尺，终于在绥靖政策的纵容下挑起了第二次世界大战。”英国议员尼科尔森的日记，同样为绥靖政策的颟顸和危害提供了大量证据。最为可笑的是，在 1938 年 9 月底举行的慕尼黑会议上，张伯伦把绥靖政策推演到了极点。本来，张伯伦分别给希特勒和墨索里尼写信，建议由英、法、德、意、捷五国举行会议，讨论苏台德割让事宜。而希特勒回复说，同意邀请英、法、意但不让捷克斯洛伐克参加。作者分析说：“从尼科尔森 9 月 28 日的日记中，可以看出英国统治阶级上层人物在得知慕尼黑会议得以召开后是多么地大喜若狂，但不到一年后德国就发动了第二次世界大战，慕尼黑迷梦彻底破灭。”

书中举出的《顾维钧回忆录》的史料，则从太平洋战争爆发前美国对日本的姑息政策，同样有力地证明绥靖主义的危险性。1937 年 7 月日本发动侵华战争以后，中国代表团团长向国联提出申诉。10 月，国联大会建议召开九国公约签字国会议。首先提出召开这次会议的是英国代表克兰伯恩。但当会议正开时，英国首相张伯伦已在英国下院宣布：“我认为，到这个会议上去谈论经济制裁、经济压力和武力，是完全错误的，我们是在这里缔造和平，而不是在这里扩大冲突。”本书作者分析说：“英国怕得罪日本，想让美国在前台扮演主要角色。但美国同样不打算制裁日本和援助中国，决不肯被英国推到前台充当领袖。”顾维钧回忆说，当他去拜访美国国务卿亨培克时，亨培克直截了当地说，美国为了自己的利益，不愿意因为战争而停止贸易，“就美国而言，用经济办法来制裁日本，也是办不到的”。本书作者严正地谴责美、英两国养虎遗患的错误决策，“在中国人民浴血奋战、抵抗日本侵略者的时候，美、英却纵容日本，致使日本的侵略野心越来越大，不久就于 1941 年 12 月发动了太平洋战争，把屠刀砍到美、英头上”。作者的批判，是多么得深刻有力！法西斯强盗的野蛮侵略曾经造成各国民众多么巨大的浩劫！全世界正义力量经过殊死战斗，才取得了反法西斯战争的胜利！但是在今天，日本右翼势力却厚颜无耻地否认侵略罪行，一再为军国主义招魂，企图重温日本在第二次世界大战时期

“强大”的旧梦。在这种严峻的形势下，揭露日本右翼势力的野心，同时警惕“新绥靖主义”的错误重演，乃是一桩重大而紧迫的任务，本书发掘的大量有价值史料和作者的剖析，恰恰及时地为我们提供了极为有益的历史教材。

本书提供的珍贵史料和作者所做的辩证分析举不胜举。如举证法国名作家罗曼·罗兰应高尔基之邀，于 1935 年 6 月访问苏联，写下的《莫斯科日记》。作者指出，罗曼·罗兰热情赞扬苏联社会的新气象，说他“感到无边高涨的生命力和青春活力的强大浪潮”。同时，“他也看到了一些严重的问题，并深为忧虑。例如，政府封锁国外消息，造成人民对外国的误解……另一个严重问题，是苏联上层的特权和他们生活水平的远远超过普通群众”。作者论述了日记、回忆录在总体上的价值和局限性，确能抓住问题的实质。书中指出，日记“具有直接史料的价值”，“由于日记记录的是当天所发生的事情，而不是事后的追忆，故比较准确”。但“使用日记时，还必须参照、对比其他各种史料，方可得出比较正确的历史认识”。关于回忆录，作者既充分肯定其直接史料价值和丰富内容，同时又证据确凿地论述其缺陷和局限性，如：追忆有误；经过筛选，记住的未必都重要，而遗忘的却可能是重要的；追忆掺有现在的看法；主观性；扬己抑人。

## 三、学者风范，寄意深远

本书展示出作者齐世荣教授贯通中外、贯通古今的治学风格。大家熟知，齐教授长期研治世界近现代史，成就斐然。可贵的是，他不仅熟悉世界史的文献，对于中国史的文献也很熟悉。书中论述了马恩的著作、巴尔扎克的小说、杜鲁门和爱伦堡等人的回忆录、欧美诸多外交官和记者撰写的文献，同时又大量评价中国学者和官员如陈垣、陈寅恪、胡适、顾颉刚、蔡元培、顾维钧、朱自清、季羡林、杨树达等人撰写的不同类型的文献。读者阅读此书，感觉到好像作者信手拈来，实则是精勤治学、广泛搜集、长期积累的结果。同样值得称道的，作者对于中国近现代学者的论著甚为熟悉，对于古代史家如司马迁、刘知幾、司马光、王世贞、顾炎武等人的著作也多有论及，且有独到见解。譬如，书中论及《史记·太史公自序》，对于此篇的写作动机、主要内容、文献价值讲起来头头是道，确能提其要而钩其玄，令专门从事史学史研究者也颇受启发。中国史家向来有“博通”的传统，讲究治学应具有“通识”，近年来又一再呼唤造就一批“学贯中西”的名家，本书所体现的学者风范就很值得人们效法。

本书是作者积累数十年从事教学和科研的心得而著成，唯其如此，才能做到内容全面系统，分析深入精到。作者已届耄耋之年，是什么力量推动他不怕劳累、一丝不苟地完成这部著作呢？我想，这是出于作者怀有的崇高责任感、使命感，要把一生治学之所得贡献给同行，尤其是青年学者，启发人们加强运用史料的基本功，更加自觉地做到广泛而正确地使用各种史料，以利于史学研究工作的开展。因此，书中不但传授知识，同时谆谆告诫，指出要重视理论的指导，以免陷入“史料至上”的片面性。尤其是，作者有感于当前的学术环境，因而强调要坚持唯物史观的指导作为治史的方向。同时，书中对后现代主义的观点作了回应。作者指出，史料不是可有可无，也不是可以随心所欲地解释的。“后现代主义把一切历史认识对象归结为‘文本（text）’，说什么‘文本之外一无所有’（德里达语），并认为‘文本’本身并无确定的含义，可以因人而异地做出各种解释，一切解释都是有效的（或无效的）。这种极端的历史相对主义、虚无主义是根本错误的。”尽管“后现代主义对历史认识相对性的强调，揭示历史学家的意识形态对其研究所起的制约作用，都有一定的道理”，但其上述观点却是“根本性的谬误”。所有这些论述，都寄托着作者期望史学健康发展的深远寓意。中国史学有悠久的优良传统，近现代史家包括健在的老一辈史家都为丰富和发展这一优良传统作出了贡献，他们的心血不会白费，必将在后继者中生根、开花、结果。我们对于中国史学的前途充满信心。

# 附录 1　齐世荣先生论著目录

## 著　作

1.《捷尔任斯基》（译著），时代出版社 1954 年版。

2.《蒙古近现代史纲》（译著），内蒙古大学内部印行 1962 年版。

3.《西方资产阶级学者论苏联历史学》（编校），商务印书馆 1964 年版。

4.《西方的没落》（译著，与戚国淦等合译），商务印书馆 1963 年版。

5.《苏联历史论文选辑》（全 3 辑）（与余绳武等人编译），生活·读书·新知三联书店 1964 年版。

6.《世界史》（全 6 卷）（与吴于廑共同主编），高等教育出版社 1994 年版。

7.《当代世界史资料选辑》（全 3 册）（主编），北京师范学院出版社 1990 年版。

8.《绥靖政策研究》（主编），首都师范大学出版社 1998 年版。

9.《中外历史问题八人谈》，中共中央党校出版社 1998 年版。

10.《精粹世界史》（全 20 册）（主编），中国青年出版社 1999 年版。

11.《20 世纪的历史巨变》（论文集，与廖学盛共同主编），人民出版社 2000 年版。

12.《人类文明的演进》（上下卷）（主编，撰写现代史部分），中国青年出版社 2001 年版。

13.《世界近现代史干部读本（1500—1945）》（与刘宗绪、朱龙华合著，撰写现代史部分），中共中央党校出版社 2002 年版。

14.《齐世荣史学文集》，人民出版社 2002 年版。

15.《20 世纪的历史巨变》（与廖学盛共同主编），学习出版社 2005 年版。

16.《15 世纪以来世界九强的历史演变》（主编并撰写第 7 章），广东人民出版社 2005 年版。

17.《强国兴衰史丛书》（主编），三秦出版社 2005 年版。

18.《世界五千年纪事本末》（主编），人民出版社 2005 年版。

19.《帝国史译丛》（全 4 册）（主编），青海人民出版社 2006 年版。

20.《世界通史资料选辑 · 现代部分》（全 3 册）（主编），商务印书馆 1980—2007 年版。

21.《世界史》（全 4 卷）（主编），高等教育出版社 2006—2007 年版。

22.《世界史探研》，首都师范大学出版社 2008 年版。

23.《15 世纪以来世界九强兴衰史》（上下卷）（与钱乘旦、张宏毅共同主编），人民出版社 2009 年版。

24.《史料五讲》，首都师范大学出版社 2014 年版。

25.《史料五讲（外一种）》，人民出版社 2016 年版。

## 论　文

1.《关于在世界史教学中进行爱国主义思想教育的几点意见》，《光明日报》1951 年 7 月 28 日。

2.《慕尼黑危机的真相不容歪曲——评西方资产阶级史学著作中的几个流行论点》，《世界历史》1979 年第 1 期，第 34—45 页。

3.《谈历史科学为无产阶级服务》，《武汉大学学报（哲学社会科学版）》1980 年第 3 期，第 27—35 页。

4.《培养研究生要坚持高标准严要求》，《学位与研究生教育》1987 年第 6 期，第 30—32 页。

5.《列宁论无产阶级专政的实质》,《世界历史》1980 年第 4 期,第 14—21 页。

6.《论 1939 年 3 月英国对波兰保证的原因及其破产》,《北京师范学院学报(社会科学版)》1981 年第 1 期,第 70—84 页。

7.《论“不干涉”政策的创始者及其动机》,《北京师范学院学报(社会科学版)》1982 年第 2 期,第 40—53 页。

8.《论 1917 年底至 1918 年初真假和平的斗争(上)》,《世界历史》1982 年第 1 期,第 1—7 页。

9.《论 1917 年底至 1918 年初真假和平的斗争(下)》,《世界历史》1982 年第 2 期,第 48—55 页。

10.《三十年代英国的重整军备与绥靖外交》,《历史研究》1984 年第 2 期,第 190—206 页。

11.《现代国际关系史的一个“热门”——评介西方学者关于绥靖政策形成原因的研究》,《世界史研究动态》1984 年第 3 期,第 1—7 页。

12.《中国抗日战争在第二次世界大战中的地位和作用》,《历史研究》1985 年第 4 期,第 118—133 页。

13.《书评不要八股化》,《世界历史》1985 年第 6 期,第 54—55 页。

14.《中国抗日战争与国际关系(1931—1941)》,《世界历史》1987 年第 4 期,第 1—14 页。

15.《关于开展世界现代史研究的几个问题》,《历史教学问题》1988 年第 2 期,第 1—10 页。

16.《加强合作,促进共同繁荣——祝〈民国档案〉进入新的一年》,《民国档案》1989 年第 1 期,第 71—74 页。

17.《杨妃入道之年考读后——兼论考据在史学研究中的作用和地位》,《北京师范学院学报(社会科学版)》1989 年第 5 期,第 59—66 页。

18.《试析意埃战争前夕英国的“双重政策”》,《世界历史》1989 年第 5 期,第 4—17 页。

19.《略论吴于廑先生对于我国世界史学科的贡献》,《武汉大学学报(社会科学版)》1993 年第 4 期,第 6—8 页。

20.《我国世界史学科的发展历史及前景》，《历史研究》1994 年第 1 期，第 155—168 页。

21.《艰难的历程——从〈文史教学〉到〈首都师范大学学报〉》，《首都师范大学学报（社会科学版）》1994 年第 5 期，第 1 页。

22.《自力更生与争取外援》，《群言》1995 年第 7 期，第 18 页。

23.《中国人民抗日战争的国际环境和世界意义》，《求是》1995 年第 14 期，第 20—26 页。

24.《论有关俄国十月革命中的几个问题》，《世界历史》1996 年第 2 期，第 1—8 页。

25.《中国的振兴与二十一世纪的世界》，《高校理论战线》1996 年第 2 期，第 28—29 页。

26.《世界现代史学科建设中的几个问题》，《河北师院学报》1997 年第 1 期，第 26—29 页。

27.《从国际共产主义运动史看社会主义初级阶段理论的伟大意义》，《首都师范大学学报（社会科学版）》1997 年第 5 期，第 1—6 页。

28.《略论英美法三次资产阶级革命》，《中外历史问题八人谈》，中共中央党校出版社 1998 年版，第 1—41 页。

29.《文艺复兴及其与资本主义发展的关系》，《中外历史问题八人谈》，中共中央党校出版社 1998 年版，第 308—385 页。

30.《从俄国十月革命到中国社会主义初级阶段——纪念十月革命 80 周年》，《历史教学问题》1998 年第 2 期，第 3—7 页。

31.《漫谈学风问题和学术批评问题》，《世界历史》1999 年第 1 期，第 94—99 页。

32.《漫谈科学研究与学科带头人问题——在首都师范大学 1999 年科研工作会议上的讲话》，《首都师范大学学报（社会科学版）》1999 年第 4 期，第 20—22 页。

33.《巨龙的腾飞——中国在 21 世纪的振兴》，《史学集刊》1999 年第 4 期，第 13—15 页。

34.《加强队伍建设，是根本大计》，《世界历史》2000 年第 1 期，第

4—5 页。

35.《永不磨灭的印象——深切怀念历史学家、历史教育家白寿彝先生》,《史学史研究》2000 年第 3 期，第 4—5 页。

36.《有关世界史学科建设的两个问题》,《世界历史》2000 年第 4 期，第 71—73 页。

37.《一代名师——雷海宗先生》,《历史教学》2001 年第 1 期，第 44—45 页。

38.《“合之则两美，离之则两伤”——试论当代人写当代史与后代人写前代史》,《史学理论研究》2001 年第 2 期，第 5—10 页。

39.《学习何兹全先生》,《史学史研究》2001 年第 4 期，第 1 页。

40.《论英国对意大利的外交政策（1936 年 7 月—1938 年 11 月)》,《历史研究》2002 年第 1 期，第 146—162 页。

41.《学贯中西的谦虚学者——深切怀念周一良先生》,《首都师范大学学报（社会科学版)》2002 年第 1 期，第 117—118 页。

42.《认真地读一点世界史》,《世界历史》2002 年第 4 期，第 2—7 页。

43.《我国世界史学科的历史回顾与前途展望》,《云南大学学报（社会科学版)》2002 年第 2 期，第 51—56 页。

44.《学界要力戒浮夸浮躁》,《高校理论战线》2002 年第 4 期，第 40 页。

45.《论学术评定工作中过分量化、过分硬性规定的危害》,《高校理论战线》2002 年第 7 期，第 32—33 页。

46.《关于编写中学历史教材的几点意见》,《历史教学》2003 年第 1 期，第 5—9 页。

47.《创新是国家兴旺发达的不竭动力——历史考察》,《历史教学问题》2004 年第 2 期，第 4—8 页。

48.《学习世界史与建设中国特色社会主义》,《求是》2004 年第 7 期，第 46—49 页。

49.《攀登世界史研究的高峰——我国世界史学科中青年同志的历史重任》,《历史教学问题》2005 年第 3 期，第 4—6 页。

50.《后继有人后来居上——祝〈新生代历史学者访谈录〉出版》,《历史教学》2005 年第 6 期，第 5—6 页。

51.《怀念卓越的教育家傅任敢先生》，《首都师范大学学报》2006 年第 1 期，第 101—102 页。

52.《〈朱庭光集〉序》，《世界历史》2006 年第 1 期，第 149—150 页。

53.《学术的生命力》，《首都师范大学学报（社会科学版）》2006 年第 5 期，第 23 页。

54.《15 世纪以来世界主要国家发展历程》，《学习与研究》2006 年第 11 期，第 66—68 页。

55.《中外文化交流的若干问题（提纲）》，《河南师范大学学报（哲学社会科学版）》2007 年第 4 期，第 200—202 页。

56.《从中外历史看抓住机遇的重要性》，《求是》2007 年第 5 期，第 53—56 页。

57.《我和世界现代史与世界通史》，《家学与师承——著名学者谈治学门径》（第 3 卷），广西师范大学出版社 2007 年版，第 139—150 页。

58.《世界史和世界现代史——古老的历史学中两个年轻的分支学科》，《社会科学战线》2008 年第 11 期，第 219—228 页。

59.《编写一部简明的世界通史是时代的需要》，《世界历史》2008 年增刊，第 279—283 页。

60.《20 世纪中国世界历史教学概况》，刘新成主编：《全球史评论（第一辑）》，商务印书馆 2008 年版，第 278—284 页。

61.《学习白先生“该罢休时不罢休”的精神》，《史学史研究》2009 年第 3 期，第 11 页。

62.《重视教学，写好教材，安贫乐道》，《历史教学（高校版）》2010 年第 1 期，第 3—4 页。

63.《总结历史经验　争取新的胜利——评金冲及著〈二十世纪中国史纲〉》，《近代史研究》2010 年第 5 期，第 141—144 页。

64.《谈小说的史料价值》，《首都师范大学学报（社会科学版）》2010 年第 5 期，第 1—7 页。

65.《略谈中学历史教材编写方法的几个原则》，《课程·教材·教法》

2010 年第 6 期，第 3—9 页。

66.《要促进历史知识的普及工作》，《历史教学（中学版）》2011 年第 1 期，第 3—5 页。

67.《谈日记的史料价值》，《首都师范大学学报（社会科学版）》2011 年第 6 期，第 1—15 页。

68.《谈私人信函的史料价值》，《首都师范大学学报（社会科学版）》2012 年第 5 期，第 1—11 页。

69.《略说文字史料的两类：官府文书和私家记载》，《历史教学问题》2013 年第 2 期，第 4—15 页。

70.《继承与创新——在“变革时代的史学与史家座谈会”上的发言》，《史学史研究》2013 年第 2 期，第 36—39 页。

71.《吴于廑先生与我国世界史学科的建立》，《武汉大学学报（人文科学版）》2013 年第 6 期，第 20—23 页。

72.《日记的史料价值》，《写作》2013 年第 Z3 期，第 49—56 页。

73.《再接再厉，不矜不限——祝〈首都师范大学学报〉创刊四十周年》，《首都师范大学学报（社会科学版）》2013 年第 6 期，第 1 页。

74.《〈史料五讲〉后记》，《历史教学问题》2014 年第 5 期。

75.《杂忆育英中学——我执教的第一个单位》，《经济社会史评论》2015 年第 1 期，第 120—122 页。

76.《记 20 世纪 40 年代末清华大学历史系的几位外国史教授》，《历史教学问题》2015 年第 1 期。

77.《记 20 世纪 40 年代中期燕京大学历史系的几位教授》，《首都师范大学学报（社会科学版）》2015 年第 2 期，第 1—4 页。

78.《中国抗日战争在世界反法西斯战争中的重要地位》，《首都师范大学学报（社会科学版）》2015 年第 6 期，第 1—5 页。

79.《官书和私记：尤应重视的文字史料》，《人民日报》2015 年 7 月 20 日。

80.《关于开展国际关系史研究的两点意见》，《历史教学（下半月刊）》2016 年第 1 期，第 3—7 页。

## 教学科研立项

1. 国家社会科学基金“七五”重点研究项目“绥靖政策研究”。

2. 国家社会科学基金“九五”重大项目“20 世纪的历史巨变”（与廖学盛共同主持），项目编号：97@SS001，1997—2004 年。

3. 北京市面向 21 世纪教学改革项目“建立全新的世界现代史学科体系”，1997—2000 年。

4. 教育部“普通初等教育‘十五’国家级教材《世界史》”，2002—2003 年。

5. 教育部办公厅“15 世纪以来世界主要发达国家发展历史考察”，2003 年。

6. “教育部历史课程项目”，2011—2014 年。

7. 教育部“义务教育历史教材编写”，2011—2014 年。

8. 教育部“课程标准审稿”，2011—2014 年。

## 教学科研奖励

1.《中国抗日战争在第二次世界大战中的地位和作用》，1986 年获北京市哲学社会科学和政策研究优秀成果一等奖。

2.1989 年被评为北京市优秀教师。

3.《世界史（6 卷本）》（与吴于廑合作主编），1995 年获国家教委第三届普通高等学校优秀教材一等奖。

4. 参与撰写的《中外历史问题八人谈》，1999 年获得中共中央宣传部精神文明建设“五个一工程”第七届“入选作品奖”。

5.《人类文明的演进》，2003 年获第七届共青团精神文明建设“五个一工程”奖。

6.《20 世纪的历史巨变》，2005 年被全国哲学社会科学规划领导办公室列为《国家社会科学基金成果文库》首批优秀成果。

7.《20 世纪的历史巨变》，2006 年获得北京市第九届哲学社会科学研究优秀成果一等奖。

8. 主编的教材《世界史（4 卷本)》，2008 年被评为北京市高等教育精品教材。

9.《15 世纪以来世界九强兴衰史》(上下卷)，2011 年被评为第三届“三个一百”原创出版工程人文社科类优秀作品。

10. 主编的教材《世界史（4 卷本)》，2013 年被评为北京高等教育经典教材。

# 附录 2　齐世荣先生指导的研究生名单

## 博士生及其在读时间

1986 年 1 月—1989 年 7 月武寅

1986 年 1 月—1990 年 1 月徐蓝

1993—1997 年王祖茂

1993—1998 年刘笑盈

1994—1998 年梁占军

1995—1998 年王薛红（与张宏毅合作）

1996—1999 年茹莹（与张宏毅合作）

1996—2000 年吴伟

1996—2000 年韩莉

1997—2001 年赵军秀

2002—2005 年王华

2003—2009 年鲁静

2007—2011 年史林凡

## 硕士生及其在读时间

1979—1982 年沈志华（在中国社会科学院指导）

1981—1984 年徐洛

1981—1984 年韩莉

1981—1985 年罗蓉华

1985—1988 年赵冬禾

1985—1988 年沈培建

1985—1988 年刘隆隆

1985—1988 年仓理新

1985—1988 年徐奉臻（与王鹏飞合作）

1985—1988 年杨福祯（与王鹏飞合作）

1985—1988 年叶小兵（与于友西合作）

1986—1989 年陈坤胜

1987—1990 年黄玉清（与王鹏飞合作）

1988—1991 年陆小源（与王鹏飞合作）

1987—1990 年张静（与于友西合作）

1988—1991 年马晓京

1990—1993 年梁占军

1990—1993 年叶水平

1991—1994 年王林霞

1993—1996 年李维维

1993—1996 年汪平华（与徐蓝合作）

1997—2000 年王宏波（与徐蓝合作）

责任编辑：鲁　静　刘松弢
封面设计：姚　菲　林芝玉
版式设计：杜维伟

**图书在版编目（CIP）数据**

齐世荣先生追思集 / 徐蓝 主编 . — 北京：人民出版社，2018.11
ISBN 978－7－01－019734－0

I. ①齐… II. ①徐… III. ①齐世荣（1926—2015）－纪念文集
IV. ① K825.81-53

中国版本图书馆 CIP 数据核字（2018）第 202235 号

**齐世荣先生追思集**
QISHIRONG XIANSHENG ZHUISIJI

徐　蓝　主编

人民出版社 出版发行
（100706　北京市东城区隆福寺街 99 号）

北京中科印刷有限公司印刷　新华书店经销

2018 年 11 月第 1 版　2018 年 11 月北京第 1 次印刷
开本：710 毫米 ×1000 毫米 1/16　印张：23.5
字数：345 千字　插页：24

ISBN 978－7－01－019734－0　定价：100.00 元

邮购地址 100706　北京市东城区隆福寺街 99 号
人民东方图书销售中心　电话（010）65250042　65289539